Soziale Stadt – Sozialraumentwicklung – Quartiersmanagement

Michael Krummacher · Roderich Kulbach
Viktoria Waltz · Norbert Wohlfahrt

Soziale Stadt – Sozialraumentwicklung – Quartiersmanagement

Herausforderungen für Politik, Raumplanung und soziale Arbeit

Leske + Budrich, Opladen 2003

Gedruckt auf säurefreiem und alterungsbeständigem Papier.

Die Deutsche Bibliothek – CIP-Einheitsaufnahme
Ein Titeldatensatz für die Publikation ist bei
Der Deutschen Bibliothek erhältlich

ISBN 3-8100-3735-4

Satz: Berthold Druck und Direktwerbung, Offenbach
Druck: DruckPartner Rübelmann, Hemsbach
Printed in Germany

Inhalt

Einleitung

Vor dem Hintergrund „neuer" Formen der Sozialraumspaltung und der Entwicklung von Armutsquartieren in den Städten nimmt das Thema „Soziale Stadt – Sozialraumentwicklung – Quartiersmanagement" derzeit in Deutschland und europaweit in der Stadtentwicklungspolitik, der Planungspraxis und der sozialen Arbeit sowie in der einschlägigen wissenschaftlichen Diskussion einen hohen Stellenwert ein. Die Autoren denken nicht, dass es sich dabei ein flüchtiges Modethema handelt. Denn, wenn überhaupt, lassen sich die Sozialraumspaltungen und ihre negativen Folgen für die Stadtentwicklung und ihre städtischen Teilgesellschaften nur langfristig begrenzen bzw. abfedern.

Die *Erscheinungsformen* sind zunächst ziemlich klar: Die soziale Ungleichheit und Sozialraumspaltung nehmen europaweit seit den 1980er Jahren in den Städten zu. Die Sozialspaltungen verfestigen sich besonders auf Stadtteil- bzw. auf Quartiersebene und führen zur Entwicklung von Armutsquartieren mit der Gefahr sich verselbständigender, kaum noch steuerbarer Ghetto-Entwicklungen.

In Verbindung mit der lang anhaltenden Massenarbeitslosigkeit und ihren Folgen scheint die jahrzehntelang recht gut funktionierende städtebezogene Sozial- und Stadtentwicklungspolitik mit ihrer für Deutschland typischen *Kombination* aus

1. *zentralen sozialstaatlichen* Interventionen (in Deutschland vor allem über staatliche Wohnungspolitik und das erwerbsarbeitszentrierte System aus Sozialversicherungen, Versorgung und nachrangiger Fürsorge),
2. den *länderspezifischen* Interventionen der Landesraumordnungs-, Landeswohnungs- und Landessozialpolitik, sowie
3. der originären, begrenzt autonomen *kommunalen* Stadtentwicklungs- und Sozialpolitik

nicht mehr in der Lage zu sein, die kleinräumig-sozialräumliche Verfestigung von Armutsspiralen abzufedern bzw. zu begrenzen.

Versehen mit dem programmatischen Schlagwort der „nachhaltig sozialintegrativen Stadt(teil)entwicklung" versuchen Bund, Länder und Kommunen auf diese Entwicklungen mit neuen Förderprogrammen, „neuen" Steuerungsstrategien und „neuen" Steuerungsinstrumenten zu reagieren. Das 1999 angelaufene Bund-Länder-Kommunen-Gemeinschaftsprogramm „Soziale Stadt – Stadtteile mit besonderem Entwicklungsbedarf" ist – ebenso wie damit verwandte Vorläuferprogramme auf EU- und Länderebene – ein offensichtlicher Ausdruck dieser Tatsache.

Vor diesem Hintergrund lauten die erkenntnisleitenden Fragen dieses Buches:

1. Welche Erscheinungsformen, Ursachen und Folgen prägen den Umbruch der Stadtentwicklung?
2. Worin bestehen die zentralen Elemente der aktuellen Steuerungsversuche über Förderprogramme, Steuerungsstrategien und –instrumente? Was ist „neu" daran und wie sind sie für die Entwicklung der Sozialen Stadt bewerten?
3. Was bedeuten die neuen Steuerungsstrategien und Instrumente in ihren Konsequenzen einerseits für die Politik der Städte, andererseits für die Theorie und Praxis sowie für die Ausbildung in der Raumplanung und der sozialen Arbeit?

Im Rahmen der Beantwortung dieser Fragen bestehen die zentralen Anliegen dieses Buches darin, fundierte Sachinformationen zu liefern, die dargestellten Zusammenhänge kritisch-abwägend zu analysieren und zu kommentieren sowie Denkanstöße, Anregungen und offene Fragen für die themenbezogene Fachdiskussion und Fachpraxis zu formulieren.

Abgesehen von der Einleitung und dem Schlusswort besteht das Buch aus sechs Kapiteln.

Kapitel 1 beschreibt und analysiert die Erscheinungsformen und Ursachen der Stadtentwicklung und Sozialraumspaltung am Anfang des 21. Jahrhunderts.

Kapitel 2 stellt vergleichend die zentralen Inhalte und die Förderphilosophie der verschiedenen aktuellen Bundes-, Länder- und EU-Programme der „Programmfamilie: Sozialintegrative Stadtteilentwicklung" vor.

Kapitel 3 behandelt exemplarisch drei zentrale Handlungsfelder einer sozialraumorientierten Stadtteil- bzw. Quartierspolitik und zwar im Einzelnen: Lokale Bau- und Wohnungspolitik; lokale Wirtschafts- und Beschäftigungspolitik; lokale Ökologie und Umweltverbesserung.

Kapitel 4 konzentriert sich auf die Sozialraumorientierung in der sozialen Arbeit und setzt sich sowohl beschreibend wie kritisch-kommentierend mit aktuellen Entwicklungstrends, Konzepten und Anwendungsbeispielen zur Neustrukturierung der sozialen Arbeit auseinander.

Kapitel 5 behandelt das in allen Programmen und Debatten herausragend genannte Instrument „Quartiers- oder Stadtteilmanagement". An Hand von Programmaussagen, Sekundärliteratur und Anwendungsbeispielen wird das

Instrument definiert und kommentiert, abschließend werden zusammenfassende Thesen zur Entwicklung eines sozial engagierten Quartiersmanagement formuliert.

Kapitel 6 stellt im Ergebnis der vorhergehenden Kapitel und Analysen Vorschläge der Autoren für curriculare Module zur Aus-, Fort- und Weiterbildung planerischer und sozialer Berufe im Arbeitsfeld „Sozialintegrative Stadtteilentwicklung – Quartiersmanagement" vor.

Das Schlusswort beschränkt sich auf *offene Fragen* an künftige Entwicklungen und Untersuchungen im Forschungs- und Praxisfeld „Soziale Stadt – Sozialraumentwicklung – Quartiersmanagement".

Das Fachbuch wendet sich an kommunal- und sozialpolitische Akteure in den Räten, Parteien, lokalen Verbänden, Vereinen und Initiativen, an die Mitarbeiter/innen einschlägiger Ämter bzw. Verwaltungsressorts, sozialer Dienste und Wohlfahrtsverbände, an Studierende, Lehrende, Forschende und Praktiker/innen planerischer und sozialer Berufe sowie an interessierte Journalisten und Bürger/innen.

Mit dem Buch legen die Autoren zentrale Ergebnisse ihrer themenbezogenen interdisziplinären Forschungen und Diskussionen der letzten Jahre vor. Grundlagen bilden neben der Auswertung der zitierten Literatur und Dokumente, eigene projektorientierte Studien vor allem im Ruhrgebiet, Projektseminare mit Studierenden sowie zahlreiche Diskussionen und Einzelgespräche mit in der Praxis tätigen Fachleuten. Ihnen allen danken wir für ihre Unterstützung und ihre wichtigen Anregungen.

Im Unterschied zu anderen themenbezogenen Publikationen handelt es sich bei dem vorliegenden Buch um keinen Sammelband mit disziplinären Einzelbeiträgen, sondern um ein Autorenbuch. Die Mitautoren arbeiten als Forschende und Lehrende in unterschiedlichen Studiengängen (Raumplanung und Sozialarbeit) und vertreten unterschiedliche Fächer, im Einzelnen Politikwissenschaft, Stadtentwicklung bzw. Raumplanung sowie Verwaltung, Organisation und Sozialmanagement. Entsprechend einem zentralen Postulat aller Studien zur sozialintegrativen Stadtentwicklungspolitik haben sich die Autoren bemüht, ihre unterschiedlichen disziplinären Themenzugänge und Sichtweisen interdisziplinär zu verzahnen bzw. zu *integrieren*. Des weiteren geht es den Autoren darum, die positiven Aspekte der „neuen" Ansätze sozialintegrativer Stadt(teil)politik genauso zu betonen, wie die unübersehbar kritischen Aspekte sowie die damit verbundenen offenen Fragen. Schließlich sollten konkrete Empfehlungen für die Aus-, Fort- und Weiterbildung von planerischen und sozialen Berufen formuliert werden, um den von der Praxis geforderten interdisziplinären Qualifikationsprofilen in diesem Arbeitsfeld gerecht werden zu können.

Aus aktuellem Anlaß ist eine Anmerkung geboten: Zum Zeitpunkt der Manuskripterstellung lagen weder das *„Hartz-Konzept"* vom Dezember 2002 zum Umbau der Arbeitsmarktpolitik, noch die Kanzler-Erklärung *„Agenda 2010"* vom März 2003 zum Sozialstaatsumbau vor und konnten daher nicht berücksichtigt werden. Beide Konzepte haben gravierende Auswirkungen für die lokale Sozial- und Stadtteilpolitik.

Zu den Begriffen „Sozialraum“ und „sozialräumliche Segregation“

Da die Begriffe „Sozialraum“ und „sozialräumliche Segregation“ in diesem Buch und in der themenbezogenen Diskussion oft verwendet werden, sollen sie bereits jetzt definiert und die damit verbundene Debatte skizziert werden.

Der Begriff „Sozialraum“ bzw. „social area“ geht auf wohnquartiersbezogene stadtsoziologische Forschungen in den USA zunächst in den 1920er Jahren, weiterentwickelt in den 1950er Jahren zurück. In der bundesdeutschen Forschung und Diskussion wurde der Begriff in enger Verbindung mit dem Begriff „sozialräumliche oder residenzielle Segregation“ seit den 1970er Jahren in Studien zur kleinräumigen Verteilung der Wohnstandorte verschiedener gesellschaftlicher Gruppen aufgegriffen (*vgl. z.B. Hamm/Neumann 1996; Dangschat 2000*). Ohne hier näher darauf einzugehen, sei erwähnt, dass der Begriff „Sozialraum“ neuerdings zum Teil auch großräumig verwendet wird (*z.B. „Sozialraum Europa“, vgl. Benz/Böckh/Huster 2000*).

Beschreibend meinen die Begriffe Sozialraum und sozialräumliche Segregation den empirisch nachgewiesenen Tatbestand der Segregation und Konzentration bestimmter sozialer Schichten, sozialer und ethnischer Gruppen in bestimmten Wohngebieten/-quartieren der Städte, oder anders ausgedrückt: die Übertragung sozialer Ungleichheit in den territorialen (städtischen) Raum.

Daran anknüpfend wird *analytisch* davon ausgegangen, dass zwischen der Segregation/Konzentration bestimmter sozialer Gruppen einerseits, den materiellen Gegebenheiten des Wohngebiets (Wohnen, Wohnumfeld, lokale Ökonomie, Infrastruktur, Freizeitbedingungen etc.) andererseits, dialektische Wechselwirkungen bestehen, die die Lebenslagen der Bewohner, die Herausbildung spezifischer sozialer Milieus („Subkulturen“), die sozialen Beziehungen untereinander und die sozialen Wandlungsprozesse nachhaltig positiv *oder* negativ prägen. Insbesondere für sozial benachteiligte und wenig mobile Gruppen in benachteiligten Wohnquartieren gilt, dass die Lebensbedingungen im Wohngebiet insgesamt die Entwicklungschancen und Sozialisationsbedingungen ihrer Bewohner nachhaltig negativ prägen.

Schlussfolgernd wird gefordert, dass eine sozialkompensatorische Stadtentwicklungs- und Kommunalpolitik zum Abbau bzw. zur Abfederung von sozialer Ungleichheit verstärkt sozialraumorientiert kleinräumig ausgerichtet werden müsse.

In der aktuellen bundesdeutschen Diskussion ist der Tatbestand der zunehmenden räumlichen Segregation/Konzentration sozialer Schichten, sozialer und ethnischer Gruppen in bestimmten Wohngebieten/-quartieren wenig umstritten. Teilweise *umstritten* sind dagegen die analytischen und stadtentwicklungspolitischen Schlussfolgerungen. So wird aus unterschiedlichen Sichtweisen kritisiert:

1. Die Behauptung einer nachhaltigen Prägung der Lebenslagen von Individuen und sozialen Gruppen durch ihre kleinräumig-territorialen Wohnstandorte sei analytisch eindimensional, empirisch ungenügend nachgewiesen, insofern ein formal-statistisch beschreibendes und/oder planerisch-administratives Konstrukt technokratischen Denkens in Planungsräumen. Reale Lebenswelten und Prägungen von Individuen und Gruppen (z.B. von Jugendlichen, auch von sozial-benachteiligten) seien in einer Zeit der Individualisierung, der entgrenzten Arbeitsmärkte, im „Medienzeitalter“ sehr viel komplexer und raumungebundener als kleinräumige Analysen annehmen und in kleinräumig-territorialen Handlungsstrategien umzusetzen versucht wird.
2. Der gegenwärtige Umbau der Gesellschafts- und Sozialpolitik – weg von einer (Sozial-) Politik zur Annäherung an soziale Chancengleichheit mit gesicherten Rechtsansprüchen auf Sozialleistungen, hin zur Politik der „neuen Mitte“, des „aktivierenden Sozialstaates“ und des „Fördern und Forderns“ mit der hauptsächlichen Konsequenz der Sozialsparpolitik, des Abbaus von Rechtsansprüchen auf Sozialleistungen und verstärkter Zwänge/Sanktionen gegenüber Sozialleistungsempfängern – werde mit einer planungstechnokratischen Sozialraumorientierung bestenfalls verschleiert oder entthematisiert, im Zweifelsfall aber befördert.
3. Die zunehmende soziale Ungleichheit und wachsende Bedeutung beschreibender Merkmale (wie Armut, Hautfarbe, Herkunft, Alter, Behinderungen etc.) zur Diskriminierung „fremder“ Menschen, löst in Verbindung mit deren räumlicher Konzentration bei Teilen der Stadtplaner, Sozialarbeiter, Kommunalpolitiker und „überforderten“ Stadtbürger bekanntlich Ängste und Verunsicherungen aus. Dies befördere die traditionellen mittelständisch-ordnungspolitischen Ideologien und Planungsstrategien nach einer „gesunden“ Bevölkerungsmischung als Ziel der Stadt(teil)entwicklung. Anders ausgedrückt: Migranten und Arme sollen räumlich über das Stadtgebiet gleich verteilt, sozial kontrolliert bzw. möglichst „unsichtbar“ werden. Sozialraumorientierung und Quartiersmanagement dienten allzu leicht als Instrumente dazu. Im besten Falle würden wenig taugliche, an der Realität der Wohnungsteilmärkte abprallende planerische Verteilungsideologien reaktiviert (Haben die Reichen, die Mittelstandsbürger ein Interesse daran, mit sog. „Störmietern“ in der Nachbarschaft zu wohnen?). Im schlechteren Fall werden Zuzugssperren, rechtsstaatlich problematische Exit-Strategien und fragwürdige „Umkipp-Schwellen“ (tipping points) für Ausländer- und Armutsquartiere formuliert, mit der ideologischen Konsequenz ihrer Diskriminie-

rung und der materiellen – sofern die Exit-Strategien greifen – einer Neuentstehung von „Armutsquartieren“ an anderem Ort.

4. Aus der Sicht der sozialen Arbeit wird u.a. kritisiert, dass die Sozialraumorientierung in der sozialen Arbeit zu Sparzwecken instrumentalisiert werden könne, um die traditionell-etablierten, bislang sozialrechtlich abgesicherten, relativ teuren Einzelfallhilfen abzubauen. Außerdem wird befürchtet, dass damit die Selbständigkeit freier Träger sozialer Arbeit eingeschränkt werden könne.

Solche Einwände gegen eindimensional definierte Sozialraumtheorien und Handlungsstrategien sind zweifellos ernst zu nehmen. Als „Totschläger-Argumente“ gegen eine stärkere Sozialraumorientierung von Stadtentwicklung und lokaler Sozialpolitik taugen sie jedoch nicht.

Generell gilt: Sozialraumorientierung beschreibt nur *eine* Handlungsebene sozialer Stadtentwicklungspolitik. Sie bildet kein Zauber-Instrument zum Abbau gesellschaftlich verursachter Ungleichheit und Benachteiligung. (Sozial-)Politische Leitziele, Macht- und Mehrheitsfragen ersetzt Sozialraumorientierung natürlich nicht. Es ist eine Binsenweisheit, dass diese erstritten werden müssen.

Die Absicht und die Realität sozialpolitischer Deregulierung und Sozialsparpolitik gelten aktuell für (fast) alle Bereiche der Sozialpolitik. Stadtentwicklung, Sozialplanung und soziale Arbeit sind davon nicht ausgenommen. Individuelle Einzelfallhilfen und Sozialraumorientierung sind davon gleichermaßen betroffen. Im übrigen: Die häufige Erwartung und Begründung, verstärkte Sozialraumorientierung werde über weniger Einzelfallhilfen zu kurzfristigen Einsparungen der kommunalen Sozialhaushalte führen, mag zwar deren politische Legitimierung befördern, ob sie realistisch ist, erscheint fragwürdig. Eine gute Quartiersarbeit wird zunächst eher Defizite der einzelfallorientierten Sozialarbeit aufdecken und neue Nachfragen provozieren, als deren Abbau zu legitimieren (z.B. bei Zielgruppen wie Migranten, die bislang kaum im Blickfeld der Einzelfallhilfen sind).

Sozialraumorientierung bzw. Stadtteilbezug in der Planung und in der Sozialarbeit und Einzelfallhilfen in der Sozialarbeit müssen sich sinnvoll ergänzen. Ein gegenseitiges Ausspielen/Gegeneinandersetzen von individueller Einzelfallarbeit und strukturorientierter Planung, Gemeinwesen- und Quartiersarbeit zur Verbesserung der Rahmenbedingungen im Quartier sollten als untaugliche Dogmen allmählich überwunden werden. Es geht um qualitätssichernde *Kombinationen* der verschiedenen Aspekte von Planung und sozialer Arbeit. Im Interesse der Sache und der Quartiersbewohner/innen von Armutsquartieren ist es notwendig, die *gegenseitig* oft gepflegten Vorurteile der „jungen Professionen“ Raumplanung (sie sei bürokratisch-technokratisch, allenfalls künstlerisch orientiert und betreibe Sozialmontage) und Sozialarbeit/Sozialpädagogik (sie sei sozialfürsorgerisch-patriarchalisch-entmündigend, bestenfalls schwammig-emanzipativ orientiert, ohne Strukturen zu beeinflussen) abzubauen. Die Vorläuferkonzepte der 1980er Jahre, das heißt auf Seiten der Raumplanung das Konzept der „behutsamen Stadterneuerung", auf Seiten der Sozialarbeit das Konzept der „stadtteilbezogenen Gemeinwesenarbeit" bieten gute Anknüpfungspunkte für derartige Kombinationen.

In Sinne der Zusammenarbeit plädiert dieses Buch entschieden für eine verstärkte interdisziplinäre Zusammenarbeit beider Berufsgruppen.

Kapitel 1
Stadtentwicklung und Sozialraumspaltung am Anfang des 21. Jahrhunderts

Seit den 1980er Jahren werden in zahlreichen Großstadtstudien europaweit neue Formen und Strukturen sozialer Ungleichheit, damit einhergehend neue Formen der Sozialraumspaltung der Großstädte konstatiert und ihre Konsequenzen für die künftige Entwicklung der „Sozialen Stadt" diskutiert (*vgl. z.B. Alisch/Dangschat 1993 und 1998; BMBau 1994; Breckner u.a. 1989; Froessler 1994; Hanesch 1997; Häußermann 2000; Häußermann/Siebel 1987 und 1996; Herlyn/Lettko 1991*).

Die in diesen Studien analysierten Prozesse des Strukturwandels der großen Städte bilden den Hintergrund für die seit den 1990er Jahren europaweit neu entwickelten und praktizierten staatlichen Programme zum Umgang mit der städtischen Armut und Sozialraumspaltung.

Im vorliegenden Kapitel werden die Grundlagen, die Entwicklungstrends, die Erscheinungsformen und Folgen der aktuellen Sozialraumspaltung der bundesdeutschen Städte charakterisiert. Wenn dabei primär von Großstädten und Ballungsräumen die Rede ist, so deshalb, weil die skizzierten Trends in den großen Städten besonders ausgeprägt sind. In veränderter und abgeschwächter Form gelten sie allerdings auch für Klein- und Mittelstädte.

1.1 Umbrüche der Großstadtentwicklung – von der integrativen zur gespaltenen Stadt

Die Sozial- und Sozialraumspaltung der kapitalistischen Stadt sind bekanntlich kein neues Phänomen (*vgl. z.b. Häußermann/Kapphan 2000, S. 5ff*).

Die Städte des 19. Jahrhunderts waren „Klassenstädte" mit krassen sozialen Ungleichheiten und Gegensätzen und ausgeprägter sozialräumlicher Segregation. Da die Wohnungsproduktion und –verteilung dem privaten Markt überlassen wurden, bestimmte die Stellung am Arbeitsmarkt und die Höhe des Einkommens unmittelbar auch die Wohnsituation, das heißt nicht nur die Größe und Qualität, sondern auch die Lage der Wohnung im Stadtgebiet. Die sozialräumliche Struktur der Städte, die Wohnviertel der unterschiedlichen Klassen und Schichten spiegelten die Preisunterschiede des Immobilienmarktes wieder (*vgl. Engels 1887, S. 516ff*). Soziale Ungleichheit in der Stellung am Arbeitsmarkt und beim Einkommen setzte sich in den Wohnverhältnissen fort und damit in den Raum um. Ein klassischer Kernsatz der Wohnungs- und Stadtentwicklungspolitik lautet daher: „Die Wohnungsfrage ist eine Lohnfrage."

Gegen Ende des 19. und zu Beginn des 20. Jahrhunderts wurde die „Klassenstadt" zunehmend als sozialer Skandal empfunden und die Wohnungsfrage als ein zentrales Thema sozialer Reformnotwendigkeiten begriffen. Unter den widersprüchlichen, zum Teil gegensätzlichen Einflüssen der sozialdemokratischen Arbeiterbewegung, der kirchlich-caritativen Reformbewegung und der unternehmerisch-paternalistischen Sozialpolitik der Schwerindustrie bildete sich in Deutschland und anderen europäischen Staaten allmählich eine sozial geprägte Wohnungs- und Stadtentwicklungspolitik mit dem Ziel der Verbesserung der Wohnverhältnisse der unterprivilegierten Klassen heraus. In der Weimarer Republik wurde das Instrument eines mit öffentlichen Mitteln geförderten gemeinnützigen Wohnungssektors – später „sozialer Wohnungsbau" genannt – entwickelt. Damit sollte die bisherige Gleichung „Zugehörigkeit zum Proletariat bedeutet auch schlechte Wohnungsversorgung und Wohnen in benachteiligten Quartieren" explizit entkoppelt bzw. durchbrochen werden.

„Der gemeinnützige Wohnungsbau war ein gesellschaftspolitisches Projekt, das insbesondere auf die soziale Integration der Stadtgesellschaft zielte. Er war nie in dem Sinne sozial konzipiert, dass er vor allem die Ärmsten und Bedürftigsten versorgen sollte; er war also nie sozial im Sinn von residualer Fürsorge, sondern sozial im Sinn von Gesellschaftspolitik – wie es später in den bundesrepublikanischen Wohnungsbaugesetzen formuliert wurde: er sollte zur Wohnungsversorgung der ‚breiten Schichten' des Volkes beitragen. ... Herausragendes Merkmal der europäischen Stadt des 20. Jahrhunderts war und ist, dass sich zwischen soziale Ungleichheit und Wohnbedingungen ein Puffer schob, der die Verdoppelung von Benachteiligung und damit Ausgrenzung verhinderte. Das unterscheidet die europäische von der amerikanischen Stadt" (*Häußermann/Kapphan 2000, S. 11*).

Sozialstaatliche Wohn- und Stadtentwicklungspolitik gewann mit der öffentlichen Förderung des Wohnungsbaus, ergänzt durch andere Instrumente der Stadtplanung, Wohnungs- und Infrastrukturpolitik vor allem in der 2. Hälfte des 20. Jahrhunderts realen Einfluss auf die Formung der Wohnverhältnisse und der sozialräumlichen Struktur der Städte. Bekanntlich sind durch diese Instrumente die soziale Ungleichheit auch in der Wohnungsversorgung niemals überwunden und die Marktgesetze des Immobilienmarktes nur bedingt durchbrochen worden. Außerdem belegen die Diskussionen zur „Unwirtlichkeit der Städte" am Ende der 1960er Jahre und die Häuserkämpfe der 1970er Jahre deutliche Fehlentwicklungen der sozialstaatlichen Wohnungs- und Stadtentwicklungspolitik (*vgl. z.B. Krummacher 1981, S. 75ff*). Trotzdem: Vor dem Hintergrund der lang anhaltenden wirtschaftlichen Wachstumsphasen wurde schon in den 1950er Jahren die Arbeitslosigkeit und die enorme städtische Wohnungsnot der Nachkriegszeit abgebaut. Seither haben sich die Einkommen und die Wohnverhältnisse der „breiten Schichten des Volkes" der Bundesrepublik stetig verbessert. Ergänzend dazu sind bis gegen Ende der 1970er Jahre die Bildungs-, Sozial- und Freizeitinfrastrukturen auch in den „Arbeitervierteln" massiv ausgebaut worden, ist die soziale Segregation in den Städten tatsächlich vermindert worden und das (sozialdemokratische) Leitbild einer sozial gemischten Bewohnerstruktur in zahlreichen Wohnquartieren annähernd Wirklichkeit geworden. Aus heutigem Blickwinkel betrachtet, konnte das Integrationsmodell der „Sozialen Stadt" des 20. Jahrhunderts die sozialen Spaltungen der Stadtbevölkerung zwar nicht überwinden, aber doch abmildern. Auch wenn es immer Armut, Ausgrenzung und Wohnungsnot von Minderheiten gegeben hat, die „Integrationsmaschine" Stadt hat ihr Integrationsversprechen für relativ breite Schichten ihrer Bevölkerung eingelöst.

Im Zuge des ökonomischen und gesellschaftlichen Strukturwandels zeichnen sich seit dem Ende der 1970er Jahre europaweit neue soziale Spaltungen und Fragmentierungen in den Städten ab. Sie werfen die Fragen auf, ob sich dauerhaft eine „neue städtische Unterschicht" herausbildet und, ob das Integrationsmodell „Soziale Stadt" des 20. Jahrhunderts ein „Auslaufmodell" darstellt oder, ob es lediglich modernisiert werden muss (*vgl. Häußermann 2000, S. 13ff; Kronauer 2000, S. 13ff*)?

1.2 Erscheinungsformen und Ursachen des Umbruchs der Großstadtentwicklung

Bei allen regionalen Unterschieden war Großstadtentwicklung in der Bundesrepublik bis zur Mitte der 1970er Jahre von einem nahezu stetigen Bevölkerungswachstum, Arbeitsplatzwachstum sowie von ausgeprägten planerischen und sozialstaatlichen Eingriffen in das ökonomische und soziale Gefüge der Stadt geprägt. Seither sind mehrere sich überlagernde Trendbrüche eingetreten. Mit Blick auf veränderte Rahmenbedingungen der Stadtentwicklung und die zunehmende Segregation sind vor allem zu nennen (*vgl. u.a. Häußermann/Kapphan 2000, S. 14ff*):

- Der Umbruch der Ökonomie und des Arbeitsmarktes,
- der sozio-demografische Wandel und der Wandel der Lebensstile der Stadtbevölkerung,
- die Liberalisierung und Deregulierung staatlicher und kommunaler Eingriffe in den Wohnungsmarkt,
- die Krise der öffentlichen Finanzen, darunter besonders der kommunalen Haushalte und

– das großräumige Regionalgefälle vor allem zwischen West- und Ostdeutschland.

Umbruch der Ökonomie, Polarisierung der Arbeitsmärkte, Zunahme der „Überflüssigen"

Der Arbeitsmarkt bildet die zentrale Instanz der sozialen Integration und der Wohlfahrtschancen von Individuen. Die wirtschaftlich und politisch gewollte Globalisierung, das heißt die Entgrenzung der kapitalistischen Ökonomie, die wachsende internationale Konkurrenz zwischen den entwickelten Industriestaaten führt zu einem starken Druck auf die Produktions- und Lohnstückkosten bei gleichzeitig abnehmenden Möglichkeiten einer nationalstaatlich begrenzten Wirtschafts- und Strukturpolitik. Der zeitgleiche Wandel von der Industrie- zur Dienstleistungsgesellschaft („Tertiärisierung") wird von einem massiven Abbau von Industriearbeitsplätzen und dem selektiven Ausbau von Dienstleistungstätigkeiten begleitet.

Dem Prozess der De-Industrialisierung fallen in den Ballungsräumen vor allem – zuvor tarifrechtlich relativ gut abgesicherte – Arbeitsplätze in der großen Industrie und vorrangig solche mit niedrigen Qualifikationsanforderungen zum Opfer.

Im Dienstleistungssektor sind unterschiedliche, sich künftig vermutlich verstärkende Entwicklungen zu beobachten: Im Bereich der unternehmensorientierten Dienstleistungen mit hohen Qualifikationserfordernissen wie EDV, Informations- und Kommunikationsdienste, Marketing, Unterhaltungsindustrie, Forschung und Entwicklung wächst die Zahl der Arbeitsplätze deutlich. Gleichzeitig wächst die Zahl der gering qualifizierten Niedriglohntätigkeiten in den Bereichen Reinigung, Sicherheitsdienste, Transport, Gastronomie sowie Dienste für und in Privathaushalten. Im Einzelhandel entfallen per Saldo zahlreiche Arbeitsplätze, vorrangig solche mit geringer Qualifikation. Unter dem Druck der Finanzknappheit und der Deregulierung wird das Personal in den zuvor besonders expandierenden Beschäftigungsbereichen öffentlichen Dienste und Einrichtungen ohne Erwerbscharakter ausgedünnt. Im Banken- und Versicherungsgewerbe sind die Schließung ortsnaher Filialen und die Wegrationalisierung vorwiegend mittlerer Sachbearbeiter- und Leitungsfunktionen zu erwarten. Im Ergebnis nimmt die Dualisierung der Qualifikations- und Beschäftigungsstruktur im Dienstleistungssektor zwischen hoch qualifizierten, gut bezahlten und gering qualifizierten, prekären Tätigkeiten massiv zu.

Der Strukturwandel der Wirtschaft und des Arbeitsmarktes führen gleichzeitig zu veränderten Standortpräferenzen des Kapitals: Dies gilt gleichermaßen für die „harten" Standortfaktoren wie Flächen, technische Infrastruktur, Arbeitskräftepotential, Marktnähe und andere „Fühlungsvorteile", Subventionen und administrative Auflagen, wie für die „weichen" Standortfaktoren wie Wohn- und Freizeitbedingungen, Kulturangebote, Image und „politisches Klima“. Als Standorte für industrielle Produktion verlieren die Großstädte zweifellos an Gewicht. Infolge der rasanten Entwicklung der Kommunikations- und Transporttechnologien ist auch der wachsende Dienstleistungssektor technologisch weniger an hoch verdichtete Standorte gebunden. Der Suburbanisierung des Wohnens könnte die Suburbanisierung der Erwerbstätigkeit folgen. Ob im Ergebnis der zwei Jahrhunderte währende Trend der Verstädterung und die Schlüsselstellung der Großstädte als Zentren der Erwerbstätigkeit gebrochen wird, lässt sich derzeit noch nicht beurteilen.

Insgesamt werden die Teilarbeitsmärkte der Großstädte durch eine zunehmende soziale Polarisierung in bezug auf Qualifikationen, Verdienstmöglichkeiten und Arbeitsplatzsicherheit charakterisiert. Dabei wachsen gleichermaßen die Beschäftigungssegmente der hoch Qualifizierten mit hohen Arbeitseinkommen wie die der prekär Beschäftigten mit unsteter Beschäftigung, geringer Absicherung und Niedriglöhnen. Darüber hinaus – und das ist gegenüber den 1950er bis 1970er Jahren europaweit neu – verfestigt sich auf hohem Niveau ein Sockel der „*Überflüssigen*“, das heißt derjenigen, die am Arbeitsmarkt dauerhaft nicht gebraucht werden und/oder sich entmutigt von ihm zurückgezogen haben (*vgl. Kronauer 2000, S. 21ff*). Gemeint sind die Dauerarbeitslosen und die „stille Reserve“ der potenziell Erwerbsfähigen, die keine Chance am regulären Arbeitsmarkt haben. Die Ära relativer Vollbeschäftigung endete bereits Mitte der 1970er Jahre. Seither bis zum Ende des 20. Jahrhunderts stieg die registrierte Arbeitslosigkeit im Durchschnitt der Länder der Europäischen Union (bei allerdings deutlichen regionalen Unterschieden) von etwa zwei Prozent auf acht bis über zehn Prozent. Die strukturellen Probleme der Massenarbeitslosigkeit bestehen darin, dass auch in Wachstumsperioden erstens die Gesamtarbeitslosigkeit nur mäßig abnimmt, zweitens der Sockel der Langzeitarbeitslosen auf hohem Niveau verharrt.

Nach Berechnungen des Instituts für Arbeitsmarkt- und Berufsforschung (IAB) fehlten in der Bundesrepublik 2001 ca. 5,5 Millionen Arbeitsplätze, davon 3,7 Millionen in Westdeutschland und 1,8 Millionen in Ostdeutschland (*vgl. Sozialpolitische Umschau Nr. 175, 2001*). Auf ähnlich hohem Niveau lag die Arbeitsplatzlücke im Durchschnitt des gesamten vergangenen Jahrzehnts (bei Schwankungen zwischen ca. fünf und sechs Millionen fehlenden Arbeitsplätzen). Im September 2001 waren von etwa 3,7 Millionen registrierten Arbeitslosen über ein Drittel Langzeitarbeitslose. Ähnlich hoch lag der Sockel der Langzeitarbeitslosen im Durchschnitt des vergangenen Jahrzehnts. Überdurchschnittlich waren und sind von Arbeitslosigkeit die Gruppen Berufseinsteiger und Wiedereinsteiger, ältere und gesundheitlich eingeschränkte Arbeitnehmer, Ausländer und vor allem Arbeitskräfte ohne Berufsausbildung betroffen.

„Die Risiken arbeitslos zu werden und vor allem es über einen längeren Zeitraum zu bleiben, sind von vorneherein sozial ungleich verteilt. Besonders betroffen sind in Westeuropa jeweils die jungen und die älteren, vor allem aber die ungelernten Arbeitskräfte. Letztere stellen das Gros der ‚Überflüssigen' (*Kronauer 2000, S. 22*)."

Dass sich die Spaltung am Arbeitsmarkt zwischen Hochqualifizierten, prekär Beschäftigten und „Überflüssigen" erwartungsgemäß beim Einkommen und Vermögen bzw. bei der Reichtums- und der Armutsentwicklung fortsetzt – und zwar besonders in den großen Städten, wurde in mehreren Studien nachgewiesen (*vgl. z.B. Huster u.a. 1994, 1997; Kronauer 1997; Siebel 1997*). Belegt wird dies unter anderem durch die Befunde des ersten Armuts- und Reichtumsberichts der rot-grünen Bundesregierung (*vgl. BMA 2001; siehe dazu Textauszug Frankfurter Rundschau v. 03.11. 2000 in Übersicht 1.1*).

Übersicht 1.1: „Bundesregierung entwirft ein Bild von der sozialen Spaltung."

„Arbeitsministerium beschreibt erstmals Entwicklung von Reichtum und Armut/Schere klafft immer weiter auseinander
Von Hilmar Höhn

...

BERLIN, 2. November. Immer mehr Menschen leben hier zu Lande in Armut, zugleich konzentriert ein immer größeres Vermögen in den Händen weniger Bürger.

...

Danach lebten bei der letzten Erhebung der Einkommenssteuerstatistik 1995 in Deutschland rund zwei Millionen Menschen, die in einem Jahr mehr als das Doppelte eines Durchschnittsverdieners bezogen. Diese in der Wissenschaft als 200-Prozent-Schwelle bekannte Grenze liegt bei etwa 130 000 Mark Jahresbruttoeinkommen. Unter den zwei Millionen Gutverdienenden befinden sich immerhin 27 000 Menschen, die mehr als eine Millionen Mark im Jahr verdienen. Dabei verfügen nicht alle Bürger mit einem gut bemessenen Einkommen auch über große Vermögen. Diese Paarung traf 1993 nur auf eine Million Haushalte zu. 1998 war ihre Zahl auf 1,1 Millionen angewachsen, wobei die Zahl der zugehörigen Haushaltsmitglieder von 1,9 Millionen auf 1,8 Millionen geschrumpft ist. Diese drei Prozent der Gesamtbevölkerung bezogen konstant gut acht Prozent des Nettoeinkommens. Ihren Anteil am Immobilien-, Geld- und Wertpapiervermögen konnten diese Kreise von 1993 auf 1998 von 14 auf 15,4 Prozent ausbauen.

...

Jeder Fünfte der rund 80 Millionen Bürger dieses Landes muss mit weniger als 60 Prozent des Durchschnittseinkommens, rund 60 000 Mark Bruttojahreseinkommen, auskommen. Zwischen den alten und neuen Bundesländern liegen laut Bericht noch Welten. Danach lebt fast jeder dritte Ostdeutsche in relativer Armut, aber nur jeder fünfte Westdeutsche. ...
Als Ursache dafür (*gemeint ist Einkommensarmut – die Verf.*) nennt der Bericht an erster Stelle Arbeitslosigkeit, doch liegt der Anteil der Erwerbslosen in der Statistik, bei nur zirka einem Viertel'. Einen großen Anteil an der Armutsstatistik machen weiter Alleinerziehende aus. Aber selbst eine feste Arbeit schützt immer weniger vor dem Abgleiten in die Armut. Der Anteil derer, die trotz Job zu den Armen zählen, stieg zwischen 1993 und 1998 von 38 auf 44 Prozent. Spiegelbildlich zum Vermögen der Reichen entwickelt sich auch die Überschuldung der Armen. Allein in Westdeutschland nahm die Zahl der ‚überschuldeten Haushalte' zwischen 1989 und 1997 von 1,2 Millionen auf 2,1 Millionen zu, in Ostdeutschland liegt die Zahl inzwischen bei 580 000. ..."

Quelle: Textauszug Frankfurter Rundschau v. 03.11.2000

Sozio-demografischer Wandel und wachsende soziale Polarisierung

Die Gesamtbevölkerung in Deutschland stagniert derzeit. Vorausberechnungen des Statistischen Bundesamtes bis zum Jahr 2050 zeigen jedoch, dass die Bevölkerung sehr bald schrumpfen wird und sich das zahlenmäßige Verhältnis zwischen älteren und jüngeren Menschen erheblich verschieben wird. Unter Zugrundelegung der aktuellen niedrigen Geburtenhäufigkeit, einer weiter steigenden Lebenserwartung und einem jährlichen Zuwanderungsüberschuss von ca. 100 000 Personen wird die Gesamtbevölkerung von derzeit 82 Millionen Einwohnern auf 65 Millionen im Jahre 2050 sinken. Selbst bei einem jährlichen Zuwanderungsüberschuss von 200 000 Einwanderern wird der Trend zur Bevölkerungsschrumpfung nicht gebrochen, sondern lediglich abgemildert. Die Einwohnerzahl im Jahr 2050 läge dann bei 70 Millionen (*vgl. Statistisches Bundesamt 2000*).

Unter Berücksichtigung der Faktoren Altersaufbau, Geburtenverhalten, Entwicklung der Zahl und Größe der Privathaushalte sowie innerdeutsche Nah- und Fernwanderungen lassen sich in den Großstädten bzw. Ballungsräumen gegenüber dem Bundesdurchschnitt derzeit die folgenden Trends der Bevölkerungsentwicklung feststellen.

Die Wohnbevölkerung der Kernstädte aller Ballungsräume ist überdurchschnittlich alt. Der Geburten-/Sterbesaldo ist negativ. Aus den meisten Großstädten wandern mehr Menschen – und zwar vorrangig mittelständische Privathaushalte – ins Umland ab, als neue hinzuziehen („Suburbanisierung"). In Folge dessen schrumpft mittelfristig die Bevölkerung der meisten Kernstädte überdurchschnittlich stark. Aufgrund der anhaltenden Suburbanisierung kommt es zu einer „sozial selektiven" Entdichtung der Kernstädte, bei gleichzeitiger Erweiterung und Verdichtung ihres Umlandes. Die großen Städte „entleeren sich und wachsen am Rand". Viele mobile mittelständischen Haushalte ziehen ins Umland. Außer den wohlhabenden und mittelständischen Haushalten mit urbanen Lebensstilpräferenzen, bleiben vor allem die weniger mobilen Haushalte, darunter besonders die Armen in den Kernstädten zurück.

Ungeachtet des allgemeinen Trends zur Schrumpfung der Großstadtbevölkerung sind massive regionale Unterschiede zwischen den Ballungsräumen zu beobachten: Infolge der weggebrochenen Arbeitsplätze, der Abwanderungen von mobilen Haushalten, das heißt vor allem von jungen und gut qualifizierten Menschen in den Westen und der extrem niedrigen Geburtenzahlen sinken die Einwohnerzahlen der ostdeutschen Großstädte und Ballungsräume weit überdurchschnittlich. Bereits jetzt stehen etwa 1 Million ostdeutscher Wohnungen leer. Leer stehende Wohnungen sind aber nur eines der Probleme, die die Abwanderung für den Osten mit sich bringt. Vielmehr werden den ostdeutschen Städten und Regionen wichtige Entwicklungspotentiale entzogen und die „Ex-DDR“ droht sich zur „DRR“ bzw. zur „Deutschen-Rentner-Republik“ zu entwickeln.

Aber auch in den altindustrialisierten Regionen des Westens wie dem Ruhrgebiet, dem Saargebiet und den Werftregionen sinken mittelfristig die Einwohnerzahlen überdurchschnittlich. Lediglich in den alten und neuen „Boom-Towns“ wie München, Stuttgart, Frankfurt/M. sowie neuerdings im Großraum Berlin könnten die Einwohnerzahlen mittelfristig stagnieren oder leicht wachsen. Aber auch hier ist mit einer sozial selektiven Schrumpfung der Kernstadtbevölkerung bei gleichzeitigem Wachstum der Umlandbevölkerung zu rechnen.

Der allgemeine gesellschaftliche Trend zur Verkleinerung und Singularisierung der Privathaushalte wirkt sich ebenfalls besonders stark in den Großstädten aus. Dabei überlagern sich die hohen Altenanteile, sie stellen die große Mehrheit der „Single-Haushalte“, die Zunahme der Mittelstands-Singles als Wohlstands- und Emanzipationseffekt, die niedrigen Geburtenraten sowie die Erosion der Kernfamilien in Folge steigender Scheidungs- und Trennungsraten. Dieser Trend zur „Ent-Familialisierung“ der Großstadtbevölkerung hat für die Entwicklung der städtischen Teilgesellschaften eine wichtige Konsequenz: Das soziale Netz „Familie“ kann ihre wichtige Selbsthilfefunktion als Wohlfahrtsinstanz nur noch bedingt wahrnehmen. Wer sich mit entsprechenden Gütern und Diensten nicht am privaten Markt versorgen kann, ist auf den kommunalen Sozialstaat angewiesen oder, er/sie werden von Teilhabechancen ausgegrenzt.

Einer der markantesten Trends des Umbruchs der Großstadtbevölkerung bilden die wachsenden Migrantenanteile im Westen (*vgl. Krummacher/Waltz 2001, S. 82ff*). Migration in der Bundesrepublik ist ein westdeutsches Großstadtphänomen: Über neun Zehntel der Einwohner ohne deutschen Pass leben in Westdeutschland, acht Zehntel von ihnen leben in westdeutschen Großstädten. Bereits jetzt liegt der Migrantenanteil im Durchschnitt der westdeutschen Großstädte bei ca. 15 Prozent der Bevölkerung und zwar *ohne* Berücksichtigung der Aussiedler und der eingebürgerten ehemaligen Ausländer mit deutschem Pass.

„Auch wenn es gelänge, keinen einzigen Zuwanderer über die Grenzen nach Deutschland kommen zu lassen, würde der Ausländeranteil in den Großstädten weiter steigen, denn die ausländische Bevölkerung ist im Durchschnitt jünger, lebt häufiger in Familien zusammen und hat daher auch mehr Kinder. Inzwischen hat sich bekanntlich auch in der Bundespolitik die Einsicht durchgesetzt, dass Deutschland eine Einwanderungspolitik braucht – von der Abwehr wird jetzt auf Anwerbung umgeschaltet, wobei nach beruflichen Fähigkeiten selektiert wird (*Häußermann/Kapphan 2000, S. 17*).“

Die Anteile der Ein- und Zugewanderten und ihrer Kinder wachsen und werden es weiterhin tun. Nach wie vor gehören große Teile der Migrationsbevölkerung in bezug auf ihre Stellung am Arbeits- und Ausbildungsmarkt, ihren Zugang zum Wohnungsmarkt, ihre Schulabschlüsse und ihre politischen

Teilhabechancen zu den städtischen Unterschichten. Gleichwohl differenzieren sich ihre rechtlichen, politischen, ökonomischen und kulturellen Positionen aus. Und: Angesichts der Überalterung und Schrumpfung der deutschen Bevölkerung bilden die Migranten ein wichtiges Potenzial für eine zukunftsfähige Großstadtentwicklung. Ihre Bedürfnisse und Ansprüche nach Gleichberechtigung und Chancengleichheit werden von den Migranten zunehmend artikuliert. Einhergehend mit den multiethnischen Realitäten, der auf lange Sicht hohen Arbeitslosigkeit, der Krise der öffentlichen Haushalte und der Konsolidierungspolitik der Sozialfinanzen nehmen die Konkurrenzen um knappe Ressourcen und die interkulturellen Konflikte zwischen „Einheimischen und Fremden" in vergleichbarer sozialer Lage eher zu. Die periodischen Wellen rassistisch motivierter Gewalt und Mordanschläge – die sich keineswegs nur auf Ostdeutschland beschränken – bilden dabei nur die Spitze des Eisberges.

Wohnungsmarkt- und Wohnungspolitikentwicklung

Um es vorab zu sagen: Gegenüber der ersten Hälfte der 1990er Jahre ist der Wohnungsmarkt in vielen großen Städten *derzeit* relativ entspannt. Abgesehen von den massiven Wohnungsleerständen in den meisten ostdeutschen Städten, bestehen auch in vielen westdeutschen Städten in bezug auf schlechte und sehr teure Wohnungen Vermarktungsprobleme. Darüber hinaus stagnierte das Mietpreisniveau über mehrere Jahre. Von den einen begrüßt, von den anderen bedauert, scheint sich der Wohnungsmarkt vom „Anbietermarkt" zum „Nachfragermarkt" gewandelt zu haben.

Die durchschnittliche Wohnungsversorgung der breiten Schichten der deutschen Bevölkerung ist als gut bis sehr gut zu bezeichnen, in Deutschland gibt es keine allgemeine Wohnungsnot (*vgl. BMA 2001, S. 114ff; Erbslöh/ Krummacher 1996*). Die trotzdem vorhandene Wohnungsnot von Minderheiten ist ein Teilaspekt der Gesellschaftsspaltung zwischen „arm" und „reich".

Einerseits gehören die durchschnittlichen Wohnstandards in Westdeutschland zu den höchsten der ganzen Welt. Von 1950 bis 1998 ist der durchschnittliche Wohnflächenverbrauch in Westdeutschland von 15 qm pro Person auf ca. 40 qm pro Person, das heißt auf mehr als das Zweieinhalbfache gestiegen; auch künftig ist mit einer weiteren Steigerung der Wohnfläche pro Person zu rechnen. Fast 90 Prozent aller Haushalte verfügten 1998 über Bad, WC und Zentralheizung in der Wohnung, das heißt über eine gute Wohnungsausstattung.

Andererseits verwischen derartige Durchschnittswerte die großen Versorgungsunterschiede und die Spaltung der Wohnversorgung zwischen West und Ost, zwischen Arm und Reich, zwischen Eigentümern und Mietern, zwischen Stadt- und Landbevölkerung, zwischen unterschiedlichen Haushaltsgrößen und -typen sowie zwischen den beliebten und unbeliebten Mietergruppen, die im Jargon der Wohnungswirtschaft „Störmieter" genannt werden.

Für die Mitte der 1990er Jahre gilt: Einerseits waren nach dem Indikator Wohnfläche/pro Person etwa ein Zehntel der westdeutschen Privathaushalte mit Wohnraum relativ „überversorgt" (unter Zugrundelegung eines Schwellenwerts der Überschreitung der Durchschnittsversorgung von mehr als 50 Prozent; *vgl. Erbslöh/Krummacher 1997, S. 291 ff*). Andererseits waren in Anlehnung an die Städtetagsdefinition von Wohnungsnot (*vgl. Deutscher Städtetag 1987*) etwa ein Zehntel der westdeutschen und etwa ein Siebtel der ostdeutschen Einwohner von relativer oder absoluter Wohnungsnot betroffen (*vgl. Huster 1994, S. 68-99; Krummacher 1996, S. 25ff*). Die Aussagen des Armuts- und Reichtumsberichts der Bundesregierung deuten auf folgendes hin (*vgl. BMA 2001, S. 118ff*): Von 1994 bis 1998 sind die Anteile der relativ überversorgten Haushalte weiter gestiegen und die Anteile der von Wohnungsnot betroffenen Haushalte gesunken. Trotzdem hat sich die Liste der von hohen Wohnungsnotrisiken betroffenen Gruppen kaum verändert. Sie betrifft außer den akut Wohnungslosen vor allem: Viele Sozialhilfeempfänger/-innen, Langzeitarbeitslose, Aussiedler/-innen, Flüchtlinge, viele Ausländerfamilien, alte Menschen mit zu geringer Rente, viele alleinerziehende Mütter und junge Familien, viele Suchtkranke und Behinderte sowie traditionell viele kinderreiche Familien. Räumlich konzentrieren sie sich diese Gruppen vor allem in den Großstädten. Die Hauptursache bildete in den 1990er Jahren vor allem der Mangel an preiswerten Mietwohnungen in zahlreichen Ballungsräumen. Wenngleich in der zweiten Hälfte der 1990er Jahre die Zahl der akuten Wohnungsnotfälle auch in den Ballungsräumen gesunken ist, sollte man sich nicht täuschen. Die Hauptursache für Wohnungsnotrisiken, das heißt der Mangel an preiswerten Mietwohnungen wurde nicht behoben. Daher könnte die derzeitige relative Entspannung am Wohnungsmarkt vor allem Westdeutschland in kurzer Zeit wieder umkippen. In Großstädten wie Frankfurt, München, Stuttgart, Köln und Hamburg ist das bereits jetzt der Fall *(vgl. Textauszug Frankfurter Rundschau v. 14.01.200, siehe Übersicht 1.2)*.

Übersicht 1.2: „Mieterbund warnt vor Engpass am Wohnungsmarkt"

„Vor einer neuen Wohnungsnot warnt der Deutsche Mieterbund. Die Probleme in Westdeutschland ‚werden sich im nächsten Jahr wieder verstärken', prognostiziert Anke Fuchs, Präsidentin der Organisation. Vor allem in Ballungszentren zeichneten sich neue Engpässe ab. In der Folge dürften die Mieten im Schnitt um vier Prozent steigen. ‚Das ist der höchste Anstieg seit 1994'. ...
Als wesentliche Ursache nennt der Mieterbund die deutlich gesunkenen Investitionen. ‚Die Fertigstellungszahlen im Wohnungsneubau sind alarmierend.' ... Bei Mietwohnungen übertreffe der Rückgang auf lediglich 140 000 Immobilien sogar 16 Prozent. Und im nächsten Turnus dürften es nur 125 000 sein.
Für das sich abzeichnende Dilemma auf dem westdeutschen Markt macht die Lobby zum Teil auch den wohnungspolitischen Kurs der aktuellen und der vorangegangenen Bundesregierung verant-

wortlich. Dazu zählt Fuchs vor allem den schrittweisen Rückzug aus dem sozialen Wohnungsbau sowie den Verkauf von hunderttausenden Wohnungen, die bislang im Besitz des Bundes, der Länder oder Kommunen waren. Damit stünden immer weniger preiswerte Räumlichkeiten zur Verfügung.
Bereits heute gebe es hierzulande nur noch etwa 1,8 Millionen öffentlich geförderter Sozialwohnungen. Während rund 100 000 per annum aus der Sozialbindung fielen, würden gleichzeitig nur noch 30 000 bis 40 000 neue Objekte errichtet. Seit 1993 seien aber die Bundesmittel für diesen Zweck von vier Milliarden auf nur noch 450 Millionen Mark im nächsten Jahr zusammengestrichen worden. ..."

Quelle: Textauszug Frankfurter Rundschau v. 14.01.2001

Für die Vermutung neuer Engpässe am westdeutschen Mietwohnungsmarkt sprechen mehrere aktuelle, aber auch mittel- und langfristige Entwicklungstrends, insbesondere der etwa zehnjährige „Schweinezyklus" zwischen An- und Entspannung am Wohnungsmarkt, weiterhin die anhaltende Verminderung des Bestands an preiswerten Mietwohnungen infolge der Deregulierung der Wohnungspolitik sowie die aktuelle Wohnungsbaukonjunktur und Mietenentwicklung (*vgl. „Mensch MieterIn" II/2001, S. 12f; Süddeutsche Zeitung v. 21.04.01*).

Trotz sinkender Einwohnerzahlen wächst die mittelfristige Nachfrage nach Wohnraum weiterhin, weil der Trend zu höherem Wohnflächenverbrauch vor allem bei kleineren Haushalten anhält und eben diese Haushalte vor allem in den Ballungsräumen weiter zunehmen.

Die hohen Fertigstellungszahlen neuer Wohnungen der 1990er Jahre sind inzwischen besonders im Mietwohnsektor stark eingebrochen. Dies wirkt sich erfahrungsgemäß mittelfristig aus. Gleichzeitig vermindert sich seit langem der Bestand an älteren preisgünstigeren Mietwohnungen.

Der moderate Netto-Mietenanstieg bei stark steigenden Nebenkosten der letzten fünf Jahre neigt sich dem Ende zu. Nach aktuellen Erhebungen des „Ring deutscher Makler" (RDM) steigen die Neuvertragsmieten in westdeutschen Großstädten wieder deutlich an. Gleichzeitig müssen Durchschnittsmieter gegenüber früheren Jahren schon jetzt steigende Anteile ihres Einkommens für Wohnen zahlen; z.B. sind in Nordrhein-Westfalen die Mietbelastungen (Anteil der Miete und Mietnebenkosten am Einkommen) für Durchschnittsmieter von 1990 bis 1999 von ca. 25 Prozent auf ca. 30 Prozent gestiegen.

Mittelfristig wirkt sich besonders problematisch der massive Rückgang des sozialen Wohnungsbaus und das Schrumpfen des Bestandes an relativ preisgünstigen Altbauwohnungen für die unteren Einkommensschichten aus:

1. Durch das massenhafte Auslaufen der Sozialbindungen der Sozialwohnungen der frühen Förderjahrgänge mit ihren vergleichsweise günstigen Mieten. Vertragsgemäß fallen jährlich 100 000 Sozialwohnungen aus der Sozialbindung. Auf diese Weise sind von ca. 5,5 Millionen Sozialwoh-

nungen der 1960er Jahre im Jahr 2000 noch 1,8 Millionen übrig geblieben; 2010 werden es vermutlich nur noch 1 Millionen sein;

2. Durch die langfristigen Wirkungen der Aufhebung der Wohngemeinnützigkeit im Jahr 1990. Damit sind gerade in den Großstädten große Teile des sozialpolitisch steuerbaren Wohnbestandes verloren gegangen. Diese Bestände sind nur noch über freiwillige Vereinbarungen mit kommunal verbundenen Wohnungsgesellschaften sozialpolitisch einsetzbar und werden im Interesse kurzfristiger Haushaltserwägungen vielfach meistbietend verkauft;
3. Durch die weitgehende Einstellung des sozialen Mietwohnungsneubaus zunächst in den 1980er Jahren und die viel zu geringe Wiederaufnahme der staatlichen Förderung in den 1990er Jahren. Ein neuerlicher massiver Einbruch der staatlichen Förderung erfolgte ausgerechnet unter der rot-grünen Bundesregierung in den letzten Jahren. So betrug der Anteil neu geförderter Sozialwohnungen im klassischen „1. Förderweg" am Bauvolumen 1999 in Nordrhein-Westfalen gerade noch 18 Prozent. Damit ist der niedrigste Stand seit 1988, dem Beginn der letzten Wohnungsnotwelle erreicht. Weitere Deregulierungen des sozialen Wohnungsbaus und Kürzungen der Mittel dafür sind in der mittelfristigen Finanzplanung des Bundes eingeplant;
4. Durch die massenhafte, steuerlich subventionierte Umwandlung von Miet- in Eigentumswohnungen sowie durch aufwendige Modernisierungen mit ihren drastischen Mietsteigerungen. Bei Umwandlungen gilt nämlich: Wo drei Mieter ausziehen müssen, ziehen im Durchschnitt zwei neue Eigentümer ein, denn die neuen Wohnungseigentümer beanspruchen erfahrungsgemäß 40 bis 50 Prozent mehr Wohnfläche als Mieter mit gleicher Haushaltsgröße (*vgl. Erbslöh/Krummacher 1996, S. 296ff*).

Zusammenfassend: Die mittelfristigen Entwicklungen am Wohnungsmarkt und in der Wohnungspolitik befördern den Trend zur Sozialraumspaltung der Städte und können in vielen westdeutschen Städten schon bald in eine „neue Wohnungsnot" münden.

Stadtentwicklung für die Starken – Entwicklungstrends der Großstadtpolitik

Es ist unbestreitbar, dass die meisten Großstädte massive Finanzprobleme haben. Die Finanzsituation der ostdeutschen Großstädte ist trotz der hohen Zuschüsse aus dem Westen katastrophal, die Finanzkrise der meisten Großstädte im Westen ist ebenfalls gravierend. Gemessen an der Finanzsituation in altindustrialisierten Ballungsräumen und in den ostdeutschen Kommunen, ist die Einnahmesituation (Realsteuerkraft) der wenigen Boom-Towns wie München, Stuttgart, Frankfurt/M. zwar gut: Auch dort bestehen jedoch Engpässe auf der Ausgabenseite aufgrund der Subventionsansprüche des Kapitals, der Prestigepolitik, der Verschuldungspolitik, der sozialinfrastrukturellen Defizite und der – infolge hoher Lebenshaltungskosten – auch hohen Pro-Kopf-Ausgaben für Sozialhilfeempfänger.

Umso angespannter ist Finanzsituation in den Kommunen mit geringer Realsteuerkraft, geringerem Neuverschuldungsspielraum, höheren Arbeitslosen- und Sozialhilfeempfängerquoten und daher hohen kommunalen Sozialausgaben. Vielfach sind sie – im Rahmen der kommunalen Finanzaufsicht – sog. „Haushaltssicherungskonzepten“ mit harten Sparauflagen unterworfen.

Fest steht, dass – ohne kommunale Finanzreform – die notorische kommunale Finanzkrise in Ostdeutschland ohnehin, aber auch in den meisten westdeutschen Großstädten auf längere Sicht anhalten wird. Dies befördert den schon lange bestehenden Trend zu drastischen Sparpolitiken der Kommunen. Angesichts der ökonomischen und zentralstaatlichen Abhängigkeiten der Städte, ist die Krise der Kommunalfinanzen aus eigener Kraft nur schwer beeinflussbar. Seit langem ist eine kommunale Finanzreform, die die Mittelausstattung der Kommunen strukturell verbessert, überfällig.

Es ist aber auch offensichtlich, dass Kommunalpolitiker aller Couleur die Mittelknappheit, die Sachzwänge und die Verantwortlichkeit jeweils anderer Politikebenen als beliebte „Totschlägerargumente“ nutzen, um Kritik an den hausgemachten Anteilen der Misere abzuwehren und ihre Sozialsparpolitik zu begründen versuchen. Eine derartige „Sachzwanglogik“ unterstellt meist unhinterfragt, dass in der kommunalpolitischen Zielhierarchie wirtschaftspolitische und davon abgeleitete Förderprioritäten – wie Wirtschaftsförderung, Baupolitik, Verkehr, Prestige-Kulturpolitik und neuerdings Imageförderung – zwangsläufig vorrangig sein müssten, während soziale Handlungsnotwendigkeiten – wie Wohnen, Sozialinfrastruktur und lokale Beschäftigungspolitik – nachrangig seien.

In der Boomphase der Großstadtregionen bis Mitte/Ende der 1970er Jahre bemühte sich Großstadtpolitik, die Verheißung des Großstadtversprechens „Wohlstand für alle“ wenigstens einigermaßen einzulösen. Neben der Wirtschaftsförderung und dem Ausbau der wirtschaftsnahen Infrastruktur, wurden gleichzeitig beträchtliche finanzielle Anstrengungen unternommen, die Wohn-, Bildungs-, Sozial- und Freizeitinfrastrukturen auszubauen. Dass dabei unsere „unwirtlichen Städte“ entstanden sind und die Armen nur bedingt erreicht wurden, steht zwar außer Frage. Gleichwohl wurden beträchtliche Wohlfahrtseffekte für breite Schichten der Bevölkerung erzielt.

Vor dem Hintergrund der hohen Arbeitslosigkeit, des Wegbrechens industriell gewerblicher Arbeitsplätze, des demografischen Wandels, der Suburbanisierung, der stark wachsenden Sozialhilfehaushalte der Kernstädte und der kommunalen Finanzkrise wurde seit den 1980er Jahren, abgesehen von den gesetzlichen Pflichtaufgaben, von den meisten Großstädten nur noch selten der Versuch der Gleichzeitigkeit von aktiv gestaltender Wirtschafts- und sozial ausgleichender Sozialpolitik unternommen.

Kommunalpolitische und städtebauliche Vorstellungen, die Gestaltung öffentlicher Räume, Einrichtungen, Wohnungen, Einkaufzentren und Verkehrsmittel orientieren sich seither ziemlich einseitig an

- den Interessen der großen Organisationen und Wirtschaftsunternehmen,
- den Forderungen des tertiären Sektors und der Freizeitindustrien,
- Normen mit hohen technischen Qualitätsstandards,
- kaufkräftigen Einwohnern mit guter beruflicher Qualifikation, gutem, zumindest normalen Einkommen und entsprechenden Lebensgewohnheiten und –ansprüchen,
- den Interessen der Autofahrer und
- den Interessen gesunder, nichtbehinderter deutscher Männer mittleren Alters.

Die Rücksicht auf Schwächere und sozial benachteiligte Minderheiten bleiben dabei allzu leicht auf der Strecke. Großstadtpolitik heißt seit langem vorrangig „Politik für die Starken". Die Kernelemente dieses Politik-Musters der Großstadtpolitik stellen sich vielfach wie folgt dar:

Die Wirtschaftsförderung und die Gewerbeansiedlungspolitik sind – neben Elementen der Bestandsförderung – vor allem ansiedlungs- und hightech-fixiert. Alle Großstädte lassen sich dies auf Kosten der Steuerzahler und zu Lasten anderer kommunaler Aufgaben eine Menge kosten. Dabei treibt die interkommunale Konkurrenz nach dem Motto „Wer bietet am meisten?" häufig krasse Blüten (z.B. in Form der rüden Abwerbung von Betrieben und Arbeitsplätzen aus Nachbarstädten). Die Ausgangssituation und Erfolgsaussichten von „Boom-Towns" und „schrumpfenden Großstädten" sind für eine solche Politik freilich völlig andere: Abgesehen davon, dass große Neuansiedlungen selten geworden und die Standortwürfel der High-Tech-Produktionen zumindest im Westen weitgehend gefallen sind, haben die „Boom-Towns" an Finanzen, Fühlungsvorteilen und Kaufkraft sehr viel mehr zu bieten und daher auch mehr Erfolge als die schrumpfenden Städte. Der vermutete Standortvorteil der größeren Flächenreserven in Schrumpfungsregionen erweist sich weitgehend als Illusion. Die entsprechenden Brachflächen sind meist altlastenverseucht und können deshalb gar nicht oder nur sehr teuer aufbereitet werden und/oder in staatlich subventionierte Industriemuseen als Zeitzeugen des Industriezeitalters umgewandelt werden.

Im Rahmen der interkommunalen Konkurrenz bemüht sich jede Stadt um Technologie-Parks, Freizeit-Parks und Einkaufsparadiese. Überhaupt stehen „Parks" bei Großstadtpolitikern hoch im Kurs: „Arbeiten im Park", „Wohnen im Park", „Einkaufen im Park". Die Ansiedlungserfolge dieser Art Wirtschaftsförderung sind in den schrumpfenden und stagnierenden Großstädten eher bescheiden: Die Arbeitsplatzeffekte stehen häufig in keinem Verhältnis zu den aufgewendeten Subventionen; oft werden auch massive Mitnehmer- und Rationalisierungseffekte gefördert.

Ähnlich wirkt die mit hohen staatlichen Aufwendungen verbundene Förderung des Dienstleistungssektors. Citys und Einkaufszentren werden mit viel postmodernem „Schnick-Schnack" der Platz- und Brunnengestaltung zu glitzernden Zonen ausgebaut. Dahinter stehen die Absicht des Metropolenimages und der aggressiven Kaufkraftkonkurrenz (Abwerbung von Kaufkraft aus anderen Stadtzonen und Nachbarstädten). Ergänzende Einrichtungen sind die Anwerbung von Luxus-Hotels, der Bau oder Ausbau von Kongresshallen, Tagungsstätten und – seit man den Image- und Wirtschaftsfaktor Kultur entdeckt hat – der Bau von Multiplexkinos, Kulturpalästen und die Anwerbung von Ausstellungen mit internationalem Flair.

Hinzu kommt das „Freizeit- und Spaßstadtkonzept" der Großstädte. Seitdem städtische Schwimmbäder vielfach hausgemacht unattraktiv geworden sind, werden – wieder mit hohen kommunalen Vorleistungen – Spaßbäder privater Betreiber eröffnet und städtische Bäder geschlossen. Der Bau und die Eröffnung von Nobel-Restaurants, „Kinoerlebnislandschaften", Nobel-Discos und Musicals werden gefeiert; großflächige Golfplätze werden in die knappen Grünflächenzonen der Stadtränder placiert. Auch hier geht es fast nie ohne kommunale und landesgeförderte Vorleistungen. Absoluter Clou bei den Stadtvätern (manchmal auch -müttern) sind Großprojekte kombinierter Einkaufs- und Vergnügungsparks am Stadtrand. Der soziale Inhalt und ökonomische Zweck dieser Projekte zielt auf die kaufkräftigen „Freizeitmenschen", die sich bis zur Erschöpfung amüsieren sollen, setzt auf Kaufkraftabwerbung von Nachbarstädten, Anreize für Stadttourismus und nicht zuletzt auf Imagewerbung. Dem stehen oft nur geringe Arbeitsplatzeffekte und miserable Arbeitsbedingungen der überwiegend teilzeitbeschäftigten Frauen gegenüber. Ein Musterbeispiel dafür bietet im Ruhrgebiet die „Neue Mitte Oberhausen"

Als Begleiterscheinung werden natürlich Flächen versiegelt, Schnellstraßen, Verkehrsanbindungen und Parkflächen immer mehr ausgebaut, um die rasche Erreichbarkeit all dieser schönen Einrichtungen zu erleichtern. Mit dem täglichen Verkehrskollabs und der häufigen Verödung der Innenstädte nach Geschäftsschluss scheint sich allerdings das Mobilitätsversprechen der „autogerechten" Stadt in ihr Gegenteil verkehrt zu haben.

Angesichts knapper öffentlicher Finanzen und der Bindung vorhandener Mittel in den genannten Projekten ist die Kehrseite dieser Art Großstadtpolitik unvermeidlich. Sie besteht

– in der Teil-Privatisierung öffentlicher Dienste oder dem Umbau in GmbH-Strukturen mit dem oft zweifelhaften Argument von Einsparpotenzialen und größerer Wirtschaftlichkeit, womit sie im übrigen den Kontrollmöglichkeiten der Stadträte entzogen werden,
– im Ausverkauf kommunaler Liegenschaften und Wohnbestände, die für eine nachhaltige Stadtentwicklung sowie für Wohnzwecke gebraucht würden,

- in erheblichen Gebührenerhöhungen für kommunale Dienstleistungen,
- in Personalrationalisierungen in den öffentlichen Diensten,
- in der Verhinderung von Sozialprojekten mit Folgekosten und der Ausdünnung bestehender öffentlicher Infrastrukturen wie Schwimmbädern, Stadtteilbibliotheken, Jugendzentren usw.,
- sowie in gleichzeitigen Selbsthilfeappellen und der Verordnung von Sparprogrammen und Feuerwehrpolitiken für die sozial- und durchsetzungsschwachen Bevölkerungsgruppen.

Mit dem Rückenwind des Bundeskanzlers und gängiger Stammtischparolen „es gibt kein Recht auf Faulheit" oder der weniger drastischen, umso schillernderen Formel „fördern und fordern" sollen die angeblich massenhaft erwerbsunwilligen Langzeitarbeitslosen und Sozialhilfeempfänger (als kleine Minderheit gibt es Faule unter ihnen wie in jeder Berufsgruppe natürlich auch) in den Arbeitsmarkt reintegriert werden. Dass damit weniger eine gezielte und strukturelle Arbeitsmarktpolitik gemeint ist, sondern vielmehr ordnungs- und sparpolitische Motive dominieren, das heißt über Zwangsanreize bisherige Sozialleistungsansprüche abgewehrt und Tarifstandards abgesenkt werden sollen, belegt die bisherige Praxis vieler Arbeits- und Sozialämter (*vgl. z.B. Spindler 1999, S 171ff; Trube/Wohlfahrt 2001a, S. 27ff*).

Die typischen Muster kommunaler Sozialsparpolitik sehen oftmals so aus: Zunächst wird der Sparzwang beklagt. Umfangreiche Einsparungen an „Besitzständen" der großen Wohlfahrtsverbände sind eher selten. Üblich sind zermürbende Taktiken des schrittweisen Sozialabbaus bei freiwilligen Leistungen vorzugsweise zu Lasten kleiner Einrichtungen. Gezielt wird der Rotstift dort angesetzt, wo erwartet wird, dass sich Proteste und Widerstand in Grenzen halten und die Betroffenen keine starke Lobby im Rücken haben.

Es kann entgegengehalten werden, dass die Sozialetats zu den größten Ausgabeposten der Kommunen gehören und insgesamt eher steigen als sinken. Dies ist zwar richtig, hat aber mit aktiv gestaltender Sozialpolitik noch wenig zu tun. Aufgrund der Folgen der Sozialspaltung steigen nämlich die kommunalen Sozialausgaben im Bereich der gesetzlichen Pflichtaufgaben automatisch an. Dies gilt vor allem für die Folgen von Langzeitarbeitslosigkeit, Wohnungsnot, Flüchtlingselend und steigender Pflegebedürftigkeit im Sozialhilfebereich sowie für die Ausgaben im Kinder- und Jugendhilfebereich (Mangel an öffentlichen Jugendfreizeiteinrichtungen, Drogenproblematik etc).

Die klassische sozialpolitische Aufgabe der Städte sollte darin bestehen, ihre Ressourcen sozial und räumlich so einzusetzen, dass die verschiedenen Gruppen der Stadtbevölkerung annähernd gleiche Lebenschancen haben und dabei besonders die Gruppen berücksichtigt werden, die von Armut und Ausgrenzung bedroht sind. Angesichts der Ressourcenknappheit bildet eine ursachen- und zukunftsorientierte kommunale Sozialplanung eine zwingende Voraussetzung für die Erfüllung dieses Auftrags.

Trotz langer fundierter sozialwissenschaftlicher und politischer Diskussionen und guten Praxiserfahrungen einiger Großstädte findet eine derartige Sozialberichterstattung sowie eine darauf aufbauende Sozialplanung in vielen Großstädten immer noch nicht statt. Woran könnte das liegen? Vermutlich überlagern sich mehrere Gründe, wie

- die wirtschaftswachstumsfixierte Macheroptik der einflussreichen Kommunalpolitiker,
- das verbreitete Negativ-Image des „Sozialmiefs" der Städte, der öffentlich möglichst wenig wahrgenommen werden soll,
- das wirtschafts- und planungstechnokratische Stadtentwicklungs-Verständnis vieler Planungsexperten,
- das fehlende Druck- und Durchsetzungspotential sozialer Minderheiten und sozialer Bewegungen sowie
- das nach wie vor mangelhafte Vermögen der Sozialexperten/-innen anstelle zu jammern, sich politisch einzumischen, gemeinsam mit den Betroffenen eine sozialpolitische Lobby zugunsten sozialer Minderheiten aufzubauen und dafür konkrete Handlungskonzepte zu entwickeln.

1.3 Das großräumige Regionalgefälle in Deutschland

Bevor auf die Erscheinungsformen der Sozialraumspaltung innerhalb der Städte eingegangen wird, ist das *großräumige Regionalgefälle* in Deutschland anzusprechen (*siehe Übersicht 1.3*). Die Sozialspaltung in den Städten wird nämlich von der großräumigen wesentlich mitgeprägt.

In den 1980er Jahren, das heißt vor dem Beitritt der ostdeutschen Bundesländer wurde unter dem Schlagwort des „Nord-Süd-Gefälles" das großräumige Regionalgefälle zwischen den wirtschaftlich prosperierenden süddeutschen Ballungsräumen München, Stuttgart, Rhein-Main-Gebiet (Gewinnerregionen) und den „altindustriellen" Montan- und Werftregionen wie Ruhrgebiet, Saarrevier und norddeutsche Werftregionen (Verliererregionen) analysiert und breit diskutiert. Seit dem Beitritt der ostdeutschen Bundesländer wird die Regionaldiskussion vor allem vom „West-Ost-Gefälle" beherrscht. Dabei geht zum Teil unter, dass die regionale und wirtschaftliche Umstrukturierung der westdeutschen altindustrialisierten Ballungsräume vor allem dank staatlicher Strukturprogramme zwar vorangeschritten, nach wie vor jedoch massive Strukturprobleme in bezug auf Wirtschafts- und Produktivitätswachstum, Arbeitsplatzentwicklung, Kaufkraft und Bevölkerungsentwicklung bestehen.

Die aktuellen Fakten zeigen: In den süddeutschen Ballungsräumen, zum Teil auch in Hamburg und Berlin konzentrieren sich zukunftsträchtige High-

Tech-Industrien und Dienstleistungssektoren, Kaufkraft und Luxus-Konsum. Dagegen verlief und verläuft trotz unbestreitbarer Teilerfolge der Umstrukturierungsprozess in den westdeutschen altindustrialisierten Regionen (Ruhr- und Saargebiet sowie Werftregionen) sehr viel schleppender und konnten bis heute die Folgen der De-Investitionen und Entindustrialisierung nicht kompensiert werden.

Deutlich gravierender stellt sich freilich die Situation der *ostdeutschen Ballungsräume* dar. Der beispiellos rasanten Abwicklung der alt-industriellen Struktur mit der massenhaften Vernichtung von Arbeitsplätzen, der mit massiver Westhilfe gelungenen Verschönerung der Optik der Innenstädte und der Sanierung von Wohnungsteilbeständen, dem Aufbau einiger High-tech-Industrien und zahlreicher Einkaufszentren auf der „grünen Wiese" stehen nach Auslaufen des Baubooms der 1990er Jahre in Relation zum Westen auf längere Sicht gegenüber: Massive Produktivitäts- und Attraktivitätsrückstände, weit überdurchschnittliche Arbeitslosenquoten vor allem bei älteren und jungen Erwerbsfähigen und Frauen, stagnierende, zum Teil sinkende Masseneinkommen, erhebliche Wohnungsleerstände sowie die drastische Ausdünnung sozialer Infrastrukturen und Dienste. Dies alles befördert die Abwanderung jüngerer, beruflich qualifizierter und mobiler Haushalte in den Westen und damit den Verlust der für die künftige Entwicklung benötigten Humankapitale.

Übersicht 1.3: Das großräumige Regionalgefälle in Deutschland: Prototypen des Umbruchs der Großstadtregionen

Regionaltyp 1: Prosperierende „Boom-Towns" in Westdeutschland – Bsp. München, Stuttgart, Frankfurt/M., Hamburg

1. *Wirtschafts- und Steuerkraft:* Überdurchschnittliches Wirtschaftswachstum; prosperierende High-Tech- und Dienstleistungszentren zum Teil mit internationalem Profil; relativ hohe Realsteuerkraft.
2. *Wohnbevölkerung:* In den Kernstädten stagnierend, im Umland stark wachsend (Suburbanisierung); Zuwanderungsüberschuss vor allem von jüngeren, qualifizierten Arbeitskräften; Sterbeüberschuss in Folge Überalterung; überdurchschnittlich hohe Migrantenanteile.
3. *Arbeitsmarkt/Arbeitslosigkeit:* Arbeitsplatzzuwachs; hoher Qualifikationsgrad der Beschäftigten; hoher Beschäftigtenanteil in Wachstumsbranchen und im Dienstleistungssektor; hohe Frauenerwerbsquote; weit unterdurchschnittliche Gesamt- und Dauerarbeitslosigkeit, überdurchschnittliche Arbeitslosenquoten bei gering qualifizierten Frauen, älteren Arbeitnehmern und Migranten; massive Polarisierung und Fragmentierung der Teilarbeitsmärkte.
4. *Einkommen/Kaufkraft/Lebenshaltung:* Relativ hohe Durchschnittseinkommen und Kaufkraft; überdurchschnittliche Lebenshaltungskosten (insbes. bei den Wohnkosten); extreme Einkommens- und Vermögensunterschiede bei einem insgesamt überdurchschnittlich hohem Wohlstandsniveau.
5. *Wohnungsmarkt:* Starke Polarisierung der Wohnverhältnisse, einerseits Wohnungsluxus, andererseits große Knappheit an Mietwohnungen auch für Normalverdiener, extreme hohe Mietpreise und Mietbelastungen; hohe Wohnungsnotrisiken der sozial benachteiligten Gruppen.
6. *Armutsentwicklung:* In Relation zu anderen Großstädten durchschnittliche Sozialhilfeempfängerquoten; überdurchschnittliche Lebenshaltungskosten der Armen; starke Ausgrenzungsprozesse und Verdrängungsprozesse der Armen sowie ausgeprägte Sozialraumspaltungen der Kernstädte mit zum Teil ausgeprägten „Elendsinseln".

Regionaltyp 2: Mäßig schrumpfende altindustrielle westdeutsche Großstädte – Bsp. Ruhrgebiet

1. *Wirtschafts- und Steuerkraft:* Trotz erheblicher Umstrukturierungserfolge in den 1990er Jahren Wachstumsrückstände gegenüber prosperierenden Regionen und immer noch relativ hoher Anteil an Altindustrien; High-Tech- und Dienstleistungssektor zunehmend; vergleichsweise geringe Realsteuerkraft.
2. *Wohnbevölkerung:* In den Kernstädten mittel- und langfristig deutlich sinkend; starke Überalterung und Sterbeüberschuss; gemessen an Großstädten durchschnittliche Migrantenanteile.
3. *Arbeitsmarkt/Arbeitslosigkeit:* Mittelfristig anhaltende Arbeitsplatzverluste; vergleichsweise geringer Anteil der Beschäftigten in Wachstumsbranchen; relativ geringe Frauenerwerbsquote; hohe Gesamt- und Dauerarbeitslosigkeit, überdurchschnittliche Arbeitslosigkeit vor allem bei gering qualifizierten Frauen, älteren Arbeitnehmern und Migranten.
4. *Einkommen/Kaufkraft/Lebenshaltung:* Durchschnitts-Einkommen und -Kaufkraft deutlich niedriger als in den „Boom-Towns"; durchschnittliche Lebenshaltungskosten (auch beim Wohnen); zunehmende Einkommens- und Vermögensunterschiede, aber geringer ausgeprägt als in „Boom-Towns".
5. *Wohnungsmarkt:* Derzeit relativ entspannter Wohnungsmarkt, aber Mangel an preiswerten größeren Mietwohnungen, Mietpreisniveau derzeit stagnierend und deutlich niedriger als in den „Boom-Towns"; gleichwohl Wohnungsnotrisiken der sozial benachteiligten Gruppen.
6. *Armutsentwicklung:* Gemessen am Großstadtdurchschnitt leicht überdurchschnittliche Sozialhilfeempfängerquoten; deutliche Ausgrenzungsprozesse und Verdrängungsprozesse der Armen; ausgeprägte Sozialraumspaltung und Armutsquartiere in den Kernstädten.

Regionaltyp 3: Stark schrumpfende Regionen im Osten – Bsp. Großraum Halle/Bitterfeld

1. *Wirtschafts- und Steuerkraft:* Stark unterdurchschnittliche Produktivität und anhaltende Betriebspleiten; Dienstleistungssektor vergleichsweise schwach zunehmend; extrem geringe Realsteuerkraft.
2. *Wohnbevölkerung:* stark sinkend; Abwanderung mobiler Privathaushalte; zunehmende Überalterung und extrem geringe Geburtenraten, in Folge dessen starker Sterbeüberschuss; sehr geringer Migrantenanteil.
3. *Arbeitsmarkt/Arbeitslosigkeit:* Extreme hohe und bislang nicht kompensierte Arbeitsplatzverluste in den 1990er Jahren, relativ geringe Beschäftigtenanteile in Wachstumsbranchen; dramatisch gesunkene Frauenerwerbsquote (Verdrängungsprozess); weit überdurchschnittliche Massen- und Dauerarbeitslosigkeit vor allem bei Frauen, älteren und jungen Erwerbsfähigen sowie bei allen gering Qualifizierten.
4. *Einkommen/Kaufkraft/Lebenshaltung:* Nach wie vor sehr viel geringeres Durchschnitts-Einkommen und -Kaufkraft als im Westen bei rasch steigenden Lebenshaltungskosten (auch beim Wohnen); Einkommens- und Vermögensunterschiede zunehmend, aber sehr viel geringer ausgeprägt als im Westen.
5. *Wohnungsmarkt:* Hoher Anteil an Wohnungsleerständen einerseits bei sanierungsreifen Wohnungen mit schlechter Wohnqualität, andererseits bei Spekulationsprojekten; rasch steigende Mieten und Mietbelastungen bei Normalwohnungen; zunehmende Randwanderung mobiler Mittelstandshaushalte; ausgeprägte sozial selektive Entleerung der Kernstädte vor allem in benachteiligten Wohnquartieren.
6. *Armutsentwicklung:* Hohe Anteile von Bevölkerungsgruppen mit Niedrigeinkommen und Sozialtransfers, ausgeprägte und zunehmende Armut; stark zunehmende Ausgrenzungs- und Verdrängungsprozesse der Modernisierungsverlierer; stark zunehmende Sozialraumspaltung der Kernstädte mit hoher Armutskonzentration in den benachteiligten Wohnquartieren.

Quelle: eigene Zusammenstellung

1.4 Die sozialräumliche „Vierteilung" der großen Städte

Für die sozialräumliche Entwicklung der großen Städte in Westdeutschland haben Häußermann/Siebel schon 1987 den Begriff der „*Dreiteilung*" der Städte geprägt (*vgl. Häußermann/Siebel 1987*). Etwas modifiziert soll hier von einer strukturellen „*Vierteilung*" gesprochen und dieses Bild auch auf ostdeutsche Großstadtregionen angewendet werden.

Ausgangspunkt der *Vierteilung* ist die zunehmende soziale Ungleichheit in den Kernstädten und ihrem Umland in bezug auf Erwerbsstatus, Einkommen/Vermögen, Wohn- und Konsumchancen, Mobilität, Lebensstile und Freizeitpräferenzen der privaten Haushalte. Sie führt bei den Armen unfreiwillig, bei den Einkommensstärkeren und Wohlhabenden über Wahlentscheidungen freiwillig zu einer zunehmenden sozialen Entmischung der Stadträume bzw. zur Übertragung sozialer Ungleichheit in die Wohnquartiere.

Die *erste* Struktur bildet die international ausgerichtete, wettbewerbsfähige Stadt mit baulich-räumlichen High-lights, glanzvollen Geschäfts- und Kultureinrichtungen, die ein Metropolen-Image vermitteln sollen. Dazu gehören: Flughafen, internationaler Kongress- und Messebetrieb, aufwendige Hotelbereiche, Konzentration von international agierenden Geschäftszentralen, Banken, Verwaltungen, Kulturbetriebe mit überregionaler Strahlkraft sowie eher wenige, aber luxeriös-urbane Wohnkomplexe. Diese erste Struktur ist vor allem in prosperierenden Großstädten anzutreffen. Die Großstädte im „zweiten Glied" bemühen sich mit begrenztem Erfolg um Nachahmereffekte, den schrumpfenden Städten gelingen sie kaum oder gar nicht. Auf diesen Teil der Stadt konzentriert sich die Stadtentwicklungspolitik, weil er als Grundlage der künftigen ökonomischen Entwicklung angesehen wird.

Die *zweite* Struktur bilden die bevorzugten Wohnstandorte der Reichen und Wohlhabenden meist am Rande der Kernstädte, selten auch innenstadtnah mit ihren Villen oder komfortablen Eigenheimkomplexen mit großzügigen Grün- und Parkflächen. Diese Reiche-Leute-Wohnquartiere sind prinzipiell nicht Neues. Sie haben sich seit langem herausgebildet. Relativ neu ist, dass über Wohnungskäufe der „Erbengeneration" Teile des wohlhabenden Mittelstandes in ehedem exklusive Reichen-Leute-Quartiere hineinsickern und, dass sich über die Suburbanisierung bzw. den Bau von Eigenheimen im Umland der Städte der weniger wohlhabende Mittelstand ebenfalls zunehmend sozialräumlich segregiert. Die anhaltende Suburbanisierung ist ein Prozess, in dem sich ein „Motivbündel aus Kaufkraft, Lebensstil, Eigentumsbildung und Wohnstandortwünschen der Mittelschichten" niederschlägt (*vgl. Häußermann 1999, S. 11f*).

Die *dritte* Struktur ist die „Normale-Leute-Stadt" mit ihrer baulich-räumlich und infrastrukturell mehr oder weniger gut ausgestatteten Mietwohnungsstruktur, zum Teil relativ innenstadtnah gelegen, zum Teil auf Vorortstadtteile verstreut oder auch in der Nähe großer Industriebetriebe angesiedelt. Soweit es sich um in den 1950er bis 1970er Jahren entstandene Mietwohnquartiere, also nicht um traditionelle Altbauquartiere handelt, sind relativ hohe Anteile öffentlich geförderter Sozialwohnungen für diese Wohnquartiere häufig typisch. Soweit die Wohngebäudestruktur intakt geblieben und behutsam modernisiert wird, die Mietpreise nur moderat steigen und keine spekulative Aufwertungs- und Umwandlungswellen eintreten, werden diese Quartiere am ehesten durch eine demografisch und sozial gemischte Bewohnerstruktur geprägt. Gefährdet wird diese Bevölkerungsmischung, wenn entweder die Sozialbindungen der Wohnungen massenhaft auslaufen und/oder seitens der Hauseigentümer Aufwertungs- und Umwandlungswellen forciert werden (Verdrängung der ärmeren Gruppen), oder wenn der soziale Aufstieg mittelständischer Bewohnergruppen zu deren Wegzug aus dem „Normale-Leute-Viertel" und dem Neuzuzug ärmerer und deklassierter Gruppen führt.

Die *vierte* Struktur bildet die „Arme-Leute-Stadt" bzw. die neuen Armutsquartiere der großen Städte, die sich vermehrt seit den 1980er Jahren meist kleinräumig sowohl in den prosperierenden, wie in den schrumpfenden Großstädten herausbilden. Allgemein charakterisiert, handelt es sich um Wohnquartiere (bisweilen auch nur um Wohnblöcke) in denen sich *einerseits* hohe Langzeitarbeitslosigkeit, Sozialhilfebedürftigkeit, hohe Anteile von ökonomisch und sozial benachteiligten Gruppen, Abwanderungen von „Normalbevölkerung" und Zuwanderungen von Armutsverdrängten aus anderen Stadtteilen überlagern, *andererseits* baulich-räumlicher Verfall, Instandsetzungsrückstände, oft starke Müll- und Umweltbelastungen, Vernachlässigung seitens des Wohnbaukapitals und der Kommunalpolitik gegenseitig bedingen, hochschaukeln und in negative Abwärtsspiralen münden.

Der Tatbestand der Bildung von „Arme-Leute-Vierteln" ist prinzipiell nicht Neues. Sie gehören zur „Normalität" kapitalistischer Stadtentwicklung; die traditionellen Arbeiterwohnquartiere waren Ausdruck dessen. Neu daran ist die Tendenz zur fortschreitenden sozialen Entmischung und zur Verfestigung der Strukturen der „Arme-Leute-Stadt".

1.5 Zwei Prototypen benachteiligter Quartiere: Altbauquartiere und Trabantensiedlungen

In der Diskussion zur Bildung von Armutsquartieren werden vor allem zwei Prototypen benachteiligter Stadtteile unterschieden:

1. Vernachlässigte innerstädtische oder industrienahe Altbauquartiere aus der Gründerzeit sowie
2. Trabantensiedlungen der 1960er bis 1980er Jahre am Rande der Städte.

Die Entwicklung und die Niedergangsprozesse solcher Stadtteile können wie folgt beschrieben werden (*siehe Übersicht 1.4*).

Übersicht 1.4: Ausgangssituation und Negativspiralen in benachteiligten Stadtteilen

Typ 1: Vernachlässigte innerstädtische Altbauquartiere	Typ 2: Trabantensiedlung in städtischen Randlagen
Ausgangssituation	Ausgangssituation
– ehem. Arbeiterwohnquartiere (kernstadt- oder industrienah), De-Investitionen in Produktion, Wohnbereich und Einzelhandel, massive lokale Arbeitsplatzverluste im Produktions- und Dienstleistungssektor; – hohe Anteile einkommensschwacher Familien (Arme, Alleinerziehende, Arbeitslose, Ausländer ...); – Kaufkraftverluste in Folge Arbeitslosigkeit und Sozialabbau; – teilweise Re-Investitionen von Migranten	– Sozialwohnsiedlungen der 1960er/70er am Rande der Kernstädte, Wohn- und Schlafstädte ohne gewerbliche Arbeitslätze, schwach ausgeprägte Dienstleistungsangebote, zum Teil schlechte soziale Infrastruktur; – hohe Anteile einkommensschwacher Familien (Arme, Alleinerziehende, Arbeitslose, Ausländer ...); – Kaufkraftverluste infolge Arbeitslosigkeit und Sozialabbau; – De-Investitionen im privaten Dienstleistungssektor
Wohnen und Wohnumfeld	Wohnen und Wohnumfeld
– hohe Bewohnerdichte, wenig Frei-, Grün- und Spielflächen, aber urbane Freizeiteinrichtungen (Kneipen, Kinos etc.) oft gut erreichbar; – baulich-räumliche Verfallstendenzen, z.T. Vermüllung, Vandalismus; – z.T. schlechte Wohnbausubstanzen, Instandsetzungsrückstände, vereinzelt Aufwertungsspekulation; – schrumpfender Sozialwohnungsanteil in Folge auslaufender Bindungen, hohe Mieterfluktuation, Miethöhe stark situationsabhängig; – ökologische Defizite (hohe Verkehrsbelastungen, Immissionen, Müll); – starkes Negativ-Image und hohe Mieterfluktuation	– hohe Bewohnerdichte, trotz ausreichender Frei-, Grün- und Spielflächen schlechte Freizeitqualität (Kneipen, Kinos, Jugendfreizeitangebote etc.); – baulich-räumliche Verfallstendenzen, z.T. Vermüllung, Vandalismus; – häufig Instandsetzungsrückstände im Wohn- und Wohnumfeldbereich; – schrumpfender Sozialwohnungsanteil in Folge auslaufender Bindungen, hohe Mieterfluktuation, Grundmiete situationsabhängig, fast immer hohe Mietnebenkosten; – ökologische Defizite (schlechte Wärmedämmung, Vermüllung); – starkes Negativ-Image und hohe Mieterfluktuation
Sozio-demografische und ökonomische Kettenreaktionen	Sozio-demografische und ökonomische Kettenreaktionen
– Abwanderung von jungen, qualifizierten, kaufkräftigen Schichten; – Zuzug von Armutsverdrängten, verstärkte Konzentration von Armen ...; – fortgesetzte(r) Kaufkraft-, Arbeitsplatzverluste, sozialräumlicher Verfall	– Abwanderung von jungen, qualifizierten, kaufkräftigen Schichten; – Zuzug von Armutsverdrängten, verstärkte Konzentration von Armen ...; – fortgesetzte(r) Kaufkraft-, Arbeitsplatzverluste, sozialräumlicher Verfall
Soziale Kontakte, interkulturelle Konflikte	Soziale Kontakte, interkulturelle Konflikte
– Familiale Netze und Nachbarschaftsnetze erodieren; – Sozialräumliche Negativentwicklungen und Konzentration von sozial- und durchsetzungsschwachen Gruppen führen zu sozialen Konkurrenzen, Raumnutzungskonfliken sowie zu sozialen und interkulturellen Konflikten der Unterprivilegierten untereinander	– Familiale Netze und Nachbarschaftsnetze erodieren; – Sozialräumliche Negativentwicklungen und Konzentration von sozial- und durchsetzungsschwachen Gruppen führen zu sozialen Konkurrenzen, Raumnutzungskonflikten sowie zu sozialen und interkulturellen Konflikten der Unterprivilegierten untereinander

Quelle: eigene Zusammenstellung

Typ 1: Vernachlässigte innerstädtische Altbauquartiere

Baulich-räumlich handelt es sich meist um innerstädtische oder in der Nähe von ehemaligen Großbetrieben angesiedelte hoch verdichtete ehemalige Arbeiterquartiere aus dem späten 19. und dem frühen 20. Jahrhundert. Die heutige Quartierssituation kann vereinfacht – konkrete Vor-Ort-Untersuchungen sind immer nötig – in bezug auf die Bewohnerstrukturen, das Wohnen und Wohnumfeld und die lokale Ökonomie wie folgt charakterisiert werden:

Bewohnerstrukturen: Es bestehen hohe Konzentrationen von unterprivilegierten Gruppen, das heißt hohe Anteile von Langzeitarbeitslosen, Armen, alten Menschen, Migrantenfamilien, Alleinerziehenden, Suchtkranken sowie von deutschen und ausländischen Jugendlichen ohne Ausbildung und Arbeit (*„urban underclass"*). Sozial mobile Einwohner wandern ab, Ausländer und Arme ziehen nach. Die ansässigen Migranten haben vergleichsweise relativ ausgeprägte Selbsthilfepotenziale. Teile von ihnen sind sozial mobil und wirken am ehesten stabilisierend auf die Stadtteilsituation ein.

Wohnen und Wohnumfeld: Es bestehen oft schlechte Bau- und Wohnsubstanzen mit daran gemessen überhöhten Mieten, schlechte Wohnumfeldqualitäten und Freizeitangebote sowie unzureichende soziale und private Infrastrukturen für alte Menschen, Kinder und Jugendliche, Singles und Familien, egal ob sie deutscher oder ausländischer Herkunft sind. Die Kultur-, Religions- und Freizeitvereine der Migranten kompensieren dies zumindest teilweise für ihre Mitglieder. Die schlechte oft mangelhaft instand gesetzte Bausubstanz, fehlende Grün- und Freiflächen, hohe Immissionsbelastungen, Beeinträchtigung durch Müll, Verkehr, der Mangel an Gemeinschaftseinrichtungen und Planungsunsicherheiten vermitteln mental oder real insgesamt das Bild fehlender Zukunftsperspektiven.

Lokale Ökonomie und Versorgungssituation: Seit langem erfolgen De-Investitionen und Kapitalrückzüge deutscher Unternehmen und Privatinvestoren beim produktiven Gewerbe. Oft ist die Schließung von ortsansässigen Großbetrieben der Auslöser des ökonomischen Niedergangs gewesen. De-Investitionen und Kapitalrückzüge bei Bauten und Dienstleistungen folgen. Sie führen ebenfalls zu lokalen Arbeitsplatzverlusten, verschlechtern die Wohnsituation und führen zur Ausdünnung privatwirtschaftlicher Versorgungsangebote. *Aber*: Vor allem in den multiethnischen Altbauquartieren im Kernstadtbereich haben die Investitionen ausländischer Selbständiger über die ursprüngliche „Nischenökonomie" für Landsleute hinaus inzwischen vielfach relativ intakte private Versorgungsinfrastrukturen mit guten und preiswerten Angeboten für *alle* Einwohner geschaffen. Und: Neben staatlich geförderten behutsamen Modernisierungen der Wohnungsgesellschaften wirken sich auch die zunehmenden Haus- und Wohnungskäufe und die baulichen Selbsthilfepotenziale der Migranten tendenziell stabilisierend auf die Wohnbausubstanzen aus.

Soziale und ökonomische Kettenreaktionen: Infolge des Quartiersniedergangs kommt es leicht zur fortgesetzten Abwanderung von jüngeren, qualifizierten, kaufkräftigeren Privathaushalten, zum Zuzug von Armutsverdrängten aus anderen Stadtteilen und damit zur verstärkten Konzentration von einkommensschwachen Familien. Weitere Kaufkraftverluste, Arbeitsplatzverluste und fortgesetzter baulich-räumlicher Verfall sind bei einem „Sich-Selbst-Überlassen" des Quartiers vorprogrammiert. Aus dem baulich-räumlich benachteiligten Quartier wird dann ein massiv benachteiligendes Quartier mit ausgeprägten sozialen und interkulturellen Konfliktpotenzialen der Quartiersbewohner untereinander.

Typ 2: Trabantensiedlungen in städtischen Randlagen

Baulich-räumlich handelt es sich im Westen, wie im Osten um Großwohnsiedlungen meist in Stadtrandlagen, die in den 1960er bis 1980er Jahren – im Westen als Trabanten-, im Osten als Plattenbausiedlungen etikettiert – errichtet wurden. Eine geringe architektonisch-gestalterische Differenzierung und Qualität, fehlende Nutzungsmischungen zwischen Arbeiten, Wohnen und Freizeit, unzureichende private und soziale Infrastrukturen, oft schlechte Verkehrsanbindungen waren für diese Großwohnsiedlungen immer typisch (sog. „Schlafsilos"). In Zeiten knapper Mietwohnungen wurde und wird das akzeptiert, in Zeiten weniger angespannter Wohnungsmärkte, entfliehen vor allem sozial mobile Bewohnergruppen diesen Schlafsilos. Die heutige Quartierssituation weist ähnliche Konzentrationen einkommensarmer Bewohnergruppen wie die vernachlässigten Altbauquartiere auf, unterscheidet sich aber deutlich in bezug auf die Wohn- und Wohnumfeldsituation, die lokale Ökonomie und die Infrastrukturausstattung.

Bewohnerstrukturen: Auch hier bestehen sehr hohe Konzentrationen von unterprivilegierten Gruppen, das heißt hohe Anteile von Langzeitarbeitslosen, Armen, zerrütteten Familien, Alleinerziehenden, Suchtkranken sowie von deutschen und ausländischen Jugendlichen ohne Ausbildung und Arbeit (*„urban underclass"*). Sozial mobile Einwohner wandern ab, Ausländer und Arme ziehen nach oder „werden nachgezogen". Letzteres meint: Aufgrund der im Vergleich zu den Altbauquartieren noch relativ hohen Sozialwohnungsanteile der Trabantensiedlungen mit ihren Belegungsbindungen, werden einkommensarme Gruppen, Sozialhilfeempfänger, Aussiedler und Flüchtlinge durch die Wohnungs- und Sozialämter konzentriert in leer stehende Wohnungen dieser Siedlungen eingewiesen. Die Konzentration sozial benachteiligter und diskriminierter Gruppen wird insofern oft auch administrativ erzeugt.

Wohnen und Wohnumfeld: Weniger in bezug auf die Wohnungsgrößen, Grundrisse und technische Ausstattung und Grünflächenanteile, wohl aber in bezug auf nötige Instandsetzungen bestehen oft miserable Wohn- und Wohnumfeldqualitäten und daran gemessen sehr hohe Brutto-Mieten, vor allem wegen hoher Mietnebenkosten, die sich Normalverdiener ohne Wohngeld- oder Sozialhilfeanspruch kaum leisten können (Instandsetzungen und Mietnebenkosten sind bei Hochhäusern generell sehr viel teurer als bei niedriggeschossigen Bauten). Schlechte Wohn- und Wohnumfeldqualitäten, anonyme Nachbarschaften werden durch fehlende Freizeitmöglichkeiten sowie unzureichende soziale und private Infrastrukturen verschärft und provozieren oft mutwillige Beschädigungen an Gebäuden, Treppenhäusern, Grünflächen und den ohnehin kargen Infrastruktureinrichtungen. Fehlende individuelle Zukunftsperspektiven vieler Bewohner, anonyme, oftmals angstbesetzte Nachbarschaftssituationen und fehlende Zukunftsperspektiven des Quartiers überlagern sich dabei.

Lokale Ökonomie und Versorgungssituation: Die Ausgangssituation der Trabantensiedlungen ist durch fehlende Nutzungsmischungen geprägt, das heißt, sie boten niemals ein ausgefächertes Einkaufs- und privatwirtschaftliches Dienstleistungsangebot, geschweige denn Arbeitsplätze in nennenswertem Umfang. Oftmals bietet nur ein einzelner Supermarkt Möglichkeiten zur Grundversorgung an. Weitere, baulich eingeplante Einzelhandelsläden stehen wegen hoher Mieten und mangelnder Kaufkraft leer und verstärken die Gesamtsituation der Verödung. Im Vergleich zu den benachteiligten Altbauquartieren sind die Perspektiven der Trabantensiedlungen in bezug auf die Möglichkeiten zur Entwicklung der lokalen Ökonomie und zur Verbesserung der Versorgungssituation deutlich schlechter. Die Versorgungsbedingungen der Trabantensiedlungen mit sozialen Infrastrukturen bzw. sozialen Diensten lassen sich nicht pauschalisieren. Gemeinschaftsräume wurden oft eingeplant, soziale Dienste freier und öffentlicher Träger sind infolge der hohen Zahl an Problemfällen durchaus vor Ort präsent. Aufgrund der Gesamtsituation mangelt es jedoch fast immer offenen und erlebnisreichen Freizeitmöglichkeiten und -angeboten.

Soziale Kettenreaktionen: Infolge der schlechten, gleichzeitig teuren Wohn- und Versorgungssituation kommt es zur fortgesetzten Abwanderung von jüngeren, qualifizierten Normalverdienern ohne Sozialtransfers sowie zum teilweise administrativ erzeugten Zuzug von Sozialleistungsempfängern aus anderen Stadtteilen und damit zur weiteren Konzentration einkommensschwacher und diskriminierter Familien. Bei einem „Sich-Selbst-Überlassen" des Quartiers sind hohe Leerstände, fortgesetzter Niedergang, Elendsspiralen und konfliktreiche Nachbarschaftskonstellationen vorprogrammiert.

1.6 Die möglichen Folgen: Vom benachteiligten zum benachteiligenden Quartier

Die Erscheinungsformen und Ursachen der Segregation in benachteiligten Quartieren verweisen auf zwei sich überlagernde Mechanismen: Erstens, die primär-direkte Segregation („*Fahrstuhleffekt*“) und zweitens, die sekundär-indirekte Segregation („*Mobilitätseffekt*“) (*vgl. Häußermann 1999, S. 13f*).

Der *Fahrstuhleffekt* geht von Situationen aus, bei denen in einem bereits segregierten Wohnquartier konzentriert einkommensarme Haushalte wohnen, die wegen niedriger Qualifikation in prekären Teilarbeitsmärkten mit geringer Entlohnung beschäftigt sind und/oder wegen Arbeitslosigkeit etc. von Sozialtransfers abhängig sind. Infolge des Strukturwandels nimmt die Arbeitslosigkeit weiter zu und mit den fortgesetzten Kürzungsrunden der Sozialtransfers und der Zwangspädagogisierung des „Fördern und Forderns“ steigt die Quartiersbevölkerung kollektiv ab und ihre Kaufkraft sinkt. Aus einem ehemaligen Arbeiterviertel ist ein Armutsquartier geworden, ohne dass jemand zu- oder fortgezogen ist. Dieser Ursachenmix aus ökonomischem Strukturwandel, sozialpolitischer Deregulierung und ordnungspolitischem Zwang ist weitgehend *exogen* verursacht.

Der *Mobilitätseffekt* geht von Situationen aus, bei denen in einem ehedem sozial gemischten Quartier Arbeitslosigkeit und Armut im öffentlichen Raum zunehmend sicht- und spürbar werden. Soziale und interkulturelle Konflikte in der Schule, in öffentlichen Räumen und auf Plätzen, wo sich Arme, Auffällige, Suchtkranke und Jugendliche aufhalten und bewegen, an denen lästige Verhaltensweisen (Aggressivität, Sucht, Verwahrlosungen) auftreten, führen dann zum verstärkten Wegzug mobiler Normalhaushalte und dem weiteren Zugzug von Haushalten mit Niedrigeinkommen. Die Kaufkraft im Quartier sinkt, das Dienstleistungsangebot verschlechtert sich; es passt sich den sinkenden Durchschnittseinkommen an. Der Austausch der Quartiersbevölkerung, die soziale Segegration der ökonomisch, sozial und kulturell benachteiligten Gruppen wird dann leicht zum Selbstläufer. Bei dieser Abwärtsspirale des Mobilitätseffekts vermischen sich *exogene* mit *endogenen* bzw. quartiersbedingten Ursachen.

Aus einem segregierten Wohngebiet entsteht leicht, aber *nicht automatisch* ein Elendsgebiet oder ein Ghetto mit zugespitzten Konflikten der verschiedenen Bewohnergruppen untereinander. Von Ghetto-Situationen z.B. US-amerikanischer Städte sind wir zwar noch weit entfernt. Von daher sind weder Dramatisierungen noch Verharmlosungen oder eine „Laissez-faire-Politik“ angemessen. Bevor allerdings Urteile gefällt und politische Interventionen geplant werden, sind in jedem Fall sind konkrete Untersuchungen der konkreten Quartiersituation, das heißt sowohl der Defizite, wie der Potenziale bzw. Ressourcen erforderlich.

Mögliche Negativ-Effekte der Segregation können sein (vgl. Friedrichs/Blasius 2000; Häußermann 1999, S. 15f):

- Die Einschränkung der Erfahrungswelt insbesondere von Kindern und Jugendlichen durch fehlende Repräsentation von sozialen Rollen, die ‚normales' Leben ausmachen (Erwerbsarbeit, regelmäßiger Schulbesuch, Rücksichtnahme auf Andere);
- Zunehmende Verwahrlosung und Vermüllung des öffentlichen Raumes („broken-windows-Effekt": Wo eine zerbrochene Scheibe nicht repariert wird, werden auch andere zerstört);
- De-Investitionen und abnehmende Qualität der Dienstleistungen privater Anbieter und öffentlicher Einrichtungen, oft gepaart mit Desinteresse der Kommunalpolitik. Dadurch sinkt die Lebensqualität, ohne dass sich die Bewohner wegen mangelnder Kaufkraft und fehlender politischer Durchsetzungskraft dagegen wehren können;
- Ein schleichender Stigmatisierungs- und Labelingprozess durch die Umwelt, der oft auch durch unverantwortliche Politikerstatements und reißerische Presseberichte angeheizt wird. Dies wirkt sich benachteiligend auf die sozialen Teilhabechancen z.B. bei der Lehrstellen- und Jobsuche aus;
- Verlust an sozialer Stabilität und zunehmende Gruppenkonflikte der Bewohner untereinander, weil integrierende soziale Netze überfordert und brüchig geworden sind (z.B. zerstörte Familien, Nachbarschaften) und/oder, weil sie mangels ausreichender Förderung erodieren oder ohnehin fehlen (quartiersbezogene Einrichtungen, Vereine und Initiativen).

Zusammenfassend gilt: Die Gesamtsituation des Lebens im benachteiligten Quartier wird geprägt durch *kollektive und individuelle* Problem- und Notlagen, die zusammen mit den räumlichen Defiziten zu Konflikten und Konkurrenzen um knappe Ressourcen (Arbeit, Einkommen, Wohnen, soziale Infrastruktur) führen und in zunehmende soziale und interkulturelle Konflikte, Gewaltbereitschaft und Rassismus münden können. Aus dem *benachteiligten* Quartier wird so ein *benachteiligendes* Quartier.

Ein besonderes Augenmerk verdienen die sozialen und interkulturellen Konflikte in den benachteiligten Quartieren. Die Nachbarschaften und sozialen Netze der Quartiersbewohner lösen sich auf oder verflüchtigen sich und führen bei ihnen, bei gleichzeitig wachsendem Migrantenanteil sehr leicht zu einer resignativen bis aggressiven Festungsmentalität und Überfremdungsangst. Ein derartiges Selbstverständnis der „Alteingessenen", gepaart mit selbstbewußterem Auftreten, der Selbstdarstellung und Vertretung eigener Bedürfnisse der Migranten (z.B. in Form von Moscheen) sowie nicht zuletzt die Cliquenbildung und das bisweilen aggressive Verhalten ausgegrenzter *deutscher und ausländischer Jugendlicher* gegenüber anderen Bewohnergruppen bewirken eine hohe Konfliktlatenz, die leicht in offene Konflikte und Rassismus umschlagen kann.

Bei alledem werden oft zu Unrecht nicht die ökonomischen, die sozialräumlichen Verhältnisse und lokalpolitischen Versäumnisse, sondern bestimmte Bewohnergruppen, darunter insbesondere die angeblich „integrationsunwilligen Ausländer“ zur Ursache der Misere erklärt. Feststellbare Rückzüge von Teilen der Quartiersbewohner, aggressive Reaktionen Jugendlicher und Abwehrhaltungen populistischer Lokalpolitiker schaukeln die sozialen und interkulturellen Konflikte und Konkurrenzen sehr leicht hoch. Eine viel beachtete Studie im Auftrag des Bundesverbandes deutscher Wohnungsunternehmen spricht in diesem Zusammenhang von *„überforderten Nachbarschaften“* (*vgl. GDW 1998*).

Ohne die Situation zu verharmlosen, sei aber auch davor gewarnt, die möglichen Konfliktspiralen als Gesetzmäßigkeiten zu verabsolutieren. In den segregierten Wohngebieten können durchaus relativ dichte soziale Netze und erhebliche Selbsthilfepotenziale existieren. Das interkulturelle Zusammenleben zwischen „Alteingessesenen“ und Zugewanderten in den multiethnischen Stadtteilen ist zwar selten durch ein freundschaftliches Miteinander, im Regelfall jedoch durch ein *friedlich-distanziertes Nebeneinander* geprägt. Die zahlreichen persönliche Kontakte im Wohnumfeld, beim Einkaufen, bei der Arbeit und in der Kneipe reduzieren die Konfliktlatenz im Alltagsleben deutlicher, als dies Außenstehende, manche sozialwissenschaftlichen Analysen und Politikdebatten oft vermuten lassen. Insbesondere Teile der Migrantengruppen im Stadtteil verfügen noch über starke Familienstrukturen und Nachbarschaftsnetze und erhebliche ökonomische Selbsthilfepotenziale, die, wenn sie erkannt, aktiviert und wirksam gefördert werden, zu einer Verbesserung der Versorgungssituation und Lebenssituationen im Stadtteil beitragen können (*vgl. BMFSFJ 2000; Keim/Neef 2000, S. 30ff; Krummacher/Waltz 1996, S. 218ff; siehe Übersicht 1.5*).

Übersicht 1.5: Endogene Potenziale der Bevölkerung in benachteiligten Stadtteilen – am Beispiel Migrantenfamilien

Lokale Ökonomie und Infrastrukturen
- Aufbau einer Migrantenökonomie mit bedeutsamen Investitionen, Arbeitsplatzeffekten und Ausbildungspotenzialen
- Vergleichsweise hohe Kaufkraft, die stark lokal gebunden ist
- teilweise Kompensation der Rückzüge deutscher Investoren im Handels- und Dienstleistungsbereich mit preiswerten und guten Angeboten für *alle* Einwohner.

Wohnen und Wohnumfeld
- erhebliche Selbshilfepotenziale bei der Wohn- Wohnumfeld- und Raumnutzungsgestaltung
- teilweise Schaffung eines multikulturellen Stadtteilambiente (Gastronomie, öffentliches Leben, Plätze und Einrichtungen)

Soziale Netze
- Vergleichsweise intakte familiale und nachbarschaftliche Unterstützungsnetze
- Kulturelle und religiöse Migrantenvereine als Unterstützungsnetze und bedeutsames Selbsthilfepotenzial nach innen

Quelle: eigene Zusammenstellung

1.7 Herausforderungen an die soziale Stadt: Entwicklung neuer Formen einer sozial engagierten Quartierspolitik

Im Rahmen des „Vierecks der Wohlfahrtsproduktion“ aus 1. Familie/Selbsthilfe, 2. Markt, 3. organisierte Selbsthilfenetzwerke, 4. Sozialstaat besteht die traditionelle Herausforderung des kommunalen Sozialstaates darin, zur Daseinsvorsorge ihrer Einwohner (nicht nur der „Bürger“) mit dem Ziel der Gewährleistung von annähernd *gleichwertigen* Lebensbedingungen beizutragen (Art. 20 Grundgesetz in Verbindung mit § 1 Raumordnungsgesetz). Diese Herausforderung bedeutet: Einsatz und Verteilung der kommunalen Ressourcen auf die verschiedenen Gruppen ihrer Einwohner unter besonderer Berücksichtigung der Bevölkerungsgruppen und Sozialräume, die ohne sozialstaatliche Intervention weniger als andere selbsthilfefähig (Familie, Markt) sind und von sozialer Ausgrenzung bedroht oder betroffen sind. Angewendet auf das Thema heißt das: Soziale Kommunalpolitik muss die fortschreitende Spaltung der Stadt in reiche, wohlhabende und benachteiligende Sozialräume erkennen und zum Ausgangspunkt sozialer Ausgleichsstrategien nehmen.

Nun ist aber eindeutig festzustellen, dass unsere städtischen Teilgesellschaften, angesichts der rasant fortschreitenden Sozialraumspaltung, von einer „Gleichwertigkeit der Lebensverhältnisse“ in den verschiedenen Stadtteilen bzw. Quartieren weit entfernt sind. Einerseits ist der kommunale Handlungsrahmen für sozial ausgleichende Strategien aufgrund der Abhängigkeiten von wirtschaftlichen Rahmenbedingungen und den politisch-rechtlichen Vorgaben anderer Politikebenen objektiv beschränkt. Andererseits betreiben viele Kommunen auch keine konsequente sozial ausgleichende Politik, sondern konzentrieren ihre Ressourcen auf Prestigeprojekte und auf einkommens- und durchsetzungsstarke Bürgergruppen. Und: In bezug auf benachteiligte Stadtteile ist in der Stadtentwicklungspolitik noch immer das strategische Leitbild der Aufwertung über die Herstellung einer „gesunden sozialen Mischung“ weit verbreitet: Gemeint ist die Pädagogisierung und „Zivilisierung“ der Unterschichten durch die „Kolonisierung“ bzw. Erziehung seitens des Mittelstandes. Am häufigsten äußert sich dies in der Auffassung, dass der Ausländeranteil im Stadtteil eine bestimmte Prozentmarke nicht überschreiten dürfe („tipping-point“), dass Maßnahmen zur Dekonzentration bis hin zum Zuzugstopp von Migranten und anderen unterprivilegierten Gruppen ergriffen sowie Anreize zum Zuzug mittelständischer Bewohnerschichten entwickelt werden müssten. Derartige Strategien sind in der Praxis entweder an den Wohnwünschen des Mittelstandes sowie der Wirklichkeit der kleinräumigen Wohnungs- und Arbeitsmärkte abgeprallt oder, sie haben über Verdrängungen zur Neuentstehung von Ghettos an anderem Ort geführt. Darüber hinaus verkennen sie, dass bei der sozialräumlichen Konzentration von bestimmten Bevölkerungsgruppen zwischen *freiwilliger* und *erzwungener* Konzentration zu unterscheiden ist und es undemokratisch ist, freiwillige Konzentrationen entsprechend den Wohnwünschen der Betroffenen unterbinden zu wollen. Ganz offensichtlich kann Stadtpolitik soziale Ungleichheit, Anderssein und unterschiedliche Lebensstile nicht einfach weg reparieren.

Bei der Formulierung von Herausforderungen an die soziale Stadt zur Entwicklung von neuen Formen sozial engagierter Quartierspolitik ist zunächst der kommunale Handlungsrahmen einzuschätzen (*siehe Übersicht 1.6*).

Übersicht 1.6: Zum Handlungsrahmen kommunaler Sozial- und Stadtteilpolitik

Begrenzungen

- Weite Bereiche der kommunalen Sozial- und Stadtteilpolitik werden von den wirtschaftlichen Rahmenbedingungen sowie (sozial-)politischen und rechtlichen Vorgaben der EU-, Bundes- und Landespolitik bestimmt (großräumige Wirtschafts- und Regionalentwicklung, allgemeine Sozialpolitik, Gemeindeordnungen, Förderprogramme von EU, Bund und Ländern etc.).
- Die Integration von benachteiligten Minderheiten hängt v.a. von ihren Zugangschancen zu funktionierenden Arbeits- und Wohnungsmärkten und sozialen Sicherungssystemen ab. Die Kommunen haben nur begrenzte Einflussmöglichkeiten darauf.
- Die kommunale Finanzkrise der meisten Städte schränkt die materiellen Handlungsspielräume der lokalen Sozial- und Stadtteilpolitik massiv ein.
- Die Handlungsspielräume kommunaler Sozial- und Integrationspolitik werden nicht zuletzt von wahlbestimmenden Mehrheiten, von öffentlicher Meinung und verbreiteten Ideologien der Stigmatisierung begrenzt (Motto: „Armut ist hässlich, stinkt und ist selbst verschuldet ...").

Ressourcen/Potenziale

- bereits erzielte baulich-räumliche und sozialräumliche Stabilisierungsfortschritte und relativ gute Konzeptansätze dazu;
- langjährige Aktivitäten und Erfahrungen zahlreicher engagierter lokaler Akteure lokaler Sozialpolitik aus Politik und Verwaltung, Schulen, sozialen Diensten und Kirchen, Verbänden, Vereinen und sonstigen Initiativen;
- teilweise gute vorhandene Förderprogramme von Bund, Ländern und EU (siehe Kap. 2);
- sowie ganz besonders: vorhandene soziale Netzwerke in Familien und Nachbarschaften sowie erhebliche ökonomische, soziale, kulturelle und politische Selbsthilfe- und Solidarpotenziale von Teilen der Quartiersbevölkerung.

Fazit

Trotz einschränkender Rahmenbedingungen kann eine nachhaltig soziale Quartierspolitik durchaus auf vorhandenen Ressourcen und Potenzialen aufbauen.

Quelle: eigene Zusammenstellung

Was folgt daraus für grundlegende Strategien zur Erneuerung benachteiligter Stadtteile Quartiere (*vgl. z.B. Fritz/Thieß 1997, S. 319ff; Froessler 1994; ILS 2001, Krummacher Waltz 2001, S. 88ff*)?

1. Beim Postulat der Herstellung „gleichwertiger Lebensverhältnisse" kann es nicht um Vereinheitlichung sozialer Milieus im Sinne einer „gesunden sozialen Mischung gehen". Entsprechende Ziele waren immer falsch. Anderssein, unterschiedliche Lebensstile und freiwillige Konzentrationen von Minderheiten müssen anerkannt und respektiert werden.
2. Das Festhalten am Postulat sozialer Ausgleichsstrategien für benachteiligte Gruppen und Sozialräume bleibt zweifellos richtig, muss aber im Hinblick auf die Handlungsmöglichkeiten der Kommunen und auf „Vor-

Ort-Situationen" konkretisiert und herabgezont werden. Die primären Ziele lauten zunächst: Verhinderung weiterer sozialer und räumlicher Ausgrenzung, Stabilisierung und behutsame Erweiterung der Handlungs- und Lebenschancen der verschiedenen Bewohnergruppen, eher einfache, aber nützliche materielle Verbesserungen, Sozialstrukturerhalt, statt aufwendiger Aufwertungsstrategien mit ihren Verdrängungseffekten.

3. Natürlich droht die Beschränkung auf das Stabilisierungsziel missbraucht zu werden für eine „laissez-faire-Strategie" des Sich-Selbst-Überlassens und/oder für „Billige-Jakob-Lösungen" für Arme und Ausgegrenzte. Eine Gratwanderung ist angesichts knapper Finanzen zweifellos gegeben. Deshalb muss politisch eingeklagt werden, dass Stabilisierung nicht Status-quo-Erhalt, sondern Überwindung sozialer Erosion und Erweiterung von Lebenschancen heißt. Die Alternative heißt: Abrutschen ganzer Stadtteile und ihre Bewohner ins soziale Abseits. Die sozialen Folgekosten derartiger Prozesse dürften teuer werden.

Für die Erneuerungsprozesse müssen vor allem die jetzigen Bewohner der benachteiligten Quartiere gewonnen werden, diesen Prozess mitzutragen und mitzugestalten, die deutschen Bewohner genauso wie die Migranten. Dies erfordert aufwendige und schwierige Beteiligungs- und Aushandlungsprozesse, echte Mitentscheidungsspielräume und unmittelbar erkennbare konkrete Verbesserungen. Anerkennung der problembelasteten Situation, aber nicht Stigmatisierung der benachteiligten Quartiere und ihrer Bewohner; Anerkennung, dass planerische, ökonomische und infrastrukturelle Interventionen sowie sozialstaatliche Unterstützungen notwendig sind, ohne die Betroffenen zu entmündigen und ihre Lebenswelten zu kolonialisieren. Die wirtschaftlichen, kulturellen und sozialen Potentiale der Bewohner, die von ihnen geschaffenen sozialen, subkulturellen und multikulturellen Infrastrukturen und Raumnutzungen sind herauszuarbeiten, um sie für den Stabilisierungs- und Erneuerungsprozess wirksam werden zu lassen.

Einige zentrale Prinzipien einer solchen Erneuerungspolitik könnten folgende sein:

Sozial kann eine Stadt und kann Stadtpolitik nur als *Ganzes* sein. Eine Beschränkung auf einzelne Problemquartiere ist daher sicher zu eng (insbesondere bei der Arbeits- und Beschäftigungsförderung). *Aber:* Der Stadtteil, das Quartier muss als eine zentrale Ebene von Integration, Identitätsbildung – aber auch deren Verhinderung – begriffen und in der kommunalen Politik und Planung berücksichtigt werden. Notwendige *Voraussetzungen* dazu bilden eine gesamtstädtische kleinräumige und prozesshafte Sozialberichterstattung und Stadtentwicklungsplanung mit dem Ziel des Erhalts der Sozialstruktur, des Schutzes vor Spekulation, der Schaffung ausreichenden Wohnraums und der Gewährleistung angemessener privater und sozialer Infrastrukturen.

Stadtteile sind Orte des Wohnens und Orte der Existenzsicherung durch Arbeit.

Dies erfordert eine lokale Beschäftigungspolitik, die die Zusammenhänge von Wohnen und Arbeiten, Bauen und Ausbilden erkennt, daran anknüpfend kombinierte Beschäftigungs- und Ausbildungsprojekte entwickelt, die auf die realen Qualifikationen und Bedürfnisse der Quartiersbevölkerung zugeschnitten sind. Die Förderung der lokalen Ökonomie kann dazu einen wichtigen Beitrag leisten. Wohnbezogen sind einfache, bedarfsorientierte Verbesserungen der Wohn- und Wohnumfeldbedingungen nötig. Vordringlich ist eine Bestandspolitik, die Instandsetzungsrückstände beseitigt und einfache Teil-Modernisierungen vornimmt. Neubauten müssen den Sozialstrukturerhalt beachten, das heißt vor grundlegenden Aufwertungsspekulationen schützen. Wohnumfeldverbesserungen müssen die realen Bedarfe in bezug auf Spielplätze, Grünflächen, Kommunikations- und Rückzugsräume, Dreck- und Müllbeseitigung unter wirklicher Beteiligung der Quartiersbevölkerung beachten. Standardisierte „Blumenkübel-Möblierungen“ und vordergründiges Face-Lifting helfen wenig. Hinzu kommen die Berücksichtigung der besonderen Wohnbedürfnisse bestimmter Gruppen, z.B. von Migranten, Alleinerziehenden, arbeits- und wohnungslosen junge Menschen etc., das heißt das Ausprobieren auch neuer Wohn- und Bauformen mit neuen Formen der Bewohner-Selbsthilfe und -Beteiligung.

Stadtteile sind Orte der sozialen Ausstattung und des sozialen Austausches.

In enger Zusammenarbeit von Stadtentwicklung, Wohnungsgesellschaften, sozialen Diensten/Ämtern und stadtteilorientierter Gemeinwesenarbeit ist es notwendig, vorhandene soziale Netzwerke, aber auch Konflikte zu entdecken, Selbsthilfepotentiale und Nachbarschaftshilfen zu stärken sowie sozialräumliche Mindestbedingungen für eine friedliche Konfliktaustragung zu schaffen. Das erfordert u.a. Kenntnisse über soziale und interkulturelle Konflikte im Quartier sowie deren Berücksichtigung z.B. bei der Gestaltung öffentlicher und halböffentlicher Räume sowie bei der Wohnungsbelegung. Nötig ist die Schaffung und Förderung von Räumen zur Begegnung, zum Rückzug, zum Mit- und zum Nebeneinander sowie zur aktiven Gestaltung durch die unterschiedlichen Minderheiten.

Stadtteile sind Orte der Teilhabe am gesellschaftlichen und politischen Leben.

In dieser Hinsicht haben die Bewohner benachteiligter Stadtteile erfahrungsgemäß „schlechte Karten“. Viele von ihnen sind bildungsbenachteiligt, schlecht informiert und politisch durchsetzungsschwach; die Mehrheit der Migranten hat außerdem keine Wahlrechte. Die Entwicklung und Förderung von Beteiligungsmodellen und -formen muss das berücksichtigen. Die praktizierten formellen Formen der Bürgerbeteiligung, Anhörungen und z.T. auch die „Runden Tische“ der lokalen Akteure werden dem oft nicht gerecht. Wenn die durchsetzungsschwachen Gruppen wie in Form von Bürgerversammlungen, Beiräten, Vereinen und Initiativen überhaupt beteiligt werden, machen sie dennoch die Erfahrung, dass sich die sprach-, bildungsgewohnten und leistungsstarken Akteure durchsetzen. Das heißt: Bei dieser Form fehlen bislang wirksame Ausgleichsmechanismen für die schwachen Akteure. Notwendig sind daher relativ aufwendige Beteiligungsverfahren, echte Mit-Entscheidungsspielräume sowie Bürgeranwälte und intermediäre Instanzen. Dafür hat sich inzwischen der Begriff des/der „Quartiersmanager(s)/-in“ eingebürgert: Gemeint sind konkrete Projekte und Moderatoren, deren Hauptaufgabe darin besteht, einerseits zwischen „oben und unten“, andererseits zwischen den verschiedenen Bewohnergruppen zu vermitteln. Neben ihrer Anwaltsfunktion besteht ihre Aufgabe nicht darin, bestimmte Planungslösungen „nach unten“ zu verkaufen, nicht darin, Konflikte zu vertuschen, sondern darin, in einem offenen Beteiligungsprozess Bedürfnisse, Selbsthilfepotenziale und Konflikte zu erkennen, Beratung zu leisten, Lösungen auszuhandeln, materielle Ressourcen einzufordern und damit Beteiligung und Konfliktaustragung mit friedlichen Mitteln überhaupt erst möglich zu machen. Kooperations- versus Konfliktorientierung sind dabei keine Handlungsalternativen. Kooperation und Kompromisssuche sind zweifellos zwingend, politische Einmischung, bisweilen auch gezielte Skandalisierung sind nötig, um glaubwürdig zu bleiben und Lösungen herbeizuführen (*vgl. ausführlich Kap. 5*).

Es braucht kaum betont zu werden, dass die Verwirklichung der genannten Prinzipien bei der Erneuerung der benachteiligten benachteiligten Quartiere nicht umsonst zu haben ist. Nötig sind die Bündelung und Vernetzung von ausreichenden materiellen Ressourcen, das heißt Investitionen, Beschäftigungsprojekte, Räume, Baumaterial, Arbeitsmittel etc., von planerischem und sozialpädagogischem Fachpersonal, Einfühlungs- und Managementkompetenz sowie nicht zuletzt Zeit für Beratung, Beteiligung und Lösungssuche (*siehe Übersicht 1.7*).

Übersicht 1.7: Prinzipien für eine behutsame Erneuerung benachteiligter Stadtteile

1. Untersuchung und Erkenntnis der sozialen Realitäten und Zukünfte unserer großstädtischen Teilgesellschaften und deren aktive Gestaltung als Herausforderung und dauerhafte Konzeptaufgabe;
2. Öffentliche und politische Thematisierung der sozialen Lebenslagen, der räumlichen Defizite sowie der daraus resultierenden Konkurrenzen und Konflikte in den benachteiligten Stadtteilen, ohne Stigmatisierung des Stadtteils und seiner Bewohnerinnen und Bewohner;
3. Einbettung nachhaltiger sozialorientierter Stadtteilentwicklungspolitik in ein Gesamtkonzept von sozialer und interkultureller Stadtentwicklung mit entsprechender Öffentlichkeitsarbeit;
4. Differenzierte kleinräumige Sozialberichterstattung, ressortübergreifendes Quartiersmanagement und verbindliches Umsetzungscontrolling;
5. Kombination von baulich-räumlichen, wirtschaftlichen, arbeitsmarkt- und bildungsbezogenen, soziokulturellen und sozialpädagogischen Maßnahmen und Projekten;
6. Vernetzung und Einbindung aller lokalen Akteure aus Politik und Verwaltung, Schulen, sozialen Diensten und Kirchen, Wirtschaftsverbänden, Vereinen und sonstigen Initiativen
7. Einerseits langfristige Denkhorizonte, andererseits prozesshafte Entwicklung von konkret umsetzbaren Projekten mit festgelegten Erfolgskontrollen;
8. Der wichtigste Faktor: Aktivierung und Einbindung der endogenen Potenziale der Quartiersbevölkerung, Vertrauensbildung durch Förderung von intersozialen/interkulturellen Begegnungen und behutsames Konfliktmanagement.

Quelle: eigene Zusammenstellung

Übersicht 1.8: Programmphilosophie bzw. Grundsätze staatlicher Handlungsprogramme zur Erneuerung benachteiligter Stadtteile

1. Integrierte Handlungskonzepte städtebaulicher und nicht-investiver Maßnahmen mit den Schwerpunkten
– Städtebauliche und bauliche Verbesserungen
– Ergänzung der Infrastruktur
– wohnungswirtschaftliche Verbesserung und Ergänzung
– Wirtschafts- und Beschäftigungsmaßnahmen
– soziale Zielsetzungen sowie Förderung, Stützung sozialer Prozesse;
2. Ressortübergreifende Bündelung von Ressourcen und Fördermitteln
3. Beteiligung der betroffenen Bewohner/innen
4. Neue Verwaltungs- und Managementstrukturen („Quartiersmanagement“)
5. Aktivierende Programmbegleitung und – evaluation mit Blick auf Übertragbarkeiten

Quelle: eigene Zusammenstellung

In Anlehnung an solche Prinzipien nachhaltiger Stadt(teil)entwicklung wurden und werden seit den 1990er Jahren auf der EU-Ebene, in mehreren Einzelstaaten (z.B. Frankreich, Großbritannien und Niederlande), in einer Reihe deutscher Bundesländer sowie seit 1999 auf der Bundesebene zahlreiche staatliche Förderprogramme aufgelegt, praktiziert und evaluiert. Bei allen Unterschieden in der Bezeichnung und ihren inhaltlichen Details können sie als „Programmfamilie: Integrierte Handlungsprogramme zur sozialen und nachhaltigen Stadtteil- bzw. Quartiersentwicklung in Problemquartieren“ bezeichnet werden. Gemeinsame Merkmale bilden die folgenden programmatische Grundsätze (*siehe Übersicht 1.8*).

Im folgenden Kapitel werden diese Programme vergleichend charakterisiert und analysiert.

Kapitel 2
Staatliche Reaktionen: Die Programmfamilie Sozialintegrative Stadt(teil)entwicklung

Sozial engagierte Stadtentwicklungspolitik hat sich vor allem im letzten Jahrzehnt als eine notwendige Ausrichtung kommunaler Planung herausgestellt. Wie im Kapitel 1 dargestellt ist es im Nachkriegseuropa zwar in allen Länder wie auch in Deutschland gelungen, die soziale Frage dahingehend zu entschärfen, dass ‚breite Schichten' des Volkes am allgemeinen Wohlstand teilhaben und – als zentrales Indiz – mit ausreichendem Wohnraum versorgt werden konnten. Dennoch haben wohnungspolitische Anstrengungen und Stadtplanung nicht verhindern können, dass erneut bestimmte Stadtteile unterversorgt sind und den allgemein anerkannten Standard an Lebensqualität nicht für alle garantieren können. Dies muss als Makel begriffen werden. Denn die Kommunen sind verpflichtet, ihren Bürgern das Versprechen auf annähernd gleiche Lebensbedingungen und einen Zugang zu Ressourcen und Chancen einzulösen.

Bau- und Planungsrecht haben sich seit Bestehen der Republik entlang solcher Maxime entwickelt – wenn auch widersprüchlich und in Schritten. Die rechtlichen Bestimmungen bilden aber schließlich den formellen Rahmen für die städtischen Planungen – sei es zur Schaffung der notwendigen Flächen für geplante Nutzungen und entsprechender Investitionen oder zum Schutz sozialer Gruppen sowie zur Sicherung der natürlichen Ressourcen der Gesellschaft.

Die Entwicklung der Bau- und Planungsgesetzgebung in Deutschland kann als ein Prozess begriffen werden, in dem es vor allem um die notwendige Balance zwischen privaten Bau- und Investitionsinteressen einerseits und gesellschaftlichen, sozialen Anforderungen andererseits ging. Heute sind zum Schutz der allgemeinen und individuellen Lebensräume soziale und ökologische Interessen für eine nachhaltige Nutzung des Raumes an die Planung zu stellen. Diese sind der Hintergrund für die neue ‚sozialintegrative' Entwicklungsstrategie in städtischen Räumen. Nach eingehender Prüfung der vorhandenen Instrumente und der Ergebnisse ihrer Anwendung seit Bestehen der Bundesrepublik wuchs die Erkenntnis, dass die klassischen Städtebauförderungsinstrumente und Programme für diese neuen Anforderung unzulänglich waren. Ähnlich waren die Erfahrungen in den europäischen Nachbarländern.

Schließlich fiel im letzten Jahrzehnt des vergangenen Jahrhunderts die Entscheidung, sich in Zukunft in den großen Städten auf so genannte benachteiligte Stadtteile zu konzentrieren und neue Ziele, neue, vor allem partizipatorische Instrumente und Verfahren einzuführen sowie eine Bündelung und Vernetzung der kommunalen Aktivitäten und Akteure anzustreben.

Von der planerischen Seite ist der Rahmen für diese Neuorientierung aus dem raumordnungspolitischen Auftrag des Gesetzgebers gegeben. Im Folgenden wird im Überblick der Wandel der Planungsgesetzgebung von einem baurechtlichen Sicherungssystem privater Bautätigkeit bis zu einem Programm nachhaltiger Entwicklungsstrategien für städtische Räume und Wohnquartiere dargestellt.

2.1 Der raumordnungspolitische Auftrag: Vom Baurecht zur sozialen und ökologischen Nachhaltigkeitsverpflichtung, von der Städtebauförderung zum Quartiersmanagement

Die Entwicklung von Baurecht und Städtebaurecht ging nicht systematisch vor sich. Seit Mitte des 19. Jahrhundert sicherte Baurecht vor allem die Entwicklung der aufstrebenden Industriestädte, Bodennutzung durch Bodenrecht und die Errichtung von Gewerblichen Bauten, Wohnungen und Öffentlichen Bauten durch Verordnungen zu diversen Aspekten. Bis in die Zeit der Gründung der Bundesrepublik gab es kein einheitliches und umfassendes Bau- und Planungsrecht. Danach teilt sich die Geschichte. An dieser Stelle gehen wir vor allem auf die bundesdeutsche Entwicklung ein.

Planvoller Wiederaufbau und geregelte Schaffung von Wohnungen

Vor allem die Neuorientierung der Nachkriegswirtschaft der Bundesrepublik, der Aufbau alter und neuer Standorte sowie der Bau von Wohnungen für die notwendigen und zum Teil aus dem Flüchtlingsreservoir stammenden Arbeitskräfte machten ein geregeltes Planungswerk notwendig. Der Inhalt der bisherigen Regelungen und Festsetzungen wurde erstmals in einem Gesetz, dem Bundesbaugesetz vom 23.6. 1960, zusammengefasst. Damit wurden die wesentlichen Grundlagen und Elemente des Städtebaurechts gelegt. Dies war zur Beschleunigung des wirtschaftlichen Wiederaufbau dringend notwendig geworden. Zentrale Elemente dieses Gesetzes waren:

- Vorbereitung und Leitung der baulichen und sonstigen Nutzungen durch die Bauleitplanung in Zuständigkeit der Gemeinden, was den Städten die

Verantwortung für die Entwicklung von Wohnstandorten, Gewerbe und Verkehr auftrug;

- die bauplanungsrechtliche Zulässigkeit von Bauvorhaben unterteilt nach ‚Gebieten mit Bebauungsplänen' (Pflichtaufgabe der Gemeinden), ‚im Zusammenhang bebauten Ortsgebieten' und dem ‚Außenbereich', um für Investoren Klarheit über die jeweiligen Nutzungsmöglichkeiten zu schaffen;
- die Bodenordnung, um Rechtssicherheit für Eigentümer und Bedingungen für staatliche Planung zu geben;
- das Enteignungsrecht, um gemeindliche Anforderungen sicherstellen zu können und eine entsprechende Entschädigung von Eigentümern;
- das Erschließungsbeitragsrecht, um Infrastrukturleistungen auf die Eigentümer umlegen zu können.

Nach Erlass des Bundesbaugesetzes 1960 wurden zusätzlich die Baunutzungsverordnung, die Wertermittlungsverordnung und die Planzeichenverordnung erlassen, die bis heute als Verordnungsrecht zum Baugesetzbuch mit zwischenzeitlichen Novellierungen fortgelten.

Die Baugesetzgebung von 1960 wollte den Bauboom nicht einengen, sondern steuern und verstand sich als Auffangplanung gegenüber dem Andrang an privaten Initiativen und Investitionen im Baubereich, als Rahmen gebend und überwachend. Es war die Zeit der Wohnungsbaugesellschaften und der Großwohnprojekte im sozialen Wohnungsbau, für die neue Siedlungsbereiche zu erschließen waren.

Da die Städte aber im Laufe der folgenden Jahre mit besonderen sozialen und ökonomischen Problemen der Entwicklung bestimmter Stadtviertel konfrontiert waren, wurden von der öffentlichen Hand zu fördernde Sanierungs- und Entwicklungsmaßnahmen notwendig. Als Ergänzung zum Baurecht wurde mit einem Städtebauförderungsgesetz der gesetzliche Rahmen für städtebauliche Sanierungs- und Entwicklungsmaßnahmen in diesen besonderen Stadtteilen für die Gemeinden geschaffen.

Von der reinen Neubautätigkeit zur Planung in Altbaugebieten

Mit dem Städtebauförderungsgesetz vom 27.7.1971 wurde ein gegenüber dem Bundesbaugesetz räumlich und sachlich begrenztes Sonderrecht für die Städte und ihre besonders belasteten und bis dahin vernachlässigten Altbaugebiete geschaffen. Mit seinem Instrumentarium wurden erstmalig das Bau-, Modernisierungs- und Abbruchgebot in das städtische Baurecht eingeführt, sowie die Sonderregelungen über sanierungsbedingte Bodenwertsteigerungen und entsprechende Vorschriften über einen Ausgleichsbeitrag (§23 und §41 StBauFG). Diese Ergänzungen erleichterten es privaten Hausbesitzern zunächst überalterte Baubestände abzureißen, um mit höherer Ausnutzung Neubauten auf den Altbauflächen zu errichten.

Spätere Novellen zum Städtebauförderungsgesetz bezogen sich vor allem auf eine Verbesserung der Planungsbefugnisse der Gemeinden gegenüber den Eigentümern und auf eine notwendig gewordene Anpassung an Beteiligungserfordernisse, Erfordernisse der Beschleunigung und Erleichterung von Verfahren sowie die Abwicklung bodenordnender Maßnahmen (Umlegung und Grenzregelungen). Viele Städte rissen im Zuge dieser Möglichkeiten ganze Stadtteile ab, verlegten die Bewohnerschaft in die Großwohnsiedlungen, in denen sie Belegungsrechte hatten und ließen verdichtete Bauten mit Einkaufszentren und Infrastruktureinrichtungen an Stelle der Altbauquartiere errichten. Schließlich kam es aber nach weiteren zehn Jahren zu einer veränderten Zielsetzung in der Stadtentwicklungspolitik: von einer Flächensanierung zu behutsamer, kleinteiliger Erneuerungsplanung. Gemäß dieser Zielsetzung hat die Planung der Achtzigerjahre den Begriff der ‚behutsamen Stadterneuerung' geprägt. Soziale Aspekte und Anforderung an Beteiligung der Eigentümer wie der Mieter bei der Planung und Sanierung fassten Fuß. In den 90er-Jahren bekamen Anforderungen an den Schutz der Umwelt mehr Gewicht.

Bau- und Raumordnung zwischen sozialen Erfordernissen und ökologischem Anspruch

Im neugefassten Bau- und Raumordnungsgesetz vom 18.8.97 (*ROG 1998*) wurde schließlich eine Vereinheitlichung des Städtebaurechts angestrebt. Außerdem war das Städtebaurecht an Ziele der internationale Gemeinschaft anzupassen, an Naturschutz und Nachhaltigkeit. Dies geschah u.a. durch die naturschutzrechtlich gemeinte Eingriffsregelung, durch das Wohnungsbau fördernd gemeinte Investitions- und Wohnbauerleichterungsgesetz, sowie durch naturschützende Ausgleichsmaßnahmen und andere umweltbezogene Regelungsbereiche, um den Beitrag der formellen Bauleitplanung zum Umweltschutz rechtlich zu verdeutlichen und zu verankern.

Für unsere Fragestellung ist vor allem relevant, was in den ‚Allgemeinen Vorschriften' des Raumordnungsgesetz ROG 1998 an Zielsetzung gültig festgehalten wird. Danach sind der Gesamtraum der Bundesrepublik Deutschland und seine Teilräume in entsprechend abgestimmten Planungen und Maßnahmen von Bund, Land und Kommunen u.a. unter folgender Leitvorstellung (§1 (1)) zu entwickeln, unter Absatz 6:

„Gleichwertige Lebensverhältnisse in allen Teilräumen herzustellen".

Und unter Grundsätzen (§2 (2)) wird des Weiteren ausgeführt:

„Im Gesamtraum der Bundesrepublik Deutschland ist eine ausgewogene Siedlungs- und Freiraumstruktur zu entwickeln. Die Funktionsfähigkeit des Naturhaushalts im besiedelten und unbesiedelten Bereich ist zu sichern. In den jeweiligen Teilräumen sind ausgeglichene wirtschaftliche, infrastrukturelle, soziale, ökologische und kulturelle Verhältnisse anzustreben".

Raumordnung und Landesplanung gehören zwar nicht direkt zum Baurecht. Die durch sie festgelegten Ziele sind aber als zusammenfassendes und übergeordnetes Leitbild für die gemeindliche Bauleitplanung, die Fachplanungen, sowie sonstige raumbedeutsame öffentliche Maßnahmen bindend. Es heißt in §1 (4) des Baugesetzbuches von 1997 (*BauGB 1998*):

„Die Bauleitpläne sind den Zielen der Raumordnung anzupassen".

Das Grundgesetz (*GG Art, 75, Nr. 4)* erkennt dem Bund für diese Materie immerhin auch eine Rahmenkompetenz zu. Der funktionellen Verzahnung von Raumordnung und städtebaulichen Maßnahmen trägt das Baugesetzbuch in §1 ebenfalls Rechnung.

Durch das Baugesetzbuch (*BauGB 1998*) hat die kommunale Bauleitplanung, speziell der Bebauungsplan, besondere Bedeutung für städtebaulich planergänzende Instrumente wie Vorkaufsrecht, Enteignung, Städtebauliche Sanierung und die Entwicklung Städtebaulicher Gebote in Plangebieten. Zum Beispiel kann damit Gemeindliches Vorkaufsrecht (*BauGB 1998, §§ 24-28*) gesetzlich im Geltungsbereich eines Bebauungsplanes zur Sicherung städtebaulicher Maßnahmen geregelt werden

- auf öffentlichen Zwecken gewidmeten Flächen,
- in förmlich festgelegten Sanierungsgebieten,
- in Gebieten mit Erhaltungssatzung,
- auf unbebauten für die Wohnnutzung vorgesehenen Flächen.

Durch Veränderungssperre kann die Sicherung der Planung auch für künftige Bebauungsplanziele durch Gemeindesatzung beschlossen werden.

Zum besonderen Städtebaurecht führt das Baugesetzbuch die Möglichkeit folgender Maßnahmen ein, die ebenso wie die vorigen für unsere Frage relevant sind:

- Städtebauliche Sanierungs- und Entwicklungsmaßnahmen zur Lösung komplexer städtebaulicher Probleme im Rahmen einer Gesamtmaßnahme zur einheitlichen Vorbereitung und zügigen Durchführung im öffentlichen Interesse zur Behebung städtebaulicher Missstände, ggfls. Funktionsstörungen;
- Erhaltungssatzung zur Erhaltung baulicher Anlagen und der Eigenart von Gebieten, ergänzbar durch sog. Milieuschutzsatzungen z.B. zur Verhinderung von Wohneigentumsbildung auf Kosten und damit zum Schutz der Mietwohnbevölkerung;

- Städtebauliche Gebote, die den entsprechend in den Bebauungsplänen festgesetzten Zielen dienen sollen, diese können sein: Baugebot, Modernisierungs- und Instandsetzungsgebot, Pflanzgebot sowie Rückbau- und Entsiegelungsgebot (*BauGB 1998,* §§175-179) (siehe auch Ziele und Maßnahmen in Kapitel 3.4)

Raumordnungsgesetz und Baugesetzbuch legen außerdem seit Anfang der 90er-Jahre nahe ‚soziale Missstände' (*BauGB 1998 § 164*) im Einvernehmen mit den Betroffenen, also durch Beteiligung zu beheben. Nachdem die Kommunen entsprechende Erfahrungen gemacht hatten, entstand auch die Forderung nach der Aufstellung von Sozialplänen (*BauGB 1998 §180*) zur Vermeidung von Härtefällen und nach Entwicklung komplexer Lösungen.

Die ‚neue' soziale Frage: Nachhaltigkeit auch im Bereich des Sozialen

Auch im Rahmen behutsamer Stadterneuerung war weiterhin die klassische vor allem bauliche Sanierung nach Städtebauförderung nur in der Lage gewesen, zumindest teilweise den baulichen Bestand zu sichern. Aber für die sozialen und ökonomischen Probleme der betroffenen Stadtteile und ihrer Bewohner die notwendigen Schritte zu unternehmen, war mit den vorhandenen Instrumenten allein nicht möglich. Deshalb wurde in vielen Gemeinden mit entsprechenden Strukturproblemen seit Beginn der 90er Jahre mit neuen Konzepten zur Integration der sozialen und ökonomischen Fragen experimentiert (*vgl. DIFU 1998*). Strategien sozialintegrierender Stadtentwicklung und komplexe Konzepte wie das Stadtteil- und Quartiersmanagement auf der Basis der Städtebauförderung nach neuem BauGB waren die logische Weiterentwicklung des Bau- und Planungsrechts und sind als erneute Konkretisierung des raumordnungspolitischen Auftrages von Bund, Ländern und Gemeinden zur Schaffung gleichwertiger Lebensverhältnisse zu interpretieren.

Stadtteilmanagement oder Quartiersmanagement ist in diesem Sinne als strategisch wirkender stadtentwicklungspolitischer Handlungsansatz zu verstehen zur Erneuerung „benachteiligter Stadtviertel", quartiersbezogen, prozesshaft, bewohnerorientiert (*vgl. Alisch 1999*). Die diversen Programme behutsamer Stadtentwicklung in den verschiedenen Bundesländern und Stadtstaaten des letzten Jahrzehnts haben sich inzwischen zu einer Programmfamilie „Sozialintegrative Stadtentwicklung" entwickelt. Ihr Entstehen und einige zentrale Programme werden im Folgenden im Überblick dargestellt. Sie sind nicht ohne die Entwicklung in den anderen europäischen Nachbarländern zu denken und europäische Programme haben ihr Entstehen mit beeinflusst. Auch auf diese wird eingegangen.

Neben dem Grundgesetz ist nach wie vor das Bau- und Raumordnungsrecht das zentrales Rechtssicherungssystem, das nicht nur die private Investition im Bausektor fördern, sondern über die Leitvorstellung gleichermaßen allen Individuen dienen soll, wonach die Gleichwertigkeit der Lebensverhältnisse im gesamten Bundesgebiet durch entsprechende Planungen zu sichern ist (*vgl. auch im Folgenden BauGB 1998, IX*).

2.2 Das Entstehen sozialintegrierender Stadtentwicklungsprogramme in der BRD: Das Programm „Soziale Stadt" und seine Vorläufer in den Bundesländern

Die Erfahrungen aus klassischer Sanierung nach Städtebauförderungsgesetz und die Zurkenntnisnahme einer wachsenden sozialräumlichen Polarisierung trotz ‚behutsamer' Sanierung haben auch auf Bundesebene zu dem neuen Forschungs- und Handlungsfeld „Die soziale Stadt" geführt. Als wichtigste Erkenntnis galt, dass die klassische Sanierung nach Städtebauförderungsgesetz wohl erfolgreich war in der Sicherung des Bestandes und der Bündelung von investiven Fördermitteln, jedoch die sozio-ökonomischen Probleme nicht zu vermeiden vermochte (*vgl. DIFU 1999, 2000*).

Die Auswertung bereits modifizierender Programme verschiedener Länder seit Beginn der 90er-Jahre wie z.B. das NRW Programm für sogenannte „Stadtteile mit besonderem Erneuerungsbedarf", die EU-Gemeinschaftsinitiative URBAN mit einzelnen Fallstudien zu Duisburg-Marxloh, Hannover-Linden und Leipzig-Grünau, sowie die Ergebnisse des Bundesforschungsprogramms „Experimenteller Wohnungs- und Städtebau" (ExWoSt) hatten einen Neuorientierungsbedarf und insbesondere die Notwendigkeit „integrativer Stadtteilkonzepte" und Partizipation deutlich gemacht (*vgl. DIFU 1999, S. 1; Schmals/Kemper 2000, S. 15ff*).

1996 regte die Ministerkonferenz der Länder ein Aktionsprogramm „Soziale Stadt" als Bund-Länder-Gemeinschaftsaufgabe an (*vgl. DIFU 1998, S. 10*). Anlass war auch die veränderte Situation der öffentlichen Haushalte, die es den Kommunen bis heute erschwert, der Entstehung „problemhafter Gebiete" entgegenzusteuern, sodass ‚Vorsorge' und ‚Nachsorge' in Stadterneuerungsgebieten höhere Priorität bekommen sollte. Stadterneuerung sollte nicht mehr als zeitlich begrenzte Aufgabe der Kommunen, sondern als eine dauerhafte und gemeinschaftliche Aufgabe von Bund, Ländern und Gemeinden verstanden werden (*vgl. DIFU 1998, S. 10*). In ersten Empfehlungen wird die geplante Gemeinschaftsinitiative unter Bezugnahme auf BauGB (*vgl. BauGB 1998, § 136 ff: Städtebauliche Sanierung und Wohnungsbindungs-Gesetz § 7 ff*) durch folgende Aspekte charakterisiert:

- Identifizierung von Stadt- und Ortsteilen mit besonderem Erneuerungsbedarf,
- Notwendigkeit von Mitwirkung,
- Integration von lokaler Ökonomie, Quartierszentren, Wohnen und Infrastruktur,
- Fachübergreifende Handlungs- und Maßnahmenfelder,
- Notwendigkeit von Erfahrungsaustausch, Erfolgskontrolle und Begleitforschung (*vgl. DIFU 1999 und 2000*).

1999 konnte das Programm „Stadtteile mit besonderem Entwicklungsbedarf – Die soziale Stadt" beginnen. Bis Ende 1999 hatten 123 Städte und Gemeinden 161 Gebiete angemeldet. Es sollten sowohl die Probleme der ‚alten Bundesländer' als auch die der neuen im Osten des Landes berücksichtigt werden, die mit dem Erbe der Großwohnsiedlungen in Plattenbauweise mit hohen Leerständen und enormen Vernachlässigungen im Altbau (noch immer) zu kämpfen haben. Etwa ein Viertel der beantragten Gebiete liegt in den ‚neuen Bundesländern'. Etwa die Hälfte der Gebiete betrifft Neubausiedlungen, sie machen in den neuen Bundesländern sogar 70 Prozent aller beantragten Gebiete aus.

Die Ziele des Gemeinschaftsprogramms sind folgendermaßen zusammenzufassen, es sollen:

- Die Lebensbedingungen der betroffenen Menschen in den benachteiligten Stadtquartieren durch die aktive und integrativ wirkende Stadtentwicklungspolitik nachhaltig verbessert werden;
- Eine Effizienzsteigerung öffentlicher Maßnahmen durch frühzeitige Abstimmung und Bündelung öffentlicher und privater Finanzmittel auf die Stadtteile erreicht werden;
- Beschäftigungsimpulse durch die Stärkung der lokalen Wirtschaft, die Schaffung und Sicherung örtlicher Arbeitsplätze sowie die Qualifizierung von Arbeitsuchenden gegeben werden;
- Soziale Impulse vermittelt werden durch die Verbesserung der Wohnverhältnisse, der Unterstützung des sozialen Miteinander, die Wiederherstellung von gemischten Bewohnerstrukturen durch eine Verbesserung der Gebietsattraktivität für Zuziehende und die Schaffung von mehr Sicherheit im öffentlichen Raum und die Verbesserung der Infrastruktur;
- Ökologische Impulse gestärkt werden durch ökologisches Planen, Bauen und Wohnen im Bestand;
- Politische Impulse durch den integrierten Einsatz der verschiedenen Politikfelder verstärkt werden (*vgl. Döhne/Walter 1999, S. 25*).

Die Handlungsfelder sind allerdings immer noch durch die sektoralen Handlungsfelder der Verwaltung bestimmt (*siehe Übersicht 2.1*)

In 16 ausgewählten Programmgebieten soll modellhaft die Umsetzung durch eine „Programmbegleitung", z.B. durch das DIFU, den Prozess dokumentieren, unterstützen und schließlich evaluieren. Durch ein bundesweit eingerichtetes Netzwerk soll allen beteiligten Gemeinden Erfahrungsaustausch, Wissenstransfer, Kooperation und Öffentlichkeitsarbeit ermöglicht werden. Der Bund stellt für dieses Programm pro Jahr inzwischen 150 Mio. DM zur Verfügung, die durch je 150 Mio. durch Länder und Gemeinden zu 450 Mio. DM aufgestockt werden sollen. Im Jahre 2002 ist eine erste Zwischenbilanz geplant. (*vgl. Becker/Löhr 2000; DIFU 1999; 2000; Döhne/Walter 1999*). Im Folgenden werden entsprechende Vorläuferprogramme der verschiedenen Länder dargestellt, die teilweise im Programm „Soziale Stadt" fortgeführt werden.

Übersicht 2.1: Handlungs- und Politikfelder im Bundes-Programm „Soziale Stadt"

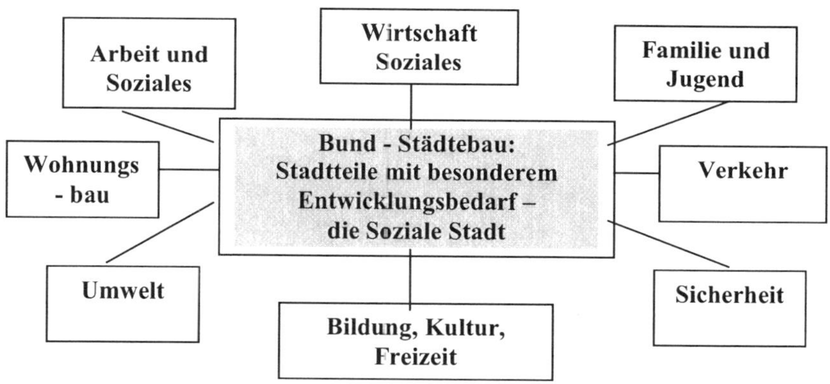

Quelle: Döhne/Walter 1999, S. 26

2.2.1 NRW: „Integriertes Handlungsprogramm für Stadtteile mit besonderem Erneuerungsbedarf des Landes Nordrhein-Westfalen"

Die Landesregierung von Nordrhein-Westfalen als bevölkerungsreichstem, industriell geprägten Bundesland mit erheblichen Strukturproblemen vor allem im Ruhrgebiet, mit einer Anzahl von hoher Arbeitslosigkeit betroffener Städte und Stadtteile kommt bereits Anfang der 90er-Jahre zu dem Schluss, ein besonderes Programm zur Bekämpfung manifest werdender ‚Abwärtstendenzen in bestimmten Stadtteilen' aufzulegen. Negative Entwicklungen in den Bereichen Arbeitsmarkt, Wohnen, Verkehr, Umwelt, Bildung und Soziales forderten geradezu ein integriertes Programm heraus. Da Städtebauliche Erneuerung und Sozialpolitik nebeneinander und auf der Basis eindimensionaler, sektoraler Maßnahmen die vielfältigen Benachteiligungen der betroffenen Stadtteile und ihrer Bewohner und Bewohnerinnen nicht mehr erreichen konnten, mussten neue Wege und Perspektiven aufgezeigt werden, die den Menschen der benachteiligten Quartiere wieder eine gleichberechtigte Teilhabe am sozialen und ökonomischen Leben ermöglichen würden (*vgl. Jasper 2000, S. 1*).

Auf Basis der Erfahrungen zweier Ruhrgebietsstädte, Hamm und Duisburg, die in den Problemstadtteilen Hamm-Norden und Duisburg-Bruckhausen bereits integrierte und „sozial- und bewohnerorientierte“ (Hamm) Konzepte ausprobierten, wurde 1993 das „Handlungsprogramm NRW für Stadtteile mit besonderem Erneuerungsbedarf“ als erste Landesinitiative der Republik zu diesem Probelemkomplex beschlossen. Es war von vornherein ein kooperatives Projekt, das als eine Gemeinschaftsaufgabe von der Staatskanzlei und den damaligen Ministerien für Stadtentwicklung, Kultur und Sport (MSKS), für Arbeit, Gesundheit und Soziales (MAGS) und für Stadtentwicklung und Verkehr (MSV) verstanden wurde. 31 Stadtteile wurden in das Programm aufgenommen.

Zwei Gebietstypen sind zu unterscheiden, wie sie auch in der Analyse in Kapitel 1 herausgearbeitet wurden:

1. Altindustrielle hochverdichtete Innenstadt- und Innenstadtrandlagen, meist gewachsene Altbaugebiete mit einem hohen Anteil gründerzeitlicher Gebäude (z.B. Duisburg-Bruckhausen, Duisburg-Marxloh, Dortmund-Nordstadt, Gladbeck-Butendorf, Gelsenkirchen-Bismarck, Köln-Kalk u.a.);
2. Hochverdichtete Großwohnsiedlungen der 1960er und 1970er Jahre, meist in Stadtrandlage (wie Köln-Chorweiler, Dortmund-Scharnhorst Ost, Detmold-Hakedahl).

Die Gebietsgrößen schwanken von um 1.000 (Solingen-Fuhr) bis zu 50.000 (Dortmund-Nordstadt) Einwohnern (*vgl. auch im Folgenden ILS 2000a*).

Als zentrales Ziel wird die Stabilisierung und Aufwertung der betreffenden Stadtteile formuliert. Zu den zentralen Handlungsstrategien gehören:

- Ganzheitlicher, stadtteilbezogener Ansatz,
- Intensive Beteiligung und Aktivierung der Bürger,
- Initiierung langfristig wirkender, integrierter Projekte und Maßnahmen,
- Vernetzung aller Aktivitäten,
- Vernetzung aller lokalen Akteure und Verbände vor Ort,
- Verknüpfung aller beteiligten politischen Handlungsebenen (Stadtteil, Bezirk, Rat, Land).

Mehrzielprojekte sind Kernstück der Entwicklungsstrategie.

Stadtteilbüros sollen für die Entwicklung dieser Projekte zuständig sein, ebenso für die Koordination der Bereiche, sowie die Aktivierung und Beteiligung der Bewohner.

Vertikale und horizontale Kooperation soll Steuerung erleichtern und effizienter machen.

Folgende Teilziele des Programmes werden genannt: Wahrnehmung der im Stadtteil vorhandenen endogenen Potenziale; Aktivierung und Einbindung der im Stadtteil vorhandenen endogenen Potenziale; Loslösung von den rein zielgruppenspezifischen Ansätzen und Verknüpfung mit gebietsbezogenen Ansätzen; Bauliche Erneuerung unter Einbindung der lokalen Bewohnerschaft durch Maßnahmen der Arbeitsmarkt- und Strukturpolitik; Optimierung vorhandener Planungs- und sozialpolitischer Instrumente; Bündelung finanzieller Ressourcen, insbesondere vor dem Hintergrund knapper Kassen; Wandel von der sektoralen zur ressortübergreifenden Stadtentwicklungspolitik; Loslösung von eindimensionalen Ansätzen und damit Umsetzung ganzheitlicher Erneuerungsstrategien bzw. Stadtteilkonzepte; Initiierung integrierter Mehrzielprojekte und daraus hervorgehende Synergieeffekte; Entwicklung neuer Kooperations- und Organisationsstrukturen; Vernetzung von Akteuren sowohl horizontal als auch vertikal; schließlich Schaffung Problem- und bedarfsorientierter Förderstrukturen, Flexibilisierung der Förderstrukturen; Konzeptionen langfristiger Strategien, Initiierung sich selbst tragender Strukturen.

Den Teilzielen entsprechen auch die tatsächlichen Handlungsfelder, nach tatsächlich durchgeführten Projektanträgen ist festzustellen, dass Projekte im Bereich Kinder und Jugendliche in der Mehrzahl sind (*siehe Übersicht 2.2*).

Übersicht 2.2: Handlungs- und Politikfelder im NRW Programm „Stadtteile mit besonderem Erneuerungsbedarf" (nach Projektinitiativen in Prozent von 500 Nennungen)

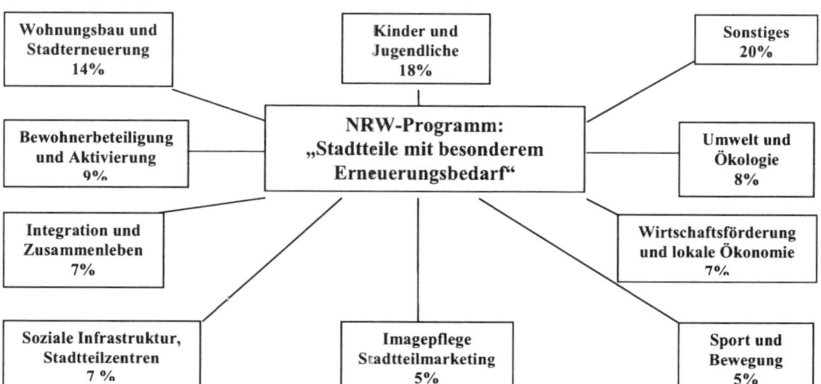

Quelle: ILS 2000a, S. 28

Die Umsetzung der Handlungskonzepte für alle berührten Förderbereiche haben besondere Priorität. Außerdem sollen die vorhandenen Förderinstrumentarien flexibilisiert werden, um gezielt und koordiniert schnell wirksame Situationsverbesserungen zu erreichen. Das Programm sieht die Beteiligung aller relevanten Ministerien vor, und das landeseigene Institut für Landes- und Stadtentwicklungsforschung (ILS) soll schließlich eine Umsetzungsanalyse durchführen. Ebenso sind neue Steuerungs- und Organisationsformen vorgesehen.

Auf Landesebene wurde eine interministerielle Arbeitsgruppe INTERMAG für Antragsentscheidungen, für die koordinierte Umsetzung und eine integrierte und zielgenaue Förderung eingesetzt. Auf der Ebene der Kommunen hat sich bewährt, eine ämterübergreifende Arbeits-, bzw. Lenkungsgruppe einzurichten. Zur Durchführung des Programms und der jeweiligen Projekte vor Ort haben sich in den 28 beteiligten Stadtteilen schließlich ganz unterschiedliche Organisationsformen entwickelt, um vor Ort die Vernetzung der Akteure und die synergetische Wirkung der einzelnen Maßnahmen zu fördern: Stadtteilbüros, Arbeitskreise, Runde Tische, Diskussionsforen zu speziellen Themen wie z.B. Wirtschaft oder die Einrichtung eines Stadtteilkoordinators und sog. Entwicklungsgesellschaften.

Das NRW-Programm und Stadtteilmanagement

Durch das Programm „Stadtteile mit besonderem Erneuerungsbedarf" hat sich in Nordrhein-Westfalen die Konzeption des Stadtteilmanagement als ein Konzept der Stadtentwicklung und Stadtplanung erstmalig etabliert. Inwieweit diese Konzeption eine langfristige und anhaltende Verbesserung der Gesamtsituation der betroffenen Stadtteile zu sichern im Stande ist, kann allerdings noch nicht gesagt werden. Die im folgenden Schaubild dargestellte Aufgabenbreite legt allerdings die Vermutung nahe, dass das Tätigkeitsfeld zum Teil unklar ist und Möglichkeiten und Kompetenzen überschätzt werden könnten (*siehe Übersicht 2.3*).

Erste Resultate der Umsetzung des integrierten Handlungsprogramm für Stadtteile mit besonderem Erneuerungsbedarf

In einer ersten Auswertung im Vergleich der Programmstadtteile kommt das ILS zu folgenden Ergebnissen (*vgl. ILS 2000a*).

Die Schwerpunktsetzungen in den diversen Stadtteilen reichen bei 500 Nennungen zusammengefasst von Projekten im Bereich Kinder und Jugendliche (40 Prozent) über Förderung sozialer Netze (15 Prozent), zu freifinanziertem Wohnungsbau (2,5 Prozent) (*vgl. Übersicht 2.3*). Die meist genannten Handlungsfelder liegen im Bereich Kinder und Jugendliche. Die Schulen haben sich als zentrale lokale Aktivisten erwiesen. Das zentrale Leitbild ist in allen Stadtteilen Bürgerbeteiligung und Verbesserung der Lebenssituation.

Der Anteil der Mehrzielprojekte an allen Projekten ist mit 76 Prozent hoch und hat Priorität. Stadtteilmanagement und Stadtteilbüros haben sich zu einem unverzichtbaren Handlungsfeld entwickelt.

Übersicht 2.3: Aufgabenspektrum des Stadtteilmanagements im NRW-Programm „Stadtteile mit besonderem Erneuerungsbedarf"

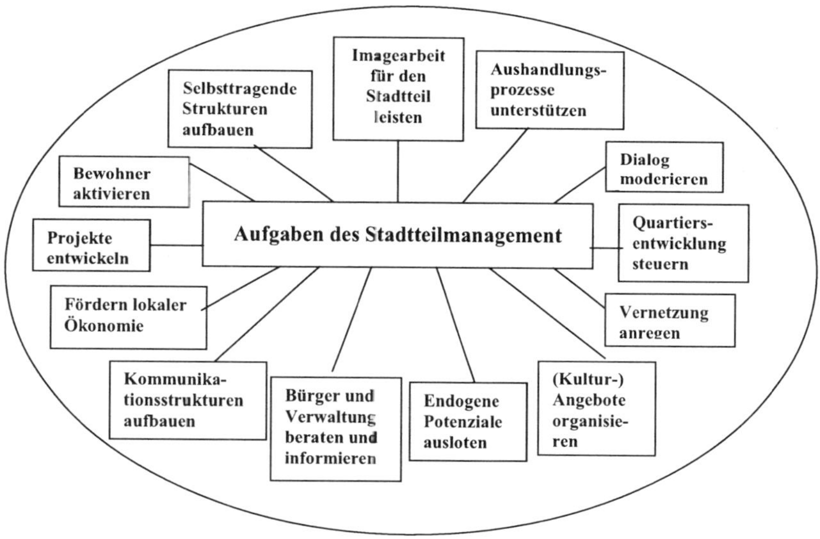

Quelle: ILS 2000a, S. 50

Unklar ist, ob auch die finanziellen Mittel und Investitionen eine Umorientierung erhalten haben und ihrem Anteil nach in mehr soziale und ökologische Aktivitäten umgelenkt werden konnten oder ob nicht weiterhin größere finanzielle Mittel vor allem in die baulichen Maßnahmen gelangt sind. Schließlich sind die Mittel keine neuen aus sozialen Töpfen, sondern Mittel aus dem vorherigen Städtebaulichen Förderprogramm für Baumaßnahmen.

Nicht klar wird in der Studie, welche Kriterien zugrunde gelegt werden (sollten), um den Erfolg der Maßnahmen zu ermessen, z.B. im Vergleich zu den Zielen. Sind die Lebensbedingungen generell oder im Detail für bestimmte Gruppen verbessert worden? War das Konzept der „Stabilisierung und Aufwertung" erfolgreich? Sind zumindest Teilziele erreicht worden? Haben sich die Handlungsstrategien umsetzen lassen und waren die Rahmenbedingungen ausreichend und richtig?

Ganz unabhängig von diesen sich aufdrängenden Fragen werden Empfehlungen benannt, die für eine erfolgreiche Vorgehensweise berücksichtigt werden sollen. Teilweise werden die bereits getroffenen Festlegungen als richtig bestätigt, teilweise weisen die genannen Aspekte auf noch bestehende

Mängel hin. Es heißt dort: Wichtig seien die räumlichen Wahrnehmungs- und Identifikationsmuster der Bewohner selbst; Identifikation und Beteiligung fördere die „Aufbruchstimmung“; Abstimmung durch ortsbezogene Vernetzung sei effektiv; Kommunalpolitik sei in die Verantwortung zu ziehen, Abgabe von Kompetenzen sei notwendig; Flexibilität und Kooperationsbereitschaft aller Akteure sei gefragt; Offenheit für neue Organisations- und Kooperationsformen sei notwendig; Organisationsformen sollten lokal angepasst sein; zentrale Motoren wie Stadtteilbüros und Personen müssten als Multiplikatoren wirken; sich selbst tragende Strukturen benötigten mehr Langfristigkeit; Anschubfinanzierungen seien wichtig; die Verknüpfung von kommunalen und regionalen Erneuerungsstrategien sei besonders wichtig.

Da die Ursachen der Benachteiligung – das Zentrum ist immer noch der Verlust der ökonomischen Basis und manifeste Arbeitslosigkeit – außerhalb der Stadtteile liegen, der Strukturwandel selbst auch kaum von staatlicher Seite wesentlich beeinflussbar ist, steht der wirksame Erfolg des Programm noch dahin. Ob lokale ökonomische Impulse, Stichwort „lokale Ökonomie“, einen Schlüssel zur Beseitigung von Benachteiligung sein können, wird an anderer Stelle diskutiert. Deutlich ist aber (*siehe Übersicht 2.2*), dass der Anteil der Projekte zum Bereich lokale Ökonomie relativ gering geblieben ist. Der selbst veranlasste Anteil des Niedergangs bestimmter Wohnbestände jedoch kann und muss korrigiert werden. Die Kommunen müssen wieder mehr Einfluss auf den Wohnungsmarkt bekommen und nehmen. Allerdings sind dafür auch vermehrt Mittel des Bundes für die Fortsetzung sozial orientierten Wohnungsbaus notwendig (*vgl. ILS 2000a, S. 73ff*). Ob dies durch die Programme berücksichtigt wird, muss weiter verfolgt werden.

Probleme bestehen weiterhin – Empfehlungen und Schlussfolgerungen aus der ILS Analyse zum NRW-Programm

In den abschließenden Empfehlungen des ILS wird deutlich, dass trotz erkennbarer positiver Entwicklungen und Potenziale immer noch Defizite bestehen hinsichtlich der zentralen Frage nach Arbeit und Beschäftigung. Auch hinsichtlich des Verwaltungshandelns wird erneut ein Wandel als notwendig angesehen. Vor allem wird die Identifikation der Bewohner mit ihrem Stadtteil für zentral gehalten. Und diese zu erreichen wird empfohlen: eine konkrete Sozialraumanalyse; die Formulierung positiver Leitbilder gegen Negativabgrenzungen; konkrete Erneuerungsstrategien müssen allgemeine ablösen; Zielhierarchien und Überprüfungsmöglichkeiten der Zielerreichung gehören dazu; politische Debatten, Informationsfluss und Einbetten in die gesamtstädtische Debatte können die Bedeutung der Maßnahmen erhöhen; Mehrzielprojekte sind unbedingt vorzuziehen; den Beschäftigungspotenzialen muss mehr Beachtung zukommen und sie müssen genutzt werden; die Beteiligung von Migranten spielt für Qualifikations- und Beschäftigungsförderung eine wichtige und neue Rolle; die Förderprogramme und Förderverfahren der verschiedenen Ebenen müssen flexibler werden; die Stadtteile müssen mehr Beachtung erfahren in der städtischen Berichterstattung, diese muss kontinuierlich und kleinräumig sein, alle Aspekte betreffend; Erfahrungen müssen ausgewertet werden durch Begleitforschung und regelmäßiges Berichtewesen. Auch über die Projektgröße wird eine Aussage gemacht. Eine vernünftige Stadtteilgröße liege nach diesen Erfahrungen zwischen 5.000 und 25.000 Einwohnern. (*ILS 2000, S. 73ff*)

Es wird erkennbar, dass viele dieser Schlussfolgerungen und Empfehlungen in das Programm „Soziale Stadt" mit aufgenommen wurden (siehe oben).

2.2.2 Sozialintegrative Stadterneuerungsprogramme der Stadt Hamburg

In Hamburg haben Strukturwandel und der Verlust niedrig qualifizierter Arbeitsplätze im industriellen Sektor einerseits und eine Verknappung preisgünstigen Wohnens in ehemals innenstadtnahen, gewerblich durchsetzten Altbauwohnquartieren durch Modernisierung und Verwandlung von Miet- in Eigentumswohnungen zu räumlichen Polarisierungs- und Spaltungstendenzen und zur Verdrängung ehemaliger Mieter in die noch verbliebenen Sozialwohnungsbestände geführt. Dies war der Anlass Mitte und zum Ende der 1990er-Jahre (1994 bis 1998) für ein Pilotprogramm:

„Zusätzliche Maßnahmen gegen Armut als Bestandteil sozialer Stadtentwicklung".

Mit diesem Programm beabsichtigte die Stadt in acht ausgewählten Stadtteilen einzugreifen und Maßnahmen zu erproben, bis diese dann in das aktuelle integrierte Programm „Soziale Stadtentwicklung" überführt wurden (*vgl. Alisch 1999*).

Damit hat Hamburg einmalig in der Republik den Kern der Benachteiligung von Gruppen und Stadtteilen „Armut und Arbeitslosigkeit" in Angriff zu nehmen versucht.

Ziele des Programms zur Armutsbekämpfung sind vor allem

- Entwicklung selbsttragender wirtschaftlicher und sozialer Strukturen;
- Die Bekämpfung der Arbeitslosigkeit;
- Die Erhaltung preiswerten Wohnraums;
- Die Aktivierung der Bewohnerschaft durch Schaffung von Beteiligungs- und Mitwirkungsverfahren.

Dies soll unter folgenden Rahmenbedingungen geschehen:

- Handlungsebene ist die Quartiersebene;
- Baulich-investive Maßnahmen sollen mit Beschäftigungs- und Qualifizierungsprojekten und mit der Wirtschaftsförderung verknüpft werden;
- Bereitstellung von „lokalen Verfügungsfonds“ für Projekte mit lokalem Gestaltungsspielraum;
- Federführend ist die Stadtentwicklung in Kooperation mit den relevanten Fachämtern; dazu wird eine Koordinationsgruppe eingerichtet;
- Vor Ort sollen sog. Projektentwickler mit lokalen Kooperationspartnern, Politikern und Initiativen zusammenarbeiten und den Prozess steuern helfen;
- Information, Wissenstransfer und die Auswertung positiver Projekte werden gesichert durch Berichte in der „Werkstattreihe Solidarische Stadt“ und durch das Hamburger Entwicklungsforum zum Austausch mit externen Fachleuten.

Im Jahre 1998 wurden durch Beschluss des Senats die Erfahrungen aus diesem quartiersbezogenen, integrierten Programm der Stadtentwicklung unter dem Titel „Soziale Stadtentwicklung“ zusammengefasst und damit das Armutsprogramm auf die Ebene der Stadtplanung und zur Steuerung der gesamten Stadtentwicklung gehoben. Die Stadtentwicklung und die Behörde für Arbeit, Gesundheit und Soziales wirken danach z.B. auch bei der Finanzierung und Koordinierung von Fördertöpfen zusammen, die Steuerung der Programme soll lokal bei den Bezirken liegen (*vgl. Staroste 2000*).

Auf Grund der besonderen Vorerfahrungen haben sich zwei zentrale Merkmale des Hamburger Programms herausgeschält,

1. die Konzentration des gesamten Handlungsprogramms sozialer Stadtentwicklung auf das Quartier, sowie
2. die Förderung des eigenverantwortlichen Handelns auf der lokalen Ebene.

Folgende Teilziele sollen erreicht werden: Frühzeitiges Wecken und Förderung der lokalen Handlungs- und Selbsthilfemöglichkeiten; Förderung und Stabilisierung der Mitwirkungsbereitschaft durch erhöhte Mitbestimmungsmöglichkeiten; Anregung privatwirtschaftlichen Engagements; Stärkung der lokalen Wirtschaftsstruktur; Sicherung und Schaffung quartiersnaher Arbeits- und Ausbildungsprojekte in Kooperation mit der lokalen Wirtschaft und den Beschäftigungsträgern; nachhaltige Verbesserung der Wohnqualität durch Modernisierung, Instandsetzung, Umbau und ergänzenden Neubau; Verbesserung des Wohnumfeldes unter Berücksichtigung sozialer Bedürfnisse und ökologischer Erfordernisse; Stabilisierung und Entwicklung von Stadtteil- und Quartierszentren; Sicherung und Erweiterung der sozialen, kulturellen, bildungs- und freizeitbezogenen Infrastruktur.

Die zentralen Handlungsfelder entsprechen den o.g. zentralen Zielen:

- Wohnen und Arbeiten (darunter fallen zwei Programmsäulen: *Sanierungs-* und *Stadtentwicklungs*programm mit Modernisierungsprogramm, alternativer Baubetreuung und sozialer Erhaltungsverordnung),
- Kooperation und Beteiligung, (darunter fallen Quartiersmanagement, neue vertikale und horizontale Kooperationsformen und ein Verfügungsfond in lokaler Verantwortung).

Der sog. Verfügungsfond (bis zu 15.000 DM) ist eine Besonderheit, und die Stadt geht davon aus, dass Beteiligung echte Beteiligung sein muss und die Beteiligten auch unter finanziellen Gesichtspunkten ernst zu nehmen sind. Das kann vor allem dann geschehen, wenn Projekte in eigener, sogar finanzieller Verantwortung durch die Beteiligten verwirklicht werden können.

Darüber hinaus gehören zum Hamburger Modell sogenannte lokale Projektentwickler, die als lokale intermediäre Instanzen in den jeweiligen Stadtteilen verstanden werden. Sie wurden als wichtigstes Instrument für die handlungsorientierte Vor-Ort-Arbeit eingerichtet. Ihre wichtigsten Handlungsfelder bestehen im Rahmen eines Quartierskonzeptes in der Projektentwicklung und Verknüpfung und Beratung der verschiedensten Akteure, sowie in der Aktivierung der Bewohnerschaft, eingeschlossen die Fondverwendung (*siehe Übersicht 2.4*).

Übersicht 2.4: Zentrale Handlungsfelder im Programm „Soziale Stadtentwicklung" in Hamburg

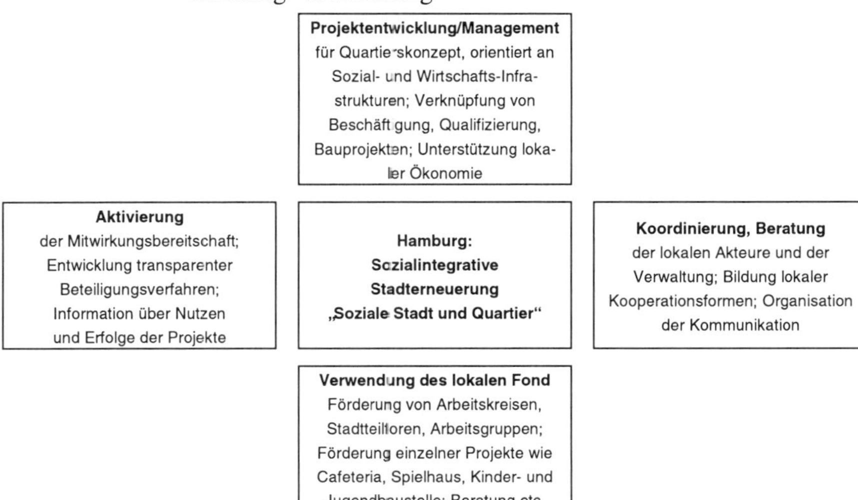

Quelle: eigene Zusammenstellung, auf Grundlage von Schmals/ Kemper 2000, S 93ff

Die Handlungsfelder sind von vorne herein komplex, integrierend und vernetzend gedacht und haben die Beteiligung der Bewohnerschaft im Zentrum und sind nicht mehr an den sektoralen Handlungsfeldern der Verwaltung orientiert.

Das Hamburger Modell ist deshalb besonders interessant, weil es vor allem das zentrale Thema Arbeitsplätze in den Vordergrund stellt und dabei neue Wege ausprobiert. Der Entwicklungsprozess dazu ging stufenweise vor sich, ausgehend von Pilotprojekten in Pilotstadtteilen zur Armutsbekämpfung, wurde er begleitet von Foren und Werkstätten mit den Akteuren und Wissenschaftlern. Die in den Pilotprojekten und Pilotstadtteilen gemachten Erfahrungen wurden in einem zweiten Schritt innovativ in die städtische Raum- (Stadtteil-) entwicklungs- und Sozialpolitik überführt. Zentrales Ziel war eine Politik des „Sozialen Ausgleichs" (*vgl. Alisch/Dangschat 1993, S. 165*) und Ausgangspunkt der Programme war die Erkenntnis, dass Armut und sozialräumliche Benachteiligung und entsprechende Polarisierung zusammenhängen und integriert angegangen werden müssen. Dem entsprach einerseits die Konzentration auf zwei Handlungsfelder: Wohnen und Arbeiten, Kooperation und Beteiligung. Andererseits gehörte dazu eine Neuorganisierung des Verwaltungshandelns: quartiersbezogen, dezentral, mit Teil-Verantwortung bis hinunter zum Projektentwickler der über einen Quartiersfond auf unterster Ebene entscheiden kann. Langfristig wird die Verwaltung dazu angehalten, Potenziale im Quartier zu erkennen und zu nutzen und bereit zur Kooperation mit allen Akteuren zu sein.

2.2.3 Die „Hessische Gemeinschaftsinitiative zur Sozialen Stadt" (HEGISS)

Die „Hessische Gemeinschaftsinitiative zur Sozialen Stadt" wurde in Folge des Bundesprogramms „Soziale Stadt" als Kooperationsnetz beteiligter Kommunen, des Ministeriums für Wirtschaft, Verkehr und Landesentwicklung (HMfWVL), des Instituts für Wohnen und Umwelt in Darmstadt, des Verbandes der Süddeutschen Wohnungswirtschaft e.V. und der Landesarbeitsgemeinschaft Soziale Brennpunkte geschaffen. Auch in Hessen war die Erkenntnis gewachsen, dass integrierte Programme notwendig sind, um die Gefahr des Verfalls ganzer Stadtteile zu bannen. Hessen baute damit hauptsächlich auf Erfahrungen aus einem Förderprogramm „Einfache Stadterneuerung" auf, welches im Sinne einer integrierten sozialen Stadterneuerung seit 1997 in 11 Städten zur Modernisierung, Beschäftigungsförderung und Förderung von Gemeinwesenarbeit in „hoch gefährdeten" Stadtgebieten modellhaft zur Verhinderung und Beseitigung von Notwohnsituationen und Obdachlosigkeit durchgeführt wurde (*vgl. HMfWVL 1999*).

Danach sollen in den Stadtteilen mit besonderem Entwicklungsbedarf folgende Ziele verfolgt werden:

- Stabilisierung der Lebensbedingungen,
- Prävention vor erneutem Verfall,
- Entwicklung zu Selbständigkeit und Lebensfähigkeit,
- Entwicklung einer positiven Zukunftsperspektive.

Die Gemeinschaftsinitiative soll darin bestehen, die Erfahrungen aus den Programmstädten auszutauschen und Beratungs- und Ausbildungsangebote für die Akteure vor Ort anzubieten und damit vor allem das jeweilige Quartiersmanagement zu unterstützen.

Für die Handlungsprogramme auf Stadtteilebene sind demnach folgende Ziele anzustreben:

- Aktivierung der Bewohner und Verbesserung der Chancengleichheit,
- Stärkung der lokalen Wirtschaft,
- Verbesserung des sozialen und kulturellen Lebens im Stadtteil,
- Städtebauliche Stabilisierung,
- Verbesserung der Wohn- und Lebensbedingungen.

Auch hier soll lokale Steuerung der Programme und Projekte erfolgen. Stadtteilmanagement wird als die zentrale Steuerungseinheit verstanden.

Die oben genannten Ziele wurden in Handlungsfeldern konkretisiert, hier Bausteine genannt, die verknüpft und integrierte Ziele ansteuernd das komplexe Stadtteilmanagement ausmachen sollen. Auch hier wird die Absage an sektorales Denken deutlich (*vgl. HMfWVL 1999; siehe Übersicht 2.5*).

Im Hessener Programm wird das Management auf verschiedenen Ebenen definiert. Zum Beispiel im Modellprojekt Kasseler Nordstadt wird unterschieden zwischen:

- *Stadtteilmanagement*, das die Organisation der Kooperation von Verwaltungsressorts untereinander und mit den örtlichen Akteuren und der Bevölkerung etwa durch Runde Tische sicherstellen soll,
- *Quartiersmanagement*, das zuständig ist für ein sozialräumlich abgestimmtes Angebot von Bewohnerberatung, Zielgruppenarbeit und Gemeinwesenarbeit in Zusammenarbeit mit den Wohlfahrtsverbänden, und
- *Projektmanagement*, das nur auf der Verwaltungsebene angesiedelt ist und die vernetzte Steuerung und Organisation der Programmprojekte verfolgt.

Ein Beispiel für Vernetzung im Quartier lässt sich an der Kasseler Nordstadt zeigen (*siehe Übersicht 2.6*):

Übersicht 2.5: Handlungsbausteine zur Umsetzung des Stadtteilentwicklungsprogramms der „Hessischen Gemeinschaftsinitiative zur Sozialen Stadt“

Baustein 1:
Aktivierung der Bewohner, Förderung von Chancengleichheit: Selbsttragende Bewohnerorganisationen; stabile Nachbarschaftsnetze; Stärkung der Wohngebietsidentität, Gemeinwesen- und Vereinsarbeit, Selbsthilfeprojekte

Baustein 2:
Stärkung der lokalen Wirtschaft: Förderung von Arbeits- und Ausbildungsplätzen; Qualifizierungs-Agenturen; Verbindung mit dem Erneuerungsprozess; Einbindung in die gesamtstädtische Ökonomie

Baustein 3:
Verbesserung des sozialen und kulturellen Lebens: Ergänzung der sozialen Infrastruktur; Schaffung von Gemeinschaftseinrichtungen; spezifische soziale Beratung und Dienstleistung; Stadtteilschule

Baustein 4:
Städtebauliche Stabilisierung: Stärkung der identitätsstiftenden städtebaulichen Struktur; Verbesserung der Nutzungsvielfalt und des Dienstleistungsangebotes; Verbesserung von Umwelt- und Freiraumqualität; Sicherheit im öffentlichen Raum

Baustein 5:
Verbesserung der Wohn- und Lebensbedingungen: Bauliche Aufwertung durch bestandsverbessernde bedürfnisgerechte Sanierung; Modernisierung und Umbau; sozialverträgliche Wohnungsbelegung; Schutz vor Wohnungslosigkeit

Quelle: Eigene Zusammenstellung nach HMfWVL 1999

Übersicht 2.6: Netzwerk der Akteure im Programm der Stadt Kassel zur Nordstadt

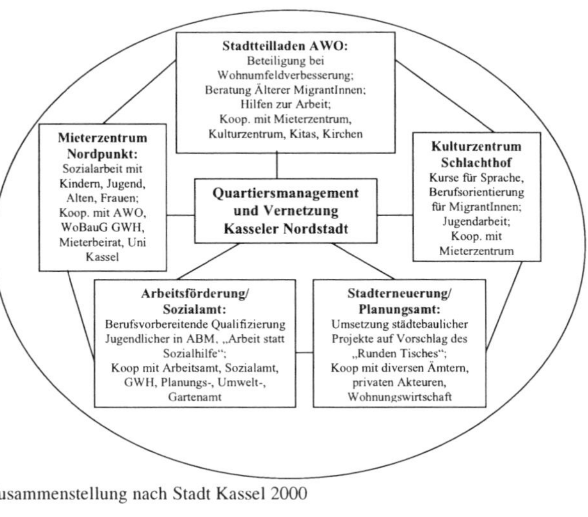

Quelle: eigene Zusammenstellung nach Stadt Kassel 2000

Die Besonderheit der Hessener Initiative liegt vor allem in der von vornherein beabsichtigten konzertierten Aktion von Land, dabei den hauptsächlich beteiligten Ministerien für den Bereich Stadtentwicklung sowie Wirtschaft, der auf Landesebene organisierten Wohnungswirtschaft und der Wohlfahrtsverbände, den Kommunen und von Forschungseinrichtungen. Damit ist eine Vernetzung möglich, die den gesamten Prozess bis zur Programmumsetzung begleitet und den Erfahrungsaustausch für andere Städte und Projekte begünstigt.

2.2.4 Das Berliner Programm „Soziale Stadtentwicklung – Quartiersmanagement"

Der Senat von Berlin beschloss im Zusammenhang mit dem Bundesprogramm „Soziale Stadt" und in Fortsetzung diverser Stadtteilprogramme im Rahmen von Agenda 21 Prozessen (z.B. das Projekt „Lokale Partnerschaft Wedding") und langjährigen Erfahrungen in Projekten der Stadtteilsanierung im Jahre 1999 das Programm „Soziale Stadtentwicklung Quartiersmanagement" und erklärte damit das Quartiersmanagement selbst zum zentralen Instrument integrierter Stadtteilentwicklung.

Ziele des Quartiersmanagement sollen sein:

- Initiieren einer integrierten Entwicklung in den Quartieren entsprechend der Komplexität der Problemlagen;
- Bewirken einer nachhaltigen sozialen, wirtschaftlichen, städtebaulichen und ökologischen Entwicklung im Verbund;
- Aktivierung der Bewohner zu Akteuren, Entwicklung stabiler Nachbarschaften.

Entscheidende Instrumente sind die

- Initiierung und Förderung von Projekten,
- Integration und Vernetzung der Strategien und Akteure.

Zu den wesentlichen, integrativ zu behandelnden, Handlungsfeldern des Progamms gehören

- Arbeitsmarkt und Strukturpolitik,
- Wirtschaftsförderung und Stadtteilökonomie,
- Wohnen, Wohnumfeld und Umwelt,
- Soziale und kulturelle Infrastruktur,
- Soziale Integration/Zusammenleben im Quartier,
- Schule und Bildung,
- Gesundheitsförderung (*vgl. Altena 2000; Senat von Berlin 2000, Ausschreibung zum Programm Quartiersmanagement*).

Das Programm beinhaltet auch die Einsicht in ein neues Verwaltungshandeln, das innerhalb der Verwaltung Kooperation und Ressort-übergreifendes Denken voraussetzt, ebenso Kooperation und Vernetzung mit den privaten und lokalen Akteuren, der Privatwirtschaft und den Wohlfahrtsverbänden anstrebt und darüber hinaus die lokalen Potenziale der Bevölkerung anzuerkennen und ihre Aktivierung und Beteiligung zu fördern beabsichtigt. Auswertungen stehen noch aus.

2.2.5 Die Bundesdeutschen Programme im Überblick

Mehr oder weniger ausgesprochen ist das Kernproblem in allen dargestellten Programmen die wirtschaftliche Lage der Bewohner und der wirtschaftliche Niedergang in den betroffenen Stadtteilen. Grundsätzlich bleibt die Lösung dieser Frage insofern offen, als globale Prozesse, die die Städte selbst nicht zu verantworten haben, nicht durch stadtteilbezogenes Handeln alleine aufgefangen werden können. Allen Programmen ist aber gemein, dass alle Potenziale, die zur Verringerung dieses Defizits beitragen können, mobilisiert werden sollen, und zwar:

- durch Förderung der vorhandenen lokalen und ethnischen Kleinökonomie, sowie
- durch integrative Projekte des Stadtumbaus, in denen Umbauen und Neubauen im Wohn-, Wohnumfeld- und Grünbereich mit Ausbildung und Arbeitsbeschaffung verbunden werden können.

Die Verbesserung und Sicherung eines preisgünstigen Wohnungsbaus nach den Bedürfnissen der verschiedenen Bewohnergruppen gehört deshalb eher an die zweite Stelle des Quartiersumbaus. Alle Städte sehen sich in der Pflicht und alle Programme verpflichten die Städte auf einen kooperativen und vernetzten Umgang miteinander, mit allen Akteuren und vor allem auch auf ein hohes Maß an Bürgerbeteiligung. Nicht zuletzt sollen alle Aktivitäten integriert entfaltet werden, die einer Stabilisierung der Bewohnerschaft und einer Stabilisierung der Gestalt und der Struktur des Stadtteils dienen können. Dabei sind ökologische (vgl. Kapitel 3.4), kulturelle und soziale Initiativen angesprochen, die soziale Netze und Nachbarschaften schaffen und schließlich das Image und die Identität des Stadtteils aufbessern helfen. Quartiersmanagement ist in allen Programmen ein Instrument, dass sowohl die integrative Projektentwicklung als auch die Kommunikation und Vernetzung der Akteure steuern soll. Evaluation und Moderation des gesamten Prozesses wird überall für notwendig gehalten. Interessant sind schließlich die vielen konkreten Initiativen und lokalen Projekte, die im Rahmen dieser Programme entstanden sind.

Im Folgenden werden entsprechende und die bundesrepublikanische Stadt(teil)entwicklungspolitik mit beeinflussende europäische Programme dargestellt.

2.3 Europäische Programme im Vergleich

Zwei Strukturfonds der Europäischen Union beziehen sich auf die entstandenen ökonomischen und sozialen regionalen Unterschiede in den europäischen Städten im Zusammenhang mit der Gemeinschaftsaufgabe ‚Verbesserung der regionalen Wirtschaftsstruktur':

1. der EFRE (Europäischer Fond für Regionale Entwicklung) und
2. der ESF (Europäischer Sozialfond).

Ein Teil der Gelder aus diesen Strukturfonds stand seit 1994 der sogenannten Gemeinschaftsaufgabe URBAN zur Verfügung, die auf die Verbesserung der Lebensqualität in Stadtquartieren mit prekären sozialen und wirtschaftlichen Lagen abzielt. 12 bundesdeutsche Städte wurden für diese Quartiersinitiative ausgewählt, acht ostdeutsche (Berlin, Brandenburg, Halle, Magdeburg, Erfurt, Chemnitz, Rostock und Zwickau) und vier westdeutsche Städte (Bremen, Duisburg, Kiel, Saarbrücken).

Ziel der Förderung zur Schaffung besserer Lebensverhältnisse in Städten der EU ist

- Die Schaffung von Arbeitsplätzen;
- Die Förderung von Humanressourcen;
- Die Verbesserung der soziokulturellen Infrastruktur;
- Die Verbesserung der Umweltbedingungen;
- Die Einbeziehung lokaler Akteure (*vgl. Europäische Kommission 1994*).

URBAN als ergänzendes europäisches Instrument zur nationalen, bundesdeutschen Städtebauförderung unterstützte einerseits die Bündelung von Mitteln und Maßnahmen bei der Lösung komplexer Probleme auf Quartiersebene durch die Vernetzung unterschiedlicher europäischer und nationaler Förderprogramme. Anderseits erhöhte es durch kleinräumige Abgrenzung der Fördergebiete bei gleichzeitiger zentraler Koordination der verschiedenen Politik- und Handlungsfelder, der baulich-räumlichen wie der beschäftigungspolitischen und ökologischen sowie durch Vernetzung der Akteure auch die Erfolgschancen für Lösungsansätze quartierlicher Probleme. (*vgl. DIFU 2000; Toepel, Sander, Strauss 2000: XII ff, S. 52 ff*). In die beschriebenen bundesdeutschen Stadterneuerungsprogramme sind auch jeweils europäische Gelder geflossen und die Fördertöpfe werden weiterhin integriert.

In das URBAN Programm sind die Erfahrungen aus allen europäischen Nachbarländern eingeflossen und diese haben die jeweiligen Programme ebenfalls stimuliert. Ein Blick in die Prinzipien der großen Nachbarn bringt weitere Aspekte in die deutsche Debatte um integrierte Stadt- (teil-) Entwicklung und wirft neue Fragen aus anderer Sicht auf, z.B. über die Rolle der Privatwirtschaft, die Notwendigkeit einer Evaluation sowie Image- und Selbstverständnisfragen.

2.3.1 Soziale Stadterneuerungspolitik in den Niederlanden: Großstadtpolitik

Trotz einer vorausgegangenen sozial ausgerichteten Stadtsanierungspolitik „Bouwen voor de buurt" mussten die Kommunen auch in den Niederlanden erkennen, dass zwar der baulich physische Zustand von Altstadtquartieren und damit auch das Klima sich verbessert hatte, dass aber die sozialökonomischen Probleme ebenfalls ungelöst geblieben waren. In den 90er-Jahren wurde deshalb die auf „kumulative Problemgebiete" ausgerichtete Stadtsanierung in ein dezentrales Programm für die Kommunen „Soziale Stadterneuerungspolitik" integriert und durch das 1995 eingeleitete Sozialerneuerungsprogramm „Großstadtpolitik" aktualisiert (*vgl. Froessler 1999, S. 27f*).

Für die betroffenen Stadtteile sollen seitdem folgende Ziele erreicht werden:

- Die Verbesserung der Lebensqualität;
- Die Bekämpfung der sozialen „Unsicherheit" im Stadtteil.

Dies soll erreicht werden durch ein effektives und marktorientiertes Zusammenspiel von Wirtschaft und Sozialpolitik, wobei von neuen wirtschaftlichen Aktivitäten auch die Schwächsten auf dem Arbeitsmarkt profitieren können sollen.

Zentrale *Handlungsfelder* sozialer Erneuerung sind den komplexen Problemen entsprechend:

- Beschäftigung, Ausbildung und Einkommen;
- Verbesserung der Qualität des Alltäglichen, des Wohn- und Wohnumfeldes;
- Steigerung der Effizienz und Qualität von Einrichtungen, Innovation auf soziokulturellem Gebiet.

Für das *Verwaltungshandeln* sind folgende Hauptmerkmale kennzeichnend:

- Der integrierte und stadtviertelorientierte Ansatz;
- Dezentralisierung und Deregulierung;
- Zentrale Rolle der Kommune;

- Einbeziehung von Bürgern während der Umsetzung (*vgl. van der Pennen 1999, S. 66 ff*).

Es wird auch davon ausgegangen, dass Teilhabe an und Integration in die Gesellschaft mit der *Teilhabe/Partizipation* an grundlegenden Gütern einhergehen muss, darunter wird verstanden:

- Wirtschaftliche Partizipation, also Teilhabe am System Arbeit;
- Soziokulturelle Partizipation, also an Ausbildung, Unterricht und dem Bildungswesen;
- Gesellschaftliche Partizipation, also an gesellschaftlichen Organisationen und sozialen Netzwerken;
- Demokratische und gesellschaftliche Partizipation, also an politischen und verwaltungstechnischen Entscheidungsprozessen;
- Partizipation der primären sozialen Netzwerke, der Familien, Freundes- und Bekanntenkreise;
- Konsumtive Partizipation, also auch Nutzung von Einrichtungen und Dienstleistungen in einer passiven Rolle.

Diese Auffassung von Partizipation erkennt auch das Recht auf Betreuung immer dann an, wenn z.B. durch Langzeitarbeitslosigkeit sowohl Ausschluss vom Arbeitsmarkt vorherrscht als auch Sucht- und Krankheitsprobleme hinzugekommen sind.

Obwohl es doch vorrangig um die wirtschaftliche Teilhabe geht, spricht das Programm von Sozialer Aktivierung und nicht von der traditionellen „Beteiligung“ und „Selbsthilfe“; es geht auch über die reine Arbeitsvermittlung hinaus und schließt ein, neben direkter Vermittlung von Arbeitslosen auf dem Arbeitsmarkt, den Abbau und/oder Verhinderung der sozialen Isolation; Entfaltung gesellschaftlich sinnvoller Aktivitäten; Förderung der sozialen ‚Kohäsion‘; Verbesserung der Qualität des Wohn- und Lebensumfeldes.

Zum Handlungsfeld „Soziale Aktivierung“ sind die Städte aufgefordert, einen sogenannten „lokalen Sozialplan“ für die jeweiligen Quartiere aufzustellen und Stellen vor Ort einzurichten, die die Bewohner unmittelbar mit ihren Problemen aufsuchen können. Erkenntnis ist inzwischen, dass dabei Maßnahmen passgenau sein müssen, nicht nur passgenau für das Quartier, sondern vor allem passgenau bezogen auf die betroffene Gruppe. Dabei sind formelle und informelle Elemente zu nutzen. Soziale Infrastrukturplanung wird außerdem geteilt in den Bereich der allgemeinen sozialen Infrastruktur (Basiseinrichtungen), den präventiven Bereich (v.a. Projekte zur Vermeidung von Problemen und Eskalation) und den kurativen Bereich (v.a. Rehabilitationsprojekte) (*vgl. van der Pennen 1999*).

Beim Programm Großstadtpolitik gehören Evaluierung, jährliche Monitoringberichte, Besuchskommissionen, Selbstanalyse und Auditing selbstverständlich dazu.

Nach einem erstem Erfahrungsaustausch werden bereits bestimmte Erfolge der sozialen Stadterneuerung verzeichnet:

- Erfolgreiches Wechselverhältnis von gesamtstädtischer Entwicklungspolitik und kleinräumlicher Problembearbeitung;
- Positive Einstellung von Politikern und Verwaltungsfachleuten zur Bürgerbeteiligung und dezentralem Verwaltungshandeln;
- Relativer Erfolg flexibler, maßgeschneiderter Problemlösungsansätze der Städte mit flexiblen Finanzierungsmöglichkeiten führen zu einem Stop des Zerfallsprozesses und zur Reduzierung der Defizite und weiterer Polarisierung;
- Positive Veränderung des Bildes von der Stadtentwicklung in der Öffentlichkeit und Verbesserung des Klimas (*vgl. Schmals/Kemper 2001, S. 40*).

Folgende Handlungsebenen werden noch als unbedingt verbesserungswürdig angesehen: die Integration besonders benachteiligter Quartiere, die Entwicklung eines mehrjährigen Leitbildes, die gegenseitige Abstimmung der sektoralen Politik, die Förderung der gesamtstädtischen Ökonomie (*vgl. Froessler 1999; van Boxtel 1999*).

Auch die Niederlande haben keine Patentrezepte, aber offensichtlich ist eine soziale Orientierung selbstverständlich, die informelle Strukturen und Basis sichernde Leistungen zulässt. Der notwendige Zusammenhang quartiersbezogener Entwicklung zur Gesamtstadtpolitik und zur gesamtstädtischen Ökonomie, nicht nur die Mobilisierung lokaler Ökonomie, sowie die Entwicklung entsprechender Leitbilder ist offensichtlich erkannt worden.

2.3.2 Sozialintegrative Programme der Stadterneuerung in England: New Deal

Großbritannien hat mit einem Programm der „shop stewards“ bereits seit den 1960er Jahren eine lange Tradition quartiers- und gruppenbezogner Stadtteil- und Gemeinwesenarbeit in den ärmsten Vierteln der großen Städte. Die Politik der Konservativen hat in den letzten Jahrzehnten durch Liberalisierung und Deregulierung in bestimmten Stadtteilen jedoch zu großen Polarisierungen in den Industriestädten geführt.

Soziale Spannungen zu Anfang der 1990er-Jahre beantwortete die Regierung 1991 mit einer Initiative „City Challenge“ (Herausforderung Stadt), zur Bekämpfung von soziokulturellen, ökonomischen und infrastrukturellen Problemen in den besonders benachteiligten Stadtteilen. Das Programm wurde als Wettbewerb ausgeschrieben und es sollten Projekte gefördert werden, die unter Beteiligung des privaten Sektors im Rahmen eines Netzwerkes von kommunaler Verwaltung, lokalen Büros der Regierung, Wohnungsunternehmen und gemeinnützigen Einrichtungen entstanden waren. Die Städte und die

Partnerschaften konnten Fördergelder für diese Projekte beantragen. Als deutlich wurde, dass die Ausrichtung auf die Förderung der Wirtschaft allein die sozialen Problemlagen nicht beseitigen half, wurde der „Challenge Fund“ eingerichtet, dessen Gelder jährlich in einem Wettbewerbsverfahren an Kommunen und Partnerschaften vergeben werden.

Unter der aktuellen Labour-Regierung wurde nach 1997 aus demselben Grund eine Institution „Social Exclusion Unit“ (Institution gegen Soziale Ausgrenzung) geschaffen, die „die am meisten benachteiligten Stadtteile“ identifizieren sollte, und damit die Basis dafür zu schaffen, unter dem Motto „Bringing Britain Together“ konkrete Förderprogramme für diese Stadtteile zu entwerfen. Das Programm „New Deal for Communities“ soll in 50 Stadtteilen der „Abwärtsspirale“ entgegen treten.

Ziele der Erneuerung sind:

- Verbesserung der Beschäftigungschancen der Bewohner,
- Verbesserung des Quartiersmanagement und des Angebots an sozialen Diensten.

Handlungsfelder sind in der Regel:

- Beschäftigungs- und Unternehmensförderung,
- Wohnen,
- Quartiersmanagement,
  Erziehung und Bildung,
- Familie,
- Kinder und Jugendliche.

Ein für die englische Vorgehensweise typisches Element ist der beabsichtigte Wettbewerb zwischen den Kommunen und die interkommunale Konkurrenz um die auf zehn Jahre ausgelegten Fördermittel. Dabei gibt es keine Vorgaben oder Beschränkungen. Die Kommunen können jede Art zeitlich begrenzter Projektvorschläge einbringen, die in entsprechende integrative und projektübergreifende Stadt (-teil)-entwicklungskonzepte eingebettet sein müssen. Der Zwang zu solchen Konzepten und der Wettbewerb hat in vielen Regionen zu Regionalen Entwicklungsagenturen geführt, die die notwendig gewordenen planerischen Leitlinien auf regionaler Ebene formulieren. 17 Stadtteile wurden inzwischen in das Programm des „New Deal for Communities“ aufgenommen (*vgl. DETR 2000 in: Schmals/Kemper 2000*).

2.3.3 Soziale Quartiersentwicklung in Frankreich

„DSQ – Development Social des Quartiers“ (Soziale Entwicklung der Quartiere) ist ein Programm mit einem Politikverständnis, das schon zu Beginn der 80er-Jahre von reiner baulicher Erneuerung benachteiligter Stadtquartiere abging und eine soziale Integration marginalisierter Gruppen anstrebte durch eine Kombination von Maßnahmen aus den Bereichen Wohnen, Städtebau, Wirtschaftsförderung, Sozial-, Beschäftigungs- und Kulturpolitik. Vorausgegangen waren die uns schon bekannten Tendenzen zunehmender Polarisierung in den Städten zwischen den Banlieues mit den Großwohnsiedlungen des sozialen Wohnungsbaus und einem hohem Anteil an ausländischen Bewohnern einerseits und den Zentren andererseits. Hinzu kommt noch das regionale Gefälle zwischen dem Großraum Paris und einigen wenigen anderen großen Städten und dem übrige Land. Nach einer Experimentierphase mit Maßnahmen der Wohnungsmodernisierung und Wohnumfeldverbesserung, mit Bildungs- und Kulturprojekten, und nach einer weiteren Phase der Regionalisierung der Politik und Erweiterung auf Altstadtquartiere rücken ab 1988 wirtschaftliche und interkommunale Belange in den Vordergrund. Damit tritt ein Konzept in Kraft, das unter den Stichworten ‚Ganzheitlichkeit, Partnerschaft und Gebietsbezogenheit' sowohl wohnungsbezogene Maßnahmen als auch begleitende Maßnahmen fördert. Dazu gehören Sozial- und Kulturzentren, Anlage öffentlicher Freiflächen u.a.. Außerdem stützt sich diese Politik des Sozialen Quartiers auf ein komplexes Beziehungsgeflecht mit Vertragswesen zwischen Zentralstaat, Region und Kommune auf der staatlichen Seite und zwischen Kommune und den Akteuren auf Quartiersebene, also auch der privaten Seite. Im Kontext dieser Politik werden nicht nur gebietsspezifische Projekte vorgesehen sondern auch gesamtstädtische und interkommunale Projekte einbezogen (*vgl. Lang/Froessler/Thomas 1994*).

Als *Ziele* sind zu benennen:

- Verbesserung der allgemeinen Lebensbedingungen im Quartier;
- Umfassende räumliche und soziale Integration des Quartiers;
- Stärkung der Chancengleichheit.

Handlungsfelder sind vor allem:

- Städtebauliche Integration;
- Wohnungs- und Belegungspolitik;
- Arbeitsmarktpolitische Projekte.

1989 wurde das Programm umbenannt in „Development Social Urbaine – DSU“ (Politik der sozialen Stadtentwicklung) und unter dem Begriff „Politique de la Ville“ (Stadtpolitik) mit dem Rahmengesetz zur Stadtpolitik („Loi d'orientation pour la ville 1991“) und den „Contrats de ville“ (Stadtverträge) zu einem Maßnahmenbündel „Pacte de relace pour la ville“ (Bündnis für einen Aufschwung der Städte) zusammengefasst. Nach wie vor sind die unzureichende Partizipation von Betroffenen und die akute Ausgrenzung marginalisierter Gruppen, vor allem der Migranten, als Schwächen der Politik zu erkennen. Parallel zur DSU-Politik wird zu Beginn der 1990er-Jahre konkret zu diesem Komplex eine Debatte angestoßen unter den Schlagworten: „Lutte contre l'exclusion" (Kampf gegen die Ausgrenzung), „Entreprise citoyenne" (Bürgerschaftliches Unternehmen) und „Development economique solidaire" (solidarische ökonomische Entwicklung). Ein Programm „Insertion par l'economique" (Ökonomische Wiedereingliederung) wird dem Komplex der sozialen Stadtentwicklung (DSU) hinzugefügt. Damit wird die eingeleitete Orientierung der DSU noch einmal bestätigt:

- Ein Umschwung von einer engen Stadtteilorientierung auf eine gesamtstädtische Perspektive zur Thematisierung struktureller Segregation;
- Eine zunehmende Dezentralisierung der Kompetenzen;
- Die Verankerung partnerschaftlicher Zusammenarbeit als fundamentales Prinzip der DSU;
- Die Konzentration auf die Bedeutung der Wirtschafts- und Beschäftigungsförderung.

Die ökonomische Wiedereingliederung im Rahmen der DSU wird durch eine soziale Arbeitsmarktpolitik flankiert. Die Politik der Erhöhung des Mindestlohns und der Fördermittel für die Eingliederung von Langzeitarbeitslosen oder Einstellung von Schulabgängern beabsichtigt, Mittel- und Kleinunternehmen in die DSU zu integrieren. Das Maßnahmenspektrum im Rahmen der DSU kann Kriminalitätsvorbeugung und Sicherheit im Öffentlichen Raum bedeuten und die Verbesserung der schulischen Angebote und der Freizeitangebote umfassen, sowie wirtschaftliche Eingliederungsmaßnahmen, die Integration von Migranten/innen oder Maßnahmen der beruflichen Eingliederung von Jugendlichen. Das Akteurespektrum für das Programm der wirtschaftlichen Wiedereingliederung reicht von den Ministerien für Jugend und Sport, Handel und Gewerbe, Arbeit und Soziales bis Raumordnung, Stadtentwicklung und die verschiedenen staatlichen Kommissionen und interministeriellen Behörden, ebenso intermediäre Institutionen wie Stiftungen oder Dachverbände sowie die beteiligten privaten Unternehmen bis zu lokalen und regionalen Initiativen und auch die Quartiersunternehmen und Beschäftigungsgesellschaften. Schließlich ist im Rahmen dieser Politik ein breites Bündnis entstanden, das „sich für die Gestaltbarkeit von Gesellschaft und für die Zukunft der Städte einsetzt" (*vgl. Claussen 1997, S. 126*).

Mehr noch also als die bundesdeutschen Programme und bereits seit längerem konzentrieren sich die stadtpolitischen Programme in den Niederlanden, England und Frankreich auf den Bereich der ökonomischen Ausgrenzung von Stadtteilen und Bewohnern. Dabei wird in allen Fällen mit Verträgen zwischen den Kommunen und der privaten Wirtschaft sowie den lokalen Wirtschaftsakteuren und Gesellschaften gearbeitet. Die wirtschaftlichen Probleme des Quartiers werden in jedem der Fälle als strukturelle Frage behandelt und in den nationalen Zusammenhang gestellt. Während sich für die Niederlande und auch Frankreich im Laufe der Entwicklung eine soziale und solidarische Orientierung für zumindest einen Teil der Akteure abzeichnet, setzt England vor allem auf eine harte Konkurrenz der Städte um Fördermittel und um Effizienz. Vernetzung und Kooperation, Evaluation und Audit-Verfahren sind in allen Ländern längst Praxis.

In wieweit die Programme tatsächlich eine Stabilisierung oder gar positive Entwicklung aus der benachteiligten Lage heraus bewirken können oder bewirkt haben, ist schwer einzuschätzen. Ganz sicher gibt es Erfolge – zumindest Teilgruppen haben von den Förderprogrammen profitieren können – aber um den Preis einer Verschärfung der Lage derer, die nicht dazu in der Lage sind (*siehe auch Übersicht 2.7 und 2.8: Ziele, Strategien und Handlungsfelder der verschiedenen bundesdeutschen und der europäischen Programme*).

2.4 Schlussfolgerungen für Planung und Sozialraumorientierung, Quartiersmanagement

Ausgangspunkt der integrierten Stadtplanung und des Konzeptes Quartiersmanagement war die sozialräumliche Teilung und Polarisierung der Städte. Dabei waren zwei Typen benachteiligter Stadtquartiere zu berücksichtigen:

1. Innerstädtische, vernachlässigte Altbauquartiere;
2. Trabantensiedlungen in städtischen Randlagen (siehe Kap. 1 und Kap. 2.2).

Die vorgestellten Programme zeigen, dass die Problemlagen im Wesentlichen klar sind und Länder und Städte versuchen, mit relativ ähnlichen Mitteln und unter ähnlichen Zielen das Problem dieser Quartiere als eine Daueraufgabe und eine Querschnittsaufgabe zu behandeln. Ein Schwerpunkt aller Programme liegt bei der Verbesserung der wirtschaftlichen Situation in den Quartieren und sie zielen auf eine Eingliederung der meist Betroffenen, v.a. Langzeitarbeitslose und ausländische Jugendliche. Generell wird integrierten Projekten und komplexen Teilprogrammen der Vorzug gegeben. Dabei kommen soziale, kulturelle und ökologische Zielsetzungen und Maßnahmenfelder gleichermaßen zum Tragen. Effekte für die Verwaltung werden ebenso erwartet wie auch ein bewusstes Umdenken in Richtung Vernetzung, Kooperation und einer Bereitschaft zur Beteiligung Betroffener, die auch die Verfügung von Fonds für kleinere Projekt in Verantwortung der Bewohner einschließt.

Quartiersmanagement ist vielfach ein Element der Mediation zwischen den Akteuren, zur Sicherung der strategischen Ziele und konkreter Maßnahmenumsetzung.

Fassen wir die zentralen Elemente des planerischen Handelns auf der Quartiers- und Stadtteilebene zusammen, kommen wir zu folgenden Aspekten eines Quartiers- oder Stadtteilmanagement aus planerischer Sicht, wobei eine Abgrenzung zu sozialer oder sozialarbeiterischer Tätigkeit nicht klar unterschieden werden kann (*siehe auch Übersicht 2.7*).

Der Anlass ist in allen Bundesländern gleich

Anlass aller Programme ist eine manifeste und komplexe Defizitlage in Alt- und Neubauquartieren, die vor allem in den folgenden Bereichen verzeichnet wird:

- Arbeitsplatzverluste und Armut;
- Soziale Erosion und fehlende Netze;
- Unzureichende soziale und kulturelle Infrastruktur;
- Vernachlässigte Bau- und Wohnstruktur;
- Hohe Emissionsbelastungen.

Die Ziele umfassen komplexe Sachverhalte

Die Ziele haben sich im Laufe der Programme, vor allem in den europäischen Nachbarländern weiterentwickelt und beziehen sich im Kern auf:

- Das Handeln der Verwaltung und von Politik mit dem Ziel komplexer Vernetzung mit einander und mit den lokalen Akteuren sowie auf höhere Angepasstheit der Maßnahmen und das Erreichen höhere Effizienz bis hin zu flexiblen Fördertöpfen in lokaler Hand;
- Die Veränderung der negativen wirtschaftlichen Situation unter Einbeziehung der lokalen und überlokalen privaten Wirtschaft sowie von Initiativen und Kooperationspartnern verschiedener Branchen und Ebenen, wie
  - Stärkung der vorhandenen und Förderung neuer lokaler Wirtschaftsunternehmen,
  - Qualifizierung von Jugendlichen und erwachsenen Arbeitslosen,
  - Qualifizierung ausländischer lokaler Betriebe zu Ausbildungsbetrieben;
- Das Erreichen konkreter Verbesserungen im Stadtteil/Quartier unter Einbeziehung lokaler Akteure und Beteiligung der Bevölkerung, wie
  - die Sicherung des (Wohn- und Bau-) Bestandes zu bezahlbaren Preisen
  - die Verbesserung der Infrastruktur- und Freizeitangebote auf lokaler Ebene,

- die (Wieder-) Herstellung sozialer Netze und der Aufbau selbsttragender Strukturen, sowie Strukturen zur Beteiligung.

Die Strategien sind unterschiedlich

Gemeinsam ist allen Programmen die Einführung von:

- Einem geplanten Austausch über die Erfahrungen;
- Einer intensiven Bewertung, Auswertung und Erfolgskontrolle.

Das integrierte und vernetzte Handeln der Verwaltung mit den lokalen Akteuren zeigt verschiedene Vorgehensweisen, es umfasst u.a.:

- Die Einrichtung von Stabstellen zur Unterstützung und Kontrolle des Erneuerungsprozesses auf Quartiersebene;
- Den Austausch der Verwaltung über eine Koordinationsstelle bei der Stadtentwicklung;
- Die Einrichtung eines/r Stadtteilmanagers/in oder eines Stadtteilmanagementbüros zur Steuerung des Prozesses und Vernetzung der Projekte und Aktivitäten;
- Die Einrichtung von Stadtteilbüros und Mieterzentren;
- Die Nutzung „Runder Tische" und von Foren;
- Die Mitarbeit in Stadtteilzentren und Stadtteilkommitees.

Die Qualifizierung der Einrichtungen im Stadtteil und der Ausbau selbsttragender Strukturen und von Beteiligungsstrukturen geschieht u.a. über:

- Lokale und kleinräumige Bedarfsermittlung und Projektplanung;
- Die Einrichtung lokaler Projektentwickler;
- Die Ermittlung und Durchführung integrierter Projekte;
- Die Initiierung langfristiger Projekte und von Projektlinien;
- Die Einrichtung „Runder Tische" und von Foren;
- Die Förderung von Stadtteilzentren und Stadtteilkommitees;
- Die Bereitstellung von Verfügungsfonds;
- Die Förderung von Selbsthilfeaktivitäten.

Die Handlungs- oder Tätigkeitsfelder reichen von sektoralen bis zu integrierten Vorgehensweisen

Als traditionelle *sektorale* Handlungsfelder werden vor allem im Programm „Soziale Stadt" und den Länderprogrammen mehrheitlich benannt:

- Stadtentwicklung, Stadtplanung, Stadterneuerung;
- Arbeit, Wirtschaft, Wirtschaftsförderung;
- Wohnungsbau und Wohnumfeldverbesserungen;

- Umwelt, Freiflächen, Grünflächen;
- Familie, Jugend, Kinder;
- Verkehr und Sicherheit;
- Bildung, Kultur, Freizeit.

Dabei können – vor allem in Nordrhein-Westfalen und Hamburg – folgende *integrierte* Handlungsfelder identifiziert werden:

- Image und Identität;
- Kommunikation;
- Bürgerberatung, Beratung von Akteuren;
- Projektentwicklung;
- Aktivierung und Beteiligung.

Die Europäischen Programme konzentrieren sich auf Beschäftigung und setzen auf private Akteure

In den Europäischen Programmen sind Unterschiede festzustellen, die sich auf die Konzentration auf *wenige spezielle Handlungsschwerpunkte* beziehen.

Die Teilhabe am wirtschaftlichen und sozialen Leben und Maßnahmen zur ökonomischen Integration der Bewohner und des Stadtteils liegen dort zumeist an erster Stelle der Ziele und entsprechender Strategien und Handlungsfelder (*siehe auch Übersicht 2.8: Ziele, Strategien und Handlungsfelder verschiedener europäischer Programme*).

Konzentration auf wenige Ziele

- Deregulierung, Dezentralisierung und Liberalisierung sind zentrale Stichworte, die das Verwaltungshandeln und die Kooperation mit lokalen Akteuren, Agenturen und Wirtschaftsunternehmen betreffen;
- Re-Integration in den Arbeitsmarkt, Verbesserung der Beschäftigungschancen werden in allen Projekten und Programmen als oberstes Ziel angegeben;
- Förderung sozialer Kommunikation, Aufbau sozialer Netze, Abbau und Verhinderung sozialer Isolation werden ebenso ernst genommen.

Vertragswesen als Strategie

In allen untersuchten Ländern sind Erfolgskontrollen gefordert und neue Formen der Partnerschaft zwischen Staat, privater Wirtschaft und Bürgern/innen eingeführt worden, z.B. durch:

- Lokaler Sozialplan;
- Quartiersvertrag;
- Stadtvertrag.

Dies geht nicht ohne die Formulierung von Leitbildern, die für alle Partner bindend sind. Soziale Leitziele stehen dabei im Vordergrund.

Konzentration auf die wichtigsten Handlungsfelder

Zumeist sind die Handlungsfelder sektoral, integrierte Maßnahmen werden eher über die Verträge formuliert. Handlungsfelder sind in der Regel die vier wichtigsten:

- Beschäftigung, Ausbildung, Wirtschafts- und Betriebsförderung;
- Wohnen und Wohnumfeld, inklusive Dienstleistungen;
- Erziehung, Bildung, Familie;
- Kultur und Sport.

Quartiersmanagement wird ausdrücklich nur in den Programmen von Großbritannien genannt.

Alle Programme sind anspruchsvoll und spiegeln ein hohes Bewusstsein von den tatsächlichen Problemen in den benachteiligten Stadtteilen wider. Ob Quartiersmanagement oder Stadtteilmanagement – lokale Orientierung und integriertes Handeln sind die zentralen Kategorien einer Neuorientierung von sozialer Raumplanungs- und Stadtentwicklungspolitik. Nur – die ins Visier genommenen Stadtteile sind nicht neu betroffen, ihre prekäre Lage dauert schon lange an und dieselben Indikatoren, die heute zu den aktuellen Programmen führen waren schon vor Jahren zumindest in den Altbaugebieten bereits für viele Programme in diesen Quartieren Ausschlag gebend. Es ist anzunehmen, dass die Strategien in ihrer Reichweite nur begrenzt wirksam werden können. Was ändert sich tatsächlich in einer Situation, wo die Städte enorme Defizite in den Haushalten verkraften müssen und eher Personalabbau als Ausbau betrieben wird? Sozial orientierte *Quartier*-Raumplanung kann nicht vor allem kostenneutral sein oder mit noch weniger Personal und Mitteln noch besser haushalten. Sozial orientierte Stadtpolitik und Raumplanung muss als integrative und querschnittsorientierte Daueraufgabe und nicht nur als zeitweilige Programmpolitik begriffen werden. Quartiersmanagement darf nicht zum Kostendämpfungsmittel herhalten müssen. Die soziale Orientierung bleibt eine zentrale Herausforderung.

Übersicht 2.7: Ziele, Strategien und Handlungsfelder der verschiedenen deutschen Programme

Programm	‚Soziale Stadt‘	NRW: ‚Stadtteile‘	Hamburg: ‚Armut‘	Hessen: ‚Gemeinschaft‘	Berlin: ‚Quartier‘
Ziele	*Verwaltungsziele:* – Bündelung der investiven Fördermittel – Effizienzsteigerung der öffentlichen Mittel und Maßnahmen *Quartiersziele:* – Sicherung des Bestandes – Nachhaltige Verbesserung der Lebenbedingungen – Beschäftigungsimpulse – Qualifizierung – Verbesserung im Wohnbereich – Gemischte Bewohnerschaft – Soziales Miteinander stärken – Attraktivität steigern – Image verbessern – Sicherheit – Infrastruktur verbessern	*Verwaltungsziele:* – Optimierung v. Planungs- und sozialpolitischen Instrumenten – Bündelung finanzieller Ressourcen – Ganzheitliche Strategien und Konzepte – Flexibilisierung und Bedartsorientierung der Fördertöpfe *Quartiersziele:* – Bauliche Erneuerung – Stärkung der Ökonomie – Aktivierung und Beteiligung der Bewohner – Selbsttragende Strukturen aufbauen	*Verwaltungsziele:* – Sozialintegrative Stadterneuerung *Quartiersziele:* – Entwicklung selbsttragender wirtschaftlicher und sozialer Strukturen – Bekämpfung der Arbeitslosigkeit – Stärkung der lokalen Wirtschaftsstruktur – Erhaltung preiswerten Wohnraums – nachhaltige Verbesserung des Wohnens – Verbesserung des Wohnumfeldes und der Infrastruktur nach sozialen Bedürfnissen – Aktivierung und Beteiligung der Bewohnerschaft – Stabilisierung von Quartierszentren – Erweiterung sozialer, kultureller und Bildungs-, Freizeitinfrastrukturen	*Verwaltungsziele:* – Kooperation der Verwaltung mit Akteuren im Stadtteil – Stützung des lokalen Quartiersmanagement – Abstimmung von Bewohnerberatung, Zielgruppen- und Gemeinwesenarbeit mit Wohlfahrtsverbänden – Entwicklung und Steuerung von Projektmanagement *Quartiersziele:* – Verhinderung und Beseitigung von Notwohnsituationen – Stabilisierung und Verbesserung der städtebaulichen Bedingungen – Prävention vor Verfall – Entwicklung zur Selbständigkeit Entwicklung positiver Zukunftsperspektiven – Aktivierung der Bewohner – Verbesserung der Chancengleichheit – Stärkung der lokalen Wirtschaft – Verbesserung des soziokulturellen Lebens	*Verwaltungsziele:* – Integration von Strategien und Akteuren – Vernetzung von Strategien und Akteuren – Initiierung von Projekten *Quartiersziele:* – Initiierung einer integrierten Entwicklung – Berücksichtigung der komplexen Problemlagen – Bewirken einer nachhaltigen sozialen, wirtschaftlichen, städtebaulichen und ökologischen Entwicklung im Verbund – Aktivierung der Bewohner zu Akteuren – Entwicklung stabiler Nachbarschaften
Strategien	*Verwaltung:* – Identifizierung der besonderen Ortsteile – Integration von diversen lokalen Handlungsfeldern – Fachübergreifendes Handeln und Maßnahmenfindung – Erfahrungsaustausch,	*Verwaltung:* – Ganzheitlicher Ansatz – lokaler Ansatz – Verknüpfung der politischen Handlungsebenen – Vertikale und horizontale Kooperation – Erfahrungsaustausch	*Verwaltung:* – Quartier ist zentrale Handlungsebene – Kooperation von WiFö und lokaler Ökonomie – Kooperation der Fachämter unter Leitung der Stadtentwicklungs– Koordinierungs-	*Verwaltung:* – Austausch über Erfahrungen – Beratung und Ausbildung – Stadtteilmanagement als zentrale Steuerungseinheit – Quartiersmanagement und Beratung der lokalen Akteure und der Bewohner	*Verwaltung:* – Kooperatives Denken, – Vernetzen privater und lokaler Akteure – Projektentwicklung und –Förderung – Quartiersmanagement

Programm	‚Soziale Stadt‘	NRW: ‚Stadtteile‘	Hamburg: ‚Armut‘	Hessen: ‚Gemeinschaft‘	Berlin: ‚Quartier‘
	Erfolgskontrolle – Begleitforschung *Quartier:* – Beteiligung – Beschäftigungsimpulse – Soziale Impulse	– Stadtteilmanagement *Quartier:* – Gebietsbezogene Ansätze verknüpfen – Mehrzielprojekte mit Synergieeffekten – Vernetzung der Aktivitäten – Initiierung langfristiger Projekte – Integrierte Projekte – Beteiligung und Aktivierung der Bewohner – Vernetzung der Aktivitäten, Vernetzung der Akteure – Stadtteilbüros – Dialog und Kommunikation fördern – Lokale Potenziale erkennen und aktivieren	gruppe – Kooperation von Verwaltung und lokalen Akteuren, horizontal, vertikal – Auswertung und Berichterstattung – Quartiersmanagement *Quartier:* – Verknüpfung baulicher Maßnahmen mit Qualifizierung und Beschäftigung – Stärkung lokaler Wirtschaftsstruktur – Frühzeitiges Wecken lokaler Handlungs- und Selbsthilfemöglichkeiten – Anregung von privatwirtschaftlichem Engagement – Mitbestimmungs- und Mitwirkungsmöglich-keiten erhöhen – Verfügungsfond	– Projektmanagement zur Steuerung und Organisation von Programmprojekten in Kooperation mit Akteuren – *Quartier:* – Stadtteilladen mit Beteiligung, Beratung, Hilfen – Mieterzentrum mit Sozialarbeit, Beirat – Kulturzentrum mit – Kursen und Jugendarbeit – Bausteine, z.B. – Aktivierung der Bewohner – Stärkung der lokalen Wirtschaft – Verbesserung des soz. und kultur. Lebens – Städtebauliche Stabilisierung – Verbesserung der Wohn- und Lebensbedingungen – Runde Tische	*Quartier:* – Aktivierung und Beteiligung – Integrierte Projekte – Stärkung lokaler Akteure – Stärkung lokaler Potenziale – Stadtteilkommitees
Handlungsfelder	– Stadtentwicklung – Arbeit und Soziales, Wirtschaft – Wohnungsbau – Umwelt – Familie, Jugend – Verkehr – Sicherheit – Bildung, Kultur, Freizeit	– Imagearbeit – Projektentwicklung – Lokale Ökonomie – Kommunikation – Bürgerberatung – Kulturangebote – Anschubfinanzierung	– Wohnen und Arbeiten i.V.m. Modernisierungs-projekten – Alternative Baubetreuung – Soziale Erhaltungsverordnung – Kooperation und Beteiligung – Verfügungsfond – Aktivierung und Beteiligung – Beratung von Bürgern und Akteuren – Projektentwicklung	– Stadterneuerung, Stadtplanung – Stadterneuerung, Modernisierung – Gemeinschaftseinrichtungen – Berufsorientierung, Berufsvorbereitung und Qualifizierung – Identität und Image – Soziale und kulturelle Infrastruktur – Mieterarbeit, Wohnungsbaugenossenschaften	– Arbeitsmarkt und Strukturpolitik – Wirtschaftsförderung – Stadtteilkomitees – Wohnen, Wohnumfeld, Umwelt – Soziale und kulturelle Infrastruktur – Soziale Integration / Leben im Quartier – Schule und Bildung – Gesundheitsförderung

Quelle: eigene Zusammenstellung

Übersicht 2.8: Ziele, Strategien und Handlungsfelder der verschiedenen europäischen Programme

Programm	EU – URBAN u.ä.	Niederlande	Großbritannien	Frankreich
Ziele	*Verwaltungsziele:* – Schaffung von Arbeitsplätzen – Förderung der Humanressourcen – Verbesserung der soziokulturellen Infrastruktur – Verbesserung der Umweltbedingungen – Einbeziehung lokaler Akteure	*Verwaltungsziele:* – Dezentralisierung – Deregulierung – Zentrale Aufgabe der Kommune – Positive Einstellung von Politikern und Verwaltung zur Bürgerbeteiligung *Quartiersziele:* – Stop des Zerfallsprozesses – Reduzierung von Defiziten – Bekämpfung der sozialen Unsicherheit – Abbau sozialer Isolation – Förderung sozialer Kommunikation – Verbesserung der Qualität des Lebens- und Wohnumfeldes – Imageverbesserung	*Verwaltungsziele:* – Deregulierung – Liberalisierung – Wettbewerb um Fördergelder *Quartiersziele:* – Vermeidung sozialer Spannungen – Verbesserung der Beschäftigungschancen der Bewohner – Verbesserung des Quartiersmanagement – Qualitätsverbesserung der sozialen Dienste – Beteiligung des privaten Sektors	*Verwaltungsziele:* – Dezentralisierung – Bürgerorientierung – Öffentlich und private Kooperationen – Ressort übergreifende Verwaltungspolitik *Quartiersziele:* – Re-Integration in den Arbeitsmarkt – Partnerschaftsprojekte – Soziale Stadt(teil)entwicklung – Verhinderung von Straftaten und damit erhöhte Sicherheit – Integration der Jugendlichen – Aufbau sozialer Netze
Strategien		*Verwaltung:* – Lokaler Ansatz – Integrierter Ansatz – Abstimmung sektoraler Politik – Abstimmung von lokaler und gesamtstädtischer Problematik und Entwicklung – Flexibilisierung von Finanzierungswegen – Evaluierung *Quartier:* – Entwicklung eines mehrjährigen Leitbildes – Förderung gesamtstädtischer Ökonomie – Einbeziehung der Bürger – Lokaler Sozialplan – Aktivieren formeller und informeller Elemente	*Verwaltung:* – 'Challenge Fund' – Wettbewerb zwischen Kommunen um Fördertöpfe – Integrative Stadtentwicklungskonzepte – Integrative Projekte – Regionale Entwicklungsagenturen – Netzwerke zwischen Kommunen, Region und lokalen Akteuren *Quartier:* – Quartiers-Vertrag der Kommunen	*Verwaltung:* – Bündnis gegen Ausgrenzung – Programme für ökonomische Integration – Beschäftigungspolitische Initiativen und Kontrakte – Konzertierte Aktion im Stadtteil *Quartier:* – Quartiersverträge – Stadtvertrag – Diverse Beschäftigungskontrakte – Initiativen zur Verbesserung der schulischen Struktur
Handlungsfelder		– Beschäftigung, Ausbildung – Einkommen – Wohn- und Wohnumfeld – Steigerung der Qualität und Effizienz von Einrichtungen – Innovation auf soziokulturellem Gebiet	– Beschäftigungs- und Unternehmensförderung – Wohnen – Erziehung und Bildung – Familie – Kinder und Jugendliche	– Beschäftigung und Ausbildung – Wirtschaftsförderung – Dienstleistungsbereich – Wohnungswesen – Sozialer Aktionsfond – Kultur, Sport – Bildung

Quelle: eigene Zusammenstellung

Kapitel 3
Herausforderungen und exemplarische Handlungsfelder einer sozialraumorientierten Stadtpolitik

3.1 Vorbemerkungen

Bei der Vorstellung der diversen Bund-, Länder- und EU-Programme zur sozialintegrativen Stadtteilerneuerung in Kapitel 2 wurde deutlich, dass ein, wenn nicht der zentrale strategische Ansatz der neuen Stadtteilpolitik darin bestehen soll, traditionell getrennte Sektoralpolitiken wie Bauen und Wohnen, Wirtschaft und Beschäftigung, Ökologie bzw. Umweltverbesserung, soziale und kulturelle Infrastruktur etc., aber auch traditionelle Zielgruppenpolitiken z.B. für Familien, Kinder und Jugendliche, Frauen, ältere Menschen und Migranten/innen konzeptionell zu integrieren („integrative Ganzheitlichkeit"). Dazu gehört nicht zuletzt der Anspruch städtebaulich-investive „harte" Handlungsfelder und Maßnahmen mit sozialplanerisch-sozialpädagogisch „weichen" Handlungsfeldern und Maßnahmen integrativ zu verzahnen.

Nach aller Erfahrung auch in anderen Bereichen ist das Postulat der „integrativen Ganzheitlichkeit" bei allen Querschnittsaufgaben fast immer richtig und, es wird anstelle konkreter Handlungsvorschläge oft als schwammige Worthülse mit folgenloser Richtigkeit missbraucht. Aus Autorensicht gilt: Der Widerspruch zwischen traditioneller Sektoral- und Zielgruppenpolitik und integrativen Gesamtkonzepten muss in konkreten Stadtteilkonzepten Vor-Ort aufgelöst werden. So berechtigt der Anspruch ist, Sektoralpolitiken, Zielgruppenpolitiken, investive und nicht-investive Maßnahmen im Rahmen sozialintegrativer Stadtteilentwicklung konzeptionell aufeinander abzustimmen bzw. zu verzahnen, so notwendig bleibt es auch, Einzelprogramme und -maßnahmen für konkrete sektorale Handlungsfelder und Zielgruppen zu entwickeln und umzusetzen.

Was dies für eine sozialintegrative Stadtteilerneuerung heißen kann, soll exemplarisch an drei Handlungsfeldern aufgezeigt werden, im Einzelnen an den Handlungsfeldern:

- Lokale Bau-, Wohnungs- und Wohnumfeldpolitik,
- Lokale Wirtschafts- und Beschäftigungspolitik,
- Lokale Ökologie und Umweltverbesserung.

Die Auswahl dieser spezifischen Handlungsfelder begründet sich erstens damit, dass sie – neben anderen Handlungsfeldern – in allen vorgestellten Förderprogrammen vorrangig genannt werden (vgl. Kap. 2), zweitens damit, dass die Autoren diese Handlungsfelder besser als andere kennen.

3.2 Handlungsfeld: Lokale Bau- und Wohnungspolitik

3.2.1 Ausgangssituation und Herausforderungen

Erkenntnisleitend für diesen Abschnitt ist die Frage: Was soll und kann Bau- und Wohnungspolitik als ein Baustein im Rahmen einer integrierten Erneuerung benachteiligter Quartiere leisten?

Hierzu werden Herausforderungen formuliert, die Rahmenbedingungen und Akteure kommunaler Bau- und Wohnungspolitik analysiert sowie die einsetzbaren Instrumente auf der Stadtteil- bzw. Quartiersebene charakterisiert.

In den wohnbezogenen Befunden von Kapitel 1 wurde festgestellt:

- dass die Haushalte mit unterdurchschnittlichem bzw. geringem Einkommen nur geringe Wahlmöglichkeiten auf dem Wohnungsmarkt haben und existenziell auf preiswerten Wohnraum angewiesen sind,
- dass der preiswerte Wohnraum vor allem in den westdeutschen Großstädten durch Abriss, Modernisierung und Umwandlung sowie durch Verringerung des Sozialwohnungsbestands stark geschrumpft ist,
- dass sich die Bevölkerungsgruppen mit geringem Einkommen – bedingt durch exogene und endogene Effekte – zwangsläufig in solchen Stadtteilen bzw. Wohnquartieren konzentrieren, in denen noch ein größeres Angebot an preiswertem Wohnraum vorhanden ist,
- dass die Problemkumulation in diesen Quartieren das Risiko in sich birgt, dass die betroffenen Bewohner dauerhaft ins Abseits geraten.

Daraus folgt zunächst, dass das Handlungsfeld Bauen-Wohnen-Wohnumfeld ein zentraler Baustein im Rahmen einer integrierten Strategie zur nachhaltig sozialverträglichen Stabilisierung und Erneuerung benachteiligter Quartiere ist.

Die wohnungspolitische Devise muss lauten: Bestehenden preiswerten Wohnraum sichern und verbessern, bei Bedarf durch Neubau ergänzen, Wohnumfeldverbesserungen und das alles zu bezahlbaren Mieten. Dazu gehören:

1. Instandsetzung und behutsame Modernisierung vor Abriss;
2. preiswerte Wohnungen erhalten und verbessern und das Angebot an Wohnraum ggf. durch ergänzenden Neubau ausweiten;
3. behutsame Wohnumfeldverbesserungen und Infrastrukturergänzungen;

4. die Mietkostenbelastung der Haushalte, das heißt die Warmmiete einschließlich Nebenkosten, sozialverträglich gestalten.

Gefragt sind also gebäudebezogene, wohnungsbezogene, freiraum- und infrastrukturbezogene Maßnahmenbündel zur baulichen Nachbesserung und kostengünstigen Bewirtschaftung im Bestand (Instandsetzung, Modernisierung, einschl. Energiesparmaßnahmen), zum ergänzenden Neubau mit dem Ziel der sozialverträglichen Öffnung des Quartiers für Zuzüge, zur behutsam-differenzierten Wohnungsbelegung, zur Verringerung von Wohnungsnotfällen, zur effektiven Mieterbetreuung und -beteiligung sowie nicht zuletzt zur Entwicklung von kombinierten Modellprojekten „Arbeiten, Qualifizierung und Wohnen“.

Zur Entwicklung und Umsetzung derartiger investiver und nicht-investiver Maßnahmebündel bedarf es – ergänzend zum Einsatz herkömmlicher Förderinstrumente – neuartiger Finanzierungs- und Organisationsmodelle, einer verstärkten Vernetzung und Einbindung kommunaler und lokaler Akteure im Wohnbereich sowie der Prozesssteuerung/-moderation durch Stadtteilbüros.

Dabei ist zu beachten: Eine vorrangige oder gar ausschließliche Ressourcen-Konzentration der wohnbezogenen Erneuerungspolitik auf bestimmte Quartiere unter Vernachlässigung anderer – wie sie angesichts knapper Ressourcen in vielen Kommunen praktiziert wird – birgt das Risiko der Abwärtsentwicklung in anderen Stadtteilen bzw. Quartieren. Deshalb muss die quartiersbezogene Bau- und Wohnungspolitik in sozialverträgliche Konzepte kommunaler Stadtentwicklungs- und Wohnpolitik der *Gesamtstadt* eingebettet werden (*siehe Übersicht 3.1*).

Übersicht 3.1: Leitziele quartiersbezogener Wohnungs- und Wohnumfeldpolitik

- bezahlbare Wohnungen für einkommensschwächere Haushalte sichern, soziale Verdrängung vermeiden;
- durch baulich-investive Maßnahmen gebäude-, wohnungs- und wohnumfeldbezogene Instandsetzungsrückstände beheben und behutsame Modernisierungen vornehmen;
- kostengünstige Wohnungsbewirtschaftung sicherstellen;
- behutsam-differenzierte Belegungspolitik, Bestandsverteilung und Umzugsmanagement;
- ergänzender Wohnungsneubau zur behutsamen sozialen Öffnung des Quartiers für Zuzüge;
- Maßnahmen zur Verringerung von Wohnungsnotfällen;
- ergänzende zielgruppenbezogene Maßnahmen für Alleinerziehende, Kinderreiche etc.;
- effektive Mieterbetreuung und –beteiligung;
- Modellprogramme: „Arbeiten – Qualifizierung – Wohnen“;
- sowie dazu
- neue Finanzierungs-, Kooperations- und Organisationsmodelle entwickeln;
- Vernetzung und Einbindung der kommunalen und lokalen Akteure im Wohnbereich;
- Einbettung der quartiersbezogenen Maßnahmen in ein kommunales Gesamtkonzept sozialverträglicher Wohnungspolitik;
- Unterstützung und Förderung durch Gewährleistung zielgerichter gesetzlicher Rahmenbedingungen und Förderprogramme von Bund und Ländern.

Quelle: eigene Zusammenstellung

Prinzipiell decken sich die genannten Anforderungen mit den in Kapitel 2 dargestellten Grundsätzen bzw. mit der „Programmphilosophie“ der integrierten Handlungsprogramme zur nachhaltigen Stadtteilerneuerung in Problemquartieren (*vgl. auch ILS 1999; Vesper 1999a, S. 10f*). Die Anwendung bzw. Umsetzung wird in den Städten freilich sehr unterschiedlich praktiziert.

Warum das so ist und welche Handlungsspielräume bestehen, wird über die Charakterisierung der Rahmenbedingungen, Akteure und Instrumente kommunaler Bau- und Wohnungspolitik deutlich.

3.2.2 Rahmenbedingungen und Akteure kommunaler Wohnungspolitik

Die Rahmenbedingungen kommunaler Wohnungspolitik als eines der wichtigsten Felder kommunaler Daseinsvorsorge werden zunächst durch die einschlägigen rechtlichen Vorgaben und die wohnbezogenen fiskalischen Leistungen, Anreize und Förderprogramme der staatlichen Wohnungs- und Städtebaupolitik von Bund und Ländern geprägt. Darüber hinaus gruppieren sich um das „Produkt Wohnen“ eine Vielzahl lokaler Akteure mit maßgeblichem Einfluß und Sonderinteressen. Kommunale Wohnungspolitik steht somit im Spannungsfeld zwischen staatlicher Regulierung, kommunaler Selbstverwaltung und privatem Wohnungsmarkt. Dabei muss gerade in Zeiten der kommunalen Finanzkrise zwischen *kommunal gestaltbaren* und *nicht-gestaltbaren* Bedingungen unterschieden werden.

Hinsichtlich der staatlichen Vorgaben und Förderungen von Bund und Ländern sind vor allem zu unterscheiden (*siehe Übersicht 3.2*):

Staatlich regulative Politik über Gesetze und Verordnungen

Dazu gehören das komplexe Planungs- und Wohnungsbaurecht, das heißt das Baugesetzbuch und das Städtebaurecht, die Bestimmungen zur Förderung des sozialen Wohnungsbaus, zur Eigenheimförderung sowie zur Modernisierung- und Energiesparförderung, das Miet- und das Wohngeldrecht, die Wohnungsaufsichtsgesetze und Verordnungen zu Zweckentfremdungsverboten sowie die Rahmengesetze und Verordnungen zum Umgang mit Wohnungsnotfällen.

Staatliche Leistungen, fiskalische Anreize und spezielle Förderprogramme

Dazu gehören die Leistungen nach dem Wohngeldgesetz, die Förderung des sozialen Wohnungsbaus, die Städtebauförderung, die Eigenheim- und Bausparförderung, diverse zweckgebundene Steuervergünstigungen sowie spezielle befristete Bundes- und Länderförderprogramme (z.B. für benachteiligte Quartiere, zur Energiesparförderung, zum präventiven Umgang mit Wohnungsnotfällen etc.).

Übersicht 3.2: Zentrale Felder und Instrumente der Wohnungspolitik

Zuständigkeit/ Steuerungsprinzip	Bund	Länder	Gemeinden
Regulative Politik	– Wohnungsbaurecht – Mietrecht – Baugesetzbuch/ Städtebaurecht – z.T. weitere Gesetze betreff Wohnungsnotfälle z.B. BSHG	– Wohnungsbauförderungsbestimmungen – Wohnungsaufsichtsgesetze – Verordnungen zu Zweckentfremdungsverboten – Bestimmungen zu Wohnungsnotfällen	Anwendung staatlicher Gesetze zu(r): – Wohnungsaufsicht – Bestands- und Belegungskontrollen – Zweckentfremdungsverboten – Verfolgung von Mietpreisüberhöhungen – „Milieuschutzsatzungen“ nach BauGB – Wohnungsnotfällen
Leistung	– Wohngeldgesetz	– anteilige Leistung zum Wohngeldgesetz	– Flächennutzungspläne – Baulanderschließung – Baulandbereitstellung – Wohngeldverwaltung – Wohnungsvermittlung – Betreuung von Wohnungsnotfällen
Fiskalische Anreize, spezielle Förderprogramme	– Förderung des sozialen Wohnungsbaus – Städtebauförderung – Steuervergünstigungen – Wohnungsbauprämien – Eigenheimzulagen – Sonderförderprogramme, z.B. „Soziale Stadt“	– Förderung des sozialen Wohnungsbaus – Landes-Städtebauförderung – Sonderförderprogramme/-projekte z.B. für benachteiligte Quartiere	– Förderung des sozialen Wohnungsbaus – ggf. kommunale Wohnungsbaupro-gram-me – Umzugsprämien – Ankauf von Belegungsrechten
Kooperation mit anderen Akteuren	– v.a. mit Ländern und Gemeinden	– v.a. mit Bund und Gemeinden	mit Bund, Ländern und mit lokalen Akteuren: – Mietspiegelerstellung – Belegungsvereinbarungen – ggf. Umzugsmanagement

Quelle: eigene Zusammenstellung in Anlehnung an: Hintzsche 1999, S. 811

Die gesetzlichen Regelungskompetenzen und die Ausgestaltung der Förderbestimmungen liegen vor allem beim Bund und den Ländern. Die Kompetenzen der Kommunen beschränken sich auf die Anwendung und Umsetzung im Gemeindegebiet, das heißt auf die Implementation.

Mit Blick auf ihre Gestaltungsspielräume darf aber die Implementation staatlicher Normen und Regulierungen durch die Kommunen z.B. bei der

Wohnungsaufsicht, der Bebauungsplanung, der Baulandbereitstellung etc. keinesfalls unterschätzt werden.

Bei den staatlichen Subventionen und Förderanreizen sind zu unterscheiden: *Subjektförderungen* mit individuellem Rechtsanspruch, dabei werden Privathaushalte gefördert, und *Objektförderungen*, dabei werden Gebäude und andere Baumaßnahmen gefördert. Auf die Inanspruchnahme von *Subjektförderungen* von Seiten privater Haushalte und Bauherren wie Wohngeld, Bausparprämien, Eigenheimzulagen und Steuervergünstigungen kann die Kommune allenfalls indirekt über Bebauungsplanungen, Baulandbereitstellung und Wohngeldverwaltung Einfluss nehmen. Dagegen sind die kommunalen Gestaltungsmöglichkeiten bei *Objektförderungen*, das heißt vor allem bei der Förderung des sozialen Wohnungsbaus, der Städtebauförderung sowie bei der direkten Modernisierungs- und Energiesparförderung mit Steuermitteln (nicht bei der indirekten Förderung über Steuervergünstigungen) trotz knapper Finanzen deutlich besser. Bei der Objektförderung über staatliche Sonderprogramme, denen u.a. die Bund-/Länderprogramme zur Entwicklung benachteiligter Quartiere zuzuordnen sind, wird allerdings die kommunale Autonomie durch die „Politik der goldenen Zügel" bzw. die Steuerung staatlicher Ebenen über Förderauflagen eingeschränkt.

Außer den wohnungspolitischen Akteuren Bund und Länder prägen zahlreiche *interne* und *externe* lokale Akteure mit jeweiligen Sonderinteressen die kommunalen Steuerungsbedingungen im Handlungsfeld Bauen und Wohnen (*siehe Übersicht 3.3*).

Zu den *internen* lokalen Akteuren der Querschnittsaufgabe Wohnen gehören einerseits die politischen Instanzen Rat und Bezirksvertretungen, einschließlich der Ratsfraktionen und Fachausschüsse, andererseits die Verwaltung, einschließlich der zuständigen Fachämter oder Fachdienste bzw. ggf. Fachbereiche.

Grundsätzlich treffen die kommunalpolitischen Instanzen im Rahmen der Gesetze und ihrer Zuständigkeiten Entscheidungen zur Ausrichtung der kommunalen Wohn- und Stadtentwicklungspolitik, beauftragen die Verwaltung mit der Umsetzung und kontrollieren die Umsetzung. Wünschenswert wären operationale Zielvorgaben und deren prozesshafte Weiterentwicklung auf der Grundlage wohnungspolitischer Konzepte für die Gesamtstadt und die einzelnen Stadtteile sowie ein funktionierendes Berichtswesen und Controlling der Umsetzung. Tatsächlich fehlen in vielen Städten entsprechende operationale Zielvorgaben und Konzepte für eine nachhaltige Stadtentwicklungs- und Wohnungspolitik.

In der Kommunalverwaltung verteilen sich in den Großstädten die Zuständigkeiten für das Handlungsfeld Wohnen traditionell auf verschiedene Ressorts bzw. Dezernate – in der Regel auf die Ressorts Bauen und Planen sowie Soziales – sowie auf mehrere untergeordnete Fachämter, Fachdienste.

Übersicht 3.3: Akteure kommunaler Wohnungspolitik

Staatliche Akteure	Kommunale interne Akteure	kommunale externe Akteure
Bund und Länder – setzen Recht: Wohnungsbau-, Miet-, Städtebau- und Wohnungsaufsichtsrecht, – bieten Finanzleistungen, fiskalische Anreize und spezielle Förderprogramme – fördern den interkommunalen Erfahrungsaustausch	*Rat und Bezirksvertretungen* – treffen i.R. ihrer Zuständigkeiten Entscheidungen zur kommunalen Wohnungspolitik – beauftragen die Verwaltung mit der Umsetzung und kontrollieren diese *Verwaltung, Fachämter bzw. -dienste, ggf. Fachbereiche** – setzen ihre Aufgaben i.R. der Vorgaben (Gesetze und Ratsbeschlüsse) um – kooperieren mit internen und externen Akteuren *Beteiligte Fachämter bzw. -dienste*:* – Bau- und Planungsamt – Wohnungsamt – Liegenschaftsamt – Ordnungsamt – Sozialamt – Jugendamt – ggf. zentrale Fachstelle „Wohnungssicherung“	*Wohnungswirtschaft, d.h. ehemals gemeinnützige oder kommunale oder private Wohnungsunternehmen sowie private Hauseigentümer;* – sie stellen Wohnungen bereit und bewirtschaften diese unterliegen der Wohnungsaufsicht erhalten Förderungen und Förderauflagen – kooperieren i.R. ihrer Verfasstheit und ihren Interessen ggf. mit der Politik und Verwaltung *Mietervereine und Initiativen* – vertreten Bewohnerinteressen – kooperieren in diesem Rahmen ggf. mit der Politik und Verwaltung *Träger der sozialen Arbeit* – beraten und betreuen i.R. ihres Hilfeauftrags z.B. Wohnungsnotfälle *Bewohner* – sind Experten in eigener Sache – bieten ggf. aktivierbare Selbsthilfepotenziale

* Im Rahmen des Prozesses zur Neuorganisation der kommunalen Verwaltungsgliederung bestehen in den einzelnen Städten derzeit sehr unterschiedliche Zuordnungen und Benennungen der wohnungsrelevanten Ämter bzw. Dienste. Eine einheitliche Verantwortungszuweisung des Wohnungswesens gibt es i.d.R. nicht. In der kommunalen Praxis ist das Wohnungswesen meistens entweder dem Bereich Bauen und Planen oder dem Bereich Soziales zugeordnet.

Quelle: eigene Zusammenstellung in Anlehnung an: Hintzsche 1999, S. 808ff

Unterhalb der Ressort- bzw. Dezernatsebene verteilen sich die wohnbezogenen Aufgaben mit recht unterschiedlichen Schnittstellen und Sonderinteressen auf die Fachämter bzw. Fachdienste: Bau- und Planungsamt, Stadtentwicklungsamt, Wohnungsamt, Liegenschaftsamt, Ordnungsamt, Sozialamt und Jugendamt. Trotz langer fachspezifischer Debatten und ausgearbeiteter Vorschläge gibt es in der kommunalen Praxis derzeit – auch im Rahmen der neuen Verwaltungsgliederung – keine einheitliche Verantwortungszuweisung für den Bereich Wohnen. Die vom Deutschen Städtetag schon 1987 geforderten zentralen Fachstellen zur Prävention und Sicherung der Wohnraumversorgung von Wohnungsnotfällen existiert nach wie vor nur in wenigen

Städten (*vgl. DSt-Deutscher Städtetag 1987*). Eine zukunftsorientierte gesamtstädtische und davon abgeleitet eine quartiersbezogene Wohnungspolitik wird dadurch deutlich erschwert.

Außerhalb der Verwaltung sind eine Reihe von lokalen Trägern der Wohnungspolitik zu nennen.

In Abhängigkeit von der jeweiligen Kommune gehören dazu zunächst die auf Ortsebene tätigen Wohnungsunternehmen:

1. Die im Bundesverband deutscher Wohnungsunternehmen (GDW) zusammengeschlossenen *ehemals* gemeinnützigen Wohnungsgesellschaften (die Wohngemeinnützigkeit wurde 1990 abgeschafft), das heißt ca. 2000 Wohnungsgenossenschaften und 1200 Kapitalgesellschaften mit bundesweit ca. sieben Millionen Wohnungen;
2. ggf. ortsansässige größere private Wohnungsunternehmen;
3. eine Vielzahl privater Hauseigentümer mit Mietwohnungseigentum;
4. kirchliche Siedlungswerke und Träger sozialer Arbeit, die sich im Rahmen ihres Hilfe- und Betreuungsauftrages um die Wohnungsversorgung von Wohnungsnotfällen und Haushalten mit besonderen sozialen Schwierigkeiten kümmern.

Abgesehen von der Vielzahl kleiner privater Hauseigentümer, die erfahrungsgemäß gegenüber kommunaler Einbindung und Vernetzung ziemlich immun sind, ist die Bereitschaft der Wohnungsunternehmen, sich von der kommunalen Wohnungspolitik über Förderungen und Absprachen einbinden zu lassen, je nach Unternehmensform, wohnungswirtschaftlichen Interessen und Ortsnähe der Stammunterunternehmen sehr unterschiedlich ausgeprägt.

Fast alle größere Städte haben oder hatten kommunale Wohnungsunternehmen mit recht großen Wohnungsbeständen meist in den Rechtsformen GmbH oder AG sowie z.T. davon getrennt kleinere kommunale Eigenbestände. Es liegt nahe und dies war auch der Gründungszweck, dass sich diese Gesellschaften am besten in den Wohnversorgungsauftrag der Kommunen einbinden lassen. In der heutigen Praxis kommt es jedoch häufig zu massiven Konflikten zwischen dem sozialpolitischen Auftrag, wohnungswirtschaftlichen Betriebsinteressen und kurzsichtigen fiskalischen Interessen der Kommunen. Im Zuge der Aufhebung der Wohngemeinnützigkeit und der Ausgründung kommunaler Eigenbetriebe haben viele kommunale Wohnungsgesellschaften die damit verbundene *rechtliche* Autonomie dahingehend interpretiert: „... die Kommune solle sich gefälligst um ‚ihre Aufgaben' kümmern. Daß es zur Auffassung einer nahezu schrankenlosen Selbstständigkeit kommen konnte, lag auch an dem Fehlen oder Versagen einer effektiven *Beteiligungssteuerung*" (*Hintzsche 1999, S. 809*).

Unter dem Druck der Finanzkrise erkennen zwar einige Kommunen, dass es mittelfristig sozialpolitisch und fiskalisch vernünftig ist, die Versorgungs- und Steuerungspotenziale kommunaler Wohnungsunternehmen besser zu erschließen. Immer mehr scheint sich jedoch der Trend durchzusetzen, kommunale Wohnungsbestände oder ganze Unternehmen zu verkaufen, um über einmalige Erlöse zur Haushaltskonsolidierung beizutragen.

„Teilverkäufe von Wohnungsbeständen oder gar die völlige Liquidation führen nicht nur zum *Verlust kommunaler Handlungs- und Steuerungsmöglichkeiten* im Bereich der sozialen Wohnungsversorgung, sondern haben für Städte und Gemeinden auch *wirtschaftliche Nachteile*, wenn Wohnungsunternehmen auf Schulden, Personal und schlechten, weniger attraktiven Wohnungen bei zunächst gleichen Gemeinkosten sitzen bleiben oder Vermögenssubstanz aufgrund der niedrigen Nettoerlöse nach Steuern verlorengeht" (*Hintzsche 1999, S. 809f*).

Als weitere externe Akteure sind zu nennen: Die Mietervereine und –initativen sowie nicht zuletzt die Nutzer bzw. die jetzigen oder auch künftigen Bewohner von Wohnungen und Quartieren. Mietervereine und –initiativen vertreten ihrem Zweck entsprechend Bewohnerinteressen. Konflikte mit der kommunalen Wohnungspolitik schließt dies ein, enge Kooperationen sind daher nicht zu erwarten. Förmliche Kooperationen mit der Verwaltung und der Wohnungswirtschaft sind lediglich bei der Erstellung und Fortschreibung „örtlicher Mietpreisspiegel" üblich. Manchmal kommt es auch zu unverbindlichen Formen der Zusammenarbeit bei den Aufgaben der Wohnungsaufsicht, bei Mietpreisüberhöhungen sowie bei der Einhaltung von Zweckentfremdungsverboten (z.B. bei „Leerstandskampagnen" von Mietervereinen).

Für die Bewohnerbeteiligung gibt es projektgebunden zwar viele gute Beispiele und Modelle der Nutzerbeteiligung am Planungs-, Bau- und Modernisierungsprozess. Dabei werden oft externe Moderatoren bzw. intermediäre Instanzen mit dem Beteiligungsprozess beauftragt (z.B. der professionell kompetente Wohnbund e.V.). Allerdings ist die Nutzerbeteiligung in der Praxis lokaler Wohnungspolitik immer noch stark unterentwickelt. Begründet wird dies mit administrativen Barrieren, mit zeitraubenden Verfahren, mit einseitigen und schwankenden Mieterinteressen sowie mit mangelnder „Sachkompetenz" der Bewohner. Auch wenn Beteiligungen rechtlich vorgeschrieben sind (in förmlichen Sanierungsgebieten sind sie z.B. vorgeschrieben) und/oder politisch propagiert werden, dominiert in der Praxis häufig die Auffassung, „sich möglichst wenig von Laien in ein professionelles Geschäft Hinein-reden-lassen". Die Steuerungsphilosophie des „Dienstes am Kunden" ist eben immer noch wenig ausgeprägt. Insofern ist die in Kapitel 2 vorgestellte Betonung der Bewohnerpartizipation im Rahmen der Programmgrundsätze zur integrierten Quartiersentwicklung unbedingt zu begrüßen. Bei der lokalen Initiierung und Umsetzung von Beteiligungsmodellen nimmt das Stadtteil- oder Quartiersmanagement zweifellos eine Schlüsselrolle ein *(siehe auch Kap. 5)*.

3.2.3 Reform der Wohnungsbauförderung erleichtert Einsatz zur Quartiersentwicklung

Nach dem bis 2001 gültigen II. Wohnungsbaugesetz (§ 1, II. WoBauG) sollen „Bund, Länder und Gemeinden den Wohnungsbau vor allem für breite Schichten der Bevölkerung als vordringliche Gemeinschaftsaufgabe fördern, den Wohnungsmangel beseitigen, für weite Kreise der Bevölkerung breit gestreutes Eigentum schaffen, eine ausreichende Wohnungsversorgung aller Bevölkerungsschichten entsprechend den unterschiedlichen Wohnbedürfnissen ermöglichen und die Wohnungsversorgung namentlich derjenigen sicherstellen, die hierzu nicht in der Lage sind". Dieses Zielviereck aus

1. Beseitigung des Wohnungsmangels,
2. Ermöglichung einer ausreichenden Wohnungsversorgung aller Bevölkerungsschichten,
3. Sicherstellung der Wohnungsversorgung von benachteiligten Gruppen und
4. Schaffung breit gestreuten Wohneigentums bildete seit 1956 (zuletzt 1997 novelliert) bis 2001

die Grundlage der Förderung des sozialen Wohnungsbaus. Zielgruppen der Wohnungsbauförderung waren die „breiten Schichten der Bevölkerung". Infolge zahlreicher Strukturmängel des sozialen Wohnungsbaus wurde seit langem von fast allen wohnungspolitischen Akteuren eine umfassendere Reform der Wohnungsbauförderung gefordert und noch unter der Regierung Kohl seit Mitte der 1990er Jahre vorbereitet (*vgl. z.B. Hintzsche 1999, S. 804 ff*).

Im September 2001 wurde vom Bundestag mit Zustimmung des Bundesrats das „Gesetz zur Reform des Wohnungsbaurechts" beschlossen. Im Januar 2002 ist das neue Gesetz in Kraft getreten. Das Kernstück der Reform betrifft die künftige Förderung des sozialen Wohnungsbaus (Art. 1 Wohnraumförderungsgesetz – WoFG – Eckpunkte *siehe Übersicht 3.4*).

Übersicht 3.4: Staatliche Wohnungsbauförderung künftig als flexibles „Baukasten-System" – Eckpunkte der Reform des sozialen Wohnungsbaus (WoFG 2001)

- Der Soziale Wohnungsbau soll künftig nicht mehr wie bisher „breite Schichten der Bevölkerung" (§ 1 II. WobauG), sondern nur noch wirklich *bedürftige* bzw. Haushalte mit besonderen Zugangsschwierigkeiten zur Wohnraumversorgung mit staatlich gefördertem und preisverbilligtem Wohnraum versorgen (§ 1 WoFG).
- Anstelle der bisherigen alleinigen Ausrichtung auf *Neubauten*, sollen künftig auch Modernisierungen, Wohnungskauf und der Erwerb von Belegungsrechten im vorhandenen *Wohnungsbestand* gefördert werden (§ 2 WoFG).
- Das bisherige Nebeneinander mehrerer starrregulierter Förderwege (sog. „1., 2., 3. Förderweg") mit unterschiedlichen Förderkonditionen und Sozialbindungen soll bundesseitig dereguliert und in Form von Ländervorschriften stark flexibilisiert werden. Vorgesehen ist ein auf *örtliche Woh-*

nungsteilmärkte zugeschnittenes „Baukastensystem“. Dabei erhalten vor allem die Kommunen mehr Handlungsspielraum in der Förderung (mehrere §§ WoFG).
- Neben dem Hauptzweck der Wohnraumversorgung sollen nun ausdrücklich weitere *Teilziele* gefördert werden, insbes. die Stabilisierung von Wohnquartieren, ökologische Bauweisen, barrierefreies Bauen für Behinderte und Pflegebedürftige, kosten- und flächensparendes Bauen sowie die Erhaltung preisgünstigen Wohnraums bei Bestandsmodernisierungen (§ 6 WoFG).
- Die Erhebung von Ausgleichsabgaben (bisher „*Fehlbelegerabgabe*“) für Sozialmieter, deren Einkommen die Grenzen für eine Sozialwohnung überschreiten, soll in der Anwendung stark flexibilisiert werden. So kann u.a. davon abgesehen werden, wenn dies in bestimmten Wohngebieten der Schaffung oder Erhaltung sozial stabiler Bewohnerstrukturen dient (§§ 34ff WoFG).
- Des weiteren soll das neue Recht durch Streichung von über 200 Vorschriften zur Entbürokratisierung und vereinfachten Anwendung beitragen.
- Der Bund verpflichtet sich zur künftigen Wohnungsbauförderung jährlich mindestens 230 Mio. Euro bzw. ca. 450 Millionen DM bereitzustellen (§ 38 WoFG).

Quelle: eigene Zusammenstellung nach „Wohnraumförderungsgesetz – WoFG 2001“

Im Unterschied zu der von der Regierung Kohl geplanten Abschaffung soll der soziale Wohnungsbau grundsätzlich erhalten bleiben, die Förderung jedoch stark flexibilisiert und in der Anwendung entbürokratisiert werden. Der Sozialwohnungsbestand soll auch nicht in das „Vergleichsmietensystem“ des freien Wohnungsmarktes überführt werden und die „Ausgleichsabgabe“ (bisher „Fehlbelegerabgabe“) für Sozialmieter, deren Einkommen die Einkommensgrenzen für eine Sozialwohnung überschreiten, grundsätzlich erhalten bleiben, in der Anwendung jedoch ebenfalls flexibilisiert werden.

Die Kommentare der Fachwelt dazu lauten in ihrem Tenor: Die Reform-Richtung stimmt zwar, die Fördermittelgarantie des Bundes ist jedoch viel zu knapp bemessen.

Aus fachlicher Sicht sowie mit Blick auf das Thema Wohnen in benachteiligten Quartieren bestehen die grundlegenden Vorteile der Reform gegenüber bisherigem Recht zunächst in der Entbürokratisierung und Flexibilisierung der Anwendung in den einzelnen Bundesländern und Gemeinden entsprechend den regionalen und lokalen Bedingungen und Erfordernissen der einzelnen Wohnungsteilmärkte und Wohnquartiere. Die Wohnungsmarktsituationen in München, dem Ruhrgebiet, Berlin und Chemnitz sind derart unterschiedlich, dass regional- und ortsbezogene Förderstrategien und –Konzepte wohnungswirtschaftlich und sozialpolitisch erforderlich sind.

Die neue Zielgruppenkonzentration auf wirklich Bedürftige und Haushalte mit besonderen Zugangsschwierigkeiten zur Wohnraumversorgung wie Geringverdiener, Familien mit Kindern, Alleinerziehende, Ältere, Behinderte und Wohnungslose ist wohnungs- und sozialpolitisch sicher sinnvoll. Neben den genannten Gruppen werden allerdings die Ausländer- bzw. Migrantenfamilien trotz ihrer nachweislich massiven Zugangsschwierigkeiten zum Wohnungsmarkt nicht erwähnt.

Die Ausdehnung der Förderung auf den Wohnungsbestand, auf Modernisierungen und den Kauf von Belegungsrechten seitens der Kommunen ist zu begrüßen, wohnungswirtschaftlich, weil dies billiger als Neubau ist, sozialpolitisch, weil damit preiswerte Wohnungsbestände – z.B. in den benachteiligten Quartieren – erhalten und behutsam verbessert werden können.

Die gesetzliche Festschreibung der Förderziele Stabilisierung von Wohnquartieren, ökologische Bauweisen, barrierefreies Bauen für Behinderte und Pflegebedürftige, kosten- und flächensparendes Bauen sowie die Erhaltung preisgünstigen Wohnraums war lange überfällig. Die Verzahnung der staatlichen Wohnungsbauförderung mit quartiersbezogenen Konzepten zur Stabilisierung und Verbesserung der Wohn- und Wohnumfeldsituation wird dadurch deutlich erleichtert.

Der im Gesetz angelegte Kompromiss zur Ausgleichs- bzw. Fehlbelegerabgabe für Sozialmieter, die die maßgeblichen Einkommensgrenzen für eine Sozialwohnungsberechtigung überschreiten (grundsätzliche Beibehaltung, aber deutliche Aufweichung in der Anwendung) verlagert die damit einhergehenden Zielkonflikte in die Verantwortung der Länder und Gemeinden.

Einerseits ist sozialpolitisch nicht einzusehen, dass Sozialmieter mit gutem oder hohen Einkommen in den Genuss einer staatlichen Wohnraumförderung kommen, derer sie nicht bedürfen und zugleich knappe Sozialwohnungen für wirklich bedürftige Haushalte und akute Wohnungsnotfälle blokkieren. Die Erhebung einer zweckgebundenen Ausgleichsabgabe – sie durfte auch bisher nicht höher sein als die ortsübliche Vergleichsmiete auf dem freien Wohnungsmarkt und muss im Sozialwohnungsbau reinvestiert werden – ist nicht nur eine Frage sozialer Gerechtigkeit. Im Falle der Nicht-Erhebung (Ausnahmeregelungen gab es auch bisher) muss nämlich die Kommune akute Wohnungsnotfälle oft für sehr teures Geld in anderen schlechten Beständen und Unterkünften unterbringen, ohne dafür im Gegenzug wenigstens teilweise Ausgleichszahlungen zu erhalten.

Andererseits fordern die Wohnungswirtschaft, einige Bundesländer und zahlreiche kommunale Wohnungspolitiker seit langem den Verzicht auf die Fehlbelegerabgabe, polemisieren dagegen als „Vertreibungsabgabe", die zu unausgewogenen Belegungsstrukturen, Ghettoisierung und „überforderten Nachbarschaften" in Siedlungen mit hohem Sozialwohnungsanteil führe. Der Vorwurf der „Vertreibungsabgabe" ist insofern unangemessen, als die Summe aus Grundmiete und Ausgleichsabgabe die ortsübliche Vergleichsmiete nicht überschreiten darf. Wenn dies im Einzelfall vorkommen mag, ist ein Einspruch möglich und die Senkung bzw. der Verzicht darauf zwingend. Die Ergebnisse einer empirischen Studie in hoch verdichteten Sozialwohnungsbeständen in Nordrhein-Westfalen zeigen zudem (*Vesper 1999b, S. 26f*):

> „... dass der Stellenwert der Fehlbelegungsabgabe als Abwanderungsmotiv weitaus überschätzt wird. Die Ursachen für die teilweise problematische Entwicklung in diesen Beständen sind vielschichtig. ... Notwendig sind z.B. Modernisierungen, Wohnumfeldverbesserungen, aber auch eine soziale Betreuung und Integration der Bewohner. Das Fehlbelegungsrecht bietet – so zeigt die Praxis – ausreichend Handlungsspielräume, um den besonderen Erfordernissen in hoch verdichteten Sozialwohnungsbeständen angemessen zu entsprechen."

Daraus folgt: Nach dem jetzigen Inkrafttreten des neuen Förderungsrechts 2002 wird abzuwarten zu sein, ob und inwieweit die Bundesländer und die Kommunen von ihrem Recht der Nicht-Erhebung der Ausgleichsabgabe in Abwägung des Zielkonflikts zwischen sozialpolitischen, städtebaulichen und wohnungswirtschaftlichen Interessen behutsam oder extensiv Gebrauch machen. Im Fall der extensiven Anwendung der Nicht-Erhebung könnte das Ziel der Förderkonzentration auf bedürftige bzw. Haushalte mit besonderen Zugangsschwierigkeiten zur Wohnraumversorgung – insbesondere in Verbindung mit den viel knappen Finanzmitteln der Förderung – deutlich gefährdet werden.

Die „Achillesferse" der an sich begrüßenswerten Reform bildet die Finanzierung bzw. der viel zu knappe Verpflichtungsrahmen des Bundes für die Förderung des sozialen Wohnungsbaus. § 38 WoFG verpflichtet den Bund zur Bereitstellung von „230 Millionen Euro pro Jahr (ca. 450 Mio. DM) und darüber hinaus nach Maßgabe des jeweiligen Bundeshaushaltsgesetzes". Im Klartext, der Bund *muss* 230 Millionen Euro zur Verfügung stellen, zusätzliche Mittel hängen von der Haushaltslage und den Sparabsichten der jeweiligen Bundesregierung ab.

Zum Hintergrund der Finanzierung des sozialen Wohnungsbaus (*siehe Übersicht 3.5*):

Übersicht 3.5. Fördermittel des Bundes für den sozialenWohnungsbau in Mio. DM/Euro

Programmjahr	Insgesamt * Mio. DM	davon Bundesmittel Mio. DM/Euro	davon Ländermittel* Mio. DM
1991	14.081	2.760	11.321
1992	17.860	3.700	14.160
1993	23.002	3.950	19.052
1994	21.527	3.460	18.067
1995	20.527	2.857	17.180
1996	15.720	2.210	13.510
1997	13.600	2.000	11.600
1998	ab '98 ohne Nachweis	1.340	ab '98 ohne Nachweis
1999	...	1.200	...
2000	...	~ 700	...
2001	...	~ 450	...
ab 2002 **	...	~ 450 DM/230 Euro	...

* Die zusätzlichen Finanzhilfen der Gemeinden werden nicht erfasst. Ab 1998 wurde kein Nachweis für die Finanzhilfen der Länder gefunden.
** ab 2002 jährlicher Verpflichtungsrahmen des Bundes gem. § 38 WoFG
Quelle: eigene Zusammenstellung nach Angaben des BMVBW (bis 1998 BMRBS)

Ergänzend zur Bundesförderung müssen die Länder mindestens ebenso hohe Fördermittel bereitstellen. Darüber hinaus sollen die Gemeinden ergänzende Mittel bereitstellen.

In der Realität der 1990er Jahre haben die Länder ihren Pflichtanteil zwar jeweils um ein Mehrfaches überschritten, ihre Fördermittel jedoch parallel zur Kürzung der Bundesmittel seit 1993 ebenfalls massiv abgebaut. Die Fördermittel der Kommunen werden nicht erfasst. Es ist jedoch davon auszugehen, dass sich ihr Beitrag in den meisten Kommunen auf eng begrenzte Spitzenfinanzierungen beschränkt und diese seit Mitte der 1990er Jahre ebenfalls abgebaut wurden.

Eine besonders massive Kürzung der Bundesmittel in Höhe von 500 Millionen DM bzw. 256 Mio. Euro – und parallel dazu Kürzungen der Länder in unbekannter Höhe – erfolgten ausgerechnet zeitgleich zur Einführung des Bundesprogrammes „Soziale Stadt – Stadtteile mit besonderem Entwicklungsbedarf". Das heißt: Parallel zur Bereitsstellung von ursprünglich 300 Millionen DM, inzwischen auf insgesamt 450 Millionen DM/ca. 230 Mio. Euro aufgestockt (davon: jeweils ein Drittel von Bund/Länder/Gemeinden), wurden die Fördermittel für den sozialen Wohnungsbau vermutlich um ein Mehrfaches zusammengestrichen. Für die notwendige Komplementärförderung des sozialen Wohnungsbaus und des Programmes „Soziale Stadt" lässt dies nichts Gutes erwarten.

3.2.4 Bau- und wohnungspolitische Instrumente zur Quartiersentwicklung

Angesichts der skizzierten Handlungsspielräume kommunaler und quartiersbezogener Wohnungs- und Wohnumfeldpolitik stellt sich die Frage nach den konkret verfügbaren Instrumenten.

Zu unterscheiden ist dabei zwischen *Wohnungsneubau-* und *Wohnungsbestandspolitik.* Da die objektbezogene Wohnungsbestandspolitik für die Entwicklung benachteiligter Quartiere wichtiger als Neubau ist, soll sie im Vordergrund stehen. Vorab jedoch eine themenbezogene Ergänzung zu den o.g. Unterschieden zwischen Objekt- und Subjektförderungen.

Kernstück der *Subjektförderung*, das heißt der Förderung von Privathaushalten bildet das Wohngeldgesetz (WoGG 2001): Danach erhalten Mieter und Wohnungseigentümer auf Antrag in Abhängigkeit von ihrer Miete bzw. Belastung, ihrer Haushaltsgröße und ihrem Einkommen einen degressiv gestaffelten Wohnkostenzuschuss (Verteilungsprinzip: sozial ausgleichend). Nachdem unter der CDU/FDP-Regierung seit 1990 keine Anpassung an die Mietpreis- und Einkommensentwicklung erfolgte, bildet die Wohngeldreform 2001 der SPD/GRÜNEN-Regierung zweifellos eine wichtige Entlastung für einkommensschwache Mieter/Eigentümer, das heißt auch für viele Bewohner benachteiligter Stadtteile. Da sich das Wohngeld auf individuelle Rechtsansprüche antragstellender Privathaushalte gründet und die Kommunen lediglich zur Wohngeldverwaltung verpflichtet sind, kann aber das Wohngeld zur kommunalen Steuerung kaum eingesetzt werden. Angesichts einer Dunkelziffer der Nicht-Inanspruchnahme von etwa 50 Prozent ist allerdings eine bessere Informationspolitik zum Rechtsanspruch auf Wohngeld anzumahnen.

Kernstück der *Objektförderung,* das heißt der staatlichen Förderung von Wohnungen und des Wohnumfeldes und im Gegenzug von Sozialbindungen (Einkommens- und Belegungsbindungen) bildet traditionell der soziale Wohnungsbau. Dabei handelt es sich um eine Gemeinschaftsaufgabe von Bund, Ländern und Gemeinden. Die Steuerungsmöglichkeiten der Kommunen sind hier sehr viel besser als bei der Subjektförderung. Wie oben ausgeführt wurde, beschränkte sich die Förderung bis 2001 vor allem auf den Neubau von Sozialwohnungen. Im Wohnungsbestand, das heißt auch in benachteiligten Wohnquartieren war diese Form der Wohnungsbauförderung kaum einsetzbar. Die mit dem Wohnungsbauförderungsgesetz 2001 beschlossene Ausdehnung der Anwendung auf den Bestand und die Quartiersentwicklung bildet einen wesentlichen Fortschritt. In Kombination mit anderen quartiersbezogenen Förderprogrammen und ausreichender Finanzierung könnte die skizzierte Reform ein wichtiges Rückrat der baulich-investiven Maßnahmen zur Quartiersentwicklung bieten.

Wohnungsneubaupolitik

Wohnungsneubau kommt in den bestehenden benachteiligten Quartieren vor allem in den Formen Baulückenbebauung, Ersatz- oder Ergänzungswohnungsbau und Neubebauung von Industriebrachen in Betracht. Abgesehen von oftmals großen Brachflächen in Altbauquartieren infolge der Schließung von Industriebetrieben, ist mit Neubebauungen in benachteiligten Quartieren behutsam umzugehen, weil die meisten benachteiligten Quartiere ohnehin hoch verdichtet sind, weil Bestandsmodernisierungen meist billiger und mietpreisgünstiger sind und, weil umfangreichere Neubauten mit Aufwertungsabsicht zur schleichenden Verdrängung einkommensärmerer Bewohner in den Beständen führen können (hohe Neubaumieten ziehen Altbaumieten nach). Behutsam angewandt kann ergänzender Neubau sinnvoll eingesetzt werden, um Tendenzen zur fortschreitenden sozialen Segregation, Verelendung und sozialen Schließung des Quartiers zu stoppen. Unter diesen Prämissen kommt für die kommunale Wohnungsneubaupolitik der Einsatz der folgenden Instrumente in Betracht.

Sozialer Wohnungsbau: Das heißt, Ergänzung der Bund-Länderförderung des sozialen Wohnungsbaus durch Eigenmittel der Kommune (kommunale Spitzenfinanzierung). Sie kann dazu dienen, die Kostenmieten zu senken sowie ergänzend zu den allgemeinen Sozialbindungen zusätzliche Belegungsbindungen bzw. Besetzungsrechte der Kommunen anzukaufen.

Kommunaler Eigenbau: Unabhängig von der Bund-Länderförderung können die Städte auch eigene kommunale Förderprogramme auflegen bzw. über ihre Wohnungsunternehmen eigene Wohnungen bauen. Die Vorteile eines so geschaffenen Eigenbestandes der Kommunen bestehen zum einen in der Schaffung kommunalen Vermögens, weiterhin in einem dauerhaften und direkten Einfluss auf die Miete und Belegung dieser Wohnungen sowie nicht zuletzt in der Möglichkeit, auf diesem Wege eigene – von strikten Landesvorgaben abweichende – städtebauliche und quartiersbezogene Konzepte zu verwirklichen. In der aktuellen Praxis ist dies jedoch selten der Fall. Im Gegenteil es dominiert der o.g. Trend zum Ausverkauf kommunaler Eigenbestände. Stattdessen machen die Städte eher von der billigeren sog. „vereinbarten Förderung" Gebrauch, bei der sie im Gegenzug zur Förderung privater Bauherren mit diesen vertragliche Vereinbarungen über Zweckbestimmung, Besetzungsrechte und Miethöhe treffen.

Bebauungsplanung: Mit ihrer Bebauungsplanung und Baulanderschließung entscheiden die Kommunen über die Art der Nutzung verfügbarer Flächen sowie über die Formen und die Verdichtung der Bebauung. Diese Steuerungsfunktion ist deshalb bedeutsam, weil damit auch über Nutzungskonkurrenzen und -konflikte z.B. zwischen Gewerbe-, Wohn-, Freizeit- und Verkehrsflächen sowie zwischen Mehrfamilienhaus- versus Einfamilienhausbebauungen entschieden wird.

Baulandbereitstellung/Bodenvorratspolitik: Die Bauland- bzw. Bodenfrage entscheidet wesentlich darüber, ob kosten- und flächensparendes Bauen, tragbare Finanzierungen sowie tragbare Mieten bzw. Belastungen auf Dauer gesichert werden können. Gerade in Großstädten ist Bauland ein knappes und teures Gut. In manchen Städten können die Grundstückskosten bis zu 50 Prozent der Gesamtkosten von Wohnbauten betragen. Dies ist einer der Gründe, die eigenheimwillige Mittelständler aus den Städten und bestehenden Wohnquartieren hinaus ins Umland der Städte treiben. Angesichts dessen hat eine aktive kommunale Bodenvorratspolitik zur Mobilisierung von Bauland eine große Bedeutung. Kommunen vergeben eigene Grundstücke durch Verkauf oder durch Erbpacht. Im Vergleich zum Verkauf bedeutet Erbpacht für die Kommunen vermehrter Verwaltungsaufwand und im Regelfall geringe, aber stetige Einnahmen in Form der Erbbauzinzen. Dafür bleibt jedoch Grund und Boden langfristig in der Verfügungsgewalt der Kommune und kostensparendes Bauen wird billiger.

Kosten- und flächensparendes Bauen: Unter sonst gleichen Bedingungen liegen die Neubaukosten in den Niederlanden um bis zu einem Drittel niedriger als in der Bundesrepublik. Dies kann nicht nur mit Hinweis auf hohe Baulandpreise, kostentreibende DIN-Normen und Landesbauordnungen erklärt werden. Teilweise überzogene Bau- und Wohnflächenstandards, hohe Erschließungskosten der Kommunen und mangelhaftes Kostencontrolling auch bei öffentlich geförderten Bauten kommen hinzu. Insofern ist es zu begrüßen, dass auf kommunaler Ebene und im Rahmen der Bund-Länder-Programme zur nachhaltigen Quartiersentwicklung verstärkte Anstrengungen zu kosten- und flächensparendem Bauen ohne gravierende Standardeinbußen unternommen werden.

Wohnungsbestandspolitik

Wohnungsbestandspolitik unter Einschluss des Wohnumfeldes ist für eine sozialverträgliche Quartiersentwicklung wichtiger als Neubaupolitik. Dafür kommen vor allem die folgenden Instrumente in Betracht.

Belegungsbindungen im sozialen Wohnungsbaubestand: Zur Verfolgung des Leitziels „bezahlbare Wohnungen für einkommensschwächere Schichten sichern, soziale Verdrängungen vermeiden“ und, angesichts des massenhaften Auslaufens von Sozialbindungen kommt dem *Ankauf* von Sozialbindungen im Bestand mit entsprechenden Belegungsrechten der Kommune künftig ein größerer Stellenwert zu, als er von den meisten Kommunen bislang praktiziert wird. Es ist zwar ärgerlich, dass damit oft bereits jahrzehntelang geförderte Wohnungen nochmals „nachgefördert“ werden müssen. Die Förderkonstruktion des sozialen Wohnungsbaus mit ihrer grundsätzlichen Befristung von Belegungsbindungen lässt jedoch keine andere Wahl. Im Vergleich zur Neubauförderung liegen die Vorteile des Ankaufs von Belegungsrechten vor allem in der günstigeren Kosten-Nutzen-Bilanz: Sie sind billiger, es sind leichter preiswerte Mieten und Mengeneffekte zu erreichen und sie lassen sich gezielt in bestehenden Quartieren einsetzen. Als Modelle werden praktiziert: 1. Nachförderung über Prämien nach regulärem Auslaufen der Bindung; 2. Kombination von Neubauförderungen ohne Bindungen, im Gegenzug Belegungsrechte in Bestandswohnungen; 3. Miet- und Belegungsbindungen infolge von Modernisierungsförderungen.

Modernisierungsförderung: Modernisierungen und Energiesparmaßnahmen werden einerseits indirekt über Steuervergünstigungen bzw. Abschreibungen, andererseits zusätzlich mit direkten Steuermitteln bzw. Zuschüssen aufgrund von Förderprogrammen der Länder und ggf. der Kommunen gefördert. Neben dem Modernisierungsaufwand ist diese Unterscheidung für die späteren Modernisierungsmieten von großer Bedeutung. Über Steuervergünstigungen geförderte Modernisierungen führen auch nach der Mietrechtsreform 2001 zur vollen Kostenüberwälzung auf die Mieter, damit oftmals zur Verdrängung Einkommensschwacher. Modernisierungsförderung über direkte Zusschüsse führen zu Zweck-, Mietpreis- und – wenn vereinbart – auch zu Belegungsbindungen. Es liegt auf der Hand, dass zur behutsamen Erneuerung benachteiligter Quartiere vor allem direkte Modernisierungsförderungen eingesetzt werden sollten. Die Reform der Wohnungsbauförderung erleichtert dies auch.

Wohnumfeldverbesserung: Die komplexen Notwendigkeiten und Möglichkeiten zur Wohnumfeldverbesserung können hier nicht ausführlich behandelt werden. Es ist klar, dass Wohnumfeldverbesserung im Rahmen der Quartiersentwicklung einen hohen Stellenwert hat und immer quartiersspezifisch konkret erfolgen muss. Zur Finanzierung kommen Bundes- und Landesförderungen sowie kommunale Eigenmittel in Betracht. Die entscheidende kommunale Leistung besteht in der örtlichen Maßnahmen- bzw. Projektplanung. Als Voraussetzung für derartige quartiersbezogene Planungen und

Projekte in der „sozialen Stadt" schlagen Herrmann/Lang *(2001, S. 27)* eine sorgfältige Abwägung und Beantwortung folgender Fragen vor:

> „Wie sieht der materiell-physische Raum aus? Ermöglicht er Begegnungen? Läßt er Raum für verschiedene sich ändernde Lebensweisen? Welche Regulative ermöglichen oder verhindern unterschiedliches soziales Handeln im Raum? Welche Images gibt es – und inwiefern wirken diese Images als Alltagsregulative?"

Exkurs: Anmerkungen zu möglichen Nutzungskonflikten im Wohnumfeld

Mit Blick auf die raumbezogenen Prägungen von Sozialverhalten, Lebensweisen, Begegnungen und nicht zuletzt mit Blick auf konflikthaft-konkurrierende Raumnutzungen sollten die Antworten auf die von Herrmann/Lang (2001) gestellten Fragen bzw. die konkreten Planungslösungen für Wohnumfeldverbesserungen besonders sorgfältig bedacht werden. Warum?

In einer Reihe von dokumentierten Programmgebieten nehmen bei der Wohnumfeldverbesserung – neben vielen anderen nützlichen Maßnahmen – gleichzeitig die Ziele

1. Verbesserung der Freizeitinfrastrukturen z.B. für Jugendliche und Minderheiten,
2. Erhöhung der Sicherheit, Kriminalprävention sowie als baulich-räumliches Pendant Beseitigung von „Angsträumen" z.B. für Frauen, Ältere und Kinder einen hohen Rang ein (*vgl. ILS 2000a*).

Beide Teilziele sind zunächst einleuchtend, sie müssen nicht, können aber deutlich *konkurrieren*. Bewohnerumfragen zeigen: Als konkrete „Angsträume" werden vor allem unbeleuchtete Ecken, Treppen und Nischen sowie solche Plätze und Raumnischen empfunden, die vorzugsweise von jugendlichen Peergroups, aber auch von Suchtkranken und anderen Minderheiten genutzt und dominiert werden. Die Kombination von Jugendkliquen (sog. „Jugendbanden") und Fremdsprachigkeit ihrer Mitglieder (sog. „Russen-" oder „Türkenbanden") wird als besonders störend empfunden. Dass ihr bisweilen aggressives Verhalten für andere Gruppen störend und angstauslösend sein kann, steht außer Frage.

Aber: Einfache Planungslösungen zur Beseitigung der Angsträume wie Nischenbeseitigung, Ausleuchtung, Video-Überwachung, Nutzungserschwerung durch Bepflasterung (z.B. für Skater) und ähnliche Maßnahmen, oft kombiniert mit ordnungspolitischen Maßnahmen wie Nutzungs- und Platzverboten werden dem integrierten Handlungsanspruch und dem Ziel des Minderheitenschutzes jedoch keinesfalls gerecht. Im Zweifelsfall werden lediglich die jeweiligen Minderheiten von einem Ort vertrieben und erobern sich Nischen an anderen Orten, die ebenfalls störend empfunden werden.

Gefragt sind stattdessen kreative Mehrzielprojekte mit planerischen und sozialpädagogischen Anteilen, die – anstelle einer „Kolonisierung von Lebenswelten“ – die Tatsache unterschiedlicher Nutzerbedürfnisse z.B. von Jugendlichen und Älteren respektiert und ein weniger störendes *Nebeneinander von Freiräumen* für unterschiedliche Gruppen möglich machen. Die Devise könnte lauten *Rückgewinnung von Freiräumen für alle Bewohner.*

Wohnungsvermittlung/Umzugsmanagement: Wohnungsvermittlung gehört in allen größeren Städten zu den Regelaufgaben der Wohnungsämter. Die einzelnen Kommunen praktizieren dies mit sehr unterschiedlichem Aufwand und Erfolg. Einerseits leben bekanntlich viele Single- und Altenhaushalte in Wohnungen, die für sie zu groß sind, andererseits suchen insbesondere junge und einkommensschwache Familien mit Kindern familiengerechten Wohnraum, der von Ein- und Zweipersonenhaushalten bewohnt wird (bundesweit ca. 4,6 Millionen Wohnungen). Somit handelt es sich um ein Markt- und ein Verteilungsproblem familiengerechten Wohnraums (*vgl. Hintzsche 1999, S. 816 f; Erbslöh/Krummacher 1997, S. 76ff*). Da gegenwärtig eine Wohnflächensteuer als eine Art „Luxus- oder Öko-Steuer“ keine Chance hat, versuchen die Kommunen inzwischen verstärkt dem Problem über finanzielle Anreize zum Wohnungstausch beizukommen: Mit geringem Erfolg und hohen Mitnehmereffekten werden in vielen Städten für sog. „Freimachermacherhaushalte“ Umzugsprämien gewährt. Bessere Chancen versprechen komplexere Ansätze der Mobilitätsförderung im Rahmen eines Umzugsmanagements, in der Form der Kombination von Prämien, ortsnaher Wohnungsvermittlung, sozialer Beratung und Betreuung sowie konkreten Umzugshilfen. Ungeachtet des damit verbundenen Mehraufwandes zeigen gute Beispiele, dass die Vermittlungserfolge sehr viel besser sind und sich auch wohnungswirtschaftlich rechnen (*vgl. Voss 1999, S. 52ff*).

Mietspiegel, Mietpreisüberwachung: Nach geltendem Mietrecht können/sollen vor allem größere Kommunen sog. „Mietspiegel“ über die ortüblichen Vergleichsmieten im freifinanzierten Wohnungsbestand erstellen und fortschreiben. Ihre Erstellung und regelmäßige Fortschreibung schafft für Mieter und Vermieter Transparenz über zulässige Mieten, erleichtert die Beilegung von Streitigkeiten im Vorfeld von Prozessen, bietet den kommunalen Wohnungsbehörden Grundlagen für ihre hoheitliche Funktion der Überwachung und Verfolgung von Mietpreisüberhöhungen und Mietwucher. In den meisten Großstädten existieren Mietpreisspiegel. Im Regelfall werden sie auf der Grundlage objektiver Daten in Kooperation zwischen Wohnungsbehörde, Verbänden der Wohnungswirtschaft und Mietervereinen erstellt und fortgeschrieben. Eine offensive Information gegenüber der Öffentlichkeit und erst recht die Kontrolle unzulässiger Mietpreisüberhöhungen wird aus Personalmangel in den meisten Kommunen jedoch kaum praktiziert, obwohl sich dies – wie gute Praxisbeispiele zeigen – nicht nur für die Mieter, sondern auch für die Wohngeldstellen und Sozialbehörden rechnet. Meist reagieren die Behörden erst auf Anzeigen betroffener Mieter oder der Mietervereine.

Wohnungsaufsicht: Nach geltendem Mietrecht und den Wohnungsaufsichtsgesetzen bzw. -verordnungen sind die Kommunen verpflichtet, den üblichen Gebrauch von Wohnungen zu Wohnzwecken zu beaufsichtigen und sicherzustellen. Zur Verhinderung von mißbräuchlichen Leerständen, unterlassener Instandsetzung, Umwandlung in Gewerberäume und Abbrüchen zu Spekulationszwecken kann die Wohnungsaufsicht ggf. Instandsetzungsgebote und Zweckentfremdungsverbote aussprechen. Außerdem ist die Einhaltung der Sozialbindung von öffentlich gefördertem Wohnraum zu beaufsichtigen. Die kommunale Praxis zeigt, dass die Anwendung dieser hoheitlichen Instrumente zur Erhaltung und Qualitätssicherung preiswerter Wohnbestände sehr stark abhängig von der Rückendeckung in der Kommunalpolitik und dem Einsatz personaler Ressourcen ist.

Milieuschutzsatzungen u.ä.: Neben der aktiven Verfolgung von Mietpreisüberhöhungen und Zweckentfremdungen bietet das „besondere Städtebaurecht" im Baugesetzbuch (BauGB) gute Möglichkeiten, um fragwürdige Aufwertungstendenzen („Gentryfication") mit dem Ergebnis der Verdrängung einkommensschwacher Bewohner in einzelnen Wohnquartieren zu bremsen. Dies zeigen u.a. Beispiele aus Berlin (*vgl. FG-Städtebau...-UniDo 1999, S. 158 f*). Zu den dort mit dem Ziel der Vermeidung unerwünschter Veränderungen der Bevölkerungsstruktur erfolgreich eingesetzten Instrumenten gehören die Anwendung öffentlich-rechtlicher Genehmigungsvorbehalte in Sanierungsgebieten für Luxussanierungen (§§ 144/145 BauGB), Milieuschutzsatzungen (§ 172 BauGB) und die Festsetzung von gebietsspezifischen Mietobergrenzen in Sanierungs- und Milieuschutzgebieten.

Prävention, Betreuung, Beratung von Wohnungsnotfällen: Zu den originären Aufgaben der Kommunen gehören die Unterbringung, Betreuung, Beratung und präventive Vermeidung von Wohnungsnotfällen. Wegweisende Definitionen und Handlungsempfehlungen zum präventiven Umgang mit Wohnungsnotfällen hat der Deutsche Städtetag bereits 1987 veröffentlicht (*vgl. DSt 1997; Thabe/Domhöfer 1999, S. 29ff*). Zusammenfassend lauten sie:

- Auf örtlicher Ebene soll ein Gesamtkonzept der Hilfen für Wohnungsnotfälle entwickelt werden. Bei der Gesamtplanung und der Umsetzung sollen die öffentlichen und freien Träger der Sozial- und Jugendhilfe eng kooperieren.
- Die kommunalen Zuständigkeiten und Ressourcen zur Hilfe für Wohnungsnotfälle soll durch Bildung einer ämterübergreifenden, zentralen Fachstelle koordiniert und gebündelt werden. Hauptsächlich betroffene Ämter (heute oft Fachdienste genannt) sind: Wohnungsamt, Sozialamt, Ordnungsamt, Jugendamt, Liegenschaftsamt, Gesundheitsamt.
- Die baulichen und infrastrukturellen Defizite der „benachteiligten Wohngebiete und sozialen Brennpunkte" sollen bevorzugt behoben und ihr Zustand allmählich den anderen Stadtteilen angeglichen werden.

- Vereinbarungen mit örtlichen Wohnungsunternehmen sollen sicherstellen, dass Räumungsklagen möglichst unterbleiben, dass frühzeitige Kooperationen mit den Kommunen die Entstehung von Wohnungslosigkeit verhindern (z.B. durch Mietschuldenübernahme, Ausfall- und Instandsetzungs-Garantien) und, dass die Wohnungsnotfälle in Normalwohnungen untergebracht werden können.
- Aus sozialen, finanziellen und ethischen Gründen sollen die Schlicht- und Sammelunterkünfte, und die geschlossenen Obdachlosensiedlungen so schnell wie möglich aufgelöst werden. (Umwandlung, Umbau oder Abriß). Entsprechende Pläne und Wohnalternativen dazu sollen vor ihrer Umsetzung mit den Bewohnern beraten und abgestimmt werden.

Bauliche Selbsthilfe und Bewohnerpartizipation: Eine lokale Wohn- und Stadtteilpolitik, die in den benachteiligten Quartieren vorrangig auf bauliche Selbsthilfe ihrer Bewohner setzen will, dürfte illusorisch sein. Soweit es um mehr als um die Bewohneraktivierung zur Mülltrennung/-entsorgung oder um kleinbürgerliche Motive zur „Baumscheibenpflege" in Form von Patenschaften geht, ist in diesen Quartieren ein hohes Maß an „Stellvertreterpolitik", an Moderatoren- bzw. Anwalts-Politik und schließlich an kontinuierlicher Sozial- und Gemeinwesenarbeit erforderlich, um die zweifellos vorhandenen Selbsthilfepotenziale ihrer Bewohner mobilisieren und aktivieren zu können.

Bei vielen herkömmlichen Wohn- und Wohnumfeldprojekten in benachteiligten Quartieren waren die programmatisch und/oder rechtlich vorgesehen Ansätze der Bürgerbeteiligung nur bedingt erfolgreich. Dies hat vielfältige Gründe, z.B. mangelnde oder verspätete Informationen, formale Handhabungen der Bürgerbeteiligung, fehlende wirkliche Mit-Entscheidungsspielräume der Bewohner, unzureichende Berücksichtigung des spezifischen Milieus sowie der Selbsthilfemöglichkeiten und endogenen Ressourcen der Bewohner, und oft auch die mangelnde Sozialverträglichkeit und Akzeptanz von „gut gemeinten" Baumaßnahmen.

Dies zu ändern, wird eine zentrale Bedingung erfolgversprechender Wohn- und Wohnumfeldprojekte in den benachteiligten Quartieren sein. Dabei zeigen die erfolgreichen Beteiligungsprojekte z.B. im Rahmen der „Internationalen Bauausstellung – IBA-Emscherpark" (1989 – 1999), dass die Wagenräder der Kombination von Eigenhilfe, Selbsthilfeförderung, kombinierter Bau- und Beschäftigungsprojekte, Bürgerbeteiligung, Stadtplanung und Gemeinwesenarbeit nicht neu erfunden werden, immer aber im Hinblick auf die konkreten Projekte und die betroffenen Bevölkerungsgruppen am Ort konkretisiert werden müssen (*vgl. z.B. Initiativkreis Emscherregion 1994, S. 38ff, Müller 1999, S. 89ff*).

Übersicht 3.6: Interessenkonstellation, Chancen und Ressourcen – Defizite und Hemmnisse von Bewohnerbeteiligungen im Quartier aus Akteuresicht

Chancen/Hemmnisse aus Akteuresicht	Chancen/Motive/Ressourcen	Hemmnisse/Defizite
Politik und Verwaltung	– de facto-Legitimierung von Politik- und Verwaltungs-handeln – partizipative Wähler- bzw. Kundenorientierung – „Frühwarnsystem“ – Bürgeraktivierung bzw. Übertragung kommunaler Aufgaben auf die Bewohner – legitimierte soziale Kontrolle abweichender Gruppen	– direkte Bürgerbeteiligung stört repräsentativ verfasstes lokales Politiksystem (Rats-kompetenz) – mangelnde Sachkompetenz der Bewohner („Laien-Status“) – mangelnde Beteiligungsbe-reitschaft vieler Bewohner – zeitraubend, arbeitsaufwen-dig – nachhaltige Weckung von Erwartungshaltungen der Bewohner – ggf. Ausgrenzung erwünschter Minderheiten (z.B. Ausländer)
Wohnungswirtschaft	– „Kundenorientierung“ – zufriedene Mieter verringern den Verwaltungsaufwand – geringe Fluktuation, geringer Mieterwechsel „rechnet“ sich – soziale Kontrolle und ggf. le-gitimierte Ausgrenzung von „Störmietern“	– Störung betriebswirtschaft-licher Interessens- und Ent-scheidungskompetenz – ggf. nachhaltige Weckung von Erwartungshaltungen – zeitraubend, arbeits- und ko-stenaufwendig
Quartiers-Bewohner bzw. unterschiedliche Bewohnergruppen	– bei echten Mit-Entscheidungsspielräumen Verbesserung der Nutzungsqualität – ggf. Mietkostenverbilligung – vorhandene soziale Netze, Ge-meinschaftssinn und Nachbarschaftssolidarität – handwerkliche und organi-satorische Selbsthilfepoten-ziale – ggf. Ausgrenzung von „stö-renden“ Mitbewohnern	– Recht auf Privatheit: „In-Ruhe-gelassen-werden“ – Überforderung infolge unzu-reichender Selbsthilfepoten-ziale – fomal-bürokratische, nicht-adäquate Beteiligungsfor-men – „alibihafte“ Beteiligungen ohne echte Mitentscheidung – Vernutzung für andere Ak-teure-Interessen – Ausgrenzung durch infor-melle Mehrheiten oder Wortführer

Quelle: eigene Zusammenstellung

Bei der Weiterentwicklung von Instrumenten zur Bewohnerbeteiligung und -aktivierung ist ein besonderes Augenmerk darauf zu richten, dass maßgebliche Bevölkerungsgruppen der benachteiligten Quartiere auch einem benachteiligten soziokulturellen Milieu zugehörig sind und daher standardisierte mittelständische und bürokratische Formen der Beteiligung nicht greifen, weil sich die Beteiligungsbedingungen und – möglichkeiten z.B. zwischen den Generationen, den verschiedenen ethnischen Gruppen und den besonderen Lebenslagen von Haushalten mit und ohne Kindern deutlich unterscheiden (*vgl. z.B. Keim/Neef 2000*). Darüber hinaus sollte das Bürgerrecht „einfach in Ruhe gelassen zu werden" auch in benachteiligten Quartieren respektiert werden.

Die Erfahrungen zeigen, dass am ehesten solche Beteiligungsmodelle erfolgversprechend sind, bei denen – in enger Zusammenarbeit mit den konkret vor Ort tätigen Akteuren, das heißt Planern, Politik, Wohnungswirtschaft, Vereinen und Initiativen, Sozial- bzw. Gemeinwesenarbeitern und sozialen Diensten spezifische Beteiligungsformen angewandt und mit dem Ziel der Entwicklung sozialer Netzwerke und lokaler Partnerschaften ausgebaut werden (*vgl. z.B. Hinte 1998; Ingenmey 1999; Selle 1994; Simonsen 2000; Staubach 1995*). Hierzu haben sich Bürgeranwälte bzw. *intermediäre Instanzen* als ein geeignetes Instrument erwiesen. Gemeint sind Moderatoren, deren Hauptaufgabe darin besteht, einerseits zwischen „unten und oben", andererseits zwischen den verschiedenen Bewohner- und Interessengruppen zu vermitteln. Ihre Anwaltsfunktion kann nicht bedeuten, bestimmte Planungslösungen „nach unten" zu verkaufen und/oder Konflikte zu vertuschen, sondern muß heißen: Bedürfnisse erkennen, Beratung leisten, Lösungen für (Raum-) Nutzungskonflikte aushandeln und dafür materielle Ressourcen einfordern.

Dass angesichts der Akteureinteressen und – motive zur Bewohnerbeteiligung eine gleichzeitig realistische und sozialverträgliche Balance zwischen den verschiedenen Erwartungshaltungen schwierig ist, zeigt die Übersicht zur Interessenkonstellation der maßgeblichen Akteure aus Lokalpolitik und Verwaltung, Wohnungswirtschaft und diversen Bewohnergruppen (*siehe Übersicht 3.6*).

Auch hier versteht sich von selbst, dass diese Aufgabe hoch politisch ist und nicht mit einem schwammigen Selbstverständnis von politischer Neutralität erfüllt werden kann und, dass die konkreten Interessenskonstellationen stets auf Quartiersebene analysiert werden müssen.

3.2.5 Quartiersmanagement als Beitrag für eine nachhaltige Bau- und Wohnungspolitik

Es gibt bundesweit inzwischen viele gute „best-practice Modelle und Projekte" zur behandelten Thematik der Bau- und Wohnungspolitik in Quartieren mit besonderem Erneuerungsbedarf. Die entsprechenden Erfahrungen und Anregungen können nachgelesen und sollen hier nicht abgeschrieben werden, am Beispiel von Nordrhein-Westfalen z.B. zu den angesprochenen Teilthemen (*vgl. ILS 1999*):

- Wohnraumsanierung im Bestand (*vgl. Austermann 1999, S. 36ff*),
- Mieterbeteiligung (*vgl. Ingenmey 1999, S. 25ff*),
- Wohnungsnotfälle in benachteiligten Quartieren (*vgl. Thabe/Domhöfer 1999, S. 29ff*),
- Einfach und selber bauen (*vgl. Schneider 1999, S. 47ff*),
- Wohnungstausch und Umzugsmanagement (*vgl. Voss 1999, S. 52ff*),
- Kombinationsprojekte Arbeiten und Wohnen (*vgl. Schepers 1999, S. 40ff*).

Was folgt aus diesen Erfahrungen für die Hauptaufgaben und Qualifikationsstandards eines professionellen Stadtteil- bzw. Quartiersmanagements im Wohn- und Wohnumfeldbereich?

Auf Grundlage einer Befragung der Mitarbeiter von 22 Stadtteilbüros im Rahmen des NRW-Handlungsprogramms für „Stadtteile mit besonderem Erneuerungsbedarf" wurde die folgende Rangfolge der Aufgabenschwerpunkte der Mitarbeiter/-innen ermittelt (*vgl. ILS 2000, S. 53*):

1. Koordination/Vernetzung;
2. Ansprechpartner vor Ort/Information;
3. Projektentwicklung und –umsetzung;
4. Organisation von Beteiligung;
5. Beratung;
6. Öffentlichkeitsarbeit;
7. Gemeinwesenarbeit/Betreuung;
8. interkulturelle Zusammenarbeit;
9. Vermittlung/Moderation;
10. Ansprechpartner für die Verwaltung.

So interessant diese empirisch ermittelte Rangfolge der Aufgabenschwerpunkte aus der Sicht der Mitarbeiter von Stadtteilbüros ist, bleibt sie doch recht formal. Inhaltlich aufschlussreicher erscheint dagegen der ebenfalls aus empirischen Untersuchungen abgeleitete unten zitierte Katalog der Aufgaben eines professionellen Stadtteil- oder Quartiersmanagements aus dem Schlussbericht des Forschungsprojektes: „Städtische Lebenswelten und Neue Armut" der Universität Dortmund (*vgl. FG-Städtebau...-UniDo. 1999, S. XXIIIff, S. 153ff; siehe Übersicht 3.7*).

Abgesehen von zwei Vorbehalten befürworten die Autoren des vorliegenden Buches diesen Positiv-Katalog der Aufgaben eines Stadtteil- bzw. Quartiersmanagement:

1. Die Aufstellung und die Lektüre von Positiv-Katalogen beinhalten stets das Risiko, reale und manifeste Interessenwidersprüche der beteiligten Akteure zu vernachlässigen.

2. Die Anforderung zur Entwicklung von „Exit-Strategieen" nach dem Motto: befristete Projekte entwickeln bewohner- und akteursgetragener Selbstorganisationsstrukturen – dann zieht sich Quartiersmanagement zurück – entspricht zwar der gängigen Politik- und Programmerwartung, dem planerischen Selbstverständnis sowie dem Projektalltag. Angesichts resistenter Gesellschaftsstrukturen, die Armut immer auch sozialräumlich manifestieren, dürften einfache Exit-Strategieen jedoch unrealistisch sein – es sei denn, die betroffenen Quartiere und ihre Bewohner werden aufgegeben und/oder der herkömmlichen sozialarbeiterischen Einzelfallhilfe überlassen (vgl. ausführlich Kap. 5).

Übersicht 3.7: „Ein professionelles Stadtteil- oder Quartiersmanagement einrichten" (Textauszug aus dem Forschungsprojekt: „Städtische Lebenswelten und Neue Armut")

„...Die konkreten Aufgaben eines Stadtteil- oder Quartiersmanagements für ein bestimmtes Stadtgebiet kann sinnvoll nur in Kenntnis der jeweiligen Gegebenheiten und unter Einbezug der örtlichen Akteure entwickelt werden (‚lokale Maßarbeit'). Zentrale Handlungsfelder, die dabei eine Rolle spielen können (...), sind insbesondere:

1. das *Aktivieren* der örtlichen Bevölkerung, um diese zur Teilnahme am Prozess der Stadtteilentwicklung zu motivieren;
2. das *Stärken* der Wahrnehmungsfähigkeit von Politik und Verwaltung in bezug auf die besonderen Probleme und Potentiale eines Stadtteils;
3. das *Initiieren* von ‚lokalen Partnerschaften' zwischen den verschiedenen Stadtteilakteuren, dazu zählen v.a. die zuständigen Verwaltungsressorts, die Bewohnergruppen, die Träger sozialer Arbeit, die Wohnungsunternehmen, die Beschäftigungsträger, das Arbeitsamt und die örtlichen Kammern;
4. das verstärkte *Einbeziehen* privater Geschäftsleute und Unternehmer (...) in den Prozess der Stadtteilentwicklung;
5. die *Unterstützung* der o.g. Akteure bei der Entwicklung stadtteil- bzw. quartiersbezogener Leitbilder, Konzepte und Projekte; die Umsetzung der Projekte selbst sollte i.d.R. in der Hand professioneller Träger liegen;
6. die *Organisation* einer nach innen und außen gerichteten Öffentlichkeitsarbeit zur Verbesserung des Stadtteilimages und zur Verbreitung von Aufbruchstimmung im Stadtteil (‚Es tut sich was im Quartier!');
7. das *Mitwirken* an der Evaluation der verschiedenen mit öffentlichen Mitteln geförderten Stadtteilprojekte und –aktivitäten durch externe Fachleute;
8. das *Entwickeln* einer ‚Exit-Strategie', da das Quartiermanagement nur solange tätig sein sollte, bis im Stadtteil bewohner- und akteursgetragene (‚zivilgesellschaftliche') Selbstorganisationsstrukturen entstanden sind."

Quelle: Textauszug FG-Städtebau...-UniDo. 1999, S. XXIIIf; Hervorhebungen im Original

3.3 Handlungsfeld: Lokale Wirtschafts- und Beschäftigungspolitik

3.3.1 Ausgangssituation und Herausforderungen

Gegenstand und erkenntnisleitend für diesen Abschnitt ist die Frage: Was soll und kann lokale Wirtschafts- und Beschäftigungspolitik als ein zentraler Baustein im Rahmen der integrierten Erneuerung benachteiligter Stadtteile und ihrer Bewohner leisten?[1]

Hierzu werden Herausforderungen formuliert, die Rahmenbedingungen und Akteure kommunaler Wirtschafts- und Beschäftigungsförderung benannt sowie der Einsatz verfügbarer Instrumente auf der Stadtteil- bzw. Quartiersebene charakterisiert.[2]

In den arbeitsmarktbezogenen Befunden von Kapitel 1 wurde festgestellt:

- dass im Zuge der Globalisierung und des Strukturwandels der Wirtschaft die Spaltung der Teilarbeitsmärkte für die verschiedenen Beschäftigungsgruppen immer mehr zunimmt und sich die Beschäftigungs- und Wohlfahrtschancen vor allem in Abhängigkeit von der beruflichen Qualifikation stark aufspalten,
- dass sich ein hoher Sockel an Dauerarbeitslosen bzw. „Überflüssigen" herausgebildet hat, das heißt von Menschen, die am Arbeitsmarkt nicht gebraucht werden und/oder sich entmutigt von ihm zurückgezogen haben und, dass davon vor allem ungelernte bzw. gering qualifizierte Arbeitskräfte betroffen sind,
- dass sich die Beschäftigungs- und Arbeitslosigkeitsrisiken in Deutschland sowohl großräumig („Ost-West-Gefälle" und „Nord-Süd-Gefälle") wie kleinräumig bzw. innerstädtisch krass unterscheiden, und die benachteiligten Stadtquartiere generell hohe Anteile an Langzeit-Arbeitslosen, prekär Beschäftigten und Sozialhilfeempfängern aufweisen,

---

1 Im Hinblick auf das Thema dieses Abschnitts *„Lokale Ökonomie und Beschäftigungsförderung"* macht es wenig Sinn, den Raumbezug nur auf kleinräumige (Wohn-)Quartiere zu beschränken. Daher wird in diesem Abschnitt raumbezogen vorwiegend von lokaler Stadtteilökonomie und ggf. erweitert von regionaler Ökonomie (Gesamtstadt und ihr Umland) gesprochen. Die Begriffsverwendung „lokale Ökonomie" meint in Anlehnung Läpple *lokal verankerte Ökonomie*, weil die Wirtschaftsbetriebe des Stadtteils durchaus auch gesamtstädtische, regionale und gobal beeinflusste Bezüge aufweisen (*vgl. Läpple 2000, S. 27*).

2 Zum Zeitpunkt der Manuskripterstellung gab es das *„Hartz-Konzept"* vom Dezember 2002 zum Umbau der Arbeitsmarktpolitik und Beschäftigungsförderung noch nicht. Die Umsetzung des „Hartz-Konzeptes" hat zweifellos massive Auswirkungen u.a. auf die lokale Ökonomie und Beschäftigungsförderung, die hier leider nicht mehr berücksichtigt werden konnten *(vgl. Wohlfahrt 2003)*.

– dass dauerhaft fehlende Beschäftigungschancen angesichts der Schlüsselstellung des Arbeitsmarktzugangs für die private Wohlfahrtsproduktion und Selbsthilfefähigkeit sowie der gleichzeitige Sozialleistungsabbau dazu führen, dass die Betroffenen in ihrer gesamten Lebenslage ins Abseits geraten.

Daraus folgt einerseits, dass das Handlungsfeld Beschäftigungs- und Qualifizierungspolitik in Verbindung mit einer nachhaltigen Strukturpolitik eine zentrale Bedeutung im Rahmen einer integrierten Strategie zur sozialen Stabilisierung und Erneuerung benachteiligter Quartiere hat. Andererseits muss klar sein, dass kommunal bzw. lokal ansetzende Wirtschafts- und Arbeitsmarktstrategien zwar einiges leisten können, angesichts globaler Ursachen der Arbeitsmarktverwerfungen aber auch nur begrenzt erfolgreich sein können. Im Klartext: Lokale Wirtschafts- und Arbeitsmarktpolitik kann das Problem der Massenarbeitslosigkeit nicht lösen, sie kann die Folgen lediglich mildern, über Programme und Projekte befristete Beschäftigungen für Teile der Arbeitslosen bieten und sehr begrenzt neue dauerhafte Beschäftigungschancen eröffnen.

Die daraus resultierende arbeitsmarkt- und strukturbezogene Devise lautet: Im Bewußtsein ihrer Handlungsgrenzen sollte lokale Wirtschafts- und Arbeitsmarktpolitik ihre realen Handlungschancen gezielt und offensiv nutzen, um neben der Schaffung von individuellen Beschäftigungs- und Qualifizierungsmöglichkeiten zugleich kollektive Strukturverbesserungen im Stadtteil bzw. Quartier zu erreichen. Wichtige Grundlagen bilden dabei die vorhandenen Strukturdefizite sowie die endogenen Ressourcen und lokalen Beschäftigungspotenziale im Stadtteil.

Die Herausforderungen an eine gezielte lokale und regionale Wirtschafts-, Arbeitsmarkt- und Qualifizierungspolitik sind eigentlich nicht neu. In mittlerweile 25 Jahren der Erfahrungen mit Massenarbeitslosigkeit in der Bundesrepublik und Europa ist auf der EU-Ebene, der Bundes- und Länderebene sowie verzögert auch auf kommunaler Ebene eine umfängliche Förderlandschaft entstanden und hat sich im ersten, zweiten und dritten Arbeitsmarkt ein professionell arbeitendes Fördersystem herausgebildet. Die Förderprogramme und das Fördersystem konnten zwar nicht verhindern, dass die Massenarbeitslosigkeit mittelfristig weiter gestiegen ist und gegenwärtig kaum sinkt. Ohne die vielfältigen Angebote der Beschäftigungs- und Qualifizierungsförderung wäre die Massenarbeitslosigkeit jedoch deutlich höher ausgefallen und wären sehr viel weniger Menschen befähigt worden wären, sich wenigstens zeitweise oder auch dauerhaft in den Arbeitsmarkt zu reintegrieren. Vor dem Hintergrund der inzwischen gesammelten Erfahrungen der Beschäftigungs- und Qualifizierungsförderung und deren Auswertung in zahlreichen Studien, das heißt auf Grundlage vieler Umwege, massiver Mißerfolge, aber auch deutlicher Teilerfolge und vieler best-practice-Beispiele, lassen sich zentrale Grundsätze bzw. Eckpunkte für eine erfolgversprechende lokale Wirtschafts-, Beschäftigungs- und Strukturpolitik in benachteiligten Stadtteilen formulieren (*vgl. z.B. ILS 1997; ILS 2000a; ILS 2000b; ILS 2000c; Läpple 2000, S. 19ff; Pawlik 2001, S. 97ff; Pennen 2001, S. 55ff; Puhlmann 1999, S. 285ff; Rommelspacher 1997, S. 11ff;Weck 2000, S. 42ff*).

Eine Zusammenfassung einiger dieser Grundsätze erfolgt in *Übersicht 3.8.*

Übersicht 3.8: Eckpunkte für eine lokale Wirtschafts- und Beschäftigungspolitik

- Endogene bzw. vorhandene Wirtschafts- und Beschäftigungspotenziale sowie nicht abgedeckte lokale Bedürfnisse und mögliche Absatzmärkte im Stadtteil und in der Gesamtstadt entdecken;
- die vorhandene lokale Ökonomie im Stadtteil in ihrer Beschäftigungs- und Versorgungsfunktion für die Stadtteilbewohner fördern, absichern und weiterentwickeln;
- baulich-räumliche und soziale Infrastrukturverbesserungen im Stadtteil wirksam mit Aufträgen an das lokale Gewerbe und mit – in der Regel befristeten – Beschäftigungs-, Ausbildungs- und Qualifizierungsprojekten für Arbeitslose aus dem Stadtteil kombinieren („Kombinations- und Mehrzielprojekte");
- Beratung und Anschubförderungen für Güterproduktionen und Dienste im privaten und öffentlichen Bereich anbieten, die möglichst beschäftigungsintensiv sind und auf lokale und regionale Bedürfnisse und Absatzmärkte zielen;
- bei Beschäftigungs- und Qualifizierungsprojekten für Langzeitarbeitslose die Entwicklung berufsbezogener technischer und instrumenteller Fertigkeiten mit ergänzender sozialer Beratung und sozialpädagogischer Betreuung verknüpfen (Verschuldung, Suchtprobleme etc.);
- optimale Ressourcenaquisition und -kombination, das heißt wirksame Ausschöpfung der vorhandenen Förderinstrumente und -Programme zur Ko-Finanzierung von Mehrzielprojekten;
- Förderung und Unterstützung der Arbeit von Sozialhilfe- und Arbeitslosenselbsthilfe-Initiativen, ohne sie ordnungspolitisch zu bevormunden;
- Bildung lokaler Beschäftigungskonferenzen bzw. –Netzwerke zur Akteurekooperation unter Einbezug der lokal ansässigen Wirtschaftsunternehmen, ihrer Kammern und Verbände, der Wohnungswirtschaft, der Bezirksparlamente, der Träger des lokalen öffentlichen Lebens wie Schulen, freie Beschäftigungsträger, Kirchen, Institutionen der sozialen und kulturellen Infrastruktur, Vereinen und ortsbezogenen Initiativen;
- Nicht zuletzt: Einbettung und Öffnung der lokalen Wirtschafts- und Beschäftigungskreisläufe in überlokale gesamtstädtische bis hin zu globalen Bezügen und Entwicklungsperspektiven.

Quelle: eigene Zusammenstellung

3.3.2 Lokale Ökonomie und Wirtschaftsförderung

„Angesichts der Differenzierungs-, Segmentierungs- und Verinselungsprozesse der städtischen Wirtschaft und Gesellschaft macht es keinen Sinn, die Frage nach den Auswirkungen der Globalisierung im Hinblick auf *‚die‘* Wirtschaft einer Stadtregion beantworten zu wollen. Die Wirtschaft von Großstadtregionen besteht aus verschiedenen Teilökonomien mit je spezifischen historischen Traditionen und sehr unterschiedlichen Integrationsformen in globale, nationale und lokale Konkurrenz- und Entwicklungszusammenhänge. Daraus resultieren wiederum jeweils unterschiedliche Problemlagen, Gefährdungspotenziale und Gestaltungsmöglichkeiten." (*Läpple 2000, S. 25*)

Die lokal orientierte Teilökonomie der Stadtteil- bzw. Quartiersbetriebe steht zunächst in einem *polaren Gegensatz* zu den regional, unter Umständen global orientierten Teilökonomien des Stadtteils und meint die Ausrichtung auf lokale Wirtschafts-, Beschäftigungs- und Versorgungs-Kreisläufe. Empirisch-analytisch, aber auch perspektivisch gesehen, ist dieser Gegensatz jedoch insofern problematisch, weil die Stadtteilökonomie trotz ihrer vorwiegend lokalen Orientierung direkt und indirekt in vielfältiger Weise von regionalen, überregionalen und selbst globalen Bezügen beeinflusst wird, deren Berücksichtigung bei der Suche nach Entwicklungsperspektiven – im Gegensatz zu bornierten Autarkiekonzepten – auch notwendig ist. Die Einschränkung des Blickwinkels auf rein lokale Wirtschafts- und Beschäftigungskreisläufe birgt nämlich die Gefahr, dass benachteiligte Stadtteile noch mehr isoliert werden und, dass sich die bestehende Abkoppelung von überlokalen Kreisläufen noch verfestigt. Läpple spricht daher anstelle von „lokaler Ökonomie" lieber von einer „lokal verankerten oder lokal eingebetteten Ökonomie" (*vgl. Läpple 2000, S. 27*).

Die lokale Teilökonomie in engerem Sinne umfasst vor allem Kleinbetriebe des produzierenden Gewerbes und Handwerks, des Einzelhandels, des Gesundheitswesens, der Gastronomie sowie andere Betriebe der sozialen, haushalts- und unternehmensorientierten Dienstleistungen.

Mit der zunehmenden Arbeitslosigkeit und Armut in benachteiligten Stadtteilen wird seit einigen Jahren allmählich bewusst, welche Bedeutung die lokale Ökonomie bzw. lokal ansässige Betriebe für die soziale Stabilisierung von Stadtteilen perspektivisch haben (*vgl. Läpple 2000, S. 27*):

- Sie bieten wohnungsnahe Arbeits- und Ausbildungsplätze;
- sie gehören zur Grundausstattung und sind zentraler Bestandteil örtlicher Nahversorgung;
- sie prägen mit ihren überwiegend auf lokale Bedürfnisse ausgerichteten Produktions- und Dienstleistungsangeboten die Versorgungsqualität, die Nutzungsvielfalt und die urbane Kultur von Stadtteilen;
- sie bieten einen oft unterschätzten Wirtschafts- und Arbeitsmarktfaktor und ein wichtiges Potenzial für die gesamtstädtische Ökonomie- und Arbeitsmarktentwicklung.

Zur quantitativen Bedeutung der lokalen Ökonomie als Wirtschafts- und Arbeitsmarktfaktor sei angemerkt, dass diese natürlich ortsbezogen stark differenziert und immer konkret untersucht werden muss. Prototypische Anhaltspunkte für die große Bedeutung der lokalen Ökonomie als Arbeitsmarktfaktor bieten jedoch die Befunde von neueren empirischen Untersuchungen (*siehe Übersicht 3.9*)

Übersicht 3.9: Stadtteilbezogene Ökonomie als Arbeitsmarktfaktor: Empirische Befunde am Beispiel der Stadt Hamburg

Grundlage der lokalökonomischen Untersuchungen von Läpple u.a. am Beispiel von Hamburg bildet das Konzept von räumlichen „*Funktionsclustern*". Es geht davon aus, dass die Entwicklung raumbezogener Teilökonomien nur unzureichend durch die traditionelle Abbildung der Branchenstrukturen erfasst wird. Ergänzend müssten die branchenübergreifenden gewachsenen lokalen Produktions-, Wertschöpfungsketten und ihre Verflechtungszusammenhänge identifiziert werden (Produktions- und Dienstleistungscluster). Mit dem Cluster-Konzept konnte das erhebliche Beschäftigungspotenzial der stadtteil- und quartiersbezogenen Betriebe empirisch erfasst werden.

- 1998 arbeiteten 16 Prozent aller sozialversicherungspflichtig Beschäftigten Hamburgs in stadtteil- bzw. quartiersbezogenen Betrieben. Im Zeitraum von 1980 bis 1997 gehörte dieser Bereich zu den wenigen der Hamburger Wirtschaft, die beschäftigungsmäßig expandierten.
- Im zentral gelegenen funktionsgemischten Altbauquartier der Gründerzeit (Hamburg – St. Pauli–Schanzenviertel) arbeiteten ca. ein Drittel der erwerbstätigen Bewohner im Stadtteil.
- In der funktionsspezialisierten Wohn- und Trabantensiedlung der 1970er Jahre (Hamburg-Steilshoop) arbeiteten immerhin noch gut ein Fünftel der erwerbstätigen Bewohner im Stadtteil.
- Jeweils etwa ein weiteres Drittel der Bewohner beider Stadtteile arbeiteten in einem Nachbarstadtteil.

Quelle: Untersuchungsbefunde nach Läpple 2000, S. 25ff

Angesichts der bedeutenden Rolle der Stadtteilökonomie als Beschäftigungsfaktor liegt es nahe, ihr Potenzial zur ökonomischen und sozialen Stabilisierung von Stadtteilen zu nutzen. Dabei stellen sich jedoch die Fragen, ob und inwieweit das lokale Beschäftigungspotenzial durch staatliche und kommunale Maßnahmen bzw. Projekte weiter entwickelt werden kann und inwieweit dadurch die Erwerbsmöglichkeiten der Stadtteilbewohner, insbesondere auch der bislang Arbeitslosen verbessert werden können?

In seiner allgemein gehaltenen Antwort auf diese Fragen verweist Läpple sinngemäß auf drei Aspekte (*vgl. Läpple 2000; S. 30*):

1. Für die Zukünfte der lokalen und regionalen Ökonomie gibt es angesichts der Globalisierung kein städteübergreifendes einheitliches Leitbild. Lokalökonomische Zukünfte müssen konkret analysiert werden, plural konzipiert werden und auf die Erhöhung der Selbstanpassungs- und Regenerationsfähigkeit von Stadt- und Stadtteilökonomien ausgerichtet werden.
2. Gesamtstädtisch greift eine einseitig auf lokale (Versorgungs-)Bedürfnisse ausgerichtete Entwicklungspolitik ebenso zu kurz, wie eine Förderpolitik, die sich einseitig auf Export- und Weltmärkte ausrichten will.
3. Gefordert sind ein Strategie-Mix und offene dialogorientierte Handlungskonzepte. Neben einer außenorientierten, lokal sich öffnenden Wirtschaftsförderung und Beschäftigungspolitik sollten vor allem die endogenen sozio-ökonomischen Potenziale der Stadtteile als Ressource zur alltäglichen Lebensbewältigung und als Puffer gegen die negativen Auswirkungen der Arbeitsmarktentwicklung handlungsleitend für die lokale Wirtschafts- und Beschäftigungspolitik sein.

Lokalökonomische Strategien für benachteiligte Stadtteile haben im Regelfall davon auszugehen, dass sie – trotz oft vorhandener Industriebrachen (als Folge industrieller De-Investitionen) – meist nur an den endogenen lokalen, ggf. regionalen Potenzialen anknüpfen können. Milliardenschwere, hochsubventionierte Großprojekte, die alles mit einem Schlag ändern sollen, bilden die absolute Ausnahme (z.B. „Centro-Oberhausen“, „BMW-Ansiedlung-Leipzig“) und bergen zudem die Gefahr, dass sie die vorhandene lokale Ökonomie und ggf. die Bewohner eher gefährden, an andere Orte verdrängen, als sie zu stützen (*vgl. Rommelspacher 1997, S. 13*).

Endogene lokale Potenziale sind zunächst die vorgefundene ökonomische Struktur (Güter und Dienste produzierendes Privat-Kapital), aber auch die Menschen sowie die Institutionen, die entweder aufgrund lokal gebundener Interessen (z.B. Vereine) oder aufgrund ihres Auftrags (z.B. Kirchen, soziale Dienste, freie Träger) in lokalökonomische Strategien eingebunden werden können (Human- und Sozialkapital). *Exogene* für ökonomische Vor-Ort-Strategien mobilisierbare Potenziale bilden die Angebote, Leistungen und öffentlichen Förderungen der staatlichen, kommunalen und privaten Akteure der Wirtschafts- und Beschäftigungspolitik (*siehe Übersicht 3.10*).

Da es *den* Problemstadtteil nicht gibt, erfordern konkrete lokalökonomische Strategien stets eine genaue Analyse der konkreten Situation. Dabei spielt neben der Ökonomie und der sozialen Struktur die räumliche Lage und Anbindung im Stadtgebiet eine erhebliche Rolle. Rommelspacher (*1997, S. 13*) unterscheidet dabei die Typen citynahe „urbane“ Lagen, „quasi-suburbane“ Lagen und „monostrukturierte Stadtrandsiedlungen“ und gelangt zu dem Schluß:

> „Dichte, relativ zentrale und urbane Stadtteile bieten mehr Ansatzpunkte für lokalökonomische Strategien, insbesondere wenn sie auf die von Läpple beschriebenen Cluster der ‚Stadtteil- und Quartiersbetriebe‘ zielen. ‚Quasi-suburbane‘ Lagen bieten dagegen oft Räume für reproduktive Aktivitäten. Die schwächsten Ansatzpunkte liefern sozial homogene Stadtrandsiedlungen.“

Übersicht 3.10: Akteure lokaler Wirtschafts- und Beschäftigungspolitik

Staatliche Akteure, EU und Bundesanstalt für Arbeit	Kommunale bzw. lokale interne Akteure	kommunale bzw. lokale externe Akteure
Bund, Länder, EU – setzen Recht: Arbeits- und Tarifrecht, Mitbestimmung, Arbeitsförderungsrecht - AFG, Gewerbeansiedlung und Gewerbeaufsichtsrecht, – bieten Finanzleistungen, fiskalische Anreize sowie spezielle Programme zur Wirtschaftsstruktur– und Beschäftigungsförderung – initiieren Modellprojekte und werten diese aus – fördern den interkommunalen Erfahrungsaustausch	Rat und Bezirksvertretungen – treffen i.R. ihrer Zuständigkeiten Entscheidungen zur kommunalen Wirtschafts- und Beschäftigungspolitik – beauftragen die Verwaltung mit der Umsetzung und kontrollieren diese	Privatwirtschaft, Verbände, d.h. Privatunternehmen, örtliche IHK, Handwerkskammer, Einzelhandelsverband etc. – stellen Arbeits- und Ausbildungsplätze – bieten Güter und Dienste für die lokale Versorgung – unterliegen dem Gewerbeaufsichtsrecht – erhalten Förderungen und Förderauflagen – kooperieren i.R. ihrer Interessen ggf. mit der Politik und Verwaltung
Bundesanstalt für Arbeit und ihre Gliederungen – verwaltet die Arbeitslosigkeit (AlG/AlHi) – berät Versicherte und Arbeitgeber – vermittelt Arbeitsplätze – fördert Fortbildungen, Umschulung und Arbeitsbeschaffungsmaßnahmen der Versicherten	Verwaltung, Fachämter bzw. -dienste, ggf. Fachbereiche* – setzen ihre Aufgaben i.R. der Vorgaben (Gesetze und Ratsbeschlüsse) um – kooperieren mit internen und externen Akteuren – betreiben städtische oder stadtnahe Betriebe – sind ein wichtiger Arbeitgeber – initiieren und fördern Beschäftigungsprojekte – sind häufig (Ko-)Träger von Beschäftigungsgesellschaften	Örtliche Gewerkschaften und Betriebsräte – vertreten Arbeitnehmerinteressen Beschäftigungsgesellschaften und -projekte der Kirchen und freien Träger – initiieren und führen Beschäftigungsprojekte durch – bilden ggf. Lobby für Arbeitslose – kooperieren mit Politik, Kommunal- und Arbeitsverwaltungen
	Beteiligte Fachämter bzw. -dienste*: – Wirtschaftsförderung ggf. in GmbH-Struktur – Personalamt – Bau- und Planungsamt – Sozialamt – Jugendamt – Grünflächenamt – ggf. zentraler Steuerungsdienst	Lokale Arbeitslosen- und Sozialhilfeinitiativen – sind Lobby für Arbeitslose bieten ggf. aktivierbare Selbsthilfepotenziale

* Im Rahmen Neuorganisation der Kommunalverwaltung bestehen in den einzelnen Städten derzeit unterschiedliche Zuordnungen und Benennungen der wirtschafts- und beschäftigungsrelevanten Ämter bzw. der z.T. ausgegründeten Dienste. Eine einheitliche Verantwortungszuweisung der Wirtschafts- und Beschäftigungsförderung gibt es noch nicht.

Quelle: eigene Zusammenstellung

Herkömmliche kommunale Wirtschaftsförderung, weist in der Regel keinen spezifischen Sozialraumbezug auf. Zudem ist sie bislang vorrangig auf die Standortinteressen von national und international operierenden Unternehmen ausgerichtet. Soweit Initiativen quartiersbezogener Wirtschaftsförderung ergriffen wurden, erfolgten sie meist reaktiv – quasi als Notmaßnahme – im Gefolge von großbetrieblichen De-Investitionen und massenhaft wegbrechenden Arbeitsplätzen. Demgegenüber zeigen die genannten Befunde zur Arbeitsplatz- und Versorgungsfunktion von stadtteilbezogenen Betrieben, dass eine „milieugerechte“ Förderung von kleinen und mittleren Einzelhandels-, Handwerks- und Dienstleistungsbetrieben im Stadtteil nicht länger als „soziales Randprogramm“, sondern als *ein* elementarer Bestandteil einer zukunftsweisenden lokalen Wirtschaftsförderung betrachtet und aktiv ausgestaltet werden sollte. Verknüpfungen mit der lokalen Beschäftigungsförderung und mit der gesamtstädtischen und regionalen Ökonomie sind dabei natürlich notwendig (*vgl. z.B. FG-Städtebau...-UniDo 1999, S. 148ff, 160ff*). Bei der Entwicklung von lokalen marktorientierten Förderstrategien sollte beachtet werden, dass die quartiersbezogenen Betriebe in vielen benachteiligten Stadtteilen zu einem erheblichen Teil von Geschäftsleuten ausländischer Herkunft betrieben werden (ethnische oder Migranten-Ökonomie). Zu den gesicherten Befunden mehrerer Untersuchungen und Förderprojekte (z.B. in Essen, Duisburg, Köln und Solingen) gehört, dass die Migrantenökonomie ein bedeutendes Segment der lokalen Ökonomie ist, dass sie über ihre ursprüngliche Nischenfunktion der reinen Versorgung von Landsleuten hinaus gewachsen ist, dass sie bereits jetzt ein erhebliches Arbeitspotenzial bietet und dieses Potenzial über „milieugerechte“ Förderungen deutlich ausbaufähig ist (*vgl. Blase 1997, 19ff; Krummacher/Waltz 1996, 220ff; Sen 2000; Weck 2000, S. 42ff; siehe Übersicht 3.11*).

Übersicht 3.11: „Es kann nicht mehr von einer Nischenökonomie gesprochen werden“: Ausgewählte Befunde einer Studie zu türkischen Selbständigen

1999 existierten in Deutschland 291.000 ausländische Selbständige, davon waren 55.000 türkischstämmig. Folgende Fakten belegen die Wirtschaftsleistung der türkischen Selbständigen:

- Von 1985 bis 1999 hat sich die Zahl der türkischen Selbständigen von 22.000 auf 55.200 erhöht (plus 150 Prozent!). Die Selbstständigenquote der Türken von 6,6 Prozent lag 1999 zwar immer noch unter der deutschen (9 Prozent), die Tendenz zur Angleichung ist aber unübersehbar.
- Die türkischen Selbständigen beschäftigten insgesamt ca. 300.000 Personen (Ø 5,3 pro Betrieb), erzielten einen Jahresumsatz von 50,3 Milliarden DM (Ø 912.000 DM pro Betrieb) und investierten jährlich 12,4 Milliarden DM (Ø 225.000 DM pro Betrieb).
- Bei den türkischen Betrieben handelte es sich überwiegend um Klein- und Mittelbetriebe auf lokaler Ebene. Sie entrichten Steuern, bereichern das örtliche Dienstleistungs- und Warenangebot, tragen zur Nahversorgung bei und schaffen nicht zuletzt zusätzliche Arbeitsplätze.
- Auch wenn die klassischen Branchen wie Gastronomie und Einzelhandel vorherrschen, ist eine deutlich zunehmende Differenzierung der Branchenstruktur zu erkennen (Handwerk, Export/Import, Reisebüros, Banken/Versicherungen, Medien- und Telekommunikation).
- Dass nicht mehr nur von einer Nischenökonomie gesprochen werden kann, wird dadurch belegt, dass 73 Prozent der türkischen Betriebe regelmäßige Lieferbeziehungen mit deutschen Betrieben unterhielten, 87 Prozent Deutsche als regelmäßige Kunden hatten und immerhin 20 Prozent ihrer Beschäftigten Deutsche waren.

Quelle: Alle Fakten nach: Sen 2000; in: Frankfurter Rundschau – Dokumentation v. 07.08.2000

Voraussetzungen zum Ausbau bilden allerdings spezifische Aufklärungen und Beratungen, vermehrte Fortbildungs- und Qualifizierungsmaßnahmen, gezielte Betreuungen ausländischer Existenzgründer sowie die Förderung und Unterstützung lokaler Partnerschaften zwischen Migrantenbetrieben und deutschen Ausbildungsbetrieben. Darüber hinaus böte die gezielte Förderung multiethnischer Handels-, Handwerker- und Gewerbehöfe in Regionen mit hohem Migrantanteil gute Chancen, auch regionalökonomische Effekte und Sogwirkungen zu entfalten.

Über die Förderung des privatwirtschaftlichen Sektors lokaler Ökonomie hinaus, sollten die Kommunen im Rahmen einer sozialorientierten Stadtteilentwicklung zudem Bedingungen schaffen, um die Entwicklung einer nicht primär profitorientierten „Gemeinwesenökonomie" oder „Sozialen Ökonomie" zu ermöglichen (*vgl. z.B. FG-Städtebau...-UniDo 1999, S. 148ff; ILS 2000b, insbes. 29ff; Ries/Elsen 1997*).

In diesem „dritten Sektor oder Non-Profit-Sektor" des Vierecks der Wohlfahrtsproduktion – zwischen Individuum/Familie, privatem Markt, gemeinnütziger Non-Profit-Sektor und Sozialstaat, aber mit ihnen verknüpft – finden sich zahlreiche Projekt-Ressourcen und Aufgabenfelder sinnvoller Arbeit, aber auch zusätzliche Einkommens- und Erwerbsmöglichkeiten – vorausgesetzt, sie werden durch die Bereitstellung von Räumen, Geldmitteln, Beratungen und Beschäftigungsförderungen unterstützt, ohne bevormundet und instrumentalisiert zu werden.

Das mögliche Ressourcen- und Aufgabenspektrum der Gemeinwesenökonomie ist breit: Es reicht von organisierten Nachbarschaftshilfen, der ehrenamtlichen Arbeit in Sport-, Sozio-Kulturvereinen, ethnischen Vereinen, Arbeitslosen-, Wohn- und Umweltinitiativen, Selbsthilfegruppen im Gesundheitsbereich etc., über Tauschsysteme, ggf. örtliche Produktiv- und Wohngenossenschaften bis hin zu den klassischen Angeboten der sozialen Dienste von Kirchen und freie Trägern. Neben regulärer hauptamtlicher Erwerbsarbeit und Sozialtransfers im „dritten Sektor", verschaffen nebenberufliche Tätigkeiten auf Honorarbasis, ggf. Ehrenamtsvergütungen sowie die offiziell natürlich nicht geduldete „Schwarzarbeit" zusätzliche Einkommen und überwiegend lokal wirksame Kaufkraft.[3]

Die in jedem Stadtteil grundsätzlich vorhandenen ökonomischen Selbstorganisationspotenziale der Gemeinwesenökonomie entstehen aus konkreten sozio-ökonomischen und sozio-kulturellen Kontexten in Verbindung mit milieuspezifischen sozialen Bewegungen. Ausländische und deutsche Beispiele zeigen: Ob und inwieweit sie für die Stadtteilstabilisierung versorgungs- und beschäftigungswirksam mobilisiert und ausgebaut werden kön-

---

3 Im Schatten der regulären Ökonomie und der Gemeinwesenökonomie wird es immer „Schwarzarbeit" geben (v.a. im Bau- und Baunebengewerbe sowie in Dienstleistungsbereichen wie der Hauswirtschaft). Die Grenzen zwischen übler Ausbeutung (z.B. von illegalen Migranten) und Nachbarschaftshilfen sind dabei fließend. Ihr Schaden oder Nutzen ist zudem umstritten. Es hängt u.a. von der Gestaltung staatlicher Sozialleistungen, aber auch von der lokalen Wirtschafts- und Beschäftigungspolitik ab, inwieweit „Schwarzarbeit" eingedämmt bzw. „ausgetrocknet" werden kann.

nen, hängt – neben den staatlichen Rahmenbedingungen – von sorgfältigen Ortskenntnissen (prozesshafte sog. „sozio-ökonomische Monitoring-Systeme“), von „milieugerechten“ Organisationsformen der Beratung und Vernetzung, von souveräner Bewegung in sozio-ökonomischen Netzwerken (Kommunikationskompetenz, Vertrauensbildung) sowie nicht zuletzt von öffentlich-subventionierten Beschäftigungsförderungen ab (*vgl. z.B. ILS 2000b und 2000c; v. d. Pennen 1998 und 2000*).

3.3.3 Lokale Beschäftigungs- und Qualifizierungspolitik

Ziele und Handlungsfelder

Für eine integrierte Beschäftigungs-, Qualifizierungs- und Strukturpolitik auf lokaler Ebene stellt sich idealtypisch die Aufgabe, drei grundsätzliche Zielkategorien miteinander zu kombinieren:

Arbeitsmarktziele: Die örtliche und regionale Nachfrage nach Arbeitsplätzen soll quantitativ und qualitativ mit dem regionalen Angebot an Beschäftigungsmöglichkeiten möglichst in Einklang gebracht werden. Der genannte Tatbestand, dass dies angesichts der begrenzten Reichweite kommunaler Arbeitsmarktpolitik aktuell nur bedingt gelingt, ändert nichts an der Zielsetzung. Als Raumbezug des Nachfrage-/Angebotsausgleichs muss allerdings der regionale Arbeitsmarkt im Vordergrund stehen. Trotz der Bedeutung der Quartiersebene als Arbeitsmarktfaktor (s. oben), wäre eine Beschränkung darauf entschieden zu eng.

Sozialpolitische Ziele: Arbeitslose, darunter besonders die von dauerhafter Ausgrenzung bedrohten schwervermittelbaren, z.T. mit persönlichen und sozialen Problemen behafteten und leistungsbeeinträchtigten Personengruppen sollen mit geeigneten Hilfen möglichst in die Erwerbsarbeit des formellen ersten Arbeitsmarktes integriert werden. Aus objektiven Gründen (Arbeitsmarkt) und/oder subjektiven Gründen (Leistungseinschränkungen) kann die Integration in den ersten Arbeitsmarkt bei erheblichen Teilen der gegenwärtig Erwerbslosen nicht gelingen. Für diese Personengruppen sind ergänzende Hilfen und Projekte im öffentlich geförderten zweiten Arbeitsmarkt, in der Fort- und Weiterbildung und in der Gemeinwesenökonomie anzubieten, die ihnen eine möglichst eigenständige Existenzsicherung, Qualifizierungen und eine befriedigende, sinnvoll erlebbare Lebensführung ermöglichen. Soweit bei Teilen von ihnen auch diese Angebote nicht greifen, müssen ihnen jenseits von Arbeitszwang persönliche Hilfen und existenzsichernde Sozialleistungen für ein Leben in Menschenwürde gewährt werden (BSHG § 1). Leider wird letzteres gegenwärtig massiv in Frage gestellt (siehe unten).

Quartiersbezogene strukturpolitische Ziele: In Kombination mit der lokalen Wirtschafts-, Infrastruktur-, Stadtentwicklungs- und Sozialpolitik soll die lokale Beschäftigungs- und Qualifizierungspolitik mit geeigneten Maßnahmen und Mehrzielprojekten dazu beitragen, derzeit brachliegende Potenziale an Arbeitskraft und Wissen für Verbesserungen der Lebensbedingungen im Sozialraum zu nutzen. Als erprobte Handlungsfelder beschäftigungs- und qualifikationswirksame Mehrzielprojekte in benachteiligten Stadtteilen bieten sich an (*vgl. z.B. ILS 200a, S.23 ff*):

- Wohnen-, Wohnumfeld, Gestaltung öffentlicher Räume;
- lokale Ökonomie
- Soziale Infrastruktur, soziale Dienste, Stadtteilzentren;
- Umwelt, Ökologie, Verkehr und Denkmalschutz;
- Gesundheitsförderung;
- Freizeit, Erholung, Sport und Bewegung etc.;
- Bildungsinfrastruktur („Schule im Stadtteil") und soziokulturelle Aktivitäten sowie
- ergänzende zielgruppenbezogene Projekte für Kinder und Jugendliche, Frauen, Migranten/innen, Alleinerziehende, ältere Menschen, Behinderte, Suchtkranke, Wohnungsnotfälle etc..

Welche dieser Handlungsfelder für beschäftigungswirksame Projekte prioritär verfolgt werden, hängt auch hier von einer konkreten stadtteilbezogenen Problem- und Ressourcenanalyse ab.

Mit Blick auf die Beschäftigungseffekte entsprechender „Mehrzielprojekte" sei allerdings vor idealistischen Erwartungen gewarnt. Eine Durchsicht der o.g. Handlungsfelder zeigt: Bauinvestive Projekte der Quartiers- und Infrastrukturerneuerung schaffen immer nur befristet entlohnte Beschäftigungs- und Qualifizierungsmöglichkeiten. Das gilt auch für die meisten sozialorientierten Projekte mit Gemeinwesenbezug. Die Erfahrung zeigt: Neue existenzsichernde Dauerarbeitsplätze werden dadurch kaum geschaffen und, eine Überleitung vom „zweiten" in den „ersten" Arbeitsmarkt gelingt nur bei einer Minderheit. Umso wichtiger ist es, die Beschäftigungs- und Qualifizierungsprojekte sozialpolitisch zu flankieren, neben beruflichen Fertigkeiten, nützliche Elementar- und Alltagsqualifikationen zu vermitteln und, zu vermeiden, dass öffentlich geförderte Beschäftigungsprojekte nicht zum Einfallstor der Weg-Rationalisierung bestehender Dauerarbeitsplätze werden (z.B. im Rahmen kommunaler Sparpolitik).

Akteurearena lokaler Arbeitsmarktpolitik[4]

In der obigen Übersicht der Akteure lokaler Wirtschafts- und Beschäftigungspolitik wurde gezeigt, dass *staatliche* Akteure (Bund/Länder/Europäische Union), *kommunale interne* Akteure (Rat, Bezirksvertretung, Kommunalverwaltung) und *kommunale externe Akteure* (Privatwirtschaft, Tarifpart-

---

4 Der Begriff „Akteurearena" meint das Zusammenspiel *und* die Konkurrenzen der verschiedenen Akteure.

ner, Beschäftigungs- und Qualifizierungsträger, Arbeitslosen- und Sozialhilfeinitiativen) mit jeweils unterschiedlichen Handlungsmöglichkeiten und Interessen zu unterscheiden sind.

Angesichts der herausragenden Rolle der Privatwirtschaft als Arbeitgeber, der Funktion staatlicher Ebenen als Gesetzgeber und ihrer Bedeutung bei der Bereitstellung von Arbeitsmarktförderungen, sowie der Bedeutung der Bundesanstalt für Arbeit und der lokalen Arbeitsämter, liegt es nahe, auf die begrenzten Handlungsspielräume der Kommune in der Arbeitsmarktpolitik hinzuweisen. Dabei wird übersehen, dass die kommunale bzw. lokale Arbeitsmarktpolitik spätestens seit den 1980er Jahren einen erheblichen Bedeutungszuwachs erfahren hat und zwar als Folge:

1. der langandauernden Krise des Erwerbssystems und der mangelnden Problembewältigung anderer Akteure bei der Bekämpfung der Massenarbeitslosigkeit,
2. der mangelhaften Erfolge der steuerfinanzierten staatlich-keynesianischen Wirtschafts- und Beschäftigungspolitik (sektorale Investitionshilfen, regionale Wirtschafts- und Strukturpolitik),
3. der staatlichen Problemabwälzung auf die kommunale Ebene durch den schrittweisen Rückzug des Staates aus der aktiven Bekämpfung der Arbeitslosigkeit;
4. des Übergangs der Arbeitsämter von einer fast ausschließlich passiven Arbeitsmarktpolitik (Leistungsverwaltung) zu einer verstärkt aktiven Arbeitsmarktpolitik (Arbeitsbeschaffungs-Maßnahmen – ABM, Fortbildung und Umschulung – FuU etc.) bei deren Umsetzung auf kommunaler Ebene ein professionelles System der Beschäftigungs- und Qualifizierungsträger entstanden ist (*vgl. Heinelt 1999, S. 634ff; Pawlik 2001, S. 97ff; Puhlmann 1999, S. 286ff*).

Außerdem wird bei der Betonung der institutionellen und fiskalischen Restriktionen der Kommunen der Blickwinkel zu sehr auf die internen kommunalen Akteure (Rat und Verwaltung) eingeengt. Die tatsächlichen Handlungsspielräume kommunaler Arbeitsmarktpolitik ergeben sich jedoch aus der ortsbezogenen Ausschöpfung und Kombination der Normen, Ressourcen und Leistungen *aller* arbeitsmarktpolitischen Akteure, das heißt der staatlichen, der kommunalen internen und der kommunalen externen Akteure („Implementationsebene").

„Es kommt darauf an, wie Kommunen Handlungsanforderungen wahrnehmen, gegebene Instrumente einsetzen und, ob sie für die Realisierung selbst gesetzter arbeitsmarktpolitischer Zielsetzungen durchaus meist noch verfügbare Eigenmittel einsetzen. Außerdem ist für die Einschätzung von Wirkungsmöglichkeiten lokaler Arbeitsmarktpolitik entscheidend, wie Kommunen mit anderen lokalen arbeitsmarktpolitischen Akteuren zusammenarbeiten" (*Heinelt 1999, S. 543*).

Daran anknüpfend bietet sich die folgende „Akteurearena“ lokaler Arbeitsmarktpolitik an (*siehe Übersicht 3.12*):

Lokale Arbeitsämter: Trotz massiver aktueller Kürzungen, verfügen sie immer noch über beträchtliche Finanzmittel zur aktiven Arbeitsmarktförderung (ABM, FuU, BuQ etc.). Ihre Verwendung auf lokaler Ebene ist zwar durch rechtliche Normierungen der Zielgruppen-, Zugangs- und Finanzierungsbedingungen gebunden. Über die lokalen ABM-Kommissionen haben die kommunalen Akteure jedoch erhebliche Mitbestimmungsmöglichkeiten bei der Mittelverwendung.

Lokale Träger von Beschäftigungsmaßnahmen bzw. -projekten: Die professionelle Trägerszene im „zweiten Arbeitsmarkt“ ist ortsabhängig vielfältig, sehr unterschiedlich entwickelt und organisiert sowie von unterschiedlichen Interessen und Kooperationsverbünden geprägt. Sie reicht von kleinen selbständigen örtlichen Initiativen (Vereine, Kirchengemeinden etc.), über kleine, mittlere, manchmal auch große Beschäftigungsträger der Wohlfahrtsverbände und Gewerkschaften u.ä., bis hin zu großen Beschäftigungsgesellschaften in vorwiegender oder ausschließlicher kommunaler Trägerschaft, die sich zunehmend auf Beschäftigungsprojekte für Sozialhilfeempfänger konzentrieren. Unumstritten ist, dass die lokale Trägerszene ein umfangreiches Organisations-, Akquisitions-, Durchführungs- und Betreuungswissen entwickelt hat, das für die professionelle Durchführung von Mehrzielprojekten im „zweiten Arbeitsmarkt“ unabdingbar ist. Über die Vor- und Nachteile der jeweiligen Organisationsstruktur und Vernetzungsmodelle für eine integrierte lokale Beschäftigungs- und Strukturpolitik wird gestritten und muss auf örtlicher Ebene sowie im Rahmen des interkommunalen Erfahrungsaustausches weiter gestritten werden.[5] Da es jedoch ortsabhängig gewachsene, unterschiedliche „best-practice-Lösungen“ gibt, sind verallgemeinerbare Empfehlungen zur Organisationsstruktur und Vernetzung hier kaum möglich.

Lokale Träger von Ausbildungs- und Qualifizierungsmaßnahmen: Sie verfügen über professionelle organisatorische, berufsbezogene und (sozial-)pädagogische Kompetenzen und Erfahrungen, die für die Durchführung von Qualifikationsmaßnahmen erforderlich sind. Auch hier gilt, dass die Trägerszene ortsabhängig vielfältig, unterschiedlich entwickelt und organisiert ist. Sieht man von privatgewerblichen Qualifizierungsträgern und gemeinnützigen außerbetrieblichen Ausbildungsstätten ab, überschneidet sich die Trägerszene deutlich mit der Trägerszene von Beschäftigungsprojekten. Angesichts der Zielsetzung, Beschäftigungsförderung, berufliche Qualifizierung und soziale Betreuung möglichst zu kombinieren, ist das auch sinnvoll.

Ortsansässige Betriebe: Sie sind bekanntlich für die Eingliederung von Arbeitslosen in den „ersten Arbeitsmarkt“ ausschlaggebend. Daher sind Ko-

---

5 Zur Vorteile-/Nachteile-Abwägung großer Beschäftigungsgesellschaften in der Trägerschaft von Kommunen vgl. z.B. Puhlmann 1999, S. 295ff; versus Holtgrave 2000, S. 8ff; Leymann-Kurtz 2001, S. 48ff.

operationen mit ihnen und ihren Verbänden im Rahmen der lokalen Arbeitsmarkt- und Strukturpolitik unabdingbar. Ob sie nicht nur verbal bereit sind, sich für die Eingliederung von Arbeitslosen und die Bereitstellung von Ausbildungsplätzen zu engagieren, hängt von ökonomischen Kosten-Nutzenkalkülen sowie bei Klein- und Mittelbetrieben (manchmal) von Ortsbindungen ab. Ihre Skepsis gegenüber Projekten im „zweiten Arbeitsmarkt" ist generell hoch, weil sie darin (manchmal zu Recht) wettbewerbsverzerrende Benachteiligungen bei der Auftragsvergabe vermuten. Lokale Arbeitsmarktkonferenzen, maßgeschneiderte betriebsnahe Förderprojekte und „Kombi-Projekte" (z.B. im Bau- und Wohnbereich), bei denen Teilgewerke an Projekte des „zweiten Arbeitsmarktes" und Teilaufträge an die ortsansässigen Betriebe vergeben werden, können dazu beitragen, diese Vorbehalte abzubauen.

Übersicht 3.12: Akteurearena lokaler Arbeitsmarktpolitik

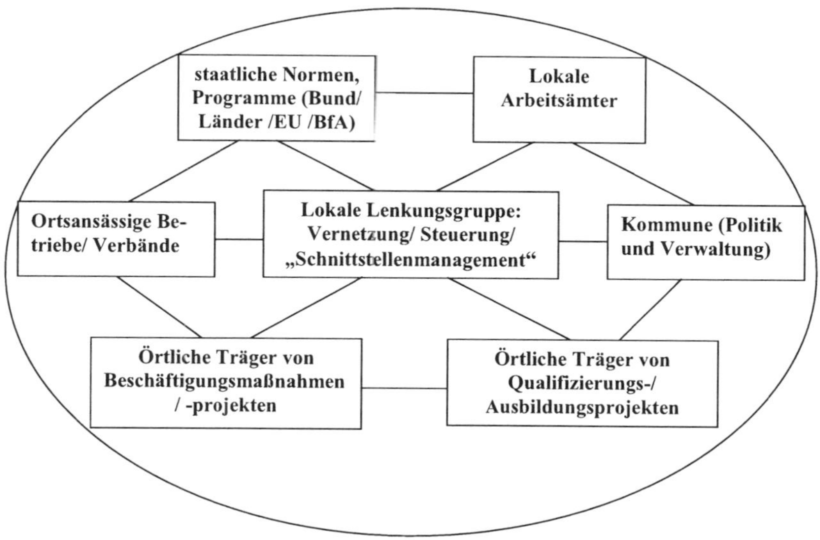

Quelle: eigene Zusammenstellung in Anlehnung an Heinelt 1999; S. 643f

Kommune: Im Rahmen ihrer Regelaufgaben ist sie zunächst ein bedeutender Investor und Auftraggeber, ein wichtiger Arbeitgeber (in Großstädten ein großbetrieblicher) und ein bedeutender Wirtschaftsförderer. In all diesen Eigenschaften wird sie unmittelbar oder mittelbar im „ersten Arbeitsmarkt" beschäftigungswirksam tätig und kann entsprechende Steuerungs- und Signalfunktionen ausüben, z.B. beim Aus- oder Abbau von kommunalen Arbeits- und Ausbildungsplätzen, bei der ortsnahen oder ortsfernen Ausschreibung und Auftragsvergabe, beim Beibehalten oder Ausgründen bzw. „Out-Sourcen" von Regelaufgaben und kommunalen Eigenbetrieben. Dass die meisten Kommunen infolge des Sparzwangs und einer oft einseitigen Rationalisierungslogik in dieser Hinsicht derzeit eher negative Signalfunktionen ausüben, ist bekannt.

Darüber hinaus sind die Kommunen als Träger von eigenen Beschäftigungsprojekten bzw. Beschäftigungsgesellschaften und/oder bei der Gewährung von Spitzenfinanzierungen an andere Träger nach AFG und BSHG im „zweiten Arbeitsmarkt" engagiert. Auch hier können sie positive oder negative Signale setzen, negative z.B., wenn – wie das gängige Praxis ist – kommunale Regelaufgaben im Grünflächenbereich über AFG- oder BSHG-geförderde Beschäftigungsmaßnahmen erledigt werden. Eine herausgehobene Bedeutung können Kommunen dadurch erlangen, dass sie anderen Maßnahmeträgern Komplementärmittel bzw. Spitzenfinanzierungen neben der finanziellen Förderung durch die Arbeitsämter und staatliche Institutionen (Bund, Länder, EU) zur Verfügung stellen und die Träger bei der Einwerbung von „Drittmitteln" aktiv unterstützen. Letzteres ist bei den staatlichen quartiersbezogenen Programmförderungen für benachteiligte Stadtteile (Kommune als Antragsteller und Eigenmittelgeber; siehe auch Kap. 2) auch zwingend.

Als weitere zentrale Aufgabe hat die Kommune im Rahmen der integrierten Arbeitsmarkt- und Strukturpolitik die Steuerung bzw. das „Schnittstellenmanagement" über pluralistische Verhandlungssysteme mit den verschiedenen beteiligten lokalen Akteuren sicherzustellen – bei staatlichen quartiersbezogenen Programmförderungen ist dies ebenfalls zwingend. Nur sofern es gelingt, solche Verhandlungssysteme aufzubauen und über sie Verhandlungslösungen zu finden und durchzusetzen, können die spezifischen lokalen Ressourcen gefunden, gebündelt und ausgeschöpft werden. Die Zwischenbilanz der Umsetzung des integrierten Handlungsprogramms für „Stadtteile mit besonderem Erneuerungsbedarf" in Nordrhein-Westfalen zeigt wiederum, dass die Formen der Lenkung und Organisation des Schnittsstellenmanagements kommunalspezifisch unterschiedlich sein können (verwaltungsdominierte versus plural konzipierte Lenkungsgruppen – *vgl. ILS 2000a, S. 32ff*). In jedem Fall haben die Lenkungsgruppen jedoch folgende Aufgaben sicherzustellen (*vgl. Puhlmann 1999, S. 297*):

- Planung, Koordinierung, „Drittmittelakquisition" und Ko-Finanzierung von Förderprojekten;
- enge Kooperation und Abstimmung mit den lokalen Arbeits- und Sozialämtern;
- Netzwerkbildung zur Abstimmung und Steuerung der Aktivitäten der lokalen kommunalen und freien Beschäftigungs- und Qualifizierungsträger;
- Koordination und Abstimmung der Aktivitäten im „ersten" und „zweiten" Arbeitsmarkt durch Kooperation und Verhandlungssysteme mit ortsansässigen Betrieben und ihren Verbänden.

Eine Auflistung von Details des Instrumentariums und der Programme lokaler Beschäftigungs- und Qualifizierungspolitik nach dem Arbeitsförderungsgesetz (AFG), dem Bundessozialhilfegesetz (BSHG), dem Kinder- und Jugendhilfegesetz (KJHG) sowie anderen arbeitsmarktrelevanten Gesetzen, Verordnungen und Förderprogrammen macht hier keinen Sinn. Zum einen, weil die Halbwertzeit der jeweiligen Bundes-Novellen und -Programme kurz ist, zum anderen, weil sich die Programme und ihre Anwendung länder- und kommunalspezifisch stark unterscheiden, so dass sie selbst von professionellen Projektentwicklern und kommunalen Stabsstellen nur schwer durchschaut werden.

Bundesweit erkennbar ist jedoch seit Ende der 1990er Jahre eine Trendwende, bestehend aus:

1. Umbau und Abbau der aktiven Beschäftigungs- und Qualifizierungspolitik der Arbeitsämter;
2. Umbau der fürsorgerischen Arbeitsmarktpolitik der kommunalen Sozialämter;
3. Verschmelzung der Arbeitsamt- und Sozialamtsaktivitäten im Grenzbereich der Arbeitslosen- und der Sozialhilfe.

Die Spannungsfelder dieser Trendwende und ihre Konsequenzen für eine integrierte lokale Beschäftigungspolitik in benachteiligten Stadtteilen sollen im folgenden Abschnitt angesprochen werden.

3.3.4 „Fördern und Fordern": Spannungsfelder der fürsorgerischen Arbeitslosenpolitik

„Fördern und Fordern" lautet aktuell die bundesweite Devise des „aktivierenden Sozialstaates" in fast allen Sozialpolitikbereichen. Was verbirgt sich hinter dieser eingängigen Losung des „aktivierenden Sozialstaates" in der Arbeitslosen- und Sozialhilfepolitik, was bedeutet sie für die lokale Beschäftigungs- und Qualifizierungspolitik? (*vgl. Heinelt 1999, S. 638ff; Holtgrave 2000, S. 8ff; Leymann-Kurtz 2001, 48ff; Spindler 2001, S. 38ff; Trube/Wohlfahrt 2001b, 43ff*)

Bei der „passiven" Arbeitslosenpolitik des Arbeitsförderungsrechts nach AFG im SGB III sind Einschränkungen der Arbeitslosenversicherung bei den Lohnersatzleistungen (Arbeitslosengeld/Arbeitslosenhilfe) und der Ausbau von Sperrzeiten seit den 1980er Jahren gang und gäbe. Neu seit den 1990er Jahren ist der grundsätzliche Angriff auf die steuerfinanzierte bedarfsgebundene Arbeitslosenhilfe mit dem Ziel ihrer Abschaffung bzw. Verschmelzung mit der Sozialhilfe. Auf dem Weg dazu wurde etappenweise zunächst die sog. „originäre Arbeitslosenhilfe" (Alhi ohne vorherigen Arbeitslosengeldanspruch) gekürzt und zeitlich befristet und inzwischen (fast) gänzlich abgeschafft. Unter der „rot-grünen“ Bundesregierung setzt sich der Angriff auf das Arbeitslosengeld und die Arbeitslosenhilfe verstärkt fort.

Die Konsequenz aller Einschränkungen bei den Lohnersatzleistungen nach AFG/SGB III war und ist zunächst, dass Arbeitslose (v.a. Geringverdiener, Auszubildende/Praktikanten ohne AlG-Anspruch und Langzeitarbeitslose) zur ergänzenden Sicherung ihres Lebensunterhaltes vermehrt in die Sozialhilfe nach BSHG getrieben werden. Neu an den Alhi-Reformen seit den 1990er Jahren ist aber weniger die Abwälzung von Leistungsverpflichtungen vom Bund auf die Kommunen – sie gab es auch schon früher – als vielmehr, dass sie erstens explizit mit der „Notwendigkeit einer stärkeren Abstimmung mit der Sozialhilfe“ begründet wurden und zweitens, dass bei den „arbeitsfördernden“ Maßnahmen der aktiven Arbeitslosenpolitik (ABM) das bisherige Prinzip der tariflichen Entlohnung durchbrochen wurde (das heißt untertarifliche Bezahlung) und gemeinnützige Beschäftigung von Alhi-Empfängern nach sozialhilferechtlichen Regelungen („Gemeinschaftsarbeit“) ermöglicht wurden (*vgl. Heinelt 1999, S. 639f*).

Parallel dazu wurde die Sozialhilfereform von 1996 verabschiedet, die außer einer finanziellen Entlastung der Kommunen vor allem auf die „Wiedereingliederung arbeitsloser Sozialhilfeempfänger in den Arbeitsmarkt“ abzielt. Ergänzend zu den bisherigen Regelungen der „Hilfe zur Arbeit“, der „Arbeitsgewöhnung“ und der „Prüfung der Arbeitsbereitschaft“ nach §§ 19, 20 BSHG soll die Arbeitsaufnahme von arbeitslosen Sozialhilfeempfängern gefördert werden durch

- Lohnkosten- und Einarbeitungszuschüsse an Arbeitgeber,
- Leiharbeitsverhältnisse mit Sozialhilfeempfängern,
- berufliche Qualifikationsmaßnahmen,
- Lohnzuschüsse bei Saisonbeschäftigung und
- eine Erhöhung der Zuverdienstgrenze bei beschäftigten Hilfeempfängern.

Neu unter der „rot-grünen“ Bundesregierung ist schließlich, dass im Zuge der Finanzkonsolidierung die Beschäftigungsfördermaßnahmen der Arbeitsämter im zweiten Arbeitsmarkt drastisch gekürzt wurden (ABM und Strukturanpassungsmaßnahmen: 1999 bis 2001 von 454.000 auf nur noch 248.000 Teilnehmer bzw. minus 45 Prozent!) und gleichzeitig die Zusammenarbeit von Arbeits- und Sozialämtern bei der Vermittlung von Arbeitslosenhilfe- und Sozialhilfeempfängern in den ersten Arbeitsmarkt ausgebaut werden soll (*vgl. Sozialpolitische Umschau Nr. 14, 2001; Nr. 189, 2001; siehe Übersicht 3.13*).

Auf den ersten Blick ist gegen vermehrte gemeinsame Anstrengungen der Arbeits- und Sozialämter zur Wiedereingliederung von Arbeitslosen in den Arbeitsmarkt ebenso wenig einzuwenden, wie gegen einzelfallbezogene persönliche Eingliederungshilfen sowie gegen die Erwartung einer aktiven Mitwirkungsbereitschaft der Betroffenen dabei (sog. „maßgeschneidertes

Fallmanagement“). Eine „aktive Arbeitsmarktpolitik“ gehört nicht zuletzt zu den gängigen Forderungen von Arbeitslosen- und Sozialhilfeinitiativen, seit es Massenarbeitslosigkeit gibt. Es aber kommt entscheidend auf die Bedingungen an, unter denen das „Fördern und Fordern“ geschieht. In dieser Hinsicht gibt die reale Entwicklung der letzten Jahre Anlass zu erheblichen Zweifeln an einer sinnstiftenden Beschäftigungs- und Qualifizierungsförderung und ihren Motiven, wie sie in den vorherigen Abschnitten charakterisiert wurde.

Übersicht 3.13: „MoZArt – Modellvorhaben zur besseren Zusammenarbeit von Arbeitsämtern und Sozialämtern“ (Textauszug)

„MoZArt ist der Name, der für Modellprojekte zur Verbesserung der Zusammenarbeit von Arbeitsämtern und Trägern der Soziahilfe steht. Im Mittelpunkt von MoZArt steht die Integration der arbeitslosen Hilfeempfänger in den ersten Arbeitsmarkt. MoZArt soll dazu verallgemeinerungsfähige Wege zur effektiven und nachhaltigen Zusammenarbeit von Arbeits- und Sozialämtern liefern. Beide Sozialleistungsträger sollen zu modernen, offenen und miteinander vernetzten Dienstleistern werden, die im Interesse der Hilfebedürftigen ihre Zusammenarbeit optimal gestalten.

...

Ziele des Modellvorhabens sind die

- Verbesserung der Zusammenarbeit zwischen Arbeitsämtern und Trägern der Sozialhilfe
- Verbesserung der Vermittlung und Eingliederung von erwerbsfähigen Hilfebedürftigen in den regulären Arbeitsmarkt
- Vereinfachung der Verwaltungsverfahren und Herstellung größerer Bürgernähe.

Mit Hilfe der Modellvorhaben werden bundesweit neue Wege zur Verbesserung der Wirksamkeit von Eingliederungshilfen erprobt. Über prozessbegleitende Evaluierung werden Grundlagen für eine flächendeckende Lösung erarbeitet.“

Quelle: Textauszug Presse- und Informationsamt der Bundesregierung: Sozialpolitische Umschau 141/2001

Kommunen und ihre Beschäftigungsgesellschaften setzen inzwischen die Instrumente der „Hilfe zur Arbeit“ und der „Lohnkostenzuschüsse“ für „normale“ Beschäftigungsverhältnisse nicht nur dafür ein, um Langzeitarbeitslose und Sozialhilfeempfänger in Arbeit zu bringen und von (kommunalen) Sozialtransfers unabhängig zu machen. Viele Kommunen nutzen die neuen Instrumente der fürsorgerischen Arbeitsmarktpolitik offensiv, um Sozialhilfeleistungen einzusparen (Verschiebung an die Arbeitslosenversicherung), um kommunale Regelaufgaben in den Bereichen Sauberkeit, Müllentsorgung, Grünflächenpflege und öffentliche Ordnung von untertariflich, arbeitsrechtlich ungesicherten und befristet Beschäftigten erledigen zu lassen, sowie nicht zuletzt, um vermeintlich „Arbeitsscheue“ zu identifizieren, mittels der Androhung massiver Sozialleistungskürzungen in Arbeit zu zwingen oder gänzlich von Leistungsansprüchen abzuschrecken *(vgl. z.B. Holtgrave 2000, S. 8ff; Leymann-Kurtz 2001, S. 48ff)*. In Zusammenarbeit mit den lokalen Arbeitsämtern, mit den freien Beschäftigungs- und Qualifizierungsträgern, manchmal auch mit privaten Vermittlungsagenturen werden die kommunalen Sozialämter zunehmend zu „Ersatzarbeitsämtern“, bei denen die Funktionen Kontrolle und Disziplinierung manifest sind. Den „Fallmanagern“, „Bedarfsermittlern“ und „Projektentwicklern“ der genannten Institutionen fällt dabei allzu oft die pikante Rolle von „Druck ausübenden, Aufsicht führenden und kontrollierenden Funktionen“ zu. „Kern der Umbaustrategien der aktivierenden Arbeitslosenpolitik ist der Paradigmenwechsel vom ‚welfare state‘ zum ‚workfare state‘“. Anders ausgedrückt: Angesichts eines Millionendefizits von Stellen im regulären Arbeitsmarkt, werden die Lohnersatzleistungen bei Arbeitslosigkeit nicht nur massiv gekürzt, sondern auch ihre Inanspruchnahme zunehmend an individuelle Arbeitspflichten geknüpft (*vgl. Trube/Wohlfahrt 2001b, S. 44*).

Jenseits der diffamierenden Kanzlerpolemik vom April 2001 gegenüber Arbeitslosen „es gibt kein Recht auf Faulheit“, ist die Frage der Grenzziehung zwischen sinnvoller Arbeitsförderung und Arbeitszwang natürlich schwierig zu beantworten. Kriterien zur Beantwortung bietet Spindler; für sie endet sinnvoll aktivierende Arbeitsförderung und schlägt in Arbeitszwang und Abschreckung von Leistungsansprüchen um (*Spindler 2001, S. 42*):

- „Erstens da, wo keine bedarfsdeckenden Leistungen zur aktuellen Existenzsicherung mehr gezahlt werden;
- zweitens, wo Menschen ohne ausreichend angebotene Wahl- und Suchmöglichkeiten in Beschäftigungen gedrängt werden, die weder leistungsgerecht und nach regulären Tarifen entlohnt werden, noch ihnen Perspektive am Arbeitsmarkt bieten;
- drittens, wo Menschen unter rechtswidrigen Vorgaben in Mehraufwandsbeschäftigung verschoben werden;
- viertens, wo keine unabhängige und qualifizierte Beratung und Vertretung zu sozialrechtlichen und – heute immer wichtiger – arbeitsrechtlichen Fragen angeboten wird
- und fünftens, wo den Menschen keine wirksamen Rechtsmittel, Kontrollen und Organisationsmöglichkeiten zur Verfügung stehen, sich gegen unzumutbare Anforderungen zu wehren und ihre Existenz zu sichern.“

Leider gibt es auf Bundesebene, Länderebene und in einer Reihe von Kommunen deutliche Zeichen zur zitierten Grenzüberschreitung. Soviel ist sicher: Wenn sich die skizzierten Trends der fürsorgerischen Arbeitslosenpolitik mit ihrer unübersehbaren Tendenz zum sozial ummäntelnden Arbeitsdienst bei untertariflicher Entlohnung und mangelndem Rechtsschutz weiter durchsetzen, wird nicht nur der soziale Kern der hehren Teilziele der Programmfamilie „Soziale Stadt -Sozialintegrative Stadt(teil)erneuerung“ wie Bürgerbeteiligung, besseres soziales und interkulturelles Miteinander und verbesserte soziale Teilhabe zumindest für einen Teil der Quartiersbewohner in sein Gegenteil verkehrt. Der Programmvollzug auf Quartiersebene und das Quartiersmanagement der „sozialen Stadt“ könnte sich dann als autoritäre Ordnungspolitik gegenüber Armen und Ausgegrenzten erweisen.

3.4 Handlungsfeld Ökologie und Umweltverbesserung

In diesem Abschnitt geht es um die erkenntnisleitende Frage: Was soll und kann Umweltpolitik als ein Baustein im Rahmen integrierter Erneuerung benachteiligter Quartiere leisten? Hierzu werden Herausforderungen formuliert, die Rahmenbedingungen und Akteure benannt, um dann Ziele und die einsetzbaren Instrumente und Organisationsformen auf der Stadtteil- bzw. Quartiersebene zu klären.

3.4.1 Ausgangssituation und Herausforderungen

Im Kapitel 1 wurden summarisch die zwei Prototypen benachteiligter Quartiere charakterisiert, um die es auch hier geht:

1. Vernachlässigte innerstädtische oder industrienahe Altbauquartiere aus der Gründerzeit sowie
2. Trabantensiedlungen der 1960er bis 1980er Jahre am Rande der Städte.

Für beide Quartiere gilt, dass die Wohn- und Lebenssituation in mehrfacher Hinsicht schlechte oder ungesunde Umweltbedingungen aufweist. Das beginnt schon bei dem generell relativ schlechten Zustand der Wohnbauten. Dies ist vor allem Produkt fehlender Erneuerung und Instandhaltung bei den Altbauquartieren und der Verwendung schlechter Baustoffe entweder aus mangelnder Sorgfalt oder aus Spargesichtspunkten bei Baubeginn, bei Alt- und Neubauten. Dies setzt sich fort bei den Infrastruktureinrichtungen. In den mit Wohnen, Gewerbe und Industrie häufig gemischt genutzten Altbauquartieren ist die Lärmbelastung durch Verkehr und Gewerbe und die Belastung der Luft noch immer ein Faktor der Umweltbelastung. In den Trabantensiedlungen verursacht die mangelhafte Anbindung an zentrale Versorgungseinrichtungen und Arbeitsplätze zusätzliche Verkehrsbelastung und Emissionen. Während in den Altbaugebieten ein Mangel an Freiraum und Grünflächen allgemein eine soziale und klimatische Beeinträchtigung bedeuten, ist das „Abstandsgrün“ in den Großwohnsiedlungen noch lange keine Gewähr für ein naturnahes, gesundes Wohn- und Lebensumfeld. Vandalismus und mangelnde Sorgfalt durch Bewohner und Wohnungsbaugesellschaften haben vielfach diese Flächen zu einer Müll und Kot beladenen Fläche verkommen lassen. Alternativ wurden in manchen Siedlungen die Abstandsflächen versiegelt, Plätze „gestaltet“, auf denen niemand verweilen mag. Für beide Arten von Quartieren stellt die Belastung durch Haushaltsmüll, neben Industrie- und Gewerbeabfällen eine weitere Herausforderung dar. Altlasten im Boden sind dort entstanden, wo die Industrie ihre Standorte aufgegeben hat.

Insgesamt stellt die relativ hohe Bevölkerungsdichte auf engem Raum in der Regel eine besondere ökologische Herausforderung für die Städte dar.

Auf der Ebene der Gesamtstadt bis hin zu den Quartieren müssen die Städte deshalb bei ihrer Planung sich bemühen um

- die Sicherung gesunder Lebensbedingungen bei Luft, Licht, Sonne,
- die Sicherung gesunder Baustoffe und Bauten,
- die Versorgung mit möglichst gering belastenden Ressourcen bei Energie und Wasser,
- die Entsorgung von Abwässern und Müll.

Unter globalen Gesichtspunkten der Umweltgefährdung durch die kapitalistische Ökonomie und die akute Bedrohung unserer natürlichen Ressourcen ist von der „Internationalen Umweltkonferenz in Rio de Janeiro“ im Jahre 1992 Handlungsbedarf auf internationaler, nationaler und lokaler Ebene formuliert worden. Unter dem Logo „Agenda 21“ soll ein Umdenkungsprozess eingeleitet werden mit dem Ziel, die globale Bedrohung durch lokales Handeln aller Gemeinden in allen Kontinenten, vor allem aber in den die Umwelt besonders verschmutzenden Industrieländern abzuschwächen und langfristig abzubauen. Mittlerweile sind über 1.600 Gemeinden der Bundesrepublik dem „Lokale-Agenda 21“-Prozess beigetreten (*vgl. Caf-Agenda Transfer 2000*).

In kommunalen Agenda 21-Gruppen, aber auch auf Landes- und Bundesebene wird an Programmen zur Umsetzung globaler Ziele bis hin zur lokalen Ebene gearbeitet. Der ländliche Raum ist ebenso einbezogen wie der städtische. Die Agenda 21-Aktivitäten reichen vom originären Umwelt- und Naturschutz über eine ökologisch orientierte Wirtschafts- und Beschäftigungspolitik, über Projekte zum gesunden Wohnen und ökologisch orientierte Verkehrsprojekte bis hin zum Öko-Kaufhaus oder Projekten zum „fairen Dritte-Welt-Handel“ und Projekten zum „sanften Tourismus“.

Das Quartier kann im städtischen Raum als die unterste Ebene auf diesem Weg angesehen werden. Auch unter umweltorientierten Gesichtspunkten ist integriertes Handeln und Vernetzung notwendig. Die Beteiligung der Bewohner und die Einbeziehung von im Umweltbereich engagierten Gruppen ist ebenso zentrale Voraussetzung für eine erfolgreiche Umsetzung der Ziele wie in den anderen Bereichen des Quartiersumbaus.

In Kapitel 2 wurden das Quartier betreffende planerische und soziale Programme und Ziele der Stadtentwicklung behandelt. Umweltpolitische Aufgaben leiten sich danach auch aus den Bestimmungen des Bau– und Planungsrechtes ab, wenn es im Raumordnungsgesetz (ROG) u.a. heißt, dass Bund, Land und Gemeinden Leitvorstellungen zu entwickeln haben, um „gleichwertige Lebensverhältnisse in allen Teilräumen herzustellen“ (*vgl. ROG 1998, § 1*). Folgender Grundsatz wird dazu ausgeführt: „Im Gesamtraum der Bundesrepublik ist eine ausgewogene Siedlungs- und Freiraumstruktur zu entwickeln. Die Funktionsfähigkeit des Naturhaushaltes im besiedelten und unbesiedelten Bereich ist zu sichern. In den jeweiligen Teilräumen sind ausgeglichene wirtschaftliche, infrastrukturelle, soziale, ökologische und kulturelle Verhältnisse anzustreben" (*ROG 1998, § 2, Abs. 2*).

Auszugehen ist von der Tatsache, dass der Mensch mit seinen Tätigkeiten hinsichtlich Ernährung, Wohnen, Energieerzeugung, Güterproduktion, Kommunikation, Mobilität und Freizeitgestaltung die Umwelt sowohl qualitativ als auch quantitativ belastet durch Entnahme und Abgabe in den Boden, in Wasser und Luft. Schaden entsteht ebenso an Pflanzen und Tieren. Die Lösung des Konflikts zwischen der Belastbarkeit der Natur einerseits sowie sozioökonomischen Interessen und sog. „technischen Zwängen" andererseits, erweist sich heute als grundlegendes gesellschaftliches Erfordernis, um die Existenz der Menschheit auf lange Zeit zu sichern. Der Mensch muss wieder lernen, sich als Teil eines Ganzen zu verstehen und nicht als Herrscher über die Natur. Er muss versuchen, die Kontrolle über den Produktionsprozess wieder zu erlangen und menschliche Aktivitäten zu „ökologisieren" sowie Regeln und Mechanismen natürlicher ökologischer Systeme auf menschliche Systeme anzuwenden (*vgl. Braun 1999*).

Unter anderem durch gezielte Umweltpolitik muss heute mehr denn je darauf Einfluss genommen werden, den Zustand der Umwelt zu verbessern oder zumindest zu erhalten, bestehende Umweltschäden zu vermindern oder zu beseitigen und Abfälle zu vermeiden, zu verwerten und Umwelt schonend zu entsorgen. Allgemein gilt als Grundsatz nationaler und internationaler Umweltpolitik nach dem Vorsorgeprinzip, dem Verursacherprinzip und dem Kooperationsprinzip zu handeln (*vgl. Biltewski/Härdtle/Marek 1999, S. 6f*).

Übersicht 3.14. Komplexe Zusammenhänge zwischen Mensch und Umwelt – Produkte

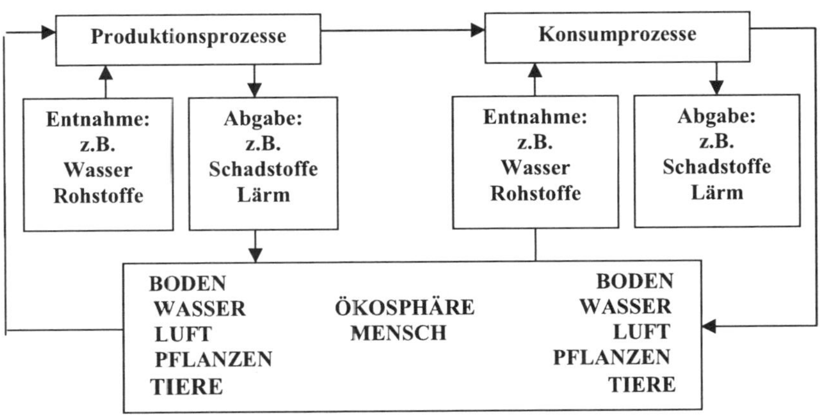

Quelle: Zusammenstellung nach Cord-Landwehr 1999, S. 1

3.4.2 Ökologischer Stadtumbau im Quartier: Leitbild, Ziele, Maßnahmen

Vor allem wegen des fortentwickelten Umweltbewusstseins der Bevölkerung und in Verantwortung gegenüber dem Programm „Gesundheit 2000" der WHO haben sich die Kommunen in der Bundesrepublik zu einem „Gesunde-Städte-Netzwerk" zusammengeschlossen. Sie wollen damit auch gegen eine zunehmende Umweltbelastung den ökologischen Stadtumbau vorantreiben. Die Stadt wird dabei als künstliches Ökosystem betrachtet, als ein Ergebnis der wechselseitigen Durchdringung und technischen Überprägung natürlicher Systeme. Um zu erreichen, dass sich der „Ökosystemkomplex Stadt" in Richtung eines überlebensfähigen Systems neu entwickelt, muss es zu einer Politik der integralen Stadtökologie kommen, mit deren Hilfe versucht werden soll, das natürliche Ökosystem und das künstliche sozio-ökonomisch-ökologische Stadtsystem durch Berücksichtigung verschiedener Aspekte und Bereiche aus Planung und Wissenschaft in Einklang zu bringen.

Städte müssen weiterhin vielfältigste Nutzungsarten sichern und heute gleichzeitig zur Umweltentlastung und Umweltverbesserung beitragen. Das bedeutet nach *Müller/Korda* (*1999, S. 623*):

- Städte sollen klimagerecht sein;
- Städte sollen emissionsarm sein;
- Städte sollen rohstoffsparend und Platz sparend sein;
- Städte sollen den sozialen Erfordernissen gerecht werden;
- Städte sollen die ökonomischen Grundlagen der Gesellschaft sichern;
- Städte sollen in einem demokratischen Entscheidungsprozess geplant und erneuert werden, um Identifikation und Akzeptanz des ökologischen Umbaus zu erreichen.

Die folgenden Prinzipien sollen diesen Umbau leiten und zu entsprechenden Maßnahmen und Planungsprozessen führen.

Optimierung des Energieeinsatzes: Darunter sind vor allem eine Erhöhung des Ausnutzungsgrades der Energie, der Einsatz regenerativer Energien, die Vermeidung von Energieverlusten, verkehrsvermeidende Siedlungsstruktur, das Prinzip der kurzen Wege und die Begünstigung von Dekonzentrationsprozessen zu verstehen.

Vermeidung unnötiger und Zyklisierung unerlässlicher Stoffflüsse: Das bedeutet Regelungen und Programme zur Reduzierung von Verpackungsmaterial, die Wiederverwendung von Baustoffen und Verpackungsmaterialien, Mehrwegverpackungen und -behälter, dezentrale Kompostierung organischer Abfälle; Entwicklung eines umfassenden Wassermanagements, Trennung von Schmutz- und Regenwasser, Förderung der Neubildung von Grundwasser.

Schutz aller Lebensmedien: Vor allem Luft, Boden sowie unterirdische und oberirdische Gewässer müssen geschützt werden durch überwachende, vorbeugende und sanierende Maßnahmen. Auch die Regenerierung von Grundwasser und Stadtluft und damit des Stadtklimas im Sinn gesunder Lebensbedingungen für die Stadtbewohner gehört dazu.

Kleinräumige Strukturierung und reichhaltige Differenzierung: Jedes Stadtquartier erhält durch den Erhalt seiner typischen Biotope, spezieller Infrastruktur und Gestaltung auf kleinräumiger Ebene nicht nur differenzierte Bedingungen eines ökologischen Umbaus sondern auch Anhaltspunkte für Identifikation und Verantwortung.

Erhaltung und Förderung von Natur: Dieses Prinzip muss die Regelungen natürlicher Systeme einbeziehen und erzwingt vielfältige Handlungsweisen und Ansprüche. Vorranggebiete für Ökotop- und Artenschutz müssen festgelegt und die Unterbindung aller vermeidbaren Eingriffe in Natur und Landwirtschaft erreicht werden. Die jeweilige Naturentwicklung soll in ihrer historischen Kontinuität berücksichtigt und Standortunterschiede, differenzierte Nutzungsintensitäten und die Vielfalt typischer Elemente der Stadtlandschaft erhalten werden. Freiräume sollen vernetzt und Bauwerke möglichst funktionell in die Ökosysteme eingebunden werden.

Es wird somit deutlich, dass ökologischer Stadtumbau ein differenziertes Instrumentarium und eine koordinierte Vorgehensweise, Planung und Programmatik voraussetzt. Eine solche Vorgehensweise gibt es in der Bundesrepublik bislang nicht. Die Lokale Agenda 21-Gruppen, regionale und kommunale Verbände sowie NGO‘s auf Stadtteilebene versuchen diesem Mangel durch vernetztes Denken und Planen zu begegnen. Auf Quartiersebene und in Zusammenhang mit den generellen Prinzipien einer sozio-ökonomisch verantwortlichen Quartiersentwicklung wie sie oben erläutert wurde, kann auch die ökologische Orientierung des Umbaus zur Stabilisierung des Stadtteils und zu einer vernetzten Vorgehensweise beitragen.

Die staatlichen Instrumente setzen sich aus verschiedenen Rechtsvorschriften und weiteren Steuerungsformen zusammen. Auf Bundesebene dienen Spezialgesetze wie das Bundesemissionsschutzgesetz, das Wasserhaushaltsgesetz, das Abfallbeseitigungsgesetz und das Bundeswaldgesetz dem Schutz für Boden, Luft und Wasser.

Für die kommunale Ebene kommen bei Respektierung der oben genannten Prinzipien gemäß Baugesetzbuch (BauGB), den Länderbauordnungen und diversen Naturschutzgesetzen von Bund und Ländern zur Steuerung vor allem in Betracht:

- die vorbereitende und die verbindliche Bauleitplanung;
- die Bodenordnung;
- das Baugenehmigungsverfahren und die Baunutzungsverordnung;
- die Landschafts- und Grünordnungsplanung;

- von Naturschutzgesetzen und –Verordnungen abgeleitete Eingriffsregelungen;
- Umweltverträglichkeitsprüfungen;
- städtebauliche Sanierungs- und Entwicklungsmaßnahmen;
- sowie ggf. spezielle kommunale Satzungen.

Daneben haben noch besondere Förder- und Finanzierungsprogramme von Bund und Ländern Bedeutung.

Am Beispiel der ökologischen Leitvorstellungen und teilweise realisierten Projekte der „Internationalen Bauausstellung – IBA Emscher Park" im Ruhrgebiet (1989-1999) sollen im Folgenden mögliche Handlungsfelder und Projektzusammenhänge für einen ökologischen Stadt(teil)umbau vorgestellt werden.

3.4.3 Ökologischer Stadt(teil)umbau in der Emscherregion: Beispiel „IBA Emscher Park"

Die „Internationale Bauausstellung IBA Emscher Park" hatte von 1989 bis 1999 die Aufgabe übertragen bekommen, beispielhafte Impulse für die ökonomische und ökologische Erneuerung des Emscherraumes im nördlichen Ruhrgebiet zu geben. Als „Werkstatt für die Zukunft alter Industriegebiete" verstanden, ist sie ein Beispiel für den Versuch, das ökologische Anliegen innovativ und experimentell in konkrete Projekte und Planungen einer Region bis in die Erneuerung von Stadtteilen hineinzubringen. Mit Beginn des Sommers 1989 hatten 17 Städte bereits zahlreiche Projekte definiert, die in Kooperation der Stadt, mit dem Land, mit lokalen Unternehmen und bürgerschaftlichen Initiativen auch teilweise den ökologischen Zielen der IBA entsprechen sollten.

In dem Positionspapier der IBA Emscher Park GmbH zum „Ökologischen Bauen" von 1990 heißt es in der Präambel:

> „In der Gesamtheit einer ökologischen Politik kommt der örtlichen Handlungsebene eine wichtige Rolle zu. Örtliche und globale Politik sind aufeinander angewiesen. Denn ökologisch ausgestaltete Gesetzesnormen, Abgaben und Steuern sind eine wesentliche Voraussetzung für das örtliche Handeln, und die örtliche ökologische Politik wiederum ist wichtig für die konkrete Ausformung genereller Prinzipien und für die begreifbare Anschauung ökologischen Handelns" *(IBA Emscher Park 1990)*.

Als Probleme und Herausforderungen wurden für den hoch verdichteten und stark industrialisierten Emscherraum benannt: Ein sehr hoher Anteil an versiegelten Flächen (70 Prozent der Gemarke zählen zur besiedelten Fläche), wenige größere zusammenhängende Grün-. und Freiräume, gemeinsame Führung von Regen- und Schmutzwasser, flächenhafte Kontaminierung industrieller Böden, überdurchschnittlicher Anfall an Müll und Sondermüll, und günstige und im Überfluss vorhandene Energie hätten eine rationelle Energieverwendung verhindert.

Der beschlossene ökologische Umbau sollte zusätzlich zu seiner originären Funktion auch dem ökonomischen Umbau dienen, indem weiche Standortfaktoren wie ökologische Qualität und attraktive Landschaft für neuartige Produktionsstandorte und Arbeitsplätze geschaffen würden.

Im Blick der Planung waren ein ökologischer Umbau des Wassersystems, ein Ausbau und eine erhöhte Vernetzung von Landschaftsgrün, die Umwandlung industrieller Standorte durch Grün und ein genereller Umbau nach den Regeln ökologischen Bauens zentrale Handlungsfelder. Ebenso sollte die Anwendung alternativer Energietechniken, die Nutzung regenerativer Energiequellen, sowie die Behandlung von Altlasten, Landschaftsgestaltung und Verkehrsalternativen berücksichtigt werden. Entsprechende Leitziele wurden verfasst, die von der Sicherung bislang unbesiedelter Flächen und Naturräume, über flächensparende Bauweisen, lokale Konzepte zum Umgang mit Stoffen und Energie bis hin zur Senkung des Energie- und Trinkwasserverbrauchs, Vermeidung neuer Umweltverschmutzung und zur Qualifizierung von Arbeitskräften sowie der Beteiligung der Bewohnerinnen reichten.

Die Vielfalt integrierter Handlungsmöglichkeiten orientierte sich in ökologischer Hinsicht an den zentralen Zielbereichen Wasser, Energie, Lärm, Abfall, Verkehr, Gewerbe, Baustoffverwendung sowie Grün- und Freiräume.

Aus Autorensicht müssen diese ökologischen Zielbereiche im Rahmen der Entwicklung integrierter Handlungskonzepte für benachteiligter Stadtteile mit bedacht und in Form von konkreten quartiersbezogenen Projekten und Maßnahmen berücksichtigt werden.

Zielbereich Wasser

Ziele: vor allem Senkung des Trinkwasserverbrauchs in Haushalten, Industrie und Gewerbe, weitgehende Nutzung von Regenwasser und die Wiederoffenlegung vorhandener Fließgewässer und Stadtbäche, auf keinen Fall dürfen neue Gefährdungen von Grund- und Oberflächenwasser entstehen.

Maßnahmen: von geschlossenen Brauchwassersystemen, dem Einbau von 6-Liter-WC's über Grauwassernutzung und dezentrale Wasseraufbereitung bis zu Springbrunnen und Feuchtbiotopanlagen.

Rahmenbedingungen: vor allem Erarbeitung einer Wasserbilanz, Programme zur Verwendung und Versickerung von Regenwasser, Einführung verbrauchsabhängiger Abrechnungsverfahren, Installation von Wassersparartmaturen nach dem neuesten Stand der Technik.

Zielbereich Energie

Ziele: vor allem Energieeinsparung einerseits und Luftreinhaltung andererseits durch entsprechende Technik und Bauformen eine Verbesserung der Energiebilanz anstreben.

Maßnahmen: von optimaler Wärmedämmung bei Neu- und Umbau über Um- und Nachrüstung veralteter Systeme und Techniken bis zur Anwendung alternativer Energietechniken wie Wasser, Wind und Solar sowie Verwendung von Wärmepumpen und dezentraler Kraft-Wärme-Koppelung.

Rahmenbedingungen: vor allem Erarbeitung einer Energiebilanz und eines integrierten Energieversorgungskonzeptes, Entwicklung modularer Systeme und Aufbau von Nahwärmenetzen.

Zielbereich Lärm

Ziele: vor allem Verringerung der „Verlärmung" der Umwelt, Unterschreitung von gesetzlichen Mindeststandards und die Vermeidung der Entstehung von Lärmemissionen anstreben.

Maßnahmen: von Lärmreduzierungsmaßnahmen durch Reduzierung von Verkehr über Verlagerung und Veränderung von gewerblichen und industriellen Nutzungen bis zu baulichen Lärmschutzmaßnahmen im Innen- und Außenraum.

Rahmenbedingungen: vor allem Erarbeiten eines Lärmbelastungs-Katasters, Mindestanforderungen überprüfen und kontrollieren, Ziele für Unterschreitungsstandards formulieren.

Zielbereich Abfall

Ziele: vor allem größtmöglicher Umfang an Vermeidung, Minderung und Wiederverwertung, nach dem neueren Stand der Technik umweltverträgliche Formen der Restmüllbehandlung entwickeln.

Maßnahmen: von der Installierung von Getrennt-Sammelsystemen und Kompostierung über die Wiederverwendung von Bodenaushub und Bauschutt bis hin zu „Second-Hand-Läden" für Möbel u.a.m..

Rahmenbedingungen: Entwicklung eines dezentralen Müllkonzeptes, Orientierung der Kosten der Müllbeseitigung am Aufkommen, Schaffung der technischen, baulichen und organisatorischen Voraussetzungen für Getrenntsammlung und Kompostierung.

Zielbereich Verkehr

Ziele: vor allem Wandel des Verkehrsverhaltens bei den Verkehrsteilnehmern, die Dominanz des motorisierten Individualverkehrs brechen, Verbesserung der Aufenthaltsqualität im Außenraum, Stellflächeneinsparung und Vermeidung von zusätzlichem Verkehrsaufkommen.

Maßnahmen: von der Unterschreitung des Stellplatzsolls über Konzepte der Funktionsmischung bis zu Fuß- und Fahrradwegenetzen und Kombinationen mit dem ÖPNV.

Rahmenbedingungen: Erarbeitung lokaler und regionaler „ökologischer" Verkehrsstrategien.

Zielbereich Gewerbe

Ziele: vor allem Förderung eines wachsenden Bewusstseinswandels der Wirtschaft in Richtung ökologisch orientierten Handelns, Integration des Gewerbes in die Siedlungs- und Stadt(teil)struktur.

Maßnahmen: von der Förderung veränderter Produktions- und Produktentwicklung über umweltschonende Erschließung bis zur Einbeziehung innovativer Anlagentechnik sowie sorgsamen Umgangs mit Industriedenkmälern und deren Wiedernutzung.

Rahmenbedingungen: Erarbeitung integrierter Nutzungskonzepte, ökologisch orientierte Standortplanung, Entwicklung von Transport- und Verkehrssystemen der Wirtschaft unter Berücksichtigung stadtökologischer Zielsetzungen.

Zielbereich Grün- und Freiräume

Ziele: vor allem das vorhandene Grün- und Freiflächenpotenzial sichern und erweitern sowie deren Qualität verbessern, Belange des Arten- und Biotopschutzes sowie stadtklimatische und lufthygienische Belange höchst möglich berücksichtigen und ein Höchstmaß an Einbeziehung der Nutzer/innen garantieren.

Maßnahmen: von der Hinterhofbegrünung und Vorgartenplanung über Dachgärten, Fassaden- und Garagenbegrünung bis zur Schaffung integrierbarer Kleinbiotope sowie teilweise Umwandlung des Bruttobaulandes bei Neubauten in nutzbare Grünflächen.

Rahmenbedingungen: Entwicklung von Verbundsystemen, Erarbeitung ökologischer Gestaltungs-, Entwicklungs- und Pflegepläne, Erarbeitung von Konzepten zur maximalen Ausschöpfung des Entsiegelungspotenzials, Erarbeiten von Beteiligungskonzepten.

Zielbereich Baustoffe/Bauteile

Ziele: vor allem Verwendung von Baustoffen und Materialien, die bei ihrer Gewinnung, Verarbeitung, bei Transport, Nutzung, Aufbereitung, Wiederverwendung und Entsorgung möglichst geringe Eingriffe in den Naturhaushalt bedeuten, möglichst wenig Energie benötigen, keine gesundheitsgefährdenden Potenziale beinhalten und insgesamt eine hohe Umweltverträglichkeit aufweisen.

Maßnahmen: von der Anwendung dekonstruierbarer Verarbeitungs- und Produktionstechniken (Baustoff-Recycling) über sorgfältige und fantasievolle Auswahl und Anwendung von Materialien bis zu Dach- und Fassadenbegrünungen.

Rahmenbedingungen: unter anderem Erstellung von Auswahlkriterien für Baustoffe, Listen-Nachweis über Umweltverträglichkeit nach Prüfkriterien, Erstellen eines Ausschlusskatalogs z.B. bei PVC, FCKW und anderen Giftstoffen.

Beteiligung

Die Beteiligung der Nutzer/innen ist eine Grundvoraussetzung für den ökologischen Umbau. Ökologisches Planen und Bauen ist mehr als eine Technik. Um Wasser und Energie zu sparen, Biotope zu schonen, Verkehr zu reduzieren, Abfall zu vermeiden und Umwelt bewusst im Stadtteil zu leben und zu arbeiten sind neben den technischen Voraussetzungen dafür ein *Umdenken und Verändern* im Verhalten der Menschen notwendig. Bildung und Wissensvermittlung sind die eine Seite und die Mitwirkung aller Akteure ist die andere Seite für eine erfolgreiche Umsetzung ökologischer Ziele vom Zeitpunkt der Planung bis zur Begleitung begonnener Projekte und ihrer Auswertung. Der Planungs- und Entscheidungsprozess kann nur mit einem Höchstmaß an Beteiligung der Nutzer/innen zum Erfolg des ökologischen Stadt(teil)umbaus führen.

3.4.4 Akteure und Projekte im ökologisch orientierten Quartiersumbau

Im Bereich ökologischer Umorientierung spielen Überzeugung und Motivation eine zentrale Rolle. Neben der Einhaltung von Mindestanforderungen oder Maximalwerten, die staatlich für Emissionen und Belastungen von Luft, Wasser und Boden vorgegeben und kontrolliert werden, muss vor allem der Mensch sein Verhalten und seine Gewohnheiten verändern. Das betrifft die privaten Haushalte und jeden Einzelnen; das betrifft vor allem die Industrie, Handel und Gewerbe, und es erfordert auf jeden Fall auch ein beispielhaftes Handeln der Kommune. Gerade in benachteiligten Stadtteilen ist dies keine einfache Aufgabe, da die sozialen und ökonomischen Defizite alles zu überlagern scheinen. Umso wichtiger ist ein integriertes Handeln, Beteiligung und Aktivierung.

Die Abbildung bzw. Übersicht zu den Zielbereichen und Handlungsfeldern für einen ökologischen Quartiersumbau soll zeigen, wie alle ökologischen Zielbereiche durch die zentralen Akteure, das heißt Privathaushalte, Gewerbe und Industrie sowie die Kommune beeinflusst werden (*siehe Übersicht 3.15*).

Übersicht 3.15: Zielbereiche und Handlungsfelder im ökologischen Quartiersumbau

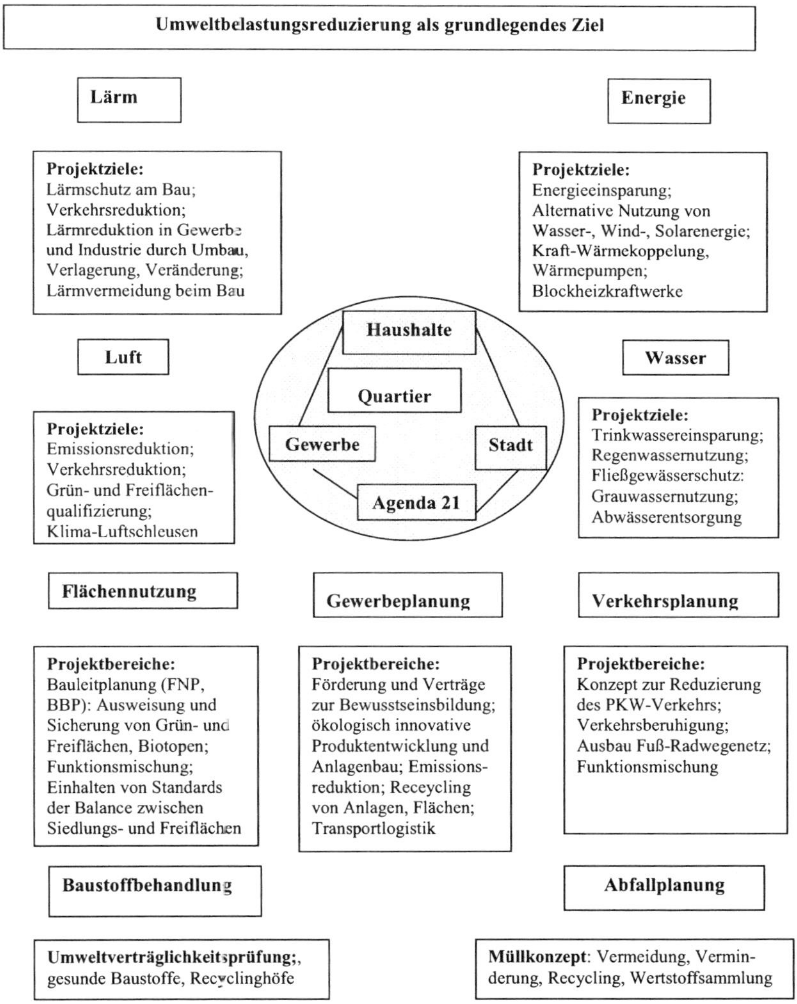

Quelle: Eigene Zusammenstellung

In den einzelnen Zielbereichen müssen alle diese Akteure mitverantwortlich gemacht werden; dazu müssen sie in die Planung, die Programmentwicklung sowie bei Maßnahmen und Projekten einbezogen werden. Eine wichtige Rolle haben zusätzlich die im Umweltbereich aktiven Vereine, Initiativen und Lokale Agenda 21-Gruppen. Bei den Handlungsfeldern sind vielfältige Zusammenhänge und Überschneidungen sowie Synergieeffekte möglich. Verkehrsreduzierung zum Beispiel kann Verminderung beim Co2-Ausstoß in die Luft, Emissionen in Boden und Wasser bedeuten, ebenso Lärmreduzierung, verminderter Flächenverbrauch und verminderte Boden-Versiegelung. Zusätzlich kann sich die Raumnutzbarkeit erheblich verbessern, und eine Verbesserung des Wohnumfeldes auch zur Verbesserung des Images und des sozialen Klimas beitragen.

3.4.5 Ökologischer Stadt(teil)umbau im Rahmen integrierter Gesamtkonzepte

In allen Programmen der Programmfamilie „Sozialintegrative Stadt(teil)entwicklung“ wird die Umweltverbesserung als eines der Handlungsfelder benannt und eine nachhaltige ökologische Entwicklung als zentrales Ziel festgehalten. Der ökologische Umbau scheint besonders geeignet, als integratives Handlungsfeld aufgefasst und aktiviert zu werden. Zumindest ist es denkbar, ökonomische, soziale und ökologische Ziele miteinander zu verbinden und damit in den Handlungsfeldern synergetische Effekte zu erzielen.

Beschäftigungs- und Ausbildungsimpulse durch ökologische Neuorientierung

Lokale Ökonomie kann nicht die Folgen globaler kapitalistischer Prozesse und Rationalisierungen im großen Stil auffangen. Aber: Sie kann im Kleinen neue Impulse schaffen und bisher nicht erschlossenen Potenziale aktivieren und damit auch Vertrauen in neue Perspektiven schaffen. Es gibt zahlreiche Projektbeispiele aus dem Bereich ökologischen Stadtumbaus, die zeigen, dass dieser mit Ausbildungsangeboten und Jobentwicklung im Stadtteil verbunden werden kann. Projekte zur Fassaden-, Dach-, Garagen- und Hofbegrünung, Freiraum- und Platzgestaltung sowie Straßenrückbau und Bauen mit einfachen, naturgebundenen Materialien, ebenso Selbstbau im Wohnungsbau, der Bau von lokalen alternativen Energiegewinnungsanlagen, oder die Gestaltung neuer Freiräume und Nutzräume ermöglichen prinzipiell die Weiterentwicklung neuer Handwerke sowie gewerbliche Spezialisierungen mit Ausbildungsplätzen und Jobvermittlung, und dies nicht nur im Rahmen der unmittelbaren Programmlaufzeit (z.B. „GrünBau AG“ Dortmund). Damit wird auch der Kreis der ökologischen Akteure um die Akteure der Beschäftigungs- und Ausbildungsförderung sowie der Sozial- und Familienhilfe zu erweitern sein, um gezielt benachteiligte Gruppen ansprechen und aktivieren zu können. Der private Sektor, etwa das Handwerk, dort auch die Unternehmen aus dem Kreis der Zuwanderer („ethnische Ökonomie“), müssen ebenso beteiligt und einbezogen werden wie die städtischen Ämter der Grün- und Freiflächen-, der Tiefbau- und Hochbauverwaltung.

Verbesserung der Wohn- und Wohnumfeldsituation durch ökologische Neuorientierung

Die Wiederbelebung von natürlichen Wasserläufen, die Wiederherstellung und Neugestaltung von Biotopen, Regenwassernutzung für Innenbereiche und Spielflächen, der Rückbau von Verkehrsflächen und der Aufbruch von versiegelten Flächen können die Aufenthaltsqualität der Außenräume nachhaltig erhöhen und die Wiederaneignung des Wohnumfeldes durch seine Bewohner beschleunigen. Der Einsatz ökologischer Baustoffe beim Umbau und Neubau kann gesundes Wohnen unter Vermeidung neuer Belastungen begünstigen. Hier werden die zentralen Akteure aus dem Kreis der Umweltinitiativen gewonnen werden müssen, die zudem die Weiterbildung und Aktivierung der Bewohner/innen übernehmen können.

Imageverbesserung durch ökologische Neuorientierung

„Gesunde Luft, gesundes Quartier" könnten zu einem besonderen Imagefaktor werden, das dem Quartier eine neue Identität verleiht und Abwanderungen einzudämmen und sogar Neuzuzüge anzuregen vermag. Dazu muss der Verkehr eingedämmt werden und öffentliche Räume für diverse Nutzergruppen müssen neu gestaltet werden. Wenn Familien mit Kindern wieder stadtnah lebenswerte Stadträume vorfinden, könnten diese auf lange Sicht zum Teil auch wieder aus den zersiedelten ländlichen Vorstadträumen und Nachbargemeinden zur Rückwanderung bewegt werden. Andere würden bleiben. Damit wären bezogen auf die Gesamtstadt weitere wünschenswerte Effekte einer ökologischen Stadterneuerung denkbar. Neben Akteuren, die dieses neue Image auch in die Öffentlichkeit tragen könnten, wären ganz banale Dinge notwendig wie eine ausreichende Pflege der neuen Räume, in Patenschaften von Bewohnern/innen und mit Unterstützung der Stadt, und ebenso eine ausreichende Stadtreinigung, die der hohen Verdichtung an Bevölkerung und allein dadurch höher anfallender Verschmutzung gerecht werden kann.

Bewohneraktivierung durch ökologische Neuorientierung

Wie bereits festgestellt wurde, kann eine ökologische Erneuerung im Quartier nicht ohne eine aktive Gewinnung der Bevölkerung und der betroffenen Institutionen wie Wohnungsunternehmen und private Hausbesitzer erfolgreich sein. Ihre Beteiligung bei der Feststellung von Defiziten, ihre Beteiligung bei der Entwicklung von Zielen und Schwerpunkten sind erwünscht und erfordern zusätzliche Experten/innen, die moderieren und aktivieren können. Schließlich werden aus der Beteiligung an Aktionen und bei der Durchführung von Maßnahmen, ehrenamtlich, in Partnerschaften, als Auszubildende und Arbeitskräfte auch neue Netze und Verbindlichkeiten innerhalb der Quartiersbevölkerung geschaffen. Auch dies wird zu pflegen und zu unterstützen sein, durch Moderatoren/innen, aber auch durch Räume und Finanzierungen, die sich bis zu kulturellen Aktivitäten weiter entwickeln könnten.

Schlussbemerkung: Umsetzung der IBA-Erfahrungen in der „Sozialen Stadt"

Alle Handlungsaspekte und Akteursbestimmungen finden sich in dem Gemeinschaftsprogramm „Soziale Stadt" und vergleichbaren Programmen wieder und sind nicht wirklich neu. Das IBA Emscher Park-Projekt hat im Zeitraum von zehn Jahren in fast 100 Projekten zumindest Zeichen in die Richtung eines ökologischen Umbaus einer Industrieregion gesetzt. Dabei ist versucht worden, in allen lokalen und regionalen Projekten nach folgenden ökologischen Grundsätzen vorzugehen:

- Kein weiterer Flächenverbrauch, sondern der Übergang zur Kreislaufwirtschaft in der Flächennutzung,
- Verlängerung der Nutzungsdauer von Gebäuden und Produktionsanlagen durch Instandhaltung, Modernisierung und Umnutzung: Neubau nur nach den Prinzipien des ökologischen Bauens,
- Transformation der Produktionsstruktur in der Region, hin zu ökologisch verträglichen Produkten und Produktionsverfahren.

Die Vernetzung von Akteuren sowie die Integration von sozialen, ökonomischen und ökologischen Zielen sind im Rahmen der IBA Emscher Park zumindest versucht worden (*vgl. IBA 1999 a-d*). Um eine ökologische Stadt(teil)entwicklung zu befördern, braucht es vergleichbar dazu ausdrücklicher Beschlüsse der Kommunen, um Rat, Verwaltung, die privaten Akteure und die Bewohner/innen in diesen Prozess einzubinden, um die ökologische genauso wie die soziale Orientierung als gemeinsame Querschnittsaufgabe zu begreifen. Die oben genannten Prinzipien und Zielbereiche für einen ökologischen Stadt(teil)umbau sollten dabei handlungsleitend sein.

Kapitel 4
Der Sozialraumansatz in der sozialen Arbeit: Entwicklung, Konzept und Anwendungsbeispiele

4.1 Vorbemerkung

Dieses Kapitel beschäftigt sich mit dem Sozialraumbezug in der sozialen Arbeit. Dieser Ansatz hat in jüngster Zeit parallel zu den Bemühungen um eine Intensivierung stadtteilbezogener Entwicklungsmaßnahmen an Bedeutung gewonnen. Der Sozialraumbezug in der sozialen Arbeit ist allerdings schon älteren Ursprungs und knüpft an die Diskussion um Konzepte der Gemeinwesenarbeit an, die ursprünglich in den Dreißigerjahren zur Aktivierung ländlicher Regionen in den USA entwickelt und über die Niederlande in den späten sechziger und frühen Siebzigerjahren auch nach Deutschland gekommen sind (*vgl. Olk 2000*). Zu den Prinzipien der Gemeinwesenarbeit gehören stadtteilorientierte Handlungsstrategien, die Betonung des Aktivierungs- an Stelle des Betreuungsgedankens sowie das Anknüpfen an vorgefundene sozialräumlich verankerte Netzwerkstrukturen und Selbsthilfefähigkeiten der Adressatinnen und Adressaten. Ein weiterer Gesichtspunkt gemeinwesenbezogener sozialer Arbeit besteht auch darin, über politische Mobilisierungsstrategien zu einer Verbesserung der materiellen Lebenssituation der Bevölkerung in einem gegebenen Wohnquartier beizutragen und die infrastrukturelle Ausstattung zu verbessern, also die Einzelfallfixierung Sozialer Arbeit zu überwinden.

Betrachtet man den gegenwärtig diskutierten Ansatz sozialraumbezogener Sozialer Arbeit etwas genauer, dann erklärt sich dieser allerdings nicht nur aus methodischen Prinzipien, sondern aus den Bemühungen um eine Verwaltungsmodernisierung insbesondere auf der kommunalen Ebene.

Die Verwaltungsmodernisierung hat schon seit längerem ihre anfängliche Binnenorientierung erweitert und begonnen, die „Umwelt" der Verwaltung in den Modernisierungsprozess einzubeziehen. Spätestens durch die Verankerung von neuen wettbewerbsorientierten Finanzierungsformen im jüngeren Sozialrecht (z.B. § 93 Bundessozialhilfegesetz – *künftig BSHG*; §§ 78a – 78g Kinder- und Jugendhilfegesetz 1990 – künftig *KJHG*) ist im Sozialsektor ein Modernisierungsschub ausgelöst worden. Auch die Sozialraumorientierung ist Bestandteil der aktuellen Diskussion über neue ergebnis- und wirkungsorientierte Finanzierungsformen im Sozialsektor. Dadurch wird sie auch gleichzeitig ein politisch-administratives Steuerungsinstrument, um auf diesem Weg dahinter stehende sozialpolitische Ziele zu verwirklichen. Die Sozialraumorientierung steht gegenwärtig selbst für eine Modernisierungsstrategie, nämlich das fach- und professionspolitische Versprechen, durch sozialraumorientiertes Arbeiten Fälle zukünftig erst gar nicht mehr entstehen zu lassen, zumindest nicht in der bislang bekannt hohen Zahl. Zu den Kernelementen der Sozialraumorientierung in der sozialen Arbeit gehören gewöhnlich Handlungsprinzipien wie Aktivierung und Beteiligung von Wohnbevölkerung, ressourcenorientiertes Handeln, Kooperation, Vernetzung u.ä. (*vgl. Hinte 2001*).

Die von der Sozialarbeit und Sozialpädagogik schon seit längerem propagierte Sozialraumorientierung sozialen Planens und Handelns – diese scheinbar andere Modernisierungsstrategie – hat gegenwärtig Konjunktur, da offensichtlich auf verschiedenen Ebenen mit Sozialraumorientierung in Kombination mit sozialraumbezogenen Budgets experimentiert wird: vielfältige Projekte zur Förderung bürgerschaftlichen Engagements, sozialer Stadterneuerung, Quartiersmanagement u.ä. stehen für milieu- und quartiersorientierte Interventionsprogramme, in denen, Prinzipien der Sozialraumorientierung folgend, auf Dezentralität, Ressourcenverantwortung, Infrastrukturentwicklung, Überwindung der Einzelfallorientierung, Kooperation und Selbststeuerung gesetzt wird, um passgenauere Lösungen zu finden und um brachliegendes soziales und kulturelles Kapital im Sozialraum, Bezirk, Stadtteil oder Quartier zu bergen. Unübersehbar ist aber auch, dass bei all diesen Programmen und Projekten Sozialraumorientierung und Sozialraumbudgets kombiniert werden und eindeutig sowohl geografischen wie administrativen Bezug haben, auf die Weiterentwicklung sozialer Infrastruktur fokussiert sind und wenig mit der von der Sozialpädagogik seit den 1980er-Jahren vehement erhobenen Forderung nach mehr Lebensweltorientierung ihres Klientel zu tun haben (*vgl. ISA-Institut für soziale Arbeit 2001, S. 16*). Der alten sozialpädagogischen Forderung nach mehr Sozialraumorientierung professionellen Handelns wird gegenwärtig durch die Verwaltung wieder mehr Aufmerksamkeit geschenkt, seitdem mit den Sozialraumbudgets neue Steuerungsinstrumente zur Verfügung stehen, die es erlauben, die Vorteile der Sozialraumorientierung mit den Zielen der Verwaltungsmodernisierung zu verbinden, bzw. es erlauben, die professionelle Selbststeuerung in der sozialen Arbeit einzugrenzen und stärker auf die politisch-administrativen Zielvorgaben festzulegen (auch wenn diese „Festlegung" und ihr Gelingen bleibender Bestandteil der Kritik an den sich entwickelnden neuen Jugendhilfestrukturen und ihren immer noch zu geringen finanziellen Auswirkungen ist (*vgl. hierzu Pusch-Runge/Termath 2000*)). Politische Entscheidungsträger und Verwaltungsspitze sind sich gewöhnlich darin einig, dass dies mit den gegenwärtigen Strukturen in der Kinder- und Jugendhilfe nur unzureichend gelingen wird und dass folglich die Kosten durch die gegenwärtige Organisation der Kinder- und Jugendhilfe noch weiter steigen werden. Die gegenwärtige Renaissance der Sozialraumorientierung muss als Ausdruck und Bestandteil der aktuell laufenden Modernisierung von Staat und Verwaltung gewertet werden und ist durch die Ankoppelung an die Sozialraumbudgets eindeutig ein Instrument der Effizienzsteigerung, somit ein neues Steuerungsinstrument der Verwaltung zur Restrukturierung der sozialen Dienste.

Joachim Merchel hat mit Bezug auf den Sozialraumansatz auf drei Aspekte solcher Effizienzgesichtspunkte hingewiesen:

1. „Zum einen erhofft man sich eine verbesserte Effektivität durch die Überwindung der Effektivitätsgrenzen, die mit einer bisher fast ausschließlich fallbezogenen, individuell ausgerichteten Sozialen Arbeit einhergehen. Die Veränderung der Lebensbedingungen im Sozialraum soll sich insgesamt entweder präventiv problemverhindernd bzw. problemverschärfend auswirken, oder es sollen in Gruppenformen gemeinschaftliche Hilfemöglichkeiten geschaffen werden.
2. Zum anderen sollen Effektivierungsressourcen bei der Hilfegestaltung erschlossen werden, indem durch Aktivierung des sozialen Umfeldes kostengünstige und adressatennahe Problemlösungs- und Hilfemöglichkeiten geschaffen werden, Unterstützungspotenziale im sozialen Nahraum gezielter genutzt werden, Möglichkeiten des Einsatzes anderer Institutionen besser geprüft werden etc.
3. Zum Dritten erhofft man sich von einer Verlagerung der Steuerungsverantwortung durch Budgetvergabe an basisnähere Organisationseinheiten einen zielgerechteren und sparsameren Umgang mit dem Budget" (*Merchel 2001, S. 374*).

Der folgende Abschnitt befasst sich aus diesem Grund relativ ausführlich auch mit administrativen Vorgehensweisen in der Sozialraumarbeit, die nicht immer unmittelbar mit Konzepten einer auf die Verbesserung von Lebenslagen ausgerichteten sozialen Stadtteilarbeit gleichzusetzen sind. Das Wort Sozialraum bezeichnet dabei zunächst einmal nur die geografischen Bedingungen, die in einem Stadtteil, Ortsteil oder Dorf gegeben sind, es bezieht sich auf die Gestaltung der Häuser und Straßen und nicht zuletzt auf die soziale Zusammensetzung der Bewohner dieses Gebiets. Sozialräume können aber auch als erlebte Räume, als Verwaltungsräume und als zu gestaltende Räume gesehen werden. Wenn im Zuge der Dezentralisierung der Jugendhilfe von Sozialraum gesprochen wird, so ist das anders zu verstehen, als wenn im Rahmen eines Stadtteilerneuerungsprogramms die Gestaltung eines konkreten Stadtteils in den Blick genommen wird. Dieser unterschiedliche Zugang zum Begriff des Sozialraums kompliziert den Dialog zwischen sozialraumbezogener sozialer Arbeit und der traditionellen Stadtteilarbeit. Es ist deshalb aus Autorensicht erforderlich, den Hintergrund der verwaltungszentrierten Überlegungen zum Sozialraumansatz näher darzustellen, insbesondere die als Ökonomisierung sozialer Dienste bezeichnete Reorganisation des sozialen Dienstleistungssektors, vor deren Hintergrund die Konzentration des Sozialraumansatzes auf die Jugendhilfe und hier vor allem auf die Erziehungshilfen erst verständlich wird. Aber auch wenn man sich die aus völlig anderen Begründungszusammenhängen kommenden theoretisch angelegten Überlegungen zum Sozialraumansatz betrachtet, wie die Dienstleistungsdiskussion oder das Konzept der Lebensweltorientierung, so besteht eine gewisse Übereinstimmung darin, dass alle Ansätze fordern, dass die Hilfen auf die Bedingungen vor Ort zugeschnitten sind, gut zugänglich sein müssen und in Koordination miteinander verbunden sein sollten. Diese Handlungsprinzipien bestimmen auch die Jugendhilfe, die deshalb im Mittelpunkt der nachfolgenden Ausführungen steht und die sich in einem rasanten Reorganisationsprozess befindet. Die in der öffentlichen Diskussion um Sozialraumorientierung vorherrschende Konzentration auf die Jugendhilfe ist dabei keineswegs selbstverständlich. Sozialraumorientierung ist ebenso ein Gegenstand für die Gesundheitsverwaltung, die Sozialverwaltung, aber auch für die Ordnungsverwaltung. Die Hervorhebung der Jugendhilfe verdankt sich vielfach einem fiskalisch verengten Blick, der die Hoffnung auf Einsparungen bei der Fallarbeit durch stärkere Feldorientierung in den Vordergrund rückt. Diesem Ansatz folgen wir nicht. Wenn wir gleichwohl im Abschnitt über die Sozialraumbudgets vorrangig auf die Jugendhilfe Bezug nehmen, dann deshalb, weil hier bislang vorrangig experimentiert wird. Nachfolgendes Zitat zeigt aber auch, dass eine Intensivierung des Gemeinwesenbezugs aus fachlichen Gründen für die Jugendhilfe geboten erscheint:

„In Stadtteilen mit hohen multiethnischen Anteil der Wohnbevölkerung, mit einem hohen Anteil an staatlich alimentierten Bewohnern und Bewohnerrinnen kommt die Forderung des § 1 des KJHG im Absatz 3, Punkt 4 an die Jugendhilfe, dazu beizutragen, positive Lebensbedingungen für junge Menschen und ihre Familien sowie kinder- und familienfreundliche Umwelten zu erhalten bzw. zu schaffen, einen neuen Stellenwert. Wenn individuelle Benachteiligung, normwidriges Verhalten, Nichtinanspruchnahme erzieherischer Unterstützung sowie das Inkaufnehmen von Gefährdung des Wohls von Kindern und Jugendlichen zum Normalen innerhalb eines solchen Stadtteils wird, muss sich auch die Jugendhilfe den Räumen zuwenden, in denen Kinder, Jugendliche und deren Eltern erreichbar sind. Dies ist gemeint mit Pädagogisierung des öffentlichen Nahraums. Also des Sozialraums von Kinder und Jugendlichen, des Raumes in dem Kinder und Jugendliche zu sozialen Wesen werden, Soziales wahrnehmen, kennen und schätzen lernen... Es gilt also, den sozialen Raum in die gestalterische Perspektive von Jugendhilfe aufzunehmen" (*Schwarz, 2002, o.S.*).

Im Folgenden soll zunächst auf die traditionelle Organisationsstruktur sozialer Dienste eingegangen werden, die die Grundlage der sich aktuell vollziehenden Veränderungen darstellt.

4.2 Besonderheiten der Verwaltungsorganisation im Handlungsfeld soziale Dienste

In der Bundesrepublik ist die Erbringung sozialer Dienstleistungen in öffentlich-rechtliche Organisationsformen eingebunden: entweder auf der Basis gesetzlicher Aufgabendefinitionen und/oder durch die Finanzierung aus öffentlichen Haushalten. Dabei handelt es sich in der Regel um wohlfahrtsstaatliche Dienste, die deshalb öffentlich bereitgestellt werden, weil ihre Erbringung auf dem „Markt" hohe wirtschaftliche Risiken beinhaltet und Marktmechanismen im Bereich sozialer Dienste kaum unterstellt werden können. Soziale Dienstleistungen sind sozialrechtlich nach § 11 SGB I neben Geld- und Sachleistung die „dritte Leistungsart" des bundesrepublikanischen Sozialleistungsrechts. Zu den sog. „Dienstleistungen" im sozialrechtlichen Sinn gehören alle persönlichen und erzieherischen Hilfen, d.h. alle Formen der Beratung von Hilfeempfängern oder Hilfe Suchenden, die Weitervermittlung, das Herstellen von Verbindungen zu Personen oder Einrichtungen/Institutionen sowie allgemein die persönliche Betreuung. Aus diesem Dienstleistungsauftrag des Sozialgesetzgebers haben sich eine bunte Vielzahl sozialer Dienste entwickelt, die entweder in öffentlicher, freier und – zunehmend auch – in privater, d.h. erwerbswirtschaftlicher Trägerschaft erstellt und erbracht werden, wobei der Kommunalverwaltung eine besondere Rolle zukommt, die es zu erläutern gilt.

Die sozialpolitischen Aufgaben der Kommunen erstrecken sich auf zwei Felder: zum einen auf Pflichtleistungen und freiwillige Leistungen im Rahmen der kommunalen Selbstverwaltung, zum anderen auf Auftragsangelegenheiten, die Bund oder Länder an die Kommunen delegieren (z.B. Versorgung und Unterbringung von Asylbewerbern). Die Sozialdienste im Rahmen des BSHG sowie Leistungen des KJHG sind Pflichtleistungen der kommunalen Selbstverwaltung. Freiwillige Leistungen sind vorrangig Hilfen für Wohnungslose, Arbeitslose oder Behinderte, Teile der „offenen Altenhilfe" oder Beratungs- und Koordinationsstellen. Sozialleistungen, die in der Erbringung von Diensten bestehen, etwa in Form von Behandlung oder pflegerischer Unterstützung, werden in der Regel in der Bundesrepublik nicht von den leistungsverpflichteten Trägern, sondern von sog. „Dritten", z.B. Ärzte, Krankenhäuser, Alten- oder Pflegeheime und ambulanten Dienste, erbracht. Diese „Dritten" (im Sozialrecht Leistungserbringer genannt) sind unter marktwirtschaftlichen Gesichtspunkten Anbieter von Dienstleistungen. Es besteht jedoch eine öffentliche Verantwortung dafür, dass diese Dienstleistungen auch vorhanden sind. Die Kommunen haben eine gesetzlich festgeschriebene Infrastrukturverantwortung, die in der Regel durch bestimmte Planungs- und Fördermaßnahmen wahrgenommen wird. Im Bereich der Jugendhilfe obliegt den Trägern der öffentlichen Jugendhilfe die Gesamtverantwortung einschließlich der Planungsverantwortung (§ 79 SGB VIII). Die Wohlfahrtsverbände und die Kirchen und sonstige Leistungserbringer treten als Träger eigener sozialer Dienste auf: auf dem Gebiet der Sozialhilfe ist diesen Akteuren in Folge des sog. Subsidiaritätsprinzips gesetzlich die Selbstständigkeit und ein Anspruch auf öffentliche Förderung garantiert (§10 BSHG); d.h. den Trägern der freien Wohlfahrtspflege und den Kirchen wird immer noch auf dem Gebiet des BSHG ein bedingter Vorrang vor den öffentlichen Trägern bei der Erstellung sozialer Dienste eingeräumt. Auf dem Gebiet des KJHG ist der Sachverhalt weit gehend ähnlich geregelt.

Zur kommunalen Sozialverwaltung zählen die klassischen Ämter des Dezernats „Soziales“: Jugendamt, Sozialamt, Gesundheitsamt und (je nach örtlicher Besonderheit) Amt für Soziale Dienste. Seit Ende der 1960er-Jahre wurden Modelle zur Neustrukturierung der Sozialverwaltung in einer Vielzahl von Städten und Kreisen erarbeitet und (teilweise) umgesetzt. Anlass waren zum einen die Entwicklung der Gebietsreform, die zum Nachdenken über bisherige Verwaltungsstrukturen, Ämtergrenzen und Zuständigkeiten zwang, also eine verwaltungsintern initiierte Reform, zum anderen ein externer Modernisierungsdruck, der mit der Gesellschafts- und Bürokratiekritik Ende der 1960er-Jahre verbunden war. Es gibt bis heute keine einheitliche Organisationsstruktur der Sozialverwaltung; die jeweiligen finanziellen und politischen Besonderheiten der Städte und Kreise sowie ihre Größe spielen bei der Organisation der zu erledigenden Aufgaben eine wichtige Rolle, da Organisationshoheit im Rahmen der kommunalen Selbstverwaltung ausgeübt werden kann.

Die traditionelle Sozialverwaltung folgt folgenden Organisationsprinzipien:

- Gliederung nach den in den Gesetzen genannten Aufgaben: Die Bezeichnungen der Abteilungs- und Stellengliederungen der Sozialadministration folgen traditionell den jeweiligen gesetzlich definierten Aufgabengebieten und die Gesetzessystematik ist unmittelbar in Organisationsgliederungen umgesetzt worden;
- Gliederung in Innen- und Außendienst: Der Innendienst umfasst vorwiegend die materiell-rechtliche Bearbeitung der Fälle und die Schlussentscheidung über Hilfeformen und Kosten. Der Außendienst erledigt die außerhalb des Zentralamts anfallenden Aufgaben. Hierzu gehören Ermittlungen und Kontrollen ebenso wie persönliche Hilfen in Form von Beratung und pädagogischer Betreuung. Die klassische Sozialverwaltung kennzeichnet ein bürokratisch-professionelles Arbeitsregime;
- Verteilung der Fälle nach dem Buchstaben- und Bezirkssystem: Der Innendienst teilt die Fälle nach den Anfangsbuchstaben der Klienten den Mitarbeitern zu (bürokratisches Verteilungsprinzip). Der Außendienst folgt traditionell dem Bezirks- oder Regionalsystem, d.h. jeder Mitarbeiter betreut einen räumlich abgegrenzten Bezirk;

- Aufgliederung nach Berufsgruppen: Der Innendienst wird bis heute in der der Regel mit Verwaltungsfachkräften besetzt, der Außendienst traditionell mit Sozialarbeitern/Sozialpädagogen;
- Konzentrierung der Aufgaben in einem zentral gelegenen Amt.

Diese traditionellen Gliederungs- und Organisationsprinzipien sind immer wieder Gegenstand heftiger Kritik gewesen. Diese entzündeten sich insbesondere an der administrativen Prägung sozialpädagogischer Hilfen und der damit verbundenen Einschränkung der Bedürfnisse der Klienten. Entsprechend der Kompetenzabgrenzung innerhalb der Sozialadministration ist je nach Fall eine Vielzahl von Stellen am Handlungsvollzug beteiligt; dies führt zu Problemzerschneidungen und Symptomorientierungen. Die präventiven Hilfen, die gesellschaftlichen Ursachen von Problementstehungen und die Lebenswelt der Klienten werden in der Form der Arbeitsorganisation zu wenig beachtet. Die Sozialadministration wirkt, so die Kritik, als anonyme Behörde, welche die Entwicklung eines Vertrauensverhältnisses zwischen Klient und Sozialarbeiter verhindert. Mit vielfältigen Versuchen der Neuorganisation sozialer Dienste hat man versucht, auf diesen Tatbestand zu reagieren (*vgl. Flösser 1996, Kühn 1994*).

Folgende gemeinsame Zielsetzungen lagen der Neuorganisation sozialer Dienste in den 1970er und 1980er-Jahren zu Grunde (*vgl. Kühn 1994; Otto u.a. 1991*):

1. Engere Verzahnung von persönlicher und wirtschaftlicher Sozialhilfe;
2. Bessere Betreuung verschiedener Klientengruppen;
3. Einbindung von Klienten in die administrative Versorgungskette;
4. Intensivierung der Kooperation der verschiedenen Personen und Institutionen, die an der Produktion von Verwaltungsleistungen beteiligt sind.

Diese Zielsetzungen machen deutlich, dass die bürokratische Aufbauorganisation, Ressortzersplitterung und die Dominanz von Verwaltungsfachkräften vor spezialisierten Professionen wie der Sozialarbeit im Zentrum der Kritik standen. Das teilweise Scheitern der Modellbewegung lässt sich auf den fehlenden Zusammenhang zwischen der Organisationsentwicklung der Modelle und den Personalentwicklungskonzepten zurückführen (*vgl. Kühn 1994*). Ergebnis ist, dass sich die Neuorganisation der 1970er und 1980er-Jahre auch nahezu ausschließlich auf die Verbesserung der Verwaltungsstrukturen (z.B. die Implementierung von Konzepten der Bürgernähe) konzentriert, ohne gleichzeitig neue Handlungs- und Entscheidungsprinzipien sowie neue Arbeitsformen mit zu entwickeln.

Neben den oben aufgeführten Organisationsprinzipien der klassischen Sozialverwaltung haben sich im Laufe der Zeit auch einige grundlegende Handlungsprinzipien herausgebildet, die entweder durch das Allgemeine Verwaltungsrecht oder den Sozialgesetzgeber bedingt sind. Die klassischen

Handlungs- und Entscheidungsprinzipien in der Sozialverwaltung sind häufig schon wegen ihrer innovations- und entwicklungshemmenden Auswirkungen kritisiert worden und in den letzten Jahren konnte man verstärkt Anstrengungen zur Abschaffung, Revision, Relativierung oder Modifizierung einiger dieser Handlungsprinzipien beobachten. Zu den klassischen z.T. bis heute geltenden Handlungs- und Entscheidungsprinzipien, welche die Organisation sozialer Dienste in der Bundesrepublik beeinflussen und tragen, gehören (ohne Anspruch auf Vollständigkeit erheben zu wollen):

- Das Subsidiaritätsprinzip regelt die Arbeitsteilung zwischen öffentlichen und freien Trägern und beinhaltet den bedingten Vorrang der Kirchen und werteorientierten freien Träger bei der Erstellung sozialer Dienste. Nicht selten wird auch die Notwendigkeit eines pluralistischen Angebots sozialer Dienste aus diesem Prinzip abgeleitet.
- Als Folge des Subsidiaritätsprinzips hat der Sozialgesetzgeber die Selbstständigkeit der freien Träger bei der Erbringung sozialer Dienste betont und der Steuerung ihrer sozialarbeiterischen und sozialpädagogischen Alltagsarbeit durch den öffentlichen Träger enge Grenzen gesetzt (insbesondere wenn sie als freie Träger das Anerkennungsverfahren durchlaufen haben).
- Dem öffentlichen Träger obliegt auf der anderen Seite die Gesamtverantwortung einschließlich der Planungsverantwortung; er hat im Rahmen dieser Aufgabe die Infrastrukturentwicklung zu betreiben und sicherzustellen, dass benötigte Hilfen und Dienste rechtzeitig und in genügendem Umfang vorhanden sind.
- Die Verwaltung ist ferner gehalten auf Grund des vielfach rechtlich verankerten Grundsatzes von der „Gleichwertigkeit der Lebensverhältnisse“, der Entwicklung räumlicher Disparitäten gegenzusteuern bzw. sicherzustellen, dass gleichwertige Lebensbedingungen in wirtschaftlicher, sozialer und kultureller Hinsicht entstehen.
- In Folge des allgemeinen Gleichbehandlungsgrundsatzes muss die Verwaltung auch sicherstellen, dass alle Bürger bei Bedarf und vorliegendem Rechtsanspruch, Hilfe in Anspruch nehmen können.
- Das Wirtschaftlichkeits- und Sparsamkeitsgebot ist neben der Rechtmäßigkeit des Verwaltungshandelns ein zentrales Handlungsprinzip, aus dem sich nicht zuletzt die Anstrengungen zur Verwaltungsmodernisierung und ihre Ausrichtung auf Steigerung der Effizienz herleiten lassen.

4.3 Sozialraumorientierung und die Entwicklung sozialer Dienste

4.3.1 Verwaltungsmodernisierung und soziale Dienste

Seit Beginn der 1980er-Jahre gibt es international eine Reihe von Verwaltungsreformvorhaben, die mit dem Begriff des „New Public Management“ gekennzeichnet werden (*vgl. Reichard 1994; Budäus 1994*). In Deutschland hat die Kommunale Gemeinschaftsstelle zur Verwaltungsvereinfachung (KGSt) mit Beginn der 1990er Jahre das sog. „Neue Steuerungsmodell“ entwickelt, das allmählich zum Leitbild der Verwaltungsmodernisierung, insbesondere auf kommunaler Ebene, avancierte (*vgl. KGSt 1991*). Das Neue Steuerungsmodell verfolgt unter der Zielsetzung „Dienstleistungsunternehmen Kommunalverwaltung“ ein Managementkonzept, dass sich durch mehrere, parallele Strategien kennzeichnet (*vgl. König 2000*): Die erste Strategie will eine neue Verantwortungs- und Arbeitsteilung zwischen öffentlichem, privatem und dem sog. „Dritten Sektor“ im Sinne einer Privatisierung und Deregulierung etablieren; die zweite Strategie betrifft die Binnenmodernisierung von Staat und Verwaltung im Sinne eines Abbaus bürokratischer Steuerung zu Gunsten eines neuen (betriebswirtschaftlich orientierten) Managerialismus; die dritte Strategie verfolgt eine kontraktive Politik des „Lean Management“ sowie eine an Geldgrößen orientierte Ökonomisierung des Organisations- und Personalwesens, insbesondere der Abläufe und Verfahren. Kernbestandteil neuer Steuerung ist die organisatorische Restrukturierung der Kommunalverwaltung, sodass dezentrale und weit gehend autonome operative Einheiten (Fachbereiche) auf der Basis von Fach- und Finanzzielsetzungen entstehen, die im Rahmen strategischer Zielvorgaben weit gehend eigenständig agieren können (Zusammenführung von Fach- und Ressourcenverantwortung). Im Sinne der angestrebten Output-Steuerung sollen dabei Produkte (Ergebnisse) als Maßstab des Erfolgscontrollings dienen (*vgl. Banner 1991*).

Zentrales Instrument der outputorientierten Steuerung wird daher das „Produkt“ als Leistungseinheit der Verwaltung, die entsprechend den Abnehmererwartungen zu Steuerungszwecken zusammengefasst und nach festgelegten Kriterien beschrieben werden. Der von der KGSt vertretene produktbezogene Ansatz der Verwaltungssteuerung ist sehr weit gehend: sie formuliert als Prinzip, das alles, was keinen Bezug zum Produkt hat, eliminiert wird. Der Haushaltsplan, das einzuführende Controlling und Berichtswesen, Kontrakte mit freien Trägern, alles erhält die Kennzeichnung „produktorientiert“. Zur Überwachung der Umsetzung der Produktpläne bedient sich die Politik und die Verwaltungsführung der Instrumente Berichtswesen und Controlling, die entsprechend produktbezogen aufgebaut werden müssen. Auf dieser Basis sollen aussagefähige Kosten- und Leistungsrechnungen entstehen.

Parallel zu dieser Entwicklung wurde eine Kritik an den Organisationsstrukturen sozialer Dienste entwickelt, in deren Vordergrund die mangelnde Effizienz und Effektivität der Leistungserstellung stand. Im wesentlichen geht es dabei um folgende Punkte:

- Eine stärkere unternehmerische Orientierung soll betriebswirtschaftliches Denken in die Rathäuser bringen; auf diese Weise sollen die Kosten für einzelne Dienstleistungen exakt ermittelt und die üblichen Sammelnachweise abgeschafft werden;
- Durch schlankere Organisationsformen soll eine Reduzierung der Hierarchiestufen und eine Delegation von Entscheidungen auf die Basisebene erreicht werden;
- Innerhalb der Verwaltung soll es zu einer konsequenten Kostenreduzierung kommen, wobei die Ausgliederung von Dienstleistungen und der Rückzug der öffentlichen Hand aus Feldern, die Private besser betreiben können, systematisch angestrebt werden soll.

Ziel des Umsteuerungsprozesses ist es, den Fachämtern eine umfassende Fach- und Ressourcenverantwortung für die auf sie zu übertragenden Aufgaben zu übergeben. Dies bedeutet zugleich, dass die bisherigen Querschnittsämter (Hauptamt, Personalamt, Kämmerei) sich auf Steuerungsaufgaben zurückziehen und Servicefunktionen für die Fachämter wahrnehmen (*vgl. Szlapka/Nikles 1997, S. 37*). Eine dezentrale Fach- und Ressourcenverantwortung erfordert jedoch nicht nur die Einführung der Kosten-Leistungs-Rechnung sondern auch ein neues Verfahren zur Steuerung kommunaler Haushalte, die Budgetierung. Hierbei benennt das Fachamt der Kämmerei alle feststehenden Ausgaben und Einnahmen für einen bestimmten Zeitraum. Diese werden ergänzt durch variable Einnahmen und Ausgaben. Die Kämmerei sammelt die festliegenden Positionen, gleicht sie mit den Deckungsmitteln ab und verteilt verbleibende Mittel nach politischen Vorgaben. Durch die Zuweisung eines Budgets erhalten die einzelnen Verwaltungseinheiten einen größeren eigenen Spielraum, der nach fachlichen und regional unterschiedlichen Bedingungen genutzt werden kann. Die bisherigen Sammelnachweise für Personal- und Sachmittel werden aufgelöst.

Die lange Geschichte um die Neuordnung sozialer Dienste wird in der aktuellen Diskussion um eine sozialraumbezogene soziale Arbeit wieder aufgegriffen. Es waren im wesentlichen fachlich begründete Positionen, die als zentrale Argumentationsfiguren für die Neuorganisation sozialer Dienste angeführt werden können (*vgl. Müller/Otto 1980*): Die Professionalisierungsstrategie als gesellschaftspolitisch reflektierte „neue Fachlichkeit“ setzt dabei wesentlich auf eine administrative Selbstbegrenzung und Problemlösungskompetenzen der Betroffenen. Hier liegt eine fachliche Keimzelle für Regionalisierung: Wesentliches Ziel adressatenorientierter Handlungsmuster ist der Abbau jener bürokratischen Organisationsstrukturen, die problemangemessenen Interventionsstrategien entgegenstehen. Es geht sowohl um die Erweiterung von Handlungsspielräumen für personenbezogene und materielle Dienstleistungen als auch um die Eröffnung anderer Zugänge bzw. die Beteiligung der Nutzer über andere Mechanismen als die der Defizitzuschreibung; einer so postulierten professionstheoretisch begründeten Neuorientierung entspricht eine „Regionalisierung als sozialräumliches Arbeitsprinzip". Dieses Arbeitsprinzip soll als Leitbild für die Neugestaltung der Kinder- und Jugendhilfe und der Sozialhilfe dienen. Wir wollen deshalb im Folgenden an diesen beiden Beispielen die Diskussion um Sozialraumorientierung verdeutlichen.

4.3.2 Das Beispiel Jugendhilfe

Lebensweltorientierung hat sich in den vergangenen 10 bis 15 Jahren in der sozialen Arbeit als ein allgemein anerkanntes Prinzip der Konzeptionierung von Hilfeleistungen durchgesetzt. Die Lebensweltkonzeption von Habermas und seine Krisendiagnose hat unter dem Schlagwort der Kolonialisierung von Lebenswelten Einzug in die fachliche Auseinandersetzung gefunden. In seiner Theorie des kommunikativen Handelns 1981 zog Habermas Parallelen zwischen einer „äußeren Kolonialisierung" der Drittweltländer durch die erste Welt und einer „inneren Kolonialisierung" innerhalb der ersten Welt. Darunter verstand er, dass die Subsysteme Wirtschaft und Staat „immer tiefer in die symbolische Reproduktion der Lebenswelt eindringen" (*vgl. Habermas 1981, S. 539*). Die „Lebenswelt" wurde damit als ein von Staat und Wirtschaft weit gehend unabhängiger Bereich aufgefasst, der aber ihrem nachträglichen Zugriff ausgesetzt war. Parteilichkeit für diese „Lebenswelt" war damit zugleich oppositionell gegen institutionalisierte Zugriffe gedacht und gegen die Funktionalisierung der Lebenswelt für deren institutionalisierte Zweckrationalität. Den Bereich „Lebenswelt" konnte man insofern in Verbindung bringen mit gut, unkorrumpiert, ursprünglich, echt, bewahrenswert – als ein Wert, für den es sich einzusetzen lohnt.

Insbesondere von Thiersch wurde die Krisendiagnose von Habermas neu belebt. Nicht nur die von Habermas in den Mittelpunkt seiner Kolonialisierungsthese gestellten Faktoren Recht und Geld gefährden nach Thiersch die Lebenswelt. Institutionalisierte Unterstützungssysteme der sozialen Arbeit selbst laufen seiner Ansicht nach Gefahr, kolonialisierende Wirkungen auf die Lebenswelt zu entfalten. Dies geschieht durch eine zunehmende Expertisierung, Therapeutisierung und Verrechtlichung der Hilfebeziehungen. Institutionen und pädagogische Programme treten den Hilfsbedürftigen als „spezifische, pädagogisch inszenierte (...) Lebenswelten" (*vgl. Thiersch 1998, S. 86*) gegenüber.

Insbesondere die Veröffentlichung des 8. Jugendberichts der Bundesregierung (verfasst von Keupp u.a. 1990) belebte weit über den Bereich der Jugendhilfe hinaus den fachlichen Diskurs um Lebensweltorientierung und die Relevanz sozialer Netzwerke. Dabei steht die Frage des Verhältnisses von Hilfe und Kontrolle im Zentrum der Diskussion (*vgl. BMFJG 1990*). Der 8. Jugendbericht erörtert diese Frage als Ausdruck des Widerspruchs sozialer Arbeit schlechthin und darunter auch der Jugendhilfe: „Jugendhilfe ist ... geprägt durch den Widerspruch von Sozialstaatspostulat und Sozialdisziplinierung" (*vgl. BMFJG 1990, S. 89*). Gerade in ihrer intensiven Lebensweltorientierung stehe Jugendhilfe als Familienhilfe, bei Streetwork, als Justizhilfe, in Frauenhäusern etc. ständig in der Gefahr, nicht nur aufdringlich zu werden, sondern zu einer besonders intimen Form der Kontrolle entwickelt zu werden. Der 8. Jugendbericht enthält an mehreren Stellen Hinweise darauf, dass das Konzept der Lebensweltorientierung nicht mit einem sozialgeografischen Muster (Wohngebiet, eingegrenzter Sozialraum, Planungsraum etc.) in eins zu setzen ist, sich hieraus also auch keine Sparpotenziale ableiten lassen: „Regionalisierung bedeutet aber nicht nur den Bezug auf gegebene regionale Strukturen; die können auch vorurteilbestimmt, borniert und – vor allem – unzulänglich sein. ... Regionalisierung ohne sozialpolitische Absicherung könnte sich sonst als eine kostengünstige Variante eines allgemeinen Sparprogramms erweisen" (*BMFJG 1990, S. 86f*). Dass „Probleme in der Lebenswelt nicht mit den Mitteln der Lebenswelt allein bewältigt werden können" (*vgl. Thiersch 1992, S. 25*) verstand sich als Warnung an die „verkürzende Missinterpretation" des Lebensweltorientierungsansatzes und der seit den 1990er-Jahren geführten Diskussion um „Sozialmissbrauch" und den daraus folgenden moralisierenden Forderungen nach grundlegendem Abstandnehmen von jeder Anspruchshaltung. Der 8. Jugendbericht plädiert deshalb entschieden für „die Sicherung und Garantie von Leistungsansprüchen ... (als) Voraussetzungen einer lebensweltorientierten Jugendhilfe" (*vgl. BMFJG 1990, S.198*).

Exkurs: Dezentralisierung und Regionalisierung im Kinder- und Jugendhilfegesetz (KJHG)

Die Ergebnisse des 8. Jugendberichts sind nur unzureichend in die Beratungen um ein neues Kinder- und Jugendhilferecht eingeflossen (*vgl. Wabnitz 1992*). Insbesondere der Präventionsgedanke erweist sich als durchgängige Philosophie des KJHG. Besonders zahlreich sind Hinweise auf die Alltagsorientierung als Maxime des Gesetzes. Diese finden sich in § 5 KJHG (Wunsch- und Wahlrecht), in § 8 (Beteiligung von Kindern und Jugendlichen), in § 11 (Jugendarbeit mit gemeinwesenorientiertem Akzent), in § 22 mit der Verpflichtung zur Orientierung an Bedürfnissen von Kindern und ihren Familien bei Kindertageseinrichtungen und in § 27 Abs. 2 KJHG mit der

Beachtung von Umständen des Einzelfalls und aus dem sozialen Umfeld. Probleme im Verhältnis zu den Forderungen des 8. Jugendberichts ergeben sich nach einer Analyse von Wabnitz bei den Maximen von Dezentralisierung und Regionalisierung, so weit damit nur der Aufbau und die Nutzung lokaler Netze und die Verstärkung der Zusammenarbeit der örtlichen Jugendämter gemeint sind: Dies ermöglicht und befördert das KJHG. Der 8. Jugendbericht fordert aber zusätzlich die „Vorgabe verbindlicher Standards als Pflichtaufgaben", also Rechtsansprüche. Hier wird von Wabnitz eine „Diskrepanz" festgestellt, da das KJHG zwar durchaus Rechtsansprüche enthalte, aber auch eine „ganze Reihe von Sollvorschriften". Dies sei aber letztlich ein „schwer auflösbarer Widerspruch", da zu streng normierte bundesgesetzliche Vorgaben die kommunale Selbstverwaltung vor Ort schwächen würden (*vgl. Wabnitz 1992, S. 213*). Das KJHG lässt sich mit Blick auf den lebensweltorientierten Ansatz eher als Konzept der Intervention durch Infrastruktur verstehen (*vgl. Münder 1991, S. 289*). Da der Erfolg der Angebote, Dienste und Leistungen der Jugendhilfe entscheidend davon abhängt, dass die Bürger sich auf eine produktive Kooperation mit der Jugendhilfe einlassen, ist die offensive Bereitstellung dieser Angebote innerhalb ihrer Lebenswelt notwendig. Allein der Umstand, dass Jugendhilfe-Infrastruktur im Alltag sichtbar und erlebbar vorhanden ist, kann helfen, Schwellenängste zu überwinden und Kontaktbarrieren abzubauen. Wenn die Angebote tatsächlich attraktiv ausgelegt sind, erhöht sich ihre Akzeptanz aus ihrer im Alltag erfahrenen Nützlichkeit. Vor diesem Hintergrund ist die Frage der finanziellen Ausstattung der Infrastruktur durch das KJHG in mehrfacher Hinsicht kritisch diskutiert worden. Schon die im Gesetzesentwurf geschätzten Mehrkosten sämtlicher Neuerungen von insgesamt 420 Millionen (nur für die alten Bundesländer) für die Zeit von 1991 bis 1995 entsprachen bei Milliarden Gesamtkosten für die Jugendhilfe im Jahre 1990 einer Steigerung von nur 5 Prozent. Das war also nicht mehr als ein Inflationsausgleich. Die in der Regierungsbegründung genannten Mehrkosten des KJHG gegenüber dem früheren Jugendwohlfahrtsgesetz (JWG) sollen jährlich 84 Millionen DM betragen. Das „moderne, präventiv orientierte Leistungsgesetz" soll also jährlich 1 Prozent mehr kosten als das „polizeirechtlich orientierte" Eingriffsgesetz (*vgl. Münder 1990, S. 186*). Hinzu kommt die finanzrechtliche Grundstruktur des bundesrechtlichen Leistungsgesetzes: Der Bund überlässt die finanzielle Ausstattung der Jugendhilfe ohne nennenswerte Bundeszuschüsse „der sehr unterschiedlichen Finanzschwäche von Ländern und Kommunen, die gerade da besonders groß ist, wo gerade der Jugendhilfe-Bedarf besonders hoch ist" (*vgl. Kiehl 1993, S. 227*).

Joachim Merchel fasst die Differenzen zwischen dem Begriff der Lebensweltorientierung und der Sozialraumorientierung folgendermaßen zusammen:

„Der Begriff ‚Lebensweltorientierung' nimmt seinen Ausgangspunkt beim Individuum. Die Lebenswelt lässt sich zunächst primär als eine individuelle verstehen: Gefragt ist die Lebenswelt des Einzelnen, analysiert werden seine räumlichen und sozialen Bezüge. Lebenswelt ist dadurch eine psychosoziale Kategorie, die die Lebensbezüge des Individuums in den Blick nimmt. Angesichts der Individualität von Lebenswelten sind diese auch räumlich flexibel zu fassen. Die individuelle Lebenswelt kann sich räumlich ausdifferenzieren in unterschiedliche Regionen je nach Mobilität eines Individuums. Die Wohnregion kann dabei lediglich einen zeitlich und sozial geringen Anteil an der Lebenswelt eines Individuums einnehmen. Bei sehr geringer Mobilität können Lebenswelt und Sozialraum tendenziell stärker in Übereinstimmung stehen.
Der Begriff ‚Sozialraumorientierung' vermittelt demgegenüber eine infrastrukturelle Vorstellung. Als Ausgangspunkt dienen nicht die von den Individuen ausgehenden Analysen, sondern die räumliche Struktur vorhandenen, zu bewertenden und zu gestaltenden infrastrukturellen Ausstattungen. Anders als bei der Lebensweltorientierung ist der Denkansatz nicht auf das Individuum gerichtet, sondern auf den geografischen und administrativen Bezug, auf dessen Grundlage Infrastruktur betrachtet wird. Somit wird auch die räumliche Flexibilität des Lebensweltkonzeptes verlassen: Mit der Sozialraumorientierung wird eine räumliche Begrenztheit konstituiert, weil nur in räumlichen Grenzen Analysen und Handlungsperspektiven konzipiert werden können" (*Merchel, 2001, S. 372*).

Exkurs: Vernetzung und Kooperation im Kinder- und Jugendhilfegesetz (KJHG)

Vernetzung und Kooperation spielen im Kinder- und Jugendhilfegesetz eine herausragende Rolle. Das KJHG setzt auf vernetzte Arrangements, insbesondere im Rahmen der kooperativen Jugendhilfeplanung (§ 80 KJHG), bei der Forderung, Arbeitsgemeinschaften zur Abstimmung von Maßnahmen (§ 78 KJHG) zu schaffen, im Zusammenarbeitsgebot mit anderen Stellen und Einrichtungen (§ 81 KJHG), sowie im Rahmen der individuellen Hilfeplanung (§ 36 KJHG). Da das KJHG an verschiedenen Stellen auch eine Pluralisierungsstrategie (§§ 3, Abs. 1; 4, Abs. 3, 11 Abs. 2 KJHG) enthält, durch die der Begriff des „freien Trägers" eine starke Ausweitung erfährt und sich seitdem mehr Anbieter als in den Jahrzehnten zuvor auf dem Feld der Kinder- und Jugendhilfe betätigen, werden in der Logik des KJHG kooperative Koordination und diskursive Steuerung zunehmend notwendig, will man in dieses Politikfeld weiterhin politisch steuern. Die Notwendigkeit des Aufbaus vernetzter Strukturen in der Kinder- und Jugendhilfe ergibt sich auch zwingend aus dem Wunsch- und Wahlrecht der Leistungsberechtigten (§ 5), das wiederum die Zusammenarbeit der Hilfeanbieter (§ 4, Abs. 1 KJHG) zur Folge hat. Freie Träger müssen dem Sinn des KJHG nach eine aktive Rolle in der Steuerung der Jugendhilfe übernehmen, was wiederum nur möglich wird, wenn lokale Netzwerke und Verhandlungssysteme entstehen, die politische Prioritäten über lokale soziale Probleme und Wege der Problembearbeitung setzen. Statt eine Unzahl von Einzelmaßnahmen zu formulieren, setzt der Gesetzgeber im KJHG auf das freiwillige Zusammenwirken der Professionellen in der sozialen Arbeit, die diskursiv über Ziele und geeignete Maßnahmen verhandeln und insbesondere entscheiden sollen, welche Instrumente und Angebote von welchen Trägern vorgehalten werden sollen. Kooperation und Netzwerkbildung wird nicht zuletzt auch deshalb notwendig, da die Hilfen nach der Logik des KJHG sich durch Lebensweltorientierung kennzeichnen sollen, was nur funktioniert, wenn sie sozialräumlich ausgehandelt und organisiert werden.

Es besteht kein Zweifel daran, dass das Leistungssystem Jugendhilfe „revisionsbedürftig" (*vgl. Otto 2002, S. 1*) ist. Dabei geht es nicht um die Erfindung von etwas völlig Neuem, denn die Jugendhilfe ebenso wie die soziale Arbeit war schon immer durch einen Bezug zum Gemeinwesen gekennzeichnet und in diesem Sinne kontextualisiert. Es stellt sich die Frage, ob die Neuentdeckung des Sozialraums lediglich als ein Instrument zur Effektivierung der Steuerung sozialer Dienste dienen soll, oder ob eine tatsächliche fachliche Entwicklung professioneller Interventionen angestrebt ist (siehe hierzu das Kapitel über Sozialraumbudgets).

4.3.3 Das Beispiel Sozialhilfe

Die Kosten für die Sozialhilfe stehen seit Jahren im Zentrum der Diskussion auf lokaler Ebene. Nach Inkrafttreten des BSHG 1962 war die Sozialhilfeempfängeranzahl äußerst gering (0,5 Mio. in den 1960er-Jahren). In den 1970er-Jahren nahm die Zahl stetig zu. Ende 1982 wurde die Millionengrenze überschritten, Ende 1992 die Zweimillionengrenze, Ende 1998 mussten in den alten Ländern bereits 2,5 Mio. Menschen (3,7 Prozent der Bevölkerung) laufende Mittel zum Lebensunterhalt in Anspruch nehmen, davon ca. 1/4 Ausländer. In den neuen Ländern betrug die Zahl der Sozialhilfeempfänger knapp 420.000 bzw. 3 Prozent der Bevölkerung.

Waren in den 1960er und 1970er-Jahren noch alte Menschen mit einem besonders hohen Sozialhilferisiko versehen, wurde dies durch die Dynamisierung der Renten eingedämmt. Ältere Menschen sind daher heute erheblich seltener sozialhilfebedürftig als Alleinerziehende mit Kindern (14 Prozent der unter 16-jährigen, 9,2 Prozent Frauen und 8,5 Prozent Männer). Immer häufiger reicht die Arbeitslosenunterstützung nicht aus, um das Existenzminimum zu decken. Gab es 1980 nur 80.000 arbeitslose Sozialhilfeempfänger, waren es 1997 bereits 564.000 in den alten und 139.000 in den neuen Bundesländern. Fiskalisch bedeutet dies, dass ein großer Teil der Kosten der Arbeitsmarktkrise vom Bund und der Versichertengemeinschaft auf die letzte Ebene der sozialen Sicherung, die Sozialhilfe, d.h. auf die Kommune, abgeschoben wird.

Mit den steigenden Sozialhilfeausgaben wurde die Notwendigkeit von Verwaltungsreformen im Sozialamt verstärkt. Wie die anderen Ämter der Sozialverwaltung ist das Sozialamt in der Vergangenheit durch bürokratische

Organisationsstrukturen gekennzeichnet gewesen (Hierarchie, Dienstwegprinzip, Regelgebundenheit, Aktenkundigkeit und Amtsdisziplin). Von Ausnahmen abgesehen ist die übliche Gliederung des Sozialamtes der Gesetzessystematik angepasst. Den Kern bilden die Leistungsabteilungen, die in der Regel nach dem Buchstabensystem arbeiteten. Der Außendienst führt Ermittlungen durch, Hausbesuche im Auftrage des Innendienstes aus und ist oft beim Allgemeinen Sozialen Dienst (ASD) angesiedelt.

Im Jahre 1996 trat das Gesetz zur Reform der Sozialhilfe in Kraft. Ziel waren Einsparbemühungen mit Kontrollen und Verschärfung der Repressionen gegenüber arbeitsfähigen Sozialhilfeempfängern. Gleichzeitig gab es Anreize bei einer Arbeitsaufnahme. Lehnen Sozialhilfeempfänger eine angebotene zumutbare Arbeit ab, können die Regelsätze zeitweise um mindestens 25 Prozent gekürzt werden. Das Ziel, Sozialhilfeempfänger wieder in den Arbeitsmarkt zu integrieren, erfordert eine enge Kooperation aller Einrichtungen und Ämter. Um diese Kooperation zwischen Sozialhilfeverwaltung und Arbeitsamt zu verbessern, gehen viele Städte dazu über, Vereinbarungen mit der Bundesanstalt für Arbeit zu schließen. Sie reichen von gemeinsamen Maßnahmen zur Integration in den Arbeitsmarkt (Einsetzung von Fallmanagern z.B. in Köln), Austausch der Sozialhilfeempfängerdaten bei Zustimmung der Hilfeempfänger bis zu gemeinsamen Anlauf- und Beratungsstellen (z.B. Stadt Heilbronn) unter Einbeziehung freier Träger (*vgl. z.B. Bertelsmann-Stiftung u.a. 2001, S. 29 ff*). Seit dem Bericht der Hartz-Kommission steht die Zusammenführung von Arbeitslosenhilfe und Sozialhilfe ganz oben auf der Agenda der Bundesregierung.

Anlass zu Veränderungen können Leistungsvergleiche mit anderen Ämtern sein, die wie in Pforzheim zur Aufgabe der Einteilung der Klienten nach dem Buchstabenprinzip führen. Dabei werden die Empfänger von Sozialhilfe in drei Gruppen aufgeteilt: arbeitsfähige, arbeitsunfähige und temporär arbeitsunfähige Empfänger. Eine Neufallgruppe kümmert sich als Spezialteam um die spezifischen Probleme und den Fallhintergrund jedes neues Antragstellers. Gemeinsam mit anderen Stellen (Jugendamt, Arbeitsamt, Wohlfahrtsverbände) wird ein detaillierter Hilfeplan erstellt, um den Sozialhilfebezug nicht zu verfestigen. Ein solches Konzept benötigt mehr Mitarbeiter, die zudem qualifizierter und motivierter sein müssen. Ein vergleichendes Berichtswesen verschiedener Städte zeigte jedoch, dass die gesamten Produktionskosten im Sozialamt nur 5 bis 7 Prozent der Transferzahlungen ausmachen.

Derartige Ansätze unterstützt auch die Kommunale Gemeinschaftsstelle zur Verwaltungsvereinfachung (KGSt), die vorschlägt, mit Hilfe von Schlüsselkennzahlen ein geeignetes Berichtswesen aufzubauen, das dann als Basis für ein Sozialplanungs- und Controllinginstrument benutzt werden kann. Schlüsselkennzahlen sollen sein: Sozialhilfedichte, Fallzahlentwicklung, Kosten je Person/Fall über die Bezugszeit sowie Struktur- und Prozessqualität und Kundenzufriedenheit (*vgl. KGSt 1997, S. 18*). Ziele für Einsparpotenziale bei der Sozialhilfe sind: Reduzierung der Fallzahlen durch verbesserte Zugangsprüfung, verbesserte Hilfeplanung zur Verringerung der Bezugsdauer sowie Ausnutzung aller Verselbstständigungshilfen, um Abgänge möglich zu machen.

Weiter gehende Veränderungen der Sozialverwaltung beziehen Elemente der Dezentralisierung und Regionalisierung mit ein. Dabei wurden z.B. in Oberhausen die klassischen Ämter der Sozialverwaltung in ihren bisherigen Funktionsbeständen aufgelöst, um folgende Ziele zu erreichen:

- Regionalisierung
- Ganzheitliche Sachbearbeitung
- Zusammenführung von Hilfe und Entscheidung
- Kooperation und Vernetzung
- Effektivierung
- Ständige konzeptionelle Weiterentwicklung *(vgl. Damerius 1997, S. 18).*

Die bisher zentral untergebrachten Beschäftigten sind in Oberhausen nunmehr in sechs Stadtteilzentren neu angesiedelt, wobei eng kooperierende Arbeitsgruppen aus den bisherigen Fachämtern zusammengestellt wurden. Diese Arbeitsgruppen bilden sich in Orientierung auf die sozialräumliche Gliederung der Region. Innerhalb der einzelnen Arbeitsgruppe legen die Beschäftigten zur eigenen Entlastung ihren Schwerpunkt auf eine sog. Lebensphase (junge Menschen und deren Familien oder Alleinstehende, Erwachsene und ältere Menschen). Um die Zusammenführung von Hilfe und Entscheidung zu gewährleisten, wird die Abwicklung der gesetzlichen Pflichtaufgaben nach dem BSHG und KJHG in Kombination von Innen- und Außendienst auf nur noch eine Person der Fachverwaltung übertragen. Diese Fachkraft ist damit für eine Familie als Ganzes zuständig. Die Zuständigkeit wechselt auch nicht mit der Änderung des Familiennamens oder durch neue Problemlagen.

Die früheren Ämter (Jugendamt, Sozialamt) gliedern sich unterhalb der Dezernatsebene in sechs Fachbereiche, die die Arbeit der Stadtteilzentren sichern und die Kommunikation zwischen ihnen fördern sollen. Die Zuständigkeit in der Einzelfallarbeit richtet sich nach dem jeweiligen fachlichen Bereich der sozialen Arbeit und der wirtschaftlichen Hilfen. Sind mehrere sozialpädagogische Fachkräfte und Verwaltungskräfte beteiligt, liegt die Federführung bei der regionalen Arbeitsgruppe. Eine gemeinsame Entscheidung ist immer dann herbeizuführen, wenn eine Fachkraft von dem Ergebnis der Stellungnahme bzw. der Entscheidung über kostenverursachende Maßnahmen der jeweiligen anderen Fachkraft abweichen möchte. Kann keine Einigung herbeigeführt werden, wird der Koordinator der Region hinzugezogen. Bei Beihilfen zur Erziehung außerhalb von Familien, bei vormundschaftsrechtlichen Verfahren oder der Einleitung von Strafverfahren besteht der Zwang, eine Fallkonferenz herbeizuführen.

Das zentrale Ziel der Stadtteilorientierung soll dazu führen, alle im Stadtteil tätigen Professionellen und Ehrenamtlichen in Informationsaustausch und Arbeitsabsprachen mit einzubeziehen, um Nichtbetreuung oder

Mehrfachbetreuung zu vermeiden. Neben der Herstellung von Synergieeffekten ist ein weiteres Ziel, die Förderung und Stützung von Selbsthilfepotenzialen der Menschen im Stadtteil. Dies beinhaltet auch die Kooperation und Koordination mit den ortsansässigen Verbänden, Vereinen und Fachinstitutionen.

Die Stadt München betreibt seit 1992 ihr Projekt „Regsam" (Regionalisierung und Dezentralisierung von sozialen Einrichtungen) mit der Umsetzung sozialer Dienste in die Stadtteile. Ziel ist es auch hier, soziale Leistungen bürgerfreundlicher und bedarfsgerechter anzubieten, wobei gleichzeitig auf Wirtschaftlichkeit und Effizienz der Leistungserbringung geachtet werden soll (*vgl. Stadt München 1998, S. 1*). Darüber hinaus sollte zur Stärkung der Stadtteile und zur Unterstützung lebendiger Quartiere beigetragen werden, in dem die Bürgerbeteiligung und die Bildung von sozialen Netzwerken angestrebt wird. Instrument hierzu ist die Regionalisierung sozialer Arbeit in großregionalen Arbeitsgemeinschaften. Sie sollen soziale Foren schaffen, in denen regional Verwaltung, Verbände und Initiativen kooperieren, um das soziale Angebot vor Ort möglichst bedarfsgerecht zu gestalten: Mitte 1993 bestanden in 15 Stadtbezirken 9 Regsam-Regionen.

Im Mittelpunkt des umfassenden Prozesses der Organisationsentwicklung nach dem neuen Steuerungsmodell stand in München weiter die Schaffung von Sozialbürgerhäusern. Sie sollen regionale und somit wohnortnahe Einrichtungen sein, in denen die unmittelbar bürgerbezogenen Dienste des Allgemeinen Sozialen Dienstes, des Sozialamtes und des Jugendamtes sowie des Flüchtlingsamtes und des Amtes für Wohnungswesen organisatorisch unter einem Dach zusammengeführt sind. In jeder der 13 Sozialregionen soll ein Sozialbürgerhaus arbeiten. Die Sozialregionen müssen sich an den Grenzen der Stadtbezirke orientieren und dürfen nicht über 100.000 Einwohner haben. Sie sollen kundennahe Einrichtungen sein. Soziale Indikatoren wie „Anzahl der Hilfeempfänger von Hilfe zum Lebensunterhalt" oder „ASD-Beratungsfälle" sollen eine ausgewogene Verteilung garantieren. Als Messzahl gilt, dass die Fallzahlen des Allgemeinen Sozialen Dienstes (ASD) sowie die Sozialhilfe-Empfängerzahlen pro Sozialregion jeweils 3.000 Fälle nicht überschreiten sollten.

4.3.4 Sozialraumorientierung und Sozialraumbudgets

Die in Zusammenhang mit der Diskussion um die Sozialraumorientierung in der sozialen Arbeit hervorgehobene Diskussion um die Funktion von Sozialraumbudgets verdankt sich dem Tatbestand, dass dieses Instrument zur Intensivierung der Praxis der Verwaltungsmodernisierung genutzt werden soll. Sozialraumbudgets sollen – wie das Neue Steuerungsmodell überhaupt – dazu beitragen:

- dass eine stärkere unternehmerische Orientierung von den Rathäusern bis zu den Trägern sozialer Dienste stattfindet, da nur so aus Sicht der Protagonisten Kostenbewusstsein entstehen kann;
- dass der Verwaltungshaushalt entlastet wird, wobei auch weiterhin die Strategie der Ausgliederung von Dienstleistungen verfolgt wird und der Rückzug der öffentlichen Hand aus Feldern, die Private besser betreiben können, systematisch fortgesetzt wird;
- dass durch die Schaffung von ressourcenverantwortlichen Sozialraumgremien neue dezentrale kooperative Organisationsformen mit Synergieeffekt entstehen und somit die im Dezentralisierungsmodell enthaltene Delegation von Entscheidungen auf die Basisebenen auch im Handlungsfeld „Soziale Dienste" erreicht wird,
- dass in Anlehnung an die Binnenmodernisierung auch eine Modernisierung der Umwelt der Verwaltung einsetzt, die auch dort die Etablierung einer strategischen und operativen Ebene zum Ziel hat.

Das Sozialraummodell der Kommunalen Gemeinschaftsstelle (KGSt)

Eine Weiterentwicklung und sozialräumliche Präzisierung des für das „Neue Steuerungsmodell" zentralen Gedankens des Kontraktmanagement stellt der KGSt-Bericht zum „Kontraktmanagement zwischen öffentlichen und freien Trägern" (*vgl. KGSt 1998*) dar, der sich auf das Beispiel der ambulanten Hilfen zur Erziehung konzentriert, aber perspektivisch davon ausgeht, das gesamte in den §§ 11-41 KJHG skizzierte Leistungsangebot der sozialen Dienste in das Kontraktmanagement zu integrieren. In dem KGSt-Bericht wird ein sozialräumlicher Lösungsansatz empfohlen. Über den Wirkungsbezug der Vereinbarungen heißt es: „Die bedarfsgerechte Bereitstellung der Hilfe nach vereinbarten Standards ist das Ziel der vertraglichen Vereinbarung. Ob das Ziel dieser Hilfe erreicht wird, die Hilfe also wirkt, lässt sich u.a. daraus ersehen, ob, bzw. wie weit die Verselbstständigung gefördert wurde."

Die KGSt empfiehlt ein Mischsystem der drei Tätigkeitsfelder

- Fallspezifische Arbeit,
- Fallübergreifende Arbeit und
- Fallunspezifische Arbeit.

Wirkungen sollen danach unterschieden werden, ob sie fallbezogen definiert werden oder das Gesamtsystem betreffen sollen. Aus dieser Auffassung folgt eine auch für den Wettbewerb wichtige Orientierung: Plädiert wird für eine Budgetierung im Rahmen eines pauschalen Abrechnungsverfahrens und eine Ablösung der Finanzierung über Fachleistungsstunden. Die zentralen Steuerungsgrößen zur Bemessung des Budgets sollen am sozialen Raum ausgerichtet werden. Für den Wettbewerb ausgeschrieben werden können danach Leistungsverträge, die ein mit einem Budget verknüpftes Lösungspaket beinhalten, in dem festgelegt wird, dass die in einem Bezirk, Stadtteil oder

Wohnquartier zur Bearbeitung anstehenden Fälle übernommen werden. Die Schwierigkeit einer Verknüpfung der Budgetbemessung und -entwicklung mit Indikatoren des sozialen Raums wird eingeräumt. Ersatzweise wird ein Budgetierungsverfahren vorgeschlagen, das einen pauschalen Abrechnungsmodus mit flexiblen Elementen und qualitätsbezogenen Anreizen verbindet und mittelfristig mit einem fallübergreifenden Sozialraumindikatorenkonzept verknüpft werden kann.

Der Vorteil von Sozialraumbudgets und einer Ablösung der Finanzierung von Hilfen zur Erziehung über Fachleistungsstunden wird in einem stärkeren Anreiz zum Ausbau präventiver Hilfen und einer größeren Flexibilität freier Träger bei der Leistungserbringung gesehen. Der Budgetierungsvorschlag sieht vor, dass vom Gesamtbudget der ambulanten Hilfen zur Erziehung ein auszuhandelnder Anteil (z.B. 70%) zu Grunde gelegt und als garantierter Sockelbetrag den freien Trägern in festgelegten Raten ausgezahlt wird. Dafür übernehmen diese die Verpflichtung, alle im Sozialraum anfallenden Fälle zu bearbeiten. Wird dieser Grundbetrag auf mehrere Träger verteilt, muss jeder entsprechend seinem Anteil Fallmengen bearbeiten. Grundlage sind die Entscheidungen der Hilfeplankonferenz nach § 36 KJHG.

Weitere 10 Prozent erhalten die freien Träger für die Durchführung fallunspezifischer Tätigkeiten. Diese zusammengenommenen 80 Prozent des o.g. Gesamtbudgets bilden den für die Ziel- und Standarderreichung notwendigen Sockelbetrag und schaffen für die freien Träger eine ausreichende Planungssicherheit im Bereich der ambulanten Hilfen zur Erziehung. Die verbleibenden 20 Prozent werden an Qualitätsnachweise gekoppelt oder – falls dies nicht nachgewiesen werden kann – leistungsbezogen auf andere im Sozialraum tätige Träger für die Durchführung von ambulanten Erziehungshilfen verwandt.

Zur Steuerung dieses Budgetierungsverfahrens wird ein lokales Sozialraumgremium vorgeschlagen, das auch den Kern der Beteiligten am Controlling-Prozess bildet.

Es ist bemerkenswert, dass die KGSt damit (zumindest für diesen Bereich) von der von ihr selbst entwickelten Produktlogik Abstand nimmt: „Die von der KGSt in verschiedenen Berichten zum Neuen Steuerungsmodell empfohlene Produktlogik ist nur dann mit dem hier vorgestellten Sozialraumbudget zu vereinbaren, wenn die innerhalb eines sozialen Raums erbrachten Leistungen nicht kleinteilig jeweils einzeln als Produkt definiert werden. Denn nicht jede einzelne, im Sinne einer fallübergreifenden oder fallunspezifischen Arbeit erbrachte Leistung, auch nicht die fallspezifische Arbeit stellt ein eigenes Produkt dar, das über einen Leistungsvertrag abzurechnen ist. Die Produktgruppenbeschreibung lautet in diesem Fall vielmehr ‚Hilfen zur Erziehung im sozialen Raum' und darf keineswegs, ganz im Sinne des je vertretenen fachlichen Ansatzes, weiter ausdifferenziert werden" (*vgl. KGSt-Bericht 12/1998, S. 48*).

Verwaltungsmodernisierung und Sozialraumbudget

Ausgelöst durch die Einführung neuer Steuerungsmodelle und die Bilanzierung der Reorganisationsmodelle der Sozialverwaltung und unabhängig von den KGSt-Überlegungen zur Einführung von Sozialraumbudgets hat in den letzten Jahren erneut eine Diskussion darüber begonnen, die soziale Arbeit in der Sozialverwaltung und in den sozialen Diensten stärker als bislang dienstleistungstheoretisch zu bestimmen (*vgl. Olk 2000; S. 14, ISA 2001, S. 13*), was es stärker als bislang erlaubt, auch Qualität und Wirkung sozialer Arbeit zu thematisieren. Da im Dienstleistungsparadigma die Interaktion zwischen Produzent und Konsument im Mittelpunkt steht und folglich die Dienstleistung als ein Koproduktionsprozess zu begreifen ist, in dem nicht nur der Klient/Konsument aktiviert werden muss, sondern in gleichem Maße formelle und informelle Netzwerkstrukturen im Wohnumfeld, Stadtteil oder Quartier, ist soziale Arbeit als Dienstleistung keineswegs ausschließlich einzelfallorientiert; die Sozialraumorientierung ist konstitutiver Bestandteil der Dienstleistung. Damit sind im Kern drei die Einzelfallorientierung sprengende Zielsetzungen verbunden:

1. Soziale Hilfen und soziale Dienste müssen auch stärker präventiv und ursachenbezogen orientiert sein;
2. Das Bedürfnisgefüge sozialer Problemlagen hat neben individuellen Aspekten immer auch die spezifischen Lebensbedingungen als Grundlage, die kommunal gesehen als Faktor des sozialen Raums beschrieben werden können und
3. Soziale Hilfen sind als flexible, möglichst lebensweltnahe Angebote zu organisieren.

Reformbemühungen dieser Art implizieren immer auch eine stärkere Sozialraumorientierung, was z.B. seit einiger Zeit in Modellversuchen einer stärker stadtteilorientierten Reorganisation sozialer Dienste zum Tragen kommt. Solche Reformansätze setzen sich deshalb immer das Ziel, die vorhandenen sozialen Kompetenzen des Einzelnen, der familiären Systeme bis hin zum Stadtteil bei Problemlösungen und deren Vermeidung und bei der Gestaltung des Umfeldes einzubeziehen.

Folgende Gestaltungsprinzipien einer stadtteilorientierten Reorganisation lassen sich beobachten:

- *Von der Einzelfallhilfe zum Sozialraumbezug*: Steuerungs- und Planungsansatz soll nicht die einzelne Hilfeart, sondern der soziale Raum mit seinen konkreten Bedingungen sein.
- *Vernetzung sozialer Dienste*: Dies bezieht sich sowohl auf zielgruppenübergreifende Ansätze als auch auf bereichsübergreifende Ansätze der Vernetzung mit Ämtern aus den Bereichen Wohnungsbau, Stadtentwicklung, Grünflächen u.a.m. Mit Mitarbeiterinnen und Mitarbeitern an-

derer sozialer Dienste sollen konkrete Vereinbarungen über Kooperationen bezogen auf Einzelfälle, Aktionen und Gruppierungen getroffen werden.

- *Zusammenführung von Fach- und Finanzverantwortung*: Die Entscheidung über die Gewährung von Hilfen soll nicht von den vorangegangenen Phasen des Hilfeprozesses abgetrennt und anderen Personen oder Institutionen übertragen werden.
- *Zusammenführung von Planungs- und Ausführungsverantwortung*: Zur Entwicklung von Lösungen und der (Re)Aktivierung von Ressourcen soll eine Planungs- und Ausführungsverantwortung aller Leistungsbereiche realisiert werden. Dies betrifft alle entsprechenden Leistungsbereiche beim öffentlichen Träger, aber auch die gemeinsame Verantwortung von öffentlichen und freien Trägern für Prävention und Problemlösung.
- *Qualitätsentwicklung und Qualitätssicherung*: Diese sind in der Neuorganisationsdebatte häufig nur Schlagworte, die sich nur undeutlich von den Produktbeschreibungen abheben. Kontinuierliche Qualitätsentwicklung soll dem Ausbau der Fachlichkeit dienen und Bestandteil der Organisationsänderung sein.

In den vorhandenen Reorganisationsmodellen sozialer Dienste mit Sozialraum- bzw. Stadtteilorientierung lassen sich weit reichende Veränderungen der klassischen, etablierten Organisationsstruktur der jeweils davon betroffenen Sozialverwaltung beobachten (*vgl. ÖTV 1996*). So werden in einigen Neuorganisationsmodellen die klassischen Ämter der Sozialverwaltung (Jugendamt und Sozialamt) aufgelöst und in ein einheitliches Amt für soziale Arbeit überführt (z.B. Wiesbaden). Die bürokratische Buchstabenorientierung der Arbeitszuteilung in den Leistungsabteilungen wird aufgelöst und den Sachbearbeitern eine Regional- bzw. Stadtteilzuständigkeit zugewiesen. Weiter gehende Organisationsmodelle intensivieren die Zusammenarbeit von sozialpädagogischen Fachkräften und Verwaltungsmitarbeitern durch eine gegenseitige Informationspflicht (z.B. Oberhausen) und die Ausweitung der Kooperationsstrukturen. Neben den Aufgabengebieten Hilfe (Wiesbaden: Bezirkssozialdienst, Bezirkssozialhilfe, Beratungsstelle für Alte) werden auch Bereiche der Förderung (Kindergärten, Schule, Gemeinschaftszentren) in Stadtteilkonferenzen zusammengeführt, um die Koordination und Kooperation aller städtischen, wohlfahrtsverbandlichen und sonstigen Dienste zu erreichen.

Einen besonderen Stellenwert hat in diesem Zusammenhang immer auch die Diskussion um die Einführung von Sozialraumbudgets. Aus fachpolitischer Sicht wird deren Notwendigkeit in der Regel damit begründet, dass diese einen konsequenten Schritt hin zur verwaltungspolitischen Berücksichtigung der Bedeutung fallübergreifender und fallunspezifischer Aktivitäten im Sozialraum darstellen (*vgl. Olk 2000*).

Münder (*2001*) argumentiert in die gleiche Richtung, wenn er ausführt:

„Mit dem Sozialraumbudget wird die bisherige auf Einzelfallfinanzierung angelegte Finanzierung der individuellen Hilfen verlassen. Diese Einzelfallfinanzierung fand und findet (bei ambulanten Leistungen) ihren Finanzierungsausdruck meist in so genannten Fachleistungsstunden bzw. (bei stationären Leistungen) in so genannten Pflegesätzen. Das Sozialraumbudget soll diese bisherigen Finanzierungsformen durch die geschilderte Finanzierung ablösen. ... Angesichts der Tatsache, dass es sich bezüglich des jeweils vereinbarten Zeitraums grundsätzlich um ein festes Budget handelt, wird das Sozialraumbudget in der Praxis häufig zu einer Deckelung von Ausgaben für die jeweiligen Aufgabenbereiche führen (*Münder, 2001, S. 14*)."

Folgt man dem oben genannten KGSt-Vorschlag, dann ist es ein Kennzeichen der Einführung von Sozialraumbudgets, dass dieses im Hinblick auf einen definierten Sozialraum für eine bestimmte Zeitdauer an einen oder mehrere bestimmte Träger vergeben wird. Dieses von der KGSt entwickelte neue Steuerungsinstrument ist jedoch nicht unumstritten, insbesondere in der sozialpädagogischen Fachdiskussion um Sozialraumorientierung. Die von der KGSt in der sozialen Arbeit favorisierten Sozialraumbudgets haben heftige Reaktionen hervorgerufen. Zwei wesentliche Kritikpunkte sollen hier genannt werden:

1. Die sozialräumliche Vernetzung soll über ein Budget planerisch umgesetzt werden. Dabei stellt sich die Frage, wie Verbesserungen für den Einzelfall durch eine zuvor festgelegte fixe Geldgröße erreichbar sein sollen. Die Idee der mittels eines Budgets zu realisierenden dezentralen Ressourcensteuerung koppelt sich an Finanzierungsformen an, die sich im Zusammenhang mit der Umsetzung Neuer Steuerungsmodelle bereits in anderen institutionellen Kontexten durchgesetzt haben. Mit dem Sozialraumbudget wird durch den öffentlichen Träger festgelegt, welchen Preis man überhaupt zu zahlen bereit ist. Das Budget wird damit zur alles entscheidenden Bedingung der Hilfeplanung. So werden Träger verpflichtet, ihre Hilfeleistungen nach Kostengesichtspunkten zu sortieren, d.h. zu aufwändige Maßnahmen (auch wenn sie sinnvoll sein mögen) werden zurückgestellt. Hilfebedarfe, die über das Budget hinausgehen, müssen abgewehrt werden. Vorsichtig ausgedrückt ergibt sich aus dieser Logik ein Spannungsverhältnis zwischen der fachlichen Konzeption einer Sozialraumorientierung und den Anforderungen an eine wirtschaftlich angemessene Gestaltung (*vgl. Tornow 2001*).
2. Kritisiert wird auch die Möglichkeit, dass Mittelbegrenzung der oberste Zweck der Sozialraumbudgetierung sein könnte. Vor dem Hintergrund erscheint es nicht weiter verwunderlich, dass Effizienzfragen in den Mittelpunkt der Auseinandersetzung um Sozialraumbudgets gestellt werden. Einer der Hauptverfechter der Sozialraumbudgets, Wolfgang Hinte, hat schon häufig den mangelnden Sparwillen der freien Träger kritisiert und ist für Sozialraumbudgets als probates Gegenmittel eingetreten; auf diesem Weg ließen sich die bekannten Effizienzprobleme lösen, da die

Träger bei Budgetierung auch Prävention betreiben würden um Fälle zu vermeiden: „In der Logik der herkömmlichen Fallfinanzierung sind die Träger der Hilfen zur Erziehung darauf angewiesen, ‚Fälle zu bekommen', und zwar mit fachlich und finanziell fatalen Folgen. Ein Sozialraumbudget dagegen trägt dazu bei, dass die Träger, die über das Geld ja bereits als Budget zu Anfang des Jahres verfügen können, viel stärker daran interessiert sind, keine Fälle zu erhalten, sondern Fälle zu verhindern oder sie zumindest möglichst zügig entsprechend der vereinbarten Standards zu bearbeiten. Die Träger werden also aktiv daran mitarbeiten, Prävention zu betreiben bzw. Fälle unterhalb der Schwelle des § 27 KJHG zu bearbeiten" (Hinte 2000, S. 133).

Dass die freien Träger die finanzielle Grundlage für ihre Arbeit gefährdet sehen und die Finanzierung der von ihnen für notwendig erachteten Maßnahmen anstreben, brandmarkt Hinte als beharrenden Konservativismus und Angriff auf den Fortschritt in Sachen Sozialraumorientierung. Mit „scheindiagnostischen Vokabeln" würden Fallbetreuungen begründet. Das „fallsozialisierte Personal" mache die gebotene Wende „vom Fall zum Feld" nicht mit. Der Trend ginge hingegen „vom Fall zum Geld" (*vgl. Hinte 2000, S. 134*). Die Notwendigkeit seitens der Träger, sich ganz neu und anders darum zu bemühen, die für erforderlich erachteten Maßnahmen finanziert zu bekommen, wird nicht als sich aus der Budgetierung zwangsläufig ergebendes Problem gesehen.

3. Ein weiterer Kritikpunkt in der Auseinandersetzung um Sozialraumorientierung bezieht sich auf deren Verkürzung auf ein sozialgeografisches Muster (*vgl. Deinet 2001*). Am Beispiel der Jugendarbeit argumentiert Deinet, dass diese aus planerischer Perspektive heraus auf eine für die Jugendhilfe insgesamt zentrale Sozialraumorientierung eingepasst wird, z.B. in die Präventionsstrategien für soziale Räume oder in regionale Teams mit den Hilfen zur Erziehung. Als Beispiel für die Instrumentalisierung der Kinder- und Jugendarbeit zitiert Deinet das Netzwerk der Verantwortung für Kinder und Jugendliche in einem Landkreis in Nordrhein-Westfalen: „In einem internen Papier wird deutlich, dass es in der Zusammenführung der zahlreichen ‚Kontroll- und Sozialisationsinstanzen' um einen breiten ‚Präventionshilfe- und letztlich Repressionsansatz' gehen soll. Für die Vorbereitung, Begleitung und Wirksamkeitsmessung der gemeinsamen Maßnahmen wird ein ‚standardisiertes Lagebild Kriminalität und abweichendes Verhalten' entwickelt, das kriminalitätsbegünstigende Faktoren (broken windows) für abweichendes Verhalten bündelt. Dabei geht es um Kriminalitätsentwicklung, Suchtverhalten der Jugendlichen, Kriminalität und abweichendes Verhalten an Schulen aber auch umso genannte Angsträume in öffentlichen Bereichen durch Verschmutzung und Verwahrlosung, die von Jugendlichen verursacht wurden und deren Wirkung man für die Entwicklung der Jugendlichen negativ einschätzt" (*vgl. Deinet 2001, S. 117*).

Deinet weist auf die Gefahr hin, dass sozialraumbezogene Jugendarbeit eine verbesserte Akzeptanz einhandeln könne gegen ein Wissen über öffentliche Räume von Kindern und Jugendlichen, das oft nur über eine Vertrauensbasis zu diesen gewonnen werden könne. „Selbstkritisch muss gefragt werden, inwieweit Informationen, die im Rahmen einer sozialraumorientierten Kinder- und Jugendarbeit, z.B. durch die Methoden einer Lebensweltanalyse, gewonnen wurden, nun in einem ‚gemeinsamen Lagebild' unter Präventionsaspekten verarbeitet werden dürfen" (*vgl. Deinet 2001. S. 118*).

4.4 Folgen von Sozialraumorientierung und Sozialraumbudgets

4.4.1 Sozialraumorientierung und die veränderte Rolle des Allgemeinen Sozialdienstes (ASD)

Ebenso wie der ASD waren seine Vorgängerinstitutionen in der öffentlichen Hilfegewährung wie Armenpflege (z.B. Elberfelder Armenordnung von 1853) oder Familienfürsorge (bis zu Beginn der 1970er-Jahre) immer quartiers- bzw. sozialraumbezogen. Von seiner Aufgabenstellung her ist der ASD der umfassendste soziale Dienst, da sein Arbeitsbereich die ganze Familie und ihr Umfeld ist. Insofern ist er als Außendienst der Sozialverwaltung auch erster Ansprechpartner für Probleme und Notlagen in den Bereichen Jugendhilfe und Sozialhilfe. Die psycho-soziale Grundversorgung durch den ASD erfolgt im Spannungsverhältnis von gesetzlichem Auftrag, Prävention, Subsidiarität, Qualitätssicherung der Fallarbeit und Lebensweltorientierung. Ansatzpunkt für diese Arbeit im Bezirk ist der Lebensraum des Bürgers (Quartier), weil hier die Probleme und Störungen besonders deutlich werden (*vgl. Karolus 1994, S. 59*). Ein Dilemma des ASD besteht darin, dass er sich auf Grund des Fehlens einer eigenen gesetzlichen Grundlage im interkommunalen Vergleich nicht sehr homogen entwickelt hat und seine Aufgaben und Rollen bei der fallbezogenen bzw. fallübergreifenden Arbeit von Kommune zu Kommune variieren. Die Rolle und entsprechende organisatorische Neuordnung des ASD ist in den Modellen zur Sozialraumbudgetierung bislang ungeklärt und weitgehend von den örtlich gewachsenen Strukturen bzw. Zufälligkeiten bestimmt (*siehe Übersicht 4.1*).

Zentrales Strukturmerkmal aller aktuellen Überlegungen zur Erneuerung des ASD ist jedoch die Dekonzentration, d.h. die Übertragung von Fachaufgaben eines Amtes auf nachgeordnete, z.B. stadtteilbezogene Arbeitseinheiten bei Aufrechterhaltung der Fach- und Dienstaufsicht des zentralen Amtes. Die amtsinterne Dekonzentration mit einer Differenzierung nach Bezirken unter Beibehaltung der Büros im Zentralamt wird dabei heute zwar noch vielfach praktiziert, gilt jedoch nicht mehr als fachlich erstrebenswert. Vielmehr zielen die heutigen Bemühungen auf eine Verbindung von Dekonzentration und Dezentralisierung. Ansatzpunkt für den ASD wird im Rahmen von Sozialraumbudgets in Zukunft verstärkt der Lebensraum der Bürger sein, d.h. das Quartier, das Wohngebiet. Hier werden die sozialen Problemlagen besonders deutlich und hier müssen Lösungen gefunden werden.

Übersicht 4.1: Unterschiedliche Aufgaben bzw. Rollen des Allgemeinen Sozialen Dienstes (ASD)

- Feststellung der Leistungsvoraussetzungen;
- Steuerung und Zielüberprüfung der Hilfeplanung;
- Im Hilfeplanverfahren: Vereinbarung mit den Adressaten über die Form der Hilfe, Einberufung der Fachkonferenz und Hilfeplankonferenz;
- Vermittlung aller Hilfen an einen Träger im Gebietsschutzmodell;
- Budgetverantwortung und -verwaltung;
- Fall- und Finanzverantwortung;
- Planung und Steuerung der fallunabhängigen Aufgaben;
- Sprechstunden in der Jugendhilfestation;
- Koordinierung von Trägern in der „fallbezogenen Trägerkooperation“;
- Mitproduzent von Nachbarschaftshilfe und Kommunikation in der Nachbarschaft;
- Vermittlung bei sozialpädagogischem Hilfebedarf in Regeleinrichtungen wie Hort und Kindertagesstätten.

Quelle: eigene Zusammenstellung

Übersicht 4.2: Einbettung der Arbeit des Allgemeinen Sozialdienst

	Vorgaben		
Prävention	*Selbsthilfepotenzial/Selbsthilfegruppen* erschließen/stützen von Ressourcen i.S. von präventiven Zielvorgaben	*Institutionelle Anforderungen* - Schule - Kindergarten - Soziale Dienste zur Übernahme von Fallverantwortung in problemrelevanten Institutionen	Kooperation/ Koordination
	Allgemeiner Sozialdienst psychosoziale Grundversorgung auf der Grundlage gesetzlicher Aufträge im Wohngebiet		
Subsidiarität	*Freie Träger* - Umsetzung des Subsidiaritätsprinzips - Kooperation/ Vernetzung	*Belastungsfaktoren im Wohngebiet* - fehlende problemorientierte Infrastruktur - Wohnungsnot - Einkommensarmut	Wohngebietsbezug

Quelle: Zusammenstellung nach Deutscher Verein 1993, S. 10

Übersicht 4.3: Ganzheitliche Sozialarbeit im Wohngebiet

Fallarbeit als ganzheitlicher Hilfeauftrag Ausgangspunkt: gesetzlicher Auftrag	Wohngebiets- bzw. stadtteilbezogene fallorientierte Arbeit	Wohngebiets- bzw. stadtteilbezogene fallübergreifende Arbeit
Anlässe – Aufträge von Dienststellen/ Ämtern des Trägers – eigene Wahrnehmung – Betroffeneninitiative/ Personen – Informationen von anderen Stellen	– fallbezogene Gespräche/ Kontakte mit allen für Lösungen/ Hilfen im Einzelfall relevanten Stellen im sozialen Netzwerk – Familie, Nachbarschaft, Verwandte, Freunde – Kindergarten, Schule, Ärzte, Pfarreien – Behörden – Selbsthilfegruppen	– Kontakte zu regionalen Trägern sozialer Dienste – Kontakte zu den für Sozialarbeit relevanten Stellen oder Stützpunkten im Wohngebiet – Kontakte zu den für die Lösung sozialer Probleme relevanten Einrichtungen – Kontakte zu Selbsthilfegruppen
Vorgehensweise/ Funktionen – Information – Beratung – Vermittlung – Begutachtung – Krisenintervention	– Motivation anderer Stellen, Hilfeleistungs– und Unterstützungsfunktionen gegenüber Bürgern	– Mitwirkung bei der Initiierung und Teilnahme an der Arbeit von lokalen Arbeitskreisen/ -ausschüssen – Wohngebiets- und Infrastrukturanalyse – Teilnahme an Bürger- und Bezirksversammlungen
Umfeldorientierte Elemente der Fallarbeit Einbeziehung familiärer und weiterer Netzwerke – im Beratungsgespräch als spezifischem methodischem Instrument – bei der Hilfeplanung Anamnese Diagnose/ Prognose Zielformulierung Mittelwahl – bei der Motivation/ Stützung betroffener Bürger, soziale Dienste/ Leistungen in Anspruch zu nehmen – bei Hausbesuchen und Außensprechstunden – bei der Aktivierung von Selbsthilfefähigkeiten – bei der Zielüberprüfung	– Kooperationen bezogen auf den Einzelfall – Kooperationsabsprachen – Planung arbeitsteiliger Vorgehensweisen – Verantwortung/ Federführung absprechen – Teilnahme an lokalen/ regionalen Konferenzen – Teilnehmerposition – Initiierung/ Federführung	– Mitwirkung bei der Initiierung und Durchführung von Helfer-/ Stadtteilkonferenzen aller Träger – Mitwirkungen bei Veranstaltungen im Wohngebiet – lokale Informationen/ Aufklärung über soziale Dienste – Beobachtung von Problementwicklungen im Wohngebiet – Beobachtungen und Auswertungen von Problem– und Fallstrukturen mit Blick auf generelle (Fehl-)Entwicklungen – Bewertung, Artikulierung und Weiterleitung von Planungs- und Handlungsreforderníssen aus der Sicht der Sozialarbeit (Stadtteilentwicklungs-, Sozial-, Kulturentwicklungs- und Jugendhilfeplanung) – Mitarbeit in Gremien anderer, für die Planung zuständiger Fachämter bzw. -Ressorts

Quelle: Zusammenstellung nach Deutscher Verein ... 1993, S 12

Zur stadtteilorientierten Arbeit des ASD liegen umfangreiche Vorschläge u.a. des „Deutschen Vereins für öffentliche und private Fürsorge – DV“ wie auch der „Kommunalen Gemeinschaftsstelle für Verwaltungsvereinfachung – KGSt“ vor. Der Deutsche Verein sieht die zukünftige Arbeit des ASD im Wohngebiet eingebettet in ein Spannungsfeld von psychosozialer Grundversorgung, Prävention, Subsidiarität und gemeinsamer Fallverantwortung (*vgl. Deutscher Verein 1993, S. 10; siehe Übersicht 4.2*).

Es zeigt sich in den Modellen der Sozialraumbudgetierung eine Tendenz, die fachliche Steuerung der Einzelfallhilfen durch den ASD durch andere Steuerungsformen zu ersetzen bzw. zu ergänzen. Insbesondere die Übertragung der Fall- und Finanzverantwortung an Freie Träger könnte dabei die Folge zeitigen, durch neue Formen der kooperativen Steuerung bei Einzelfallhilfen die Funktionsdifferenzierung innerhalb des öffentlichen Trägers (Innendienst versus Außendienst, Verwaltungsebene versus Fachebene) einerseits, sowie zwischen öffentlichem und freien Träger (Gewährleistungsfunktion versus Durchführungsfunktion) andererseits aufzuweichen. Koch (*2001*) verweist in seiner Bewertung einiger Modellverträge darauf, dass die Trennung von Veranlassung und Erbringung von Hilfen und somit der Aspekt der Kontrolle und Steuerung der Hilfe im Interesse der Adressaten genauer geprüft werden sollte, wenn eine gemeinsame Sozialraumverantwortung von ASD und freien Trägern angestrebt wird.

Der Allgemeine Soziale Dienst hat seine Hauptfunktion in der psychosozialen Grundversorgung der Bevölkerung im Wohngebiet. Diese Arbeit findet im Spannungsverhältnis von gesetzlichem Auftrag, Prävention und Subsidiarität statt. Die erfolgreiche Bewältigung des Auftrags erfordert Kenntnisse über die örtlichen Problementwicklungen und Belastungsfaktoren. Eine ganzheitliche Fallarbeit im Wohngebiet zeigt drei Bezugsebenen sozialarbeiterischer Intervention auf: Fallarbeit als ganzheitlichem Auftrag, die fallorientierte Sozialarbeit im Wohngebiet und die generelle Sozialarbeit im Wohngebiet (*vgl. Deutscher Verein 1993, S. 12; siehe Übersicht 4.3*).

Die Schwerpunkte fallorientierter Kooperation liegen:

- in der Erschließung von Hilfepotenzialen im Wohngebiet sowie im System der sozialen Betreuung durch andere Institutionen;
- der Festlegung von Zuständigkeiten und Verantwortlichkeiten sowie der institutionellen und funktionalen Abgrenzung der Dienste;
- der Entwicklung von Hilfeverbundsystemen;
- Rückmeldepflichten bei Veränderungen von Absprachen bzw. beim Abbruch der Hilfebeziehung;
- Der Koordinierung von Diensten im Feld.

Fallübergreifende Arbeit im Wohngebiet führt zu generalistischen Erkenntnissen bezüglich Ursachen und Risikofaktoren im Stadtteil (infrastrukturelle Defizite, Betroffenen- und Problemstrukturen). Unabhängig vom Einzelfall sollen praxisnah und ursachenorientierte Lösungen für Prävention, praktische Hilfen, Kooperation und Koordination im Helfersystem entwickelt werden. Die Ergebnisse dieser Arbeit sollen in die Sozialplanung einfließen.

Für die Organisation des ASD ergeben sich hieraus folgende Forderungen (*vgl. Gernert 2000, S. 86*):

- Bedarfsorientierte Planung und Organisation der Aufgabenwahrnehmung des ASD,
- Erfassung von Bürgerbedarfen (z.B. im Rahmen einer sozialräumlichen Jugendhilfeplanung),
- Erfassung von Bürgererwartungen (Planungsbeteiligung der Bürger, Verankerung des ASD im Sozialraum),
- Kundenorientierung der Leistungserbringung (lebensweltorientierte Aufgabenwahrnehmung, Hilfeplanung in der Einzelfallarbeit).
- Qualitätssicherung in der Leistungserbringung,
- Erfassung und Bewertung der Leistungsergebnisse (Kundenzufriedenheit, Fachcontrolling),
- Wirtschaftlichkeit der Leistungserbringung (Kostenerfassung, Kosten-Nutzen-Relation),
- Team-/gruppenorientierte Organisation des ASD,
- bürgernahe Ansiedlung der Dienste (Stadtteilteams),
- dezentrale Ressourcenverantwortung (Bündelung der Aufgabenverantwortung auf der Arbeitsebene, produktbezogene Budgetverantwortung in den Teams),
- Bündelung der fachlichen und personellen Ressourcen der Mitarbeiter (kollegiale Beratung, ganzheitliche Fall- und Sozialraumverantwortung des ASD bei gleichzeitiger Servicefunktion der Spezialdienste, aufgabenbezogene Projektorganisation für Querschnittsaufgaben).

4.4.2 Sozialraumorientierung und die Veränderungen in der Zusammenarbeit öffentlicher und Freier Träger

Das bei der Einführung von Sozialraumbudgets vielfach diskutierte Problem der Trägerexklusivität (Münder 2001) wird im Rahmen der Sozialraumbudgetierung unterschiedlich gelöst. Im Unterschied zu Regionalisierungsprozessen, die die Gemeinwesenorientierung des ASD in den Vordergrund stellen, werden in den Modellen der Sozialraumbudgetierung in der Regel Steuerungsformen gewählt, die leistungsfeldübergreifend angelegt ist. Die Tendenz zeichnet sich ab, neben dem Jugendhilfeausschuss auch noch sozialräumlich steuernde Gremien einzuführen, die gewährleisten sollen, dass Steuerungsentscheidungen möglichst nach der Lebenswelt der Leistungsberechtigten gefällt werden. Eine weit reichende Partizipation freier Träger (der Leistungserbringer im sozialrechtlichen Sinne) an grundlegenden Infrastrukturentscheidungen wird demnach nicht nur im Jugenhilfeausschuss (JHA), sondern auch in den sozialraumbezogenen Steuerungsgremien (ergänzend zum JHA) für erforderlich gehalten. Damit wird von einer Vorgehensweise abgewichen, über Projektverbünde oder Stadtteilkonferenzen Koordinations- und Kooperationsleistungen herzustellen, in denen in der Regel der ASD die Vorreiterfunktion übernimmt, regional die Zusammenarbeit der Träger vor Ort zu sichern.

Ein zentraler gemeinsamer Punkt bisheriger Vorgehensweisen bei der Sozialraumbudgetierung ist darin zusehen, dass der Prozess der verwaltungsinternen Modernisierung (Binnenmodernisierung) ausgedehnt wird auf die „Umwelt der Verwaltung" und die Entwicklung neuer kooperativer Steuerungssysteme (auf der Ebene des Sozialraums) deshalb als Teil des gegenwärtigen Modernisierungsprozesses zu betrachten ist (Außenmodernisierung). Dabei müssen zwei Steuerungsebenen voneinander unterschieden werden: die strategische Steuerungsebene (Jugendhilfeausschuss; Jugendamt mit der Gesamtverantwortung und Gewährleistungsverpflichtung) und die operative Steuerungsebene (mit den Ebenen Regionalsteuerung, zielgruppenorientierte Steuerung und Produkt-/Leistungserstellungssteuerung). Bislang lässt sich in den vorhandenen Modellen der Sozialraumbudgetierung nicht erkennen, welche Kompetenzen den neu zu schaffenden sozialraumbezogenen Gremien letztlich übertragen werden sollen, insbesondere welche Rolle sie bei der Steuerung von Einzelfällen (Case-Management) im Sozialraum spielen sollen.

Die Einbeziehung freier Träger in die kleinteilige und kleinräumige Steuerung sozialpädagogischer Leistungen könnte schon mittelfristig die Folge zeitigen, dass die spezifische Gewährleistungsfunktion des öffentlichen Trägers (Kommune als strategische Steuerungsebene) auf die nachgelagerte Steuerungsebene (mit) übergeht, das heißt, dass die Ebene der Leistungserbringung (freie Träger, Trägerverbünde) auch eine Finanzierungsverantwortung wahrnehmen muss. Die kontraktmäßig eingebundenen Leistungserbringer könnten deshalb in der Art von „Hoflieferanten" dazu tendieren, im Rahmen der von ihnen zu verwaltenden Sozialraumbudgets die Planung und Gewährung von Einzelfallhilfen (insbesondere in den gängigen Verfahren der Hilfeplanung) unter „Haushaltsvorbehalte" zu stellen (*vgl. Merchel 2000; Luthe 2001*). Die unterschiedliche Rolle der Einbindung freier Träger wird an der Gremienstruktur in einzelnen Modellregionen deutlich (*siehe Übersicht 4.4*).

Feststellen lässt sich, dass in Städten, in denen mit Sozialraumbudgets experimentiert wird, auf operativer Steuerungsebene spezielle Sozialraumteams eingerichtet werden, die mit Vertreterinnen und Vertretern der freien Träger und des öffentlichen Trägers besetzt sind (manchmal unter Beteiligung der wirtschaftlichen Jugendhilfe wie in Stuttgart oder mit Leitungspersonal des ASD wie in Neunkirchen), deren Aufgabe darin besteht, Hilfeplanverfahren zu überarbeiten und zu korrigieren. Bei Dissens in Konfliktsituationen entscheidet nach Vertragslage in allen Modellen immer der öffentliche Träger auf Grund der ihm im Rahmen der Gesamtverantwortung auch zukommenden Letztverantwortung (in den dargestellten Modellen z.B. die ASD-Leitung oder die Jugendamtsleitung) nach Rücksprache mit den Leistungsberechtigten über die Art der letztendlich zu entwickelnden und anzubietenden Hilfemaßnahme.

Übersicht 4.4: Gremienstruktur bei Sozialraumbudgets in ausgewählten Fallbeispielen

Beispiel Tübingen: Jugendhilfestation	*Beispiel Celle: Kooperatives Budgetmodell*	*Beispiel Stuttgart: Projekt Hilfe zur Erziehung (HzE)*
Teamsitzung Träger mit ASD, gemeinsame Bürogemeinschaft, koordiniert durch ASD	Sozialraumgremium Freie Träger und ASD planen Steuerung/Durchführung der sozialräumlichen fallunspezifischen Arbeit/Begleitung von bürgerschaftlichen Initiativen	Stadtteil-Teams ASD, ggf. Heimplatzvermittler freier Träger, wirtschaftliche Jugendhilfe, Mitglieder der Experiment-Leitung
Jugendhilfeverbund Institutionen, die mit Kindern arbeiten, Vernetzung, Erfahrungsaustausch, Bündelung, Lobbyarbeit, Koordination von Maßnahmen, Geschäftsführung: Trägerverbund oder ASD oder Jugendpflege, die abschließende Verantwortung liegt beim öffentlichen Träger	Trägergremium Freie Träger, ohne ASD prüfen die Möglichkeit zur Umsetzung der Hilfeplanentscheidung unter Berücksichtigung der vorhandenen Ressourcen	fallspezifische Hilfeplanung frühe Einbeziehung der unterschiedlichen Perspektiven der Fachkräfte, zügige Fallbearbeitung, Kreativität, Innovation bei der Hilfeplanung, kollegiale Qualitätssicherung, Einbezug lebensweltlicher Ressourcen der fallunspezifischen Arbeit; gemeinsame Fallverantwortung von ASD und freien Trägern; Vorbereitung des Kontraktgespräches mit Familie
Erweiterte Arbeitsgruppe Jugend und Familie Ortsrelevante Persönlichkeiten, Vorsitz: Bürgermeister; Sensibilisierung und Mitverantwortung für die örtliche Jugendhilfeplanung mit dem Ziel, Probleme in die kommunalpolitische Beratung einzubringen		fallunspezifische Arbeit zur Ressourcenmobilisierung, Angebotskartei, Kontakte zu Schlüsselpersonen und Regeleinrichtungen, Öffentlichkeitsarbeit soll den Nutzen der stadtteilorientierten, flexiblen Erziehungshilfe aufzeigen
		Stadtteilrunden Fachkräfte der Sozialarbeit aller Handlungsfelder, Lehrer, Polizei, Vereinsmitglieder, Bezirksamt, Kirchengemeinden, Vernetzung, Durchführung eigener Angebote, Beobachtung von Stadtteilinteressen; Ziel: handlungsfeldübergreifendes Gremium mit Delegierten mit Mandat und verbindlichen Arbeitsaufträgen

Quelle: Eigene Zusammenstellung

4.4.3 Sozialraumindikatoren und sozialraumbezogene soziale Arbeit

Insbesondere in der Kinder- und Jugendhilfe ist die Stärkung der sozialräumlichen Sichtweise und einer sozialraumbezogenen Ressourcensteuerung mit der Nutzung sozialraumbezogener Informationen über die Lebenslagen von Kindern, Jugendlichen und Familien verbunden (*vgl. ISA 1999*). Durch Anbindung der finanziellen Förderungen zur Erbringung von Jugendhilfeleistungen an soziale Indikatoren soll eine bedarfsgerechte Ausstattung von Regionen erleichtert, Transparenz und ein höheres Maß an Verteilungsgerechtigkeit erreicht werden. Sozialindikatoren können sich sowohl auf sozialstrukturelle Bedarfsindikatoren als auch auf jugendhilfespezifische Leistungsindikatoren beziehen:

- Als Bedarfsindikatoren werden jene Indikatoren bezeichnet, die plausibel begründete Jugendhilfebedarfe erwarten lassen, ohne dass diese Bedarfsanforderungen aus den jeweiligen Jugendhilfeaktivitäten abgeleitet werden. Derartige Bedarfsindikatoren können auf der Ebene sozialstruktureller Ungleichheiten und Benachteiligungen bestimmt werden. Bürger (1999) unterscheidet drei wesentliche Kategorien bedarfsbeeinflussender Variablen, nämlich die Veränderungen in den Lebenslagen junger Menschen und ihrer Familien, die Definitions- und Entscheidungsprozesse zur Notwendigkeit von Fremdunterbringungen in den Jugendämtern, auch unter Berücksichtigung sozial- und finanzpolitischer Implikationen und das verfügbare Gesamtleistungsspektrum der Jugendhilfe.
- Als Leistungsindikatoren werden Indikatoren bezeichnet, die Aufschluss geben über die Leistungs- und Kostenprofile der örtlichen Jugendhilfeträger. Unterstellt wird hier, dass der Aufwand als Indikator für jeweils regionsspezifische Bedarfskonstellationen genommen werden kann, d.h. der Bedarf wird hier über den tatsächlichen Aufwand der örtlichen Jugendhilfeträger operationalisiert (*vgl. Jordan 1999*). Leistungsindikatoren können bspw. der Nettoaufwand der Kommunen für die Bereiche der Jugendhilfe nach der Jugendhilfeerstattungsverordnung (JHErstVO) oder der Aufwand der Kommunen für ambulante Leistungen sein.

Kennzahlen- oder Indikatorensysteme sollen als Steuerungsinformationen keinen Ersatz für fachliche Planungen, wie sie in §80 SGB VIII verbindlich gefordert werden, darstellen. Heuchel/Schrapper (*1999*) nennen sechs Anforderungen und Merkmale von Kennzahlensystemen, die für die soziale Arbeit genutzt werden können:

1. Kennzahlen sollen Indikatoren sein, mit deren Hilfe der Grad der Zielerreichung von Verwaltungsleistungen auf den Ebenen Umfang der Leistungen, Preise und Kosten der Leistungen und Qualität und Wirkungen der Leistungen so rechtzeitig und zuverlässig gemessen und bewertet

werden kann, dass Maßnahmen der Steuerung auf allen drei Ebenen zur Verbesserung der Zielerreichung Erfolg versprechend möglich sind.
2. Die zu messenden und zu beurteilenden Verwaltungsleistungen sind in hohem Umfang vereinbarungsgemäß, d.h. zwischen Politik, Bürger/innen und Fachverwaltung wird mit unterschiedlicher Verbindlichkeit (d.h. Art der Rechtsansprüche) vereinbart, wem welche Leistungen in welchem Umfang und welcher Qualität zustehen, beansprucht werden können, gewährt werden müssen. Diese Vereinbarungen sind Aufgabe der Kommunalpolitik und der Fachplanung.
3. Die Entwicklung von Kennzahlen für diese Leistungsbereiche der Kommunalverwaltung muss daher komplexe inhaltlich-konzeptionelle, messtheoretische und erhebungspraktische Fragen beantworten.
4. Zwei Anforderungen sind für die Kennzahlenentwicklung im Bereich der kommunalen Sozialleistungsverwaltung wesentlich:
   - Kennzahlensysteme bestehen aus einer angemessenen Anzahl einzelner Indikatoren, die unterschiedliche Einzelaspekte der zu messenden Zielerreichung in Umfang, Kosten und Qualität abbilden, aber nur im Zusammenhang bewertet und für Steuerungsentscheidungen ausgewertet werden können;
   - Vereinbarte Kennzahlensysteme müssen in einem beteiligungsoffenen Prozess entwickelt und abgestimmt werden, insbesondere unter Beteiligung der für die Leistungserbringung und Kontrolle zuständigen Mitarbeiter/innen.
5. Zur Abgrenzung von Normen oder Richtwerten muss betont werden: Kennzahlen sind nur indirekte Hinweise auf den Grad der vereinbarten Zielerreichung und beruhen einzig auf verabredeten Konventionen darüber, welche Ziele sinnvoll sind und woran ihr Erreichen mittelbar beobachtet und eingeschätzt werden soll.
6. Abweichungen sind kein Anlass zum „Tadel“, sondern zu produktiven Fragen nach dem Warum?

Die Frage, wie Sozialindikatoren zur Bildung von Sozialraumbudgets verwandt werden können, ist bislang weit gehend ungeklärt. In einer gemeinsamen Stellungnahme der Arbeitsgemeinschaft Jugend (AGJ) und des Deutschen Städtetags (DSt) wird die Voraussetzung betont, „dass eine betriebswirtschaftliche Orientierung und entsprechendes Kostenbewusstsein vorhanden sein muss. Sozialräumliche Zuordnung von Mitteln bietet sich für bestimmte Aufgaben dann an, wenn Jugendhilfe ein aussagekräftiges System von Statistik und Berichterstattung und ein differenziertes System von Controlling (...) entwickelt hat“ (AGJ 2/1999, S. 11). Als rechnerische Bemessungsgröße für regionale Teilbudgets werden vielfach jeweils aktuelle Jugend-Einwohner-Indices herangezogen. In den Jugend-Einwohner-Index fließt als Grundzahl lediglich der Anteil der Jugendeinwohner im Alter von 0 bis 21 Jahren an der Gesamtbevölkerung ein. Die so ermittelte Prozentzahl wird in einem so genannten Standard-Punktzahl-Verfahren in ein Verhältnis zu den Werten der anderen Regionen gesetzt. Ggf. sollen zum Ausgleich von regionalen Sonderbedarfen und im Hinblick auf die nicht nach Index gewichtete Verteilung des status quo geeignete Übergangsberechnungen bis zur Erreichung einer akzeptierten und realitätsnahen Verteilungsgerechtigkeit angestellt werden (z.B. Bildung eines gemeinsamen Fonds inklusive Umsteuerungsüberlegungen).

Weiter gehende Indikatorensysteme können die Zahl der Einwohner pro ha Siedlungs- und Verkehrsfläche, die Zahl der minderjährigen Empfänger von Hilfe zum Lebensunterhalt und die Zahl der Arbeitslosen sowie als Leistungsindikatoren den Bruttoaufwand für Hilfen zur Erziehung pro Jugendeinwohner und den Bruttoaufwand für ambulante Erziehungshilfen pro Jugendeinwohner auswählen. Diese fünf Werte werden auf dem aktuell verfügbaren Stand ermittelt und einzeln dem Punkt-Standard-Verfahren unterzogen und anschließend gleichgewichtig berücksichtigt. Ein solches Indikatorenkonzept dient als planerische Unterstützung zur Bildung von sozialraumbezogenen Budgets.

Die auszuwählenden Indikatoren sollen den Beteiligten eine transparente und berechenbare Bewertungsgrundlage geben. Von daher sollen die Indikatoren die Bedingungen der leichten Verfügbarkeit und der Fortschreibungsfähigkeit erfüllen.

Sozialindikatoren gelten vielfach als „Muss“ einer ambitionierten Jugendhilfeplanung (*vgl. ISA 2001*). Die Frage, wie Sozialindikatoren zur Bildung von Sozialraumbudgets verwandt werden können, ist dagegen bislang weit gehend noch ungeklärt oder unterentwickelt. Zwar spielt die Orientierung an Sozialindikatoren – wie Änderung des Anteils der unter 21-jährigen ohne und mit Bezug von Hilfe zum Lebensunterhalt und/oder Anteil der Alleinerziehenden – in einigen bislang bekannten Modellen bei der Festlegung des Sozialraumbudgets eine starke Rolle, eine lineare oder kausale Verknüpfung solcher Sozialindikatoren mit den Ausgaben der Hilfe zur Erziehung erweist sich aber in der Regel als schwierig bis fragwürdig. Als rechnerische Bemessungsgröße für regionale Teilbudgets werden vielfach nur aktuelle Jugend-Einwohner-Indizes herangezogen. In den Jugend-Einwohner-Index fließt aber als Grundzahl lediglich der Anteil der Kinder und Jugendlichen im Alter von 0 bis 21 Jahren an der Gesamtbevölkerung ein. Die so ermittelte Prozentzahl wird in einem so genannten Standard-Punktzahl-Verfahren in ein Verhältnis zu den Werten der anderen Regionen gesetzt. Ggf. sollen zum Ausgleich von regionalen Sonderbedarfen und im Hinblick auf die nicht nach Index gewichtete Verteilung des status quo geeignete Übergangsberechnungen bis zur Erreichung einer akzeptierten und realitätsnahen Verteilungsgerechtigkeit angestellt werden (z.B. Bildung eines gemeinsamen Fonds inklusive Umsteuerungsüberlegungen).

Kennzahlen sind kein objektiver Maßstab für gute Arbeit, sondern können nur die Vorausschau auf zukünftige Entwicklungen anregen und unterstützen. Die auszuwählenden Indikatoren sollen dagegen den Beteiligten eine transparente und berechenbare Bewertungsgrundlage geben. Von daher müssen Indikatoren die Bedingungen der leichten Verfügbarkeit und der Fortschreibungsfähigkeit erfüllen. Eine Alternative zur Zuweisung von Budgetmitteln über Kennzahlen könnte (bei knappen Mitteln) die Forcierung der politischen Prioritätendiskussion sein, die durch ein entsprechendes Berichtswesen unterstützt werden könnte.

Letztlich handelt es sich bei der Zuweisung von Budgets immer um politische Entscheidungen und nicht um sozialplanerisch abzuleitende Finanzvolumina. Festzustellen ist, dass in den Modellregionen eine für die Steuerung nach Sozialindikatoren notwendige kleinräumige Jugendhilfeplanung bzw. Sozialraumberichterstattung nicht bzw. noch nicht weit genug entwikkelt ist und es deshalb schwierig ist, tiefergehende kleinräumige bedarfsanalytische Betrachtungen im Hinblick auf Sozialraumbudgets vorzunehmen (*vgl. hierzu auch Bürger 1999*).

Exkurs: Einwände der Praxis gegen Sozialraumorientierung in der Jugendhilfe

In der Jugendhilfepraxis wird die Debatte um Sozialraumorientierung zum Teil mit großer Skepsis aufgenommen. Dies hängt u.a. damit zusammen, dass der Wille zur Einführung sozialräumlicher Ansätze in der Kommune mit der Diskussion um neue Finanzierungsformen verknüpft wird.

Folgende Argumente werden gegen die Transformation der einzelfallbezogenen professionellen Erziehungshilfe in ein System sozialräumlichen Handelns ins Feld geführt (*vgl. Tornow 2001, 21 ff*):

- Sozialraumorientierung führt zum Abbau sozialer Sicherheit, in dem individuelle Rechtsansprüche aufgeweicht werden; sie dient im Wesentlichen zu Kosteneinsparungen. Gemeint ist hiermit das Wahlrecht des Bürgers, das durch sozialräumliche Konzepte eingeschränkt wird, selbst wenn es zu einem mehr oder minder freiwilligen Zusammenschluss verschiedener Träger auf sozialräumlicher Ebene kommt.
- Sozialraumorientierung verschlechtert die Fachlichkeit von erzieherischen Hilfen und belastet die Leistungsfähigkeit verbleibender Spezialeinrichtungen. Dieses Argument hebt darauf ab, dass nicht alle Probleme Jugendlicher auf Sozialraumebene gelöst werden können. Vielmehr muss mit unter doch auf Spezialdienste zurückgegriffen werden, wenn die niedrigschwelligen Angebote nicht greifen. Dies gilt besonders für die Heimerziehung. Wenn Heimerziehung allerdings nur bei den schwierigsten Jugendlichen in den verfahrensten Situationen eingesetzt wird, ist die Wahrscheinlichkeit für Erfolge geringer. Dies umso mehr je länger die „Abweicherkarriere“ dauerte und je älter die Jugendlichen sind.

- Sozialraumorientierung überschätzt die Planbarkeit und Steuerbarkeit sozialer Systeme und beseitigt Leistungstreiber und Regelkreise. Bezweifelt wird, dass durch statistische Erhebungen ein so genaues Bild von allen wesentlichen Parametern eines sozialen Raumes zu gewinnen ist, dass Maßnahmen zielgenau gesteuert und Wirkungen optimal vorhergesagt werden können. Hinzu kommt nach dieser These, dass Wettbewerb unterbleibt, weil der Marktgedanke für einen Sozialraum nicht passend ist.
- Sozialraumorientierung überschätzt die Wirksamkeit von Gemeinwesenarbeit und überfordert durch hohen Kommunikationsbedarf. Wenn die erledigte Stückzahl eng definierter Leistungen nachgewiesen werden muss, kommt gemeinwesenartig orientierte soziale Arbeit schnell an ihre Grenzen umso mehr, wenn substanzielle Verbesserungen der Wohnumwelt nicht angegangen werden.
- Sozialraumkonzepte laufen den allgemeinen gesellschaftlichen Entwicklungen entgegen. Individualisierung und Flexibilisierung von Lebensentwürfen weiten hiernach den Lebens-, Bewegungs- und Kommunikationsraum aus und vermindern die Bedeutsamkeit der unmittelbaren räumlichen Umgebung.

4.5 Methodisches Handeln und sozialraumbezogene soziale Arbeit

4.5.1 Zur Kritik an den klassischen Methoden der Sozialarbeit

Sozialarbeiterische Praxis vollzieht sich vor dem Hintergrund des Bemühens, die Fähigkeit der Klienten zu einer selbstbewussteren und selbstbestimmteren Gestaltung der jeweiligen Lebenswelt zu erweitern. Weder gilt es, „abweichende“ Lebensentwürfe zu überformen, noch sind die Klienten bloßes Objekt helfender Intervention. Vielmehr geht es darum, individuelle und überindividuelle Problemsituationen zu erkennen, sie auf soziale Benachteiligungen zurückzuführen und dabei die Achtung der Autonomie der jeweiligen Lebenspraxis zu beachten (*vgl. Dewe 1998, S. 23*). Den letztgenannten Gesichtspunkt zu vernachlässigen wurde den sog. klassischen Methoden der Sozialarbeit vorgeworfen. Sie bildeten bis in die 1970er-Jahre das sog. methodische Dreigestirn von sozialer Einzelfallhilfe, sozialer Gruppenarbeit und Gemeinwesenarbeit. Die dann einsetzende Kritik richtete sich insbesondere gegen die Einzelfallhilfe und die soziale Gruppenarbeit und bemängelte, dass keine ausreichende theoretische Fundierung des Handlungsbereichs der sozialen Arbeit vorhanden sei. An die Stelle der Reflexion über die gesellschaftlichen Rahmenbedingungen sozialer Arbeit, ihrer Funktion und ihrer systematischen Grundlagen sozialarbeiterischer Problemlagen seien die Methoden als Theorieersatz getreten (*vgl. Otto 1973, S. 90*). Dadurch nehmen die klassischen Methodenkonzepte das „doppelte Mandat" der Sozialarbeit, d.h. ihren doppelten Auftrag als Hilfe und Kontrolle zu wenig wahr und vernachlässigen die Notwendigkeit der Partizipation. Zwar wird der Gedanke der Partnerschaft zwischen Hilfe Suchendem und Helfendem immer wieder hervorgehoben, dennoch zielen die klassischen Methoden auf eine „normale" Lebensführung, d.h. sie konstruieren soziale Arbeit als Instrument der Beeinflussung der Klienten (*vgl. Galuske 1999, S. 103*). Präzisiert wird diese Kritik, wenn sie auf die Orientierung insbesondere der Einzelfallhilfe an einem medizinischen Modell (Anamnese, Diagnose, Behandlung als Phasen sozialarbeiterischer Intervention) abhebt. Die von der Sozialarbeit zu „behandelnden" psycho-sozialen Notlagen der Subjekte stellen danach keine soziale Erkrankung des Einzelnen dar, sondern seien häufig Folge sozialer Not. Die Anpassung des Klienten an bestehende Sozialstrukturen bewirkt danach die Aufrechterhaltung des bestehenden Gesellschaftssystems und die Verschleierung repressiver Strukturen (*vgl. Karberg 1973, S. 147*).

Die bis in die Mitte 1970er-Jahre mit steigender Bedeutung sich etablierende Gemeinwesenarbeit als sog. dritte Methode der Sozialarbeit traf diese Kritik nicht. Sie verstand sich, jenseits ihrer unterschiedlichen Ausprägungen, als politisches, emanzipatorisches, die ungerechten Strukturen bekämpfendes Mittel institutionalisierter Sozialarbeit. Ebenso wie die Einzelfallhilfe (case-work) und die Gruppenarbeit (group-work) hatte die Gemeinwesenarbeit ihre Wurzeln in den USA (Community-Organization und Community Development). Die Übertragung amerikanischer Erfahrungen mit sozialpolitisch notwendigen Basisorganisationen auf deutsche Verhältnisse erwiesen sich jedoch längerfristig als problematisch. Zum einen wurden zeitweise viele engagierte Gemeinwesenarbeiter von den Kommunalverwaltungen als Frühwarnsystem sozialer und regionaler Disparitäten missbraucht. Zum anderen scheiterte der Versuch, Einzelprobleme in gesellschaftliche Bezüge zu stellen, um die Bürger auf diesem Weg zu befähigen, ihre gemeinsamen Probleme zu erkennen und in Aktionen gegen Machtgruppen zu artikulieren. Trotz der nachlassenden Aufmerksamkeit für die GWA hatte die intensive Diskussion die Grenzen bürokratischer, individualisierender Sozialarbeit deutlich gemacht. Die breite Basis der einsetzenden Kritik an den Methoden der Sozialarbeit führte u.a. auch dazu, dass die eigene Berufspraxis als unzulänglich erlebt wurde. Dies führte zum Wunsch nach einer Verfeinerung der Interventionsmöglichkeiten, d.h. zu einer Spezialisierung von aus Nachbardisziplinen stammenden Verfahren und Techniken (Therapie, Beratung, Zielgruppenarbeit). Heute sind daher vielfältige methodische Ansätze in der sozialen Arbeit anzutreffen. Dabei werden die ursprünglichen Grenzen zwischen Einzelfallhilfe, Gruppenarbeit und Gemeinwesenarbeit aufgelöst.

Übersicht 4.5: Handlungskonzepte und Methoden der Sozialen Arbeit

Klientenbezogene Konzepte und Methoden		Professionsbezogene Konzepte und Methoden	
Einzelfall- und primärgruppenbezogene Methoden	Gruppen- und sozialraumbezogene Methoden	Personenbezogene Methoden	Organisationsbezogene Methoden
Soziale Einzelfallhilfe	Soziale Gruppenarbeit	Supersvision	Sozialmanagement
Sozialpädagogische Beratung	Gemeinwesenarbeit	Selbstevaluation	Jugendhilfeplanung
Klientenzentrierte Beratung	Erlebnispädagogik		
Multiperspektivische Fallarbeit	Themenzentrierte Interaktion		
Case-Management	Empowerment		
Mediation	Familientherapie		
Rekonstruktive Sozialarbeit	Streetwork		

Quelle: Zusammenstellung nach Galuske 1999, S. 152

Um die vielfältigen alten und neuen Strömungen in einem Ordnungsschema zu integrieren, ist vorgeschlagen worden, zwischen klientenbezogenen Konzepten und Methoden sowie professionsbezogenen zu unterscheiden. Erstere sind dadurch gekennzeichnet, dass sie versuchen, die Interaktion zwischen Klienten und Sozialarbeitern strukturierbar und planbar zu machen. Dieser Ansatz lässt sich sodann noch einmal unterteilen in solche Methoden, die sich auf einzelfallbezogene Interventionen konzentrieren bzw. jene, die gruppen- bzw. sozialraumbezogen argumentieren. Ziel professionsbezogener Konzepte und Methoden ist nicht das Interaktionsgefüge Klient – Sozialarbeiter. Ihr Augenmerk richtet sich vielmehr auf die Sozialarbeit selbst sowie auf die Organisationen und die Institutionen der Hilfe. Das Schema von Galuske macht diese Zusammenhänge deutlich (*vgl. Galuske 1999, S. 152; siehe Übersicht 4.5*).

Die Unterscheidung zwischen einzelfallbezogener Intervention und gruppen- bzw. gemeinwesenbezogenen Arbeitsanteilen ist indes problematisch, weil sozialraumbezogene Aspekte mittlerweile in vielen Ansätzen eine Rolle spielen (z.B. Case-Management). Lediglich der Focus der Fallbearbeitung gibt Hinweise auf die gewählte Methode. Zwar integriert Case-Management Inhalte des Netzwerkdenkens und sozialräumliche Aspekte, im Zentrum der Hilfeleistung steht jedoch das Individuum.

Vielfach wird die Notwendigkeit zum Handeln in der einschlägigen Methodenliteratur mit der Behandlungsbedürftigkeit einzelner Personen oder Gruppen begründet. Das damit verbundene Dilemma ist jedoch, dass diesen Personen oder Gruppen zugleich Mängel und Defizite zugeschrieben werden, was die Vielfalt der Arbeitsformen beschränkt (*vgl. Meinold 1995, S. 195*).

4.5.2 *Gemeinwesenarbeit*

Die Methodenkritik der „1968-Bewegung" führte dazu, dass man die insbesondere auf Einzelfallhilfe konzentrierte alte „Methodenlehre" verwarf und durch eine pragmatische Arbeitsfeldorientierung ersetzte. Nach C. Wolfgang Müller soll aus diesem zuerst defensiven Ansatz später das Projektstudium und die studienbegleitenden Praxissemester erwachsen sein (*vgl. Müller, C. 1992, S. 142*). Der radikalere Ausweg aus den Vorwürfen, die insgesamt repressive Gesellschaft verunmögliche eine emanzipative Einzelfallarbeit war der Übergang in Konzepte der Gemeinwesenarbeit, die als Mittel der Gesellschaftsveränderung aufgefasst wurden. Dafür stand die – damals neuartige – Stadtteilarbeit, die sich u.a. auf Entwürfe von Saul Alinsky (*vgl. Alinsky 1973*) bezog. So basierte die allgemeine Entwicklung der Gemeinwesenarbeit seit den 1960er-Jahren auf einem Programm, welches darin bestand, nicht nur gegen die bestehenden gesellschaftlichen Verhältnisse und Ungleichheiten ankämpfen zu wollen, vielmehr sollte ihnen mittels der Schaffung neuer Lebensformen eine differenzierte Praktizierung von Demokratie sowie eine politische Emanzipierung der Bürger konstruktiv entgegengesetzt werden.

Der gesellschaftskritische und auf Strukturveränderungen abzielende methodische Ansatz der Gemeinwesenarbeit (wie er insbesondere in der Arbeit mit Jugendlichen in Heimen der Fürsorgeerziehung umgesetzt wurde) wurde nach dem Aufkommen therapeutische Ansätze in der sozialen Arbeit zunehmend durch integrative Handlungskonzepte wie das der Lebensweltorientierung ersetzt. Als Strukturmerkmale solcher integrierten Handlungsansätze lassen sich folgende Prinzipien festhalten:

- *Prävention:* Unter Prävention fällt die primäre Prävention, die auf „lebenswerte, stabile Verhältnisse" setzt. Sie schafft Grundlagen dafür, dass es erst gar nicht zu vermeidbaren Krisen und Konflikten kommt. Sekundäre Prävention umfasst vorbeugende Hilfen in psychosozialen Lebenslagen, die bereits belastet sind, oder bei einschneidend erlebten Lebensereignissen (life-events). Die versucht konflikt- oder krisenträchtige Momente zu dämpfen oder zu mildern. Die Konfliktreduktion soll den Belasteten helfen, sich mit den Verhältnissen besser arrangieren zu können.
- *Dezentralisierung bzw. Regionalisierung:* Sozialpädagogische Angebote sollen die Menschen da erreichen, wo sie leben und wohnen. Das betrifft vornehmlich die institutionelle Struktur der Leistungsangebote. Sie sollen „vor Ort" sichtbar, erreichbar und abrufbar sein.
- *Alltagsorientierung* in institutionellen Settings und in den Methoden: Alltagsorientierung ist zum einen der Appell an die Fachlichkeit, organisatorische, zeitliche und habituelle Barrieren gegenüber dem Alltag der Klienten abzubauen und selbst alltagspraktischer zu denken. Dazu gehört auch die Überwindung eingetretener fachlicher oder organisatorischer

Segmentierung oder Parzellierung der Angebotsträger. Sie sollen sich besser vernetzen und fachlich-methodisch integrieren. Alltagsorientierung ist aber auch der Aufruf, sich mehr auf die Besonderheiten der Lebenswelten und Perspektiven der Klienten einzulassen. Es geht dabei darum, als soziale Arbeit räumlich und sachlich leichter erreichbar und ansprechbar zu sein. Alltagsorientierung heißt damit auch Situationsbezogenheit und Ganzheitlichkeit.

- *Integration und Normalisierung:* Die Maxime der Normalisierung strebt zugleich Integration an. Normalisierung betrifft konkret auch den sozialpädagogischen Umgang mit behinderten Kindern und Jugendlichen. Ziel von Normalisierung ist dabei ihre undramatische und alltagspraktische Integration. Ohne fachlich begründete und reflektierte Parteilichkeit wird sich diese Normalisierungsmaxime kaum realisieren lassen.
- *Partizipation:* Partizipation heißt für das Klientel Mitbestimmung und Teilnahme an Beratungs- und Entscheidungsprozessen. Mitbestimmung ist zugleich ein Akt der persönlichen oder lebensweltbezogenen Selbstbestimmung. Partizipation umschreibt damit eine grundsätzliche Stellung sozialer Arbeit zu ihren Adressaten: „Wenn lebensweltorientierte Jugendhilfe darauf hinzielt, dass Menschen sich als Subjekte ihres eigenen Lebens erfahren, ist Partizipation eines ihrer konstitutiven Momente" (*vgl. 8. Jugendbericht 1990, S. 88*). Das in der Partizipation angelegte Prinzip der Beteiligung begründet das methodische Prinzip der Freiwilligkeit und Ko-Produktion.

Gegenüber der älteren Tradition der Gemeinwesenarbeit weisen neue Formen der Stadtteilarbeit einige Besonderheiten auf. Heute scheint es weniger um aktuelle als vielmehr um strukturelle Probleme der Stadtentwicklung zu gehen, die einer längerfristigen und eher geduldigen Beratung bedürfen (*vgl. Müller, C., 2001, S. 30*). Dabei werden die Probleme nicht mehr nach ihren Zielgruppen aufgeteilt, sondern es werden die Problemlagen verschiedener, vordergründig unterschiedlicher Zielgruppen gemeinsam angegangen. Darüber hinaus wird, ähnlich wie in den USA, durchaus ein Bündnis mit der lokalen Geschäftswelt gesucht. Es geht also um Synergieeffekte erfolgreicher Zusammenarbeit mit vielen Interessengruppen, auch solchen, denen man früher keine Kooperation angeboten hätte. Weniger die Empörung über fremdes Versagen als die Bündelung der eigenen Kräfte der Bevölkerung soll zum Motor des Handelns werden.

Da das Ziel der Aufbau infrastruktureller Netzwerke ist, spielen die Begriffe Komplexität und Vernetzung eine bedeutsame Rolle. Zwar ist das Konzept des sozialen Netzwerkes zunächst ein Analyseinstrument zur Erhebung und Durchdringung sozialer Strukturen. Im Zusammenhang mit Elementen der sozialen Unterstützung wird der Netzwerkansatz jedoch praxisrelevanter. Soziale Unterstützung steht für die Mechanismen, durch die Individuen von ihrer sozialen Umwelt gegen belastende Lebensereignisse abgeschirmt werden bzw. bei deren Eintreten und Verlauf sie in ihren Bewältigungsanstrengungen gefördert werden. Im Gegensatz zu persönlichen, d.h. auf eine bestimmte Person und deren Bezüge zu anderen ausgerichtete Netze, sind soziale Netze auf ein ganzes System sozialer Beziehungen (Familie, Nachbarschaft, Quartier) angelegt. Hinsichtlich der Unterstützung wird zwischen direkten Effekten (Sicherheit in Krisensituationen) und Pufferfunktionen (präventive Netzwirkung) unterschieden.

Zentrale Kategorie auch der herkömmlichen Gemeinwesenarbeit ist die Herausbildung, Sicherung und Erweiterung der Handlungsfähigkeit (*vgl. Oelschlägel 2000, S. 17*). Die Lebenswelt, das Quartier oder das Gemeinwesen können die Handlungsfähigkeiten befördern oder behindern, je nach dem über welche Ressourcen als private oder öffentliche Güter der Einzelne verfügt. Solche Ressourcen können Infrastrukturausstattungen, soziale Dienstleistungen oder sogar der Ruf eines Stadtteils sein.

Gemeinwesenarbeit hilft, psychosoziale und soziokulturelle Ressourcen zu entdecken. Aktivierung gilt dabei als zentraler Begriff: der Bürger soll sich im lokalen Zusammenhang für seine Interessen einsetzen und seine Lebensumstände positiv verändern.

Moderne quartiersbezogene Gemeinwesenarbeit sieht sich als Teil eines Stadtteilmanagements und ergänzt Elemente desselben wie Strategien mit städtebaulichem Hintergrund und solche der stadtteilorientierten Armutsbekämpfung. Stadtteilmanagement soll auf der Quartiersebene Rahmenbedingungen für nachhaltige Entwicklungsprozesse schaffen. Dabei umfasst es mehr als eine Sanierungsträgerschaft und mehr als die sozialarbeiterische Gemeinwesenarbeit, obwohl es wie letztere auch quartiersbezogen, prozesshaft und bewohnerbezogen ist (*vgl. Alisch 1998, S. 13*). Moderne GWA bringt wichtige Erfahrungen in ein so verstandenes Stadtteilmanagement ein, als Profession ist sie in den bestehenden Projekten jedoch eine unter vielen. Nicht der Kämpfer für Gemeinwesenarbeit als „organizer" (Alinsky) ist allein gefragt, sondern soziale Fachleute, die mit unterschiedlichen Berufsgruppen kooperieren können, z.B. Stadtplaner, Theologen, Architekten oder Betriebswirte (*vgl. Müller, C., 2001, S. 30*).

Hilfreich ist eine Ergänzung personenbezogener Ansätze um eine sozialräumliche Sichtweise. Sie fragt zusätzlich nach Anregungen, Belastungen und Ressourcen in der Nahumwelt der Personen und öffnet den Blick für Mängel in Einrichtungen bzw. im Umfeld von Personen und Gruppen. Damit geht ein Perspektivwechsel einher, der auch Interventionsformen erweitert. Nun sind nicht mehr die Klienten Alleinadressaten methodischen Handelns, sondern zusätzlich Nachbarn, kommunale und freie Träger sozialer Arbeit oder auch Schule und Kindergarten. Methodisches Handeln fordert dann nicht mehr allein ein Eingreifen, sondern darüber hinaus Gestalten von Sozialräumen und Lebensbedingungen.

Meinold nennt diese Handlungsorientierung „Ressourcenarbeit" und versteht darunter

- „... persönliche Ressourcen bei den beteiligten Personen und in deren Umfeld entdecken und erweitern;
- Klienten und Klientinnen bei Bedarf zur Nutzung vorhandener Ressourcen anregen;
- den Mangel an Ressourcen dokumentieren, bekannt machen und zu beheben suchen“ (*Meinold 1995, S. 196*).

Die Orientierung an Ressourcenarbeit soll vielfältigere Arbeitsformen aktivieren, als dies bei einer Beschränkung auf Beratung oder Sozialtherapie der Fall ist. Das Interventionsfeld der Fachkräfte wird so erweitert und die vielfältigen Dimensionen der Problemfelder berücksichtigt. Ressourcenorientierte Ansätze ebnen auch die Kontroversen zwischen fallbezogener und feldbezogener Intervention ein, weil beide Arbeitsformen in ihrer Berechtigung anerkannt und je nach dem Anliegen der Klienten und den institutionellen Rahmenbedingungen prioritär eingesetzt werden.

Ressourcenorientierte Vorgehensweisen haben zunächst die Sicherung der Grundversorgung der Klienten im Blick (Wohnraum, finanzielle Grundsicherung, Betreuung, Pflege).

Sodann ist zu prüfen, ob das Wohngebiet genügend Lebens- und Entwicklungschancen bietet. Schließlich ist nach Nutzungsbarrieren zu fragen, das heißt, warum trotz vorhandener Einrichtungen diese nicht benutzt werden. Gleichzeitig gilt es daneben, ein Angebot fallbezogener, therapieorientierter Dienste für die Klienten vorzuhalten, die personenbezogener Hilfe bedürfen.

4.5.3 Case-Management

Das Case-Management setzt an dem von Mary Richmond um die Jahrhundertwende zum Professionskern der Sozialarbeit entwickelten Casework an, erweitert dessen Aktionsradius dadurch, dass die helfende Intervention nicht mehr alleine von der Sozialarbeit durchgeführt wird, diese vielmehr ein – meist regional ausgerichtetes – Netz von Hilfemöglichkeiten aktiviert und koordiniert.

> „Case-Management weist damit zwei Akzente auf: Einerseits konzentriert es sich auf die Entwicklung oder Verbesserung eines Ressourcen-Netzwerks; ein solches Netzwerk besteht in einer losen Organisation von Personen, verbunden durch den gemeinsamen Wunsch, einem bestimmten Klienten zu helfen, und in ihren Aktivitäten koordiniert von einem Case-Manager. Auf der anderen Seite konzentriert sich das Unterstützungsmanagement auf die Stärkung der persönlichen Befähigung des Klienten, Hilfsquellen zu erreichen und das Netzwerk der Ressourcen nutzen zu können“ (*Ballew/Mink 1991, S. 56*).

Das Programm der Einzelfallhilfe, Probleme im Verhältnis des Individuum zu seiner gesellschaftlichen Umwelt zu bearbeiten und zu lösen, wird beibehalten und im Hinblick auf die Vielfalt der realen Bezüge, die dieses Verhältnis definieren, erweitert. Gegenüber dem Begriff der Einzelfallhilfe (Casework) verändert sich allerdings die Handlungsperspektive: „Der Sozialarbeiter konzentriert seine Tätigkeit nicht mehr auf die Verhaltensänderung des Klienten mittels psychosozialer Interventionstechniken, sondern er findet den Keim seiner Aufgabe in der Ermittlung, Konstruktion und Überwachung eines problemadäquaten Unterstützungsnetzwerks“ (*vgl. Galuske 1998, S. 185*). Damit ist der Casemanager nicht mehr alleine dem Klienten zugewandt, sondern er bezieht sich in seinem Handeln in immer stärkeren Maße auf den Sozialraum und die dort verfügbaren Ressourcen: „In beratender Funktion ist es die Aufgabe des Unterstützungsmanagers, dem Klienten beizubringen, was er wissen muss, um für sich selber ein Netzwerk an Ressourcen zu entwikkeln und sich diese Hilfequellen auch zu erhalten. Zum anderen ist der Case-Manager Koordinator, indem er Pläne entwickelt und Abstimmung von Bedarf und Hilfeleistung vorantreibt. Zum Dritten tritt er als Anwalt des Klienten auf“ (*vgl. Galuske 1998, S. 185*).

Die Möglichkeit zu effektivem Case-Management hängt damit von den im Sozialraum verfügbaren Ressourcen und ihrer intelligenten Verknüpfung ab. Damit ist für das Casemanagement der verbindliche Zugang zu Ressourcen unverzichtbar, da die Umsetzung von Hilfeplanung nur auf einer einigermaßen stabilen Grundlage geschehen kann.

Aus der Perspektive des Klienten vereinigt der Case-Manager drei Funktionen. Er ist Koordinator, Advokat und Berater für die Belange des Klienten. Dabei lässt sich die Arbeit des Case-Managers in fünf Schritte gliedern:

1. *Assessment:* Zunächst werden Informationen über die Interessen, Fähigkeiten, Finanzen, sozialen Netzwerke und Motivationen des Klienten gesucht. Auf dieser Grundlage soll die Lebenslage des Klienten insgesamt mit dessen aktiver Mitwirkung eingeschätzt werden.
2. *Service-Planung:* Die gesammelten Informationen dienen dazu, eine Aufgabenplanung vor zu nehmen. Die möglichen Bewältigungs- und Unterstützungsaktivitäten sollen vor dem Hintergrund formulierter Ziele auf die Situation des Klienten zugeschnitten werden. Dabei erfolgt die Unterstützungsplanung, komplementär zur Lebensplanung des Klienten.
3. *Durchführung:* Die Durchführung soll die verschiedenen sozialen Dienste gemäß der Bedarfslage des Klienten koordinieren. Dabei ist der Case-Manager Sachwalter, beratender Begleiter, Spezialist für Informationen über das Sozialleistungssystem, Unterstützer für die Situationsbewältigung, Vermittler von sozialen Diensten, aber auch Anwalt bei der Korrektur mangelhafter Dienstleistungen.
4. *Monitoring:* Der Fortschritt muss ständig überwacht und mit den Zielen abgeglichen werden. Gegebenenfalls wird der ursprüngliche Aufgabenplan geändert. Das heißt, monitoring schließt die Prüfung, Revision, Informationsverarbeitung und Berichter-stattung ein. Der Case-Manager ist dabei Adressat des Klienten bei den sozialen Diensten.

5. *Auswertung:* Aufwand und Ergebnis der Bemühungen werden dokumentiert und in einer Prozess-Evaluation im Hinblick darauf ausgewertet, in wie weit sich das Unterstützungsverfahren bewährt hat (*vgl. Wendt 1991, S. 25ff*).

Case-Management zeichnet sich dadurch aus, dass sich der Klient an der entscheidenden Stelle befindet; der Case-Manager fertigt einen Plan nach eigenen Einschätzungen, der helfen soll, die Schwierigkeiten des Klienten zu überwinden (*vgl. Ballew/Mink 1991, S. 62*). Es sind jedoch verschiedene Rahmenbedingungen notwendig, damit er erfolgreich sein kann. Hierzu gehört, dass Case-Management als eigener Arbeitsbereich organisiert ist und nicht bei den sozialen Dienstleistern oder Kostenträgern angesiedelt wird. Nur wenn der Case-Manager seinen Aufgabenbereich eigenständig führt und als Teil sozialer Unterstützungs- und Hilfeleistung unabhängig finanziert wird, kann er im Interesse der Klienten wirken.

In Deutschland werden Case-Management-Konzepte vorwiegend in den Arbeitsfeldern ambulanter oder stationärer Pflege, in der Rehabilitation und zunehmend in der Jugendhilfe zur Anwendung gebracht. Hintergrund ist die Einsicht, dass viele wünschenswerte Veränderungsprozesse bei den Klienten nicht allein durch eine therapeutisch beeinflusste Ausrichtung des Beratungsprozesses (Beziehungsarbeit) herbeigeführt werden können. Gefordert wird vielmehr eine radikale „Entpädagogisierung“ von Beratung, um durch eine ressourcenorientierte Kooperation den Klienten deutlich zu machen, dass ihre Würde respektiert wird.

Gleichzeitig werden Case-Management-Konzepte in einigen Kommunen von Sozialdezernenten und Jugendamtsleitern favorisiert, um damit finanzielle Ressourcen effektiver einzusetzen. Diese Vermengung von klientenzentrierten Zielsetzungen mit der Hoffnung auf Kosteneinsparung verweist auf das althergebrachte Dilemma der sozialen Arbeit mit dem so genannten „doppelten Mandat“:

Ist Case-Management eher Ausdruck eines Engagements für den Klienten oder zielt es primär auf einen effektiven Einsatz finanzieller Ressourcen?

Das neue Case-Management in der sozialen Arbeit setzt an Veränderungen des Aktivitätsprofils sozialer Dienste an, bei dem der Akzent auf Informationsweitergabe und Überweisung, auf der gemeinwesenbezogenen Leistungsfähigkeit, sowie auf der Hilfestellung für Klienten im Gemeinwesen hier und jetzt basiert. Ziel ist es, Opfer von „Drehtürsyndromen“ bzw. den so genannten behandlungsresistenten Klienten mit einer Palette von Dienstleistungen zu versorgen, die sich am jeweiligen Bedürfnisniveau orientiert. Die Gesamtzahl der Fälle für einen Case-Manager muss daher überschaubar bleiben, um zu den betreffenden Personen stets Kontakt halten zu können. Auch darf die Dienstleistung nicht von vorne herein als befristet gelten, weil der Zeitraum nicht im vor hinein abschätzbar ist. Viele der neueren Programme verlangen ausdrücklich, dass die Kontakte eher in Form persönlicher Begegnungen als über das Telefon und eher zu Hause (in vivo) als im Büro stattfinden, weil sich dadurch die Intensität erhöht.

Wichtig ist es auch, den kulturellen Hintergrund für ein jeweils eigenes Case-Management einschätzen zu können. Viele Zuwanderer geben z.B. der Identifizierung mit der eigenen ethnischen Gruppe und dem Erfordernis, den Ruf der Familie zu bewahren, einen Vorrang vor den Bedürfnissen des Einzelnen. Hilfen von außen werden dadurch lange Zeit behindert, so dass erst nach erheblichen Belastungen und Krisensituationen eine Kontaktaufnahme zu Stande kommt. Dies erschwert den Ressourceneinsatz für den Case-Manager und führt häufig zu restriktivern Eingriffen.

Um in Krisensituationen zu vermeiden, dass Klienten/innen sich total von der Familie trennen, ist zu prüfen, ob Familienangehörige in kollegialer Form bzw. andere Helfer aus dem jeweiligen ethnischen Zusammenhang hinzugezogen werden können.

Die Erweiterung der Sichtweise des neuen Case-Managements bezieht auch Dienstleistungen für so genannte „Unterstützungsempfänger zweiter Ordnung" mit ein, zu denen am häufigsten Eltern, Familienangehörige oder andere wichtige Bezugspersonen zählen. Hierzu gehören Dienstleistungen mit unterstützendem Charakter, aber auch Unterrichts- und Beratungsaktivitäten, die bei den Betreuern des Klienten die Kenntnisse über Case-Management verbessern.

Derartige Arbeitsprozesse verlangen Case-Manager mit verschiedenen Kompetenzniveaus: Selbstständigkeit, breites Ausbildungsniveau, Flexibilität. Die Case-Management-Aufgaben ihrerseits sind breit gestreut:

Anwaltschaftliches Eintreten für den Klienten, Krisenintervention, Einlösung von Anspruchsberechtigungen, innovative Zusammenarbeit mit informellen Unterstützungssystemen und den formellen Diensten.

Schließlich bedarf effektives Case-Management vorab der Klärung, was mit dem Prozess erreicht werden soll:

Aufbau, Prozess und Ergebnis müssen überprüft werden. Beim Aufbau eines Case-Managements müssen Standards formuliert werden und für deren Einhaltung Sorge getragen werden (unter anderem Ausbildung und Organisation des Mitarbeiterstabs, quartiersnahe Unterbringung, Qualität der Räumlichkeiten).

Am schwierigsten ist die Beurteilung des Ergebnisses. Die Verbesserungen bei den Klienten sind schwer messbar, Nachweise für die Kontinuität der Betreuung werden selten geführt. Häufig sind die Folgen über die Effektivität des Case-Managements erst nach langen Zeiträumen einschätzbar.

4.6 Zum Verhältnis von Stadtteilentwicklung und sozialraumorientierter sozialer Arbeit

4.6.1 Die Unterstützungsfunktion der Sozialraumorientierung für die soziale Stadtteilarbeit

Das 1999 angelaufene Gemeinschaftsprogramm „Stadtteile mit besonderem Entwicklungsbedarf – Soziale Stadt“, in dem bereits Ende 1999 123 Städte und Gemeinden, sowie 161 Quartiere für Projekte angemeldet hatten, verfolgt zusammenfassend folgende Ziele (*vgl auch Kap. 2*):

- die Lebensbedingungen der betroffenen Menschen in den benachteiligten Stadtquartieren sollen durch eine aktive und integrativ wirkende Stadtentwicklungspolitik nachhaltig verbessert werden;
- eine Effizienzsteigerung öffentlicher Maßnahmen soll durch frühzeitige Abstimmung und Bündelung öffentlicher und privater Finanzmittel auf die Stadtteile erreicht werden;
- Beschäftigungsimpulse sollen durch die Stärkung der lokalen Wirtschaft, die Schaffung und Sicherung örtlicher Arbeitsplätze sowie die Qualifizierung von Arbeitssuchenden gegeben werden;
- soziale Impulse sollen durch die Verbesserung der Wohnverhältnisse, der Unterstützung des sozialen Miteinander, die Wiederherstellung von gemischten Bewohnerstrukturen durch eine Verbesserung der Gebietsattraktivität für Zuziehende und die Schaffung von mehr Sicherheit im öffentlichen Raum und die Verbesserung der Infrastruktur erreicht werden;
- ökologische Impulse sollen durch ökologisches Planen, Bauen und Wohnen im Bestand gestärkt werden;
- politische Impulse sollen durch den integrierten Einsatz der verschiedenen Politikfelder verstärkt werden (*vgl. Döhne/Walter 1999, S. 25*).

Betrachtet man diese Zielsetzungen, dann spielen neben Aktivierung und Beteiligung von Bürgern insbesondere die Integration und Vernetzung bislang nebeneinander stehender politischer Handlungsfelder eine herausragende Rolle. Die neue Sozialraumorientierung in der sozialen Arbeit und die Finanzierung sozialer Dienste mittels Sozialraumbudgets ist anschlussfähig an die Handlungsgrundsätze des „Soziale Stadt“ – Programms. Die Entwicklung sozialraumbezogener Handlungsansätze in der sozialen Arbeit und deren Unterstützung durch Sozialraumbudgets sollte in Bezug auf die neue Stadtentwicklungspolitik und im Hinblick auf eine zukünftig enge Kooperation mit diesem Handlungsfeld das in ihrem Handlungsfeld bislang vorherrschende Konditionalprinzip bei der Finanzierung von Leistungen (d.h. die subjektiven Rechtsansprüche der Bürger) durch ein Finalitätsprinzip ergänzen, was nicht im Gegensatz zum Auftrag des KJHG stünde (z.B. Auftrag fallbezogene Hilfen zu finanzieren und Auftrag zur sozialen Infrastrukturentwicklung). Dieses Finalitätsprinzip sollte an dem durch das Programm „Soziale Stadt" vorgegebenen Ziel der Vernetzung und Integration bislang separierter Handlungsfelder orientiert sein und dementsprechend auch vorrangig integrierte, vernetzte Hilfeformen und Unterstützungsleistungen finanzieren. Wenn es um Synergien durch vernetzte Projekte und Verwaltungsreformen in der Stadtteilentwicklung geht, dann ist – ergänzend zur Ebene einzelfallbezogener Finanzierung – eine Finanzierungsform zu empfehlen, welche die Verzahnung und Bündelung der Aktivitäten in den zentralen sozialpolitischen Handlungsfeldern (wie Soziales, Wohnen, Gesundheit, Kultur) unterstützt. Der Gedanke der (sozialraumbezogen) Integration und Vernetzung ist auch federführend bei den nachfolgenden Überlegungen zur Ausgestaltung von Sozialraumbudgets. Damit grenzen wir uns bewusst von Vorschlägen ab, die die Entwicklung und Effektivierung einer sozialraumbezogenen sozialen Arbeit ausschließlich mit Budgetierungsmodellen bei den Hilfen zur Erziehung im Rahmen des KJHG verknüpfen. Wie die kommunale Praxis zeigt (*vgl. ILS 2000a*) arbeiten im Rahmen des Handlungsprogramms „Stadtteile mit besonderem Erneuerungsbedarf" z.B. mehr als die Hälfte der befragten Stadtteilbüros mit frei verfügbaren Stadtteilbudgets. Diese sind allerdings in der Regel so gering bemessen, dass sie zu substanziellen materiellen Einflüssen auf den Erneuerungsprozess in der Regel nicht ausreichen (*vgl. hierzu Kap. 5*).

Die Position von Kritikern gestaffelter Budgets, die argumentieren, dass Sozialraumbudgets und so genannte Verfügungsfonds im Rahmen von Quartiersmanagement die Steuerungsfähigkeit kommunaler Akteure überstrapaziert, läuft aus Autorensicht ins Leere. Angesichts weit gehend fehlender Evaluationsstudien in diesem Bereich ist das „Versprechen" oder die Suggestion, über die Intensivierung der Feldarbeit im Rahmen der Hilfen zur Erziehung Fälle reduzieren zu können, reine Spekulation. Es kommt gerade in der jetzigen Situation sehr darauf an (will man den Gesamtprozess einer sozialen Stadtentwicklungspolitik nicht diskreditieren), die mühsame Hinwendung zu sozial integrativen Maßnahmen und Projekten den Kommunen nicht mit (nicht zu belegenden) Einsparpotenzialen bei der Fallarbeit schmackhaft zu machen.

Unser Vorschlag zur Gestaltung von Sozialraumbudgets geht davon aus, dass die Jugendhilfe (ebenso wie andere verwaltungsbezogene Fachbereiche) Unterstützungspotenziale für gemeinwesenbezogene Projekte entwickeln können muss. Hierzu bedarf es materieller Ressourcen, die flexibel verfügbar gemacht werden können. Für die weitere Diskussion schlagen wir deshalb vor, die Frage einer Optimierung der Fallsteuerung in den Erziehungshilfen sorgsam von der Frage nach einer Verbesserung des Gemeinwesenbezugs sozialer Interventionen zu trennen. Man sollte (auch in Zeiten fiskalischer Nöte) nicht zusammenwerfen, was nicht zusammen gehört.

Ein sozialraumbezogenes Finanzierungsmodell, das sich an diesen Prinzipien orientiert (d.h. sich von einer stärkeren Betonung des Finalitätsprinzips leiten lässt) , könnte auf drei Säulen beruhen (*vgl. hierzu auch Otto 2000; Vollmer 2000*):

- einer Anspruchs- und Leistungsfinanzierung über individuelle Entgelte (keine Budgetierung im unmittelbaren mit einem Rechtsanspruch versehenen Leistungsbereich);
- einer Projektförderung zur Abdeckung weiterer projektbezogener Kosten;
- sowie einem Budget zur Aktivierung von Ressourcen im Sozialraum.

Mit Hans-Uwe Otto (*2000, S. 30f*) kann man drei Ebenen sozialräumlichen Arbeitens und drei damit korrespondierende Finanzierungsformen auf Budgetbasis unterscheiden (*siehe Übersicht 4.6*).

Übersicht 4.6: Modell „Gestaffelte Sozialraumbudgetierung"

Ebenen sozialräumlicher Arbeit	Korrespondierende Finanzierungsformen auf Budgetbasis
1. Aktivierungs-/Milieuarbeit	1. Quartiersbudget
2. Strukturarbeit	2. Kooperatives Projektbudget
3. Fallarbeit	3. Leistungsbudget

Quelle: Zusammenstellung nach Otto, 2000, S. 30f

Mittels Quartiersbudgets wird eine sozialarbeiterische an Lebenslagen orientierte Stadtteilarbeit finanziert, welche die Lebensweisen der Betroffenen als Anknüpfungspunkt für die Aktivierung von Ressourcen und Empowerment nutzt; die Bemessungsfaktoren und das Volumen von Quartiersbudgets müssten auf der Grundlage von Sozialraumanalysen und Sozialraumindikatoren erarbeitet werden. Kooperative Projektfinanzierung dient der Verbesserung von Lebensverhältnissen im Sozialraum durch multiprofessionelle, vernetzte, projektbezogene und trägerübergreifende Arbeit an der kommunalen Infrastruktur; projektbezogene Strukturarbeit kennzeichnet sich durch die Verknüpfung verschiedener Handlungsfelder (z.B. Wohnen, Gesundheit, Alter) mit den Angeboten der Jugendhilfe (und anderer sozialer Dienste). Die subjektorientierten Hilfen, d.h. die Fallarbeit, wird nach diesem Vorschlag nicht aus festen Budgets finanziert, da es sich hier um Hilfen auf Grund individueller Rechtsansprüche handelt (*vgl. Münder 2001*) und es unzulässig ist, die Gewährung gesetzlich geregelter Muss- und Sollleistungen unter den Vorbehalt ausgehandelter Budgets zu stellen; Sozialraumbudgets in der Fallarbeit können auf Grund rechtlicher Erwägungen nicht als feste, gedeckelte Budgets gestaltet werden; Budgets in der Fallarbeit müssen bei steigendem Bedarf aufgestockt werden. Eine Budgetierung der Fallarbeit ist deshalb aber nicht generell ausgeschlossen, sofern sie in offener Form gestaltet sind und Budgetierung als Mittel für andere Zwecke als den Ausschluss von Muss- und Sollleistungen dient; eine (nicht-feste, nicht-gedeckelte) Budgetierung der Fallarbeit wäre sozialrechtlich sogar wünschenswert, da ein solches

Steuerungsinstrument der Förderung des sozialrechtlich verankerten Wettbewerbs- und Wirtschaftlichkeitsdenkens der Träger im Sozialraum dient und darüber hinaus den Prinzipien des Verwaltungshandelns (z.B. Wirtschaftlichkeits- und Sparsamkeitsgebot) entspräche.

4.6.2 Die Unterstützungsfunktion der Sozialraumorientierung für innovative Projekte und gemeinwesenbezogene Arbeit

Ein bislang unterbewerteter Gesichtspunkt im Zusammenhang mit der Einführung von Sozialraumbudgets ist die Frage des Verhältnisses von Vertragspartnerschaft und Organisationsvielfalt, d.h. es geht um das Problem, inwieweit bei der Vergabe von Aufgaben im Sozialraum einzelne Träger – wie in bestimmten Praxismodellen geschehen – privilegiert werden können (Trägerexklusivität) und ob gegen die Gründung eines im Sozialraum tätigen Trägerverbundes kartellrechtliche Bedenken sprechen (*vgl. Münder 2001; Krölls 2001*). Angesichts der gesetzlichen Regelungen gegen Wettbewerbsbeschränkungen im Wirtschaftsleben muss Trägerexklusivität oder „Kartellbildung" im Sozialraum vermieden werden, insofern dies den Ausschluss anderer Anbieter zur Folge hat. Dass das neuere Sozialrecht kennzeichnende Wirtschaftlichkeits- und Wettbewerbsgebot darf durch Sozialraumbudgets nicht ausgehebelt werden und insofern hat auch bei der Steuerung mittels Sozialraumbudgets die „Wettbewerbsvielfalt der Anbieter im Vordergrund zu stehen" (*vgl. Luthe 2001, S. 253*). Das einigen Modellen zur Sozialraumbudgetierung in der Jugendhilfe zugrundliegende „Hoflieferantentum" ist auch schon deshalb nicht statthaft, da es gegen den ausdrücklichen „Geist" des KJHG verstößt, der von einer pluralen Trägerstruktur in der Kinder- und Jugendhilfe ausgeht; „Hoflieferantentum" über Sozialraumbudgets zu fördern, ist nicht vereinbar mit der dem KJHG zu Grunde liegenden „gesetzgeberischen Gesamtkonzept" (*vgl. Luthe 2001, S. 248f, 253*). Von anderer Seite wird dazu angemerkt:

> „Werden integrierte Hilfen über einen Hauptanbieter entwickelt, gleich welcher Organisationsform, besteht die Gefahr, dass dieses Vertragsverhältnis zu einer Monopolstellung des Angebotsträgers führt. Der zu entwickelnde Leistungsvertrag muss die erforderlichen Subsysteme berücksichtigen und die vertragliche Einbindung anderer Träger der freien Jugendhilfe aufgreifen, indem er beispielsweise Vorgaben hinsichtlich der Rechtsposition des Dritten im Rahmen der Wahrnehmung der ihm zugewiesenen Aufgaben enthält" (*Vollmer 2000, S. 46*).

Das weiter oben aufgeführte sozialraumorientierte Budgetierungsmodell (vgl. hierzu Dahme/Wohlfahrt 2002) berücksichtigt Wettbewerbselemente und verhindert, dass Trägerexklusivität und Kartellbildung bei der Aufgabenwahrnehmung entstehen. Das Modell geht von der dem KJHG zu Grunde liegenden „gesetzgeberischen Gesamtkonzept" aus, die eine plurale Struktur der Erbringung von Jugendhilfeleistungen unterstützt, nicht zuletzt auch durch die Möglichkeit, dass alle Träger bei der Jugendhilfeplanung und in den Arbeitsgemeinschaften nach § 78 KJHG mitwirken können und dies durch die Öffnung der Regelungen über die Mitwirkung von Wohlfahrtsverbänden und Jugendverbänden im Jugendhilfeausschuss bekräftigt. Unsere Empfehlung geht deshalb ausdrücklich dahin, insbesondere durch die Einführung von projektbezogenen Sozialraumbudgets sowohl im Bereich der Struktur- wie auch der Aktivierungs- und Milieuarbeit diese Pluralisierungsstrategie zu stärken und den Wettbewerb innerhalb der Trägerlandschaft durch Ausschreibungsverfahren zu forcieren. Vieles deutet darauf hin, dass in Folge der Ökonomisierung des Sozialsektors sich Tendenzen verstärken werden, die bei den etablierten Wohlfahrtsverbänden schon in den vergangenen Jahren zu einer massiven Aufwertung der Dienstleistungsfunktion geführt haben (*vgl. Wohlfahrt 2001b*). Diese Entwicklung führt nicht nur zu der Frage, wie die Funktion als Leistungserbringer einerseits und kooperativer Planer und Mitgestalter der Jugendhilfe andererseits in Übereinstimmung zu bringen ist, sie verstärkt auch die in der Vergangenheit immer wieder beobachteten Probleme einer effektiven und gemeinwesenbezogenen Gestaltung der Arbeit in den Arbeitsgemeinschaften nach § 78 KJHG (*vgl. Seckinger/Weigel/v. Santen/Markert 1998, S. 161ff*). – Zur Förderung dieser brachliegenden Gemeinwesenarbeit sollten nach Ebenen getrennt entsprechende Quartiersbudgets und kooperative Projektbudgets entwickelt und über Ausschreibungsverfahren zeitlich befristet vergeben werden.

Um zu verhindern, dass auf Grund eines zu eng bemessenen Budgetspielraums (bei der Vergabe von Gesamtbudgets) der budgetverantwortliche Träger entweder versucht, den Betreuungsbedarf im Einzelfall so gering wie möglich zu halten (*vgl. hierzu Krölls 2000*) oder die Feldarbeit auf ein Minimum zu beschränken, sollten Sozialraumbudgets auf der Ebene nicht so konstruiert sein, dass sämtliche Ausgaben der Erziehungshilfe vorab festgelegt sind, also die Höhe und der Umfang für nicht mehr variabel deklariert wird. Zur Entwicklung einer integrativen und nach dem Finalitätsprinzip organisierten Strukturarbeit wie der Aktivierungs- und Milieuarbeit bedarf es neben einer frei disponiblen Finanzierungsspitze, die Optionen über das Ob und Wie einer Verbrauchsentscheidung offen hält auch einer gezielten Unterstützung von innovativen Maßnahmen im Sozialraum, die auch darauf gerichtet ist, kleine und weniger finanzstarke Träger in der Entwicklung von sozialraumbezogenen Aktivitäten zu stärken und an der Milieu- und Strukturarbeit zu beteiligen.

4.6.3 Die Unterstützungsfunktion der Sozialraumorientierung für die Dezentralisierung von Verwaltungsstrukturen

Die aktuelle Regionalisierungsdebatte knüpft an die Ergebnisse der Neuordnung sozialer Dienste an und fordert deren konsequente Weiterentwicklung.

So plädiert Völkel (*1997*) für Regionalisierungsprozesse, nach denen in den Stadtteilen verschiedene Dienste aus dem Jugend- und Sozialbereich vor Ort gemeinsam zuständig agieren.

> „Grundsätzlich muss eine regionalisierte Zuordnung in jedem dafür in Frage kommenden Arbeitsbereich geschaffen werden. Die Wirksamkeit dieser Form kann dann in unterschiedlichen Konstellationen erprobt werden: z.B. als regionale Arbeitsgruppe des Sozialdienstes zur Fallarbeit, die alle Fälle ab einer dafür vorgesehenen Interventionsstufe gemeinsam mit Erziehungshilfe, Erziehungsberatung, Amtsvormundschaft und Jugendgerichtshilfe zum Thema hat" (*Völkel 1997, S. 85*).

In allen Modellen einer neuen Sozialraumorientierung wird deutlich, dass die Einführung von Sozialraumbudgets früher oder später die Neuordnung der Organisationsstruktur und Arbeitsprinzipien der Sozialverwaltung wie der Freien Träger mit sich bringt. Sozialraumbudgets verstärken den Trend zur Regionalisierung und Dezentralisierung von Arbeit und Organisation. Sozialraumbudgets sind insofern besonders geeignet, ein zentrales Anliegen der Verwaltungsmodernisierung zu verwirklichen: die im Lean-Managementkonzept enthaltene dezentrale Fach- und Ressourcenverantwortung.

Regionalisierung und die dadurch möglich werdende Sozialraumorientierung werden in der aktuellen Diskussion primär als Arbeitsprinzip, das in unterschiedlichen Organisationsstrukturen realisiert werden kann, gesehen. Sozialraumorientierung, das zeigen auch die verschiedenen Modelle der Sozialraumbudgetierung (*vgl. Koch 2000*), muss aber auch konsequent zu einem neuen Organisationsprinzip von Verwaltung und sozialen Diensten weiterentwickelt werden. Danach wäre bei einer Reorganisation der Sozialverwaltung der Sozialraumbezug (Regionalisierung) insbesondere mit einer Zielgruppenorientierung zu verschränken. Erst der Umbau aller sozialen Dienste nach bezirklichen bzw. regionalen Gesichtspunkten ist die Voraussetzung für eine sozialraumbezogene, ganzheitliche und präventive Arbeit; ohne einen solchen organisatorischen Umbau ist die neue, angestrebte Qualität sozialraumbezogenen Arbeitens nur schwer zu erreichen. Die Aufbauorganisation der Sozialverwaltung und der sozialen Dienste muss matrixorganisatorisch restrukturiert werden: in einer solchen neuen Organisationsform verschränken sich die zentralen Verwaltungsaufgaben (Finanzen; Controlling) und die Zielgruppen; hier könnte auch die notwendige Dienst- und Fachaufsicht angesiedelt werden; die horizontale Struktur von Regionen (Stadtteilen) hat dann wesentlich eine koordinierende Kompetenz für sozialraumbezogene Ziele und Arbeitsweisen. Eine solche Organisationsstruktur hätte erhebliche Vorteile für die Organisation der Arbeit (*vgl. Marquard 1999*):

- Auf der Ebene von Fallkonferenzen ist die Einrichtung regionaler Arbeitsgruppen möglich;
- Auf regionaler Ebene können unterschiedliche fachliche Zuständigkeiten für soziale Lebenslagen in gemeinsame Projekten gebündelt werden;

- Die Weiterentwicklung der sozialen Infrastruktur in der Region wird durch integrierten Ressourceneinsatz ermöglicht;
- Neue Formen regionaler Verwaltungs- und Verantwortungsorganisation können kleinräumig erprobt werden.

Durch eine neue Form der Aufbauorganisation sollen bei konsequenter Regionalisierung bisher getrennte Dienste vor Ort in Stadtbezirken zusammengeführt werden. So soll gemeinwesenorientiert eine integrierte Hilfe der bisher versäulten Längsschnittämter bzw. – Abteilungen, wie Sozialamt, Jugendamt und ASD, geschaffen werden, die dem Bürger ein ganzheitliches Angebot zu machen in der Lage sind. Sinn dieser Reorganisation ist es, die Atomisierung des Bürgers in Partialprobleme gemäss der Amtszuständigkeiten zu vermeiden, um Synergieeffekte in der öffentlichen Hilfe und der Selbsthilfe freizusetzen, wobei die Hilfe in Netzwerken und von den Verbänden mit einbezogen werden soll. Verwaltungsintern bedeutet eine solche Neugliederung die Einführung einer Art „Lean-Management“ in die Organisation, indem mittlere Ebenen im Amt (Abteilungen; Unterabteilungen, Sachgebiete etc.) entfallen, und zwar zu Gunsten einer Aufgabendelegation nach unten an die Basis im Bezirk. Geschieht dies vor dem Hintergrund einer eindeutigen Zielvereinbarung zwischen Verwaltungsleitung und den operativen Ebenen, kann dieser Zuwachs von Verantwortung vor Ort die Motivation der Mitarbeiter stärken.

Dass der aktuelle Trend, sozialraumorientiertes Arbeiten auch durch die Entwicklung neuer Verwaltungsstrukturen organisatorisch zu unterstützen, auch in der Praxis der Jugendämter bereits beobachtet werden kann, zeigen Ergebnisse eines empirischen Forschungsprojekts zum Verhältnis von Verwaltungsmodernisierung und Jugendhilfeausschüssen (*vgl. Stöbe-Blossey/ Bußmann 2002*): Nach ersten Ergebnissen dieses Projekts wollen einige Jugendämter Spezialzuständigkeiten für bestimmte Leistungen möglichst weit gehend auflösen und in den Allgemeinen Sozialdienst integrieren. Dieser wiederum wird in regionalen Teams organisiert. Kommunen, in denen Jugend- und Sozialamt zusammengefasst wurden, integrieren in diese Teams teilweise auch für die Sozialhilfe zuständige Mitarbeiter. Andere Kommunen behalten zwar die Spezialzuständigkeiten bei, versuchen aber durch die Schaffung einer neuen Matrixorganisation, die auf einen Sozialraum bezogene Zusammenarbeit zu verbessern. Vor allem Großstadtjugendämter (aber durchaus auch Ämter in kleineren Kommunen) streben eine räumliche Dezentralisierung des Amtes an. Teilweise werden die regionalen Teams komplett in die Stadtteile verlagert; teilweise installiert man in jedem Stadtteil zumindest einen Ansprechpartner. Inzwischen wird auch verstärkt versucht, die freien Träger in die entstehenden sozialraumorientierten Strukturen einzubinden. Dies geschieht teilweise über Stadtteilkonferenzen, in denen alle in einem Stadtteil tätigen Akteure an einen Tisch geholt werden. Einige Kommunen sind auch dazu übergegangen, die Arbeitsgemeinschaften nach § 78

KJHG, die ein wichtiges Forum für die Kooperation der Träger bilden, nicht mehr, wie weithin üblich, nach Leistungsarten, sondern nach Sozialräumen zu organisieren. „Darüber hinaus werden die Träger mancherorts auch dazu angeregt, sowohl ihre eigenen Organisationsstrukturen sozialraumbezogen anzupassen, als sich auch auf bestimmte Sozialräume zu konzentrieren" (*Stöbe-Blossey/Bußmann 2002, S. 32*).

Die schon zum gegenwärtigen Zeitpunkt erkennbaren Veränderungen der Verwaltungsorganisation im Zusammenhang mit der Sozialraumorientierung zeigen, dass dies als Beginn eines komplexen und weitreichenden Umbaus der gesamten Jugendhilfe- bzw. Sozialverwaltungsstrukturen zu werten ist. Dieser Reformprozess betrifft sowohl den Prozess der individuellen Hilfeplanung wie auch die Jugendhilfeplanung, die Kooperationskultur zwischen den beteiligten Trägern und Akteuren, die Organisationsentwicklung der jeweiligen Träger, die Personalentwicklung wie die Finanzierung der erzieherischen und anderer Hilfen. Perspektivisch wird die Sozialraumorientierung zu einer Umorientierung aller Infrastruktureinrichtungen auf dezentraler Ebene führen. Dabei sind vielfältige fachliche und finanzielle Fallstricke zu beachten, die die Integration in eine auf soziale Kontexte ausgerichtete Verwaltungspraxis behindern können. Die Praxis der Dezentralisierung und Regionalisierung wird nicht zuletzt davon abhängen, welche Finanzierungsformen der sozialraumbezogenen sozialen Arbeit sich letztlich durchsetzen. Was dies für die Fachlichkeit und Kooperationsbereitschaft nicht nur der Verwaltung, sondern aller im Sozialraum tätigen Infrastruktureinrichtungen, für Konsequenzen haben wird, lässt sich zum gegenwärtigen Zeitpunkt nicht beantworten.

Kapitel 5
Quartiersmanagement zwischen Leerformel, neuer Steuerungsstrategie und Instrument für eine sozial engagierte Quartierspolitik

5.1 Vorbemerkungen

Kapitel 2 und 4 haben gezeigt, sozialintegrative Stadt(teil)entwicklung und Sozialraumorientierung gewinnen seit den 1990er Jahren bundesweit an Bedeutung. Alle vorgestellten Programme (Kap. 2) – das Gemeinschaftsprogramm „Soziale Stadt", die Landesprogramme von Nordrhein-Westfalen, Hessen, Berlin und Hamburg sowie das EU-Programm URBAN II – betonen den Ansatz integrativer Handlungskonzepte vor allem für benachteiligte Gebiete und: als strategisches Instrument zur Umsetzung fordern und installieren alle Programme mit unterschiedlichen Benennungen Quartiers- oder Stadtteilmanagement.[6]

„Quartiersmanager/innen werden als ‚Allzweckwaffe' gehandelt, die benachteiligte Stadtteile in blühende Landschaften verwandeln sollen – und das alles in dem zur Verfügung stehenden Förderzeitraum" (*Grimm/Micklinghoff/Wermker 2001, S. 37*). Eine einheitliche Begrifflichkeit hat sich bislang nicht durchsetzen können (*vgl. z.B. ILS 2000a, S. 50ff*). In der themenbezogenen Literatur, in Dokumenten und auf Kongressen zeigt sich, wie unterschiedlich das Aufgabenspektrum, die Kompetenzen, das Instrumentarium, die Qualifikationen und die Trägerstrukturen definiert und in der Praxis umgesetzt werden.

In Reden und der Praxis drängt sich manchmal der Eindruck auf, Quartiersmanagement stehe nur als modische Worthülse, die unter Verwendung des Trendsetter-Begriffs „Management" innovative Quartierspolitik suggerieren soll, ohne diesen Anspruch einzulösen und weiter zu machen wie bisher auch. In der Praxis ist das teilweise wohl so; trotzdem greift der Eindruck „alter Wein in neuen Schläuchen" zu kurz.

Programmatisch-strategisch soll Quartiersmanagement die Sozialraumspaltung und soziale Desintegration in den Städten aufhalten, die Lebenslagen der Bewohner benachteiligter Stadteile verbessern, den (teuren) Einzelfallbezug sozialer Arbeit präventiv eindämmen und auf die Gleichwertigkeit der Lebensbedingungen in den Teilräumen der Stadt hinwirken. In Verbin-

6 In der Literatur und Praxis werden die Begriffe Quartiersmanagement/Stadtteilmanagement meist synonym verwendet. Dem Buchtitel entsprechend wird hier überwiegend die Bezeichnung Quartiersmanagement verwendet.

dung damit werden Bürgerbeteiligung/-aktivierung, Vernetzung privater und staatlicher Akteure, integrative Verknüpfung verschiedener Politik- und Handlungsfelder sowie Koordination und Moderation zu Schlüsselaufgaben von Quartiersmanagement erklärt. Inhaltlich sind solche Grundsätze natürlich nicht gänzlich neu. Sie können als Versuch der *Weiterentwicklung* und *interdisziplinären Zusammenführung* von zwei Vorläuferkonzepten der 1980er Jahre interpretiert werden: Von Seiten der Raumplanung das Konzept der „behutsamen Stadterneuerung", von Seiten der Sozialen Arbeit das Konzept der „stadtteilbezogenen Sozialarbeit" und der „Gemeinwesenarbeit als Arbeitsprinzip" (*vgl. Alisch 1998, S. 12f; Boulet/Krauss/Oelschlägel 1980; Hinte 1998, S. 156*).

Der Versuch zur Weiterentwicklung und interdisziplinären Zusammenführung der genannten Vorläuferkonzepte ist jenseits vorschneller Pro- oder Contra-Urteile zunächst einmal ernst zu nehmen. Als neues Element zu prüfen ist aber auch der mit Quartiersmanagement verbundene Trend aktueller Kommunalpolitiken, die wachsende Steuerungsunfähigkeit des lokalen Sozialstaates mit aus der Privatwirtschaft entlehnten Managementkonzepten kompensieren zu wollen *(siehe Kap. 4)*.

Im folgenden soll das Instrument Quartiersmanagement als Politikfeld und mögliches Arbeitsfeld planerischer und sozialer Berufe vorgestellt und erörtert werden. Erkenntnisleitend sind dabei die Fragen: Was ist Quartiersmanagement in Theorie und Praxis? Welche Ziele, Aufgaben, Strukturen und Instrumente prägen Quartiersmanagement? Was folgt daraus für eine sozial engagierte Quartierspolitik und für die Aus- und Fortbildung planerischer und sozialer Berufe?

Im Rahmen der Beantwortung soll eine aus den vorhergehenden Kapiteln abgeleitete *Kernthese* deutlich werden: Quartiersmanagement als strategisches *Instrument* garantiert für sich genommen noch keine sozialintegrative Politik zur Bekämpfung von Armut und Ausgrenzung in benachteiligten Stadtteilen. In Abhängigkeit von den politisch gesetzten Leitzielen der Kommunalpolitik, der Steuerungsphilosophie von Politik und Verwaltung sowie der Umsetzung „vor Ort" kann Quartiersmanagement genauso als Spar- und Befriedungsstrategie und als Instrument zur Kolonisierung und weiteren Ausgrenzung durchsetzungsschwacher Minderheiten im Stadtteil genutzt werden.

5.2 Aktivierender Sozialstaat und Vernetzungsstrategien als Begründungszusammenhang von Quartiersmanagement

Analysiert man das Quartiersmanagement als einen Baustein aktueller Modernisierungsbemühungen auf der Ebene des Sozialstaates und auf der Ebene der Verwaltung, dann zeigen sich zwei zentrale Anknüpfungspunkte, die auch als theoretische Begründung des Quartiersmanagement gelten können. Der eine Anknüpfungspunkt lässt sich mit dem Begriff des „aktivierenden Sozialstaats" umschreiben (*vgl. Wohlfahrt 2001*), der andere ist Bestandteil neuer Vernetzungsstrategien in sozialen Handlungsfeldern (*vgl. Dahme/ Wohlfahrt 2000*).

Aktivierender Sozialstaat

Der „aktivierende Sozialstaat" versteht sich als ein Staat, der Aufgaben an die Gesellschaft abgibt, sich verschlankt, aber auf zentrale Steuerungsleistungen nicht verzichten will. Der aktivierende Staat will der Gesellschaft Raum schaffen, „ihre Belange selbst zu regeln – und zugleich den Beitrag jedes Einzelnen zur Gestaltung seines eigenen und des gesellschaftlichen Lebens einfordern" (*Schröder 2000; S. 203*). Eine neue Kombination von gesellschaftlicher Selbstregulierung und politischer Steuerung wird in diesem Konzept als konsequente Fortführung und Ausweitung des Programms der Verwaltungsmodernisierung gesehen. Danach lässt sich die Bürgerrolle nicht mehr auf die klassischen Felder der Teilhabe am kommunalen Geschehen reduzieren. Vielmehr besteht die Notwendigkeit einer Partnerschaft zwischen Rathaus und Bürger. Der Bürger wird als Ko-Planer und Ko-Produzent gesehen, dessen Fähigkeiten und Kenntnisse bei der Planung von Stadtsanierungen, Straßenverläufen und ähnlichen Vorhaben ebenso einzubeziehen sind wie bei der Müllbeseitigung, der Stadtteilverschönerung und der Quartiersentwicklung. Die lokale Politik (und Verwaltung) selbst nimmt primär die Rolle eines Moderators, Vermittlers, Organisators und Mediators ein. Ziel all dieser Bestrebungen ist es „eine Ökonomisierung des öffentlichen Sektors insoweit zu forcieren, als es darum geht – auch im Zeichen einer unter Gesichtspunkten der nachhaltigen Entwicklung geforderten ‚Effizienzrevolution' – der Verschwendung von Ressourcen ein Ende zu bereiten und viele ungenutzte Kapazitäten, brachliegende Ressourcen innerhalb des Verwaltungsapparats, aber auch im Rahmen der Koproduktion zu beheben, d.h. zu aktivieren" (*Blanke/v. Bandemer 1999; S. 327*). Das Konzept des aktivierenden Staates stellt sich in diesem Zusammenhang als ein *„von oben"* inszeniertes

Instrument der „Kontextsteuerung“[7] (*vgl. Heinz 2000*) dar, das in konsequent managerialistischer Form den Bürger als Ko-Manager öffentlicher Aufgaben heranziehen will. Das bedeutet auch, dass die angestrebte Aktivierungspolitik ihr Verhältnis zu Verbänden und gesellschaftlichen Organisationen neu strukturiert (vgl. hierzu ausführlicher Kap. 4).

Neue Vernetzungsstrategien

Zweiter Begründungszusammenhang sind neue Vernetzungsstrategien, die seit einigen Jahren auch für die soziale Arbeit mehr und mehr an Bedeutung gewinnen. Seit den 1990er Jahren wird eine Form des Zusammenwirkens von staatlichen Stellen, Verbänden und Wirtschaft bei der Interessensvermittlung und Aushandlung politischen Maßnahmen dominant, die sich durch Kooperation und Diskursivität kennzeichnen lässt. Anfänglich wurde dieser Sachverhalt als Neokorporatismus thematisiert, später als Kooperation oder Netzwerkbildung zur Steuerung gesellschaftlicher Entwicklungen (*vgl. Mayntz 1997*). Der Netzwerkbegriff sollte zum Ausdruck bringen, dass es sich bei den beobachtbaren Kooperationsformen um eine freiwillige, d.h. nicht-hierarchische und auch nicht-marktförmige Form der Koordination von Interessen handelt, mithin um eine neue Vergesellschaftungsform – diesmal – auf der Ebene kollektiver Akteure. Die sich hier herauskristallisierende neue Form kooperativer Koordination und diskursiver Steuerung setzt auf Vertrauen, Konsensbildung und Selbstbindung der beteiligten Akteure; die Autonomie der Beteiligten wird respektiert und man unterstellt, dass die Zusammenarbeit die Notwendigkeit eines abgestimmten, gemeinsamen Vorgehens ersichtlich machen wird.

---

7 Aktivierende Sozialstaatlichkeit kennzeichnet sich durch sehr heterogene Elemente: Rechte und Pflichten, Bürgergesellschaft und soziales Engagement auf der einen Seite, Effizienz, Institutionen- und Versorgungsmodernisierung, Selbstverantwortung und Selbststeuerung auf der anderen. Auf die Ambivalenzen des neuen Leitbildes (konstruiert aus neoliberalen, konservativen bis hin zu radikaldemokratischen Elementen) ist in der publizistischen Debatte schon vielfach hingewiesen worden, insbesondere auch darauf, dass dieses Reformprogramm über die konkrete Umsetzung hinaus Potenziale enthielte, die noch ungenutzt brach lägen, insbesondere im Hinblick auf die Weiterentwicklung der Bürgergesellschaft. Das Leitbild vom aktivierenden Staat stellt sich also zwiespältig dar, da sich „Aktivierung“ im Spannungsverhältnis zweier Pole bewegt (vgl. Evers 2001): Zum einen soll durch Aktivierung die Bürgergesellschaft revitalisiert und politische Beteiligungsformen weiterentwickelt werden; zum anderen kreist der „instrumentell-manageriale“ Pol des Leitbildes um effizienzzentrierte Modernisierung durch Markt, Wettbewerb und Kostenmanagement wie um die Mobilisierung individueller und gesellschaftlicher Ressourcen angesichts von globalem Wettbewerb und den „Herausforderungen des Sozialstaates“. Der Bürger wird als „soziales Kapital“ oder als „Ko-Manager“ entdeckt, was in der kommunalen Praxis vielfach dazu führt, „Bürgergesellschaft“ und „Bürgerkommune“ nur noch als Modernisierungsinstrument des „Wettbewerbstaates“ zu handhaben, also Engagement primär als Ressource zur Entlastung von staatlichen Aufgaben aufzufassen.

Die neue Vernetzungsdebatte in der sozialen Arbeit und der Raumplanung ist anschlussfähig an die steuerungstheoretische und ökonomische Diskussion zur Funktion von Kooperation und Netzwerk: Auch sozialpolitisch motivierte Vernetzungsstrategien zielen auf die Schaffung von Gremien, die diskursive Steuerung, das Poolen von Ressourcen, die Schaffung von mehr Selbststeuerung und Selbstorganisation sowie letztlich das bessere Zusammenwirken zersplitterter Versorgungssysteme zum Ziel haben; dabei wird – der Netzwerklogik folgend – vermieden, Zielvorgaben zu setzen; Netzwerklösungen, d.h. gemeinsame Such-, Lern- und Verhandlungsprozesse sind zumindest offiziell – gefragt; dementsprechend stehen auch in sozialpolitischen Vernetzungsstrategien Informationsaustausch, Kommunikation, gemeinsames Suchen und Lernen sowie kollektives Problemlösen im Vordergrund; Staat und Verwaltung geben sich auch im Sozialsektor als Kooperations- und Verhandlungspartner, die Aufgaben delegieren sowie die Selbstorganisationskapazitäten gesellschaftlicher Gruppen und Organisationen unterstützen wollen.

Beide Begründungszusammenhänge zeigen, dass mit der Etablierung von Quartiersmanagement auch die Schaffung einer neuen Sozialstaatlichkeit auf lokaler Ebene einhergeht. Quartiersmanagement soll Instrumente entwickeln, die Impulse setzen, Akteure vor Ort vernetzen und Erfolgskontrolle anbieten. Diese Instrumente sind im Kern darauf programmiert, Koordinationsaufgaben zu erfüllen. Das Quartiersmanagement tritt damit in der Umsetzung auch „fordernd und fördernd“ gegenüber gesellschaftlichen Institutionen auf, die bislang als selbstverständliche Partner von lokalem Staat und Administration galten. Insofern ist auch das Quartiersmanagement als ein Versuch zu werten, die traditionellen korporatistischen Beziehungen im Sozialsektor zu überwinden und Formen der Zusammenarbeit zu entwickeln, die pragmatisch und effizienzorientiert „Lösungsarbeit“ verrichten. Die Nicht-Beherrschbarkeit von marktvermittelten Selektionsprozessen, die sich auf städtischer Ebene in wachsender sozialer Segregation ausdrücken, sollen durch das Quartiersmanagement in ihren Folgen abgefedert oder besser beherrschbar gemacht werden. Es bedarf also einer *intermediären Instanz* zwischen Staat und Markt, die fortlaufend an der Vermittlung beider Sphären arbeitet.

5.3 Quartiersmanagement in der Programmphilosophie

Wertet man die in Kapitel 2 vorgestellten Förderprogramme nach ihren Aussagen speziell zum Quartiers- oder Stadtteilmanagement aus, so zeigt sich, dass diese meist recht dürftig, manchmal auch nichts sagend sind, dass Ziele, Aufgaben, Formen und Instrumente durcheinander gewürfelt werden. Dennoch zeichnen sich gemeinsame Konturen der Programmphilosophie ab.

Zur Bezeichnung

Die Begriffe Quartiersmanagement/Stadtteilmanagement werden in den Programmen, der Literatur und der Praxis zwar uneinheitlich, aber meist synonym verwendet. Nur im hessischen Landesprogramm (HEGISS) – und im Kasseler Nordstadt-Projekt – wird ausdrücklich unterschieden (vgl. Kap. 2): Mit *Stadtteilmanagement* wird hier die in der *Zentralverwaltung* angesiedelte übergeordnete Steuerungseinheit bzw. Lenkungsgruppe bezeichnet mit den Hauptaufgaben der Organisation der Kooperation der beteiligten Verwaltungsressorts, der Zielbestimmung, der Programm- und Mittelbündelung und der Abstimmung mit dem Stadtrat. Im Unterschied dazu wird mit *Quartiersmanagement* die vor Ort angesiedelte *dezentrale Steuerungseinheit* (Stadtteilbüro) bezeichnet mit den Hauptaufgaben der Bewohnerberatung und -aktivierung, der Zielgruppen- und Gemeinwesenarbeit und der Kooperation und Vernetzung der lokalen Akteure. Bundesweit konnte sich diese sinnvolle Unterscheidung bislang nicht durchsetzen und wird deshalb hier auch nicht verwendet.

Ziele und Aufgaben

Mit unterschiedlichen Formulierungen wird Quartiersmanagement in allen Programmen als *strategisches Instrument* oder schlicht als *Strategie* zur Umsetzung quartierbezogener integrierter Handlungskonzepte definiert. Ein Zitat von Autoren des Deutschen Institut für Urbanistik (das DIFU ist mit der Programmbegleitung des Gemeinschaftsprogramms „Soziale Stadt" beauftragt) zeigt in etwa, was programmatisch gemeint ist (*Franke/Löhr 2000; S. 2*):

„Generell ist Quartiersmanagement ein strategischer Ansatz zum systematischen Aufbau selbsttragender und nachhaltig wirksamer personeller und materieller Strukturen zur Entwicklung eines Wohnquartiers durch den gezielten Einsatz vorhandener kommunaler Ressourcen, der in die gesamtstädtische Entwicklungspolitik integriert und bereichsübergreifend angelegt ist.
Aufgaben und Ziele eines Quartiersmanagements hängen stark von den Ausgangsbedingungen, Problemen und Potenzialen im Stadtteil ab. Entsprechend unterschiedlich fallen die sozialen, wirtschaftlichen, städtebaulichen und ökologischen Akzente aus. Allgemein sollen durch die Einrichtung eines Quartiermanagements Strategien und Akteure der Quartiersentwicklung integriert, vernetzt, ökonomische und soziale Entwicklungsmaßnahmen miteinander verknüpft sowie die Handlungsmöglichkeiten und –kompetenzen der Bewohnerschaft gestärkt werden. ... In diesem Rahmen (*der integrierten Handlungskonzepte*) übernimmt das Quartiersmanagement Aufgaben der Bewohneraktivierung, Stadtteilkoordination (z.B. Aufbau von Kooperationen auf gesamtstädtischer und Stadtteilebene), Projektinitierung, Mittelaquisition, Öffentlichkeitsarbeit und Erfolgskontrolle/Berichterstattung. Es ist die ‚antreibende Kraft' vor Ort."

Als Schlüsselbegriffe, die in der einen oder anderen Form in den meisten Förderprogrammen auftauchen, sind festzuhalten:

1. Strategisches Instrument zur Umsetzung integrierter Handlungskonzepte mit dem Leitziel der Quartierserneuerung und der Verbesserung/Stabilisierung der Lebenslagen im Quartier;
2. Bündelung sozialer, wirtschaftlicher, städtebaulicher und ökologischer Teilstrategien über Projekte, darin eingeschlossen die Kombination von bau-investiven und nicht-investiven Maßnahmen;
3. Bewohner- und Akteureaktivierung mit dem Ziel des Aufbaus selbstragender Strukturen (dementsprechend sind in allen Programmen sog. „*Exit-Strategien*" vorgesehen, das heißt: Quartiersmanagement soll sich nach Auslaufen der Förderung überflüssig machen);
4. Akteurevernetzung auf gesamtstädtischer und lokaler Ebene mit dem Ziel der Aufgaben- und Verantwortungsdelegation an nicht-städtische Akteure.

Teilziele und Handlungsfelder

In den Programmen und der themenbezogenen Literatur werden unterschiedliche Teilziele und Kataloge der zu integrierenden Handlungsfelder aufgezählt. Die folgenden Handlungsfelder, in denen möglichst Mehrziel-Projekte initiiert und durchgeführt werden sollen, werden häufig genannt:

1. Wohnungs- und Wohnumfeldverbesserung
2. Beschäftigung und Qualifizierung von Quartiersbewohnern
3. Förderung der lokalen Ökonomie, ökonomische Revitalisierung
4. Verbesserung der Verkehrs- und Freiflächeninfrastruktur, einschließlich ökologischer Ziele
5. Verbesserung der sozialen Infrastruktur (quartiersbezogene Öffnung von Schulen, Sport-, Jugend-, Alteneinrichtungen, soziokulturelle Begegnungsstätten, soziale Dienste)
6. Verbesserung des sozialen und interkulturellen Zusammenlebens (Konfliktmediation und Förderung einer sozial gemischten Bewohnerstruktur durch spezielle Mittelstandsanreize)
7. Erhöhung der Sicherheit und Sauberkeit im Quartier (Überwindung von „Angsträumen", Befriedung, ggf. Vertreibung von „Störgruppen")
8. Öffentlichkeitsarbeit zur Verbesserung des Stadtteilimages.

Quartiersmanagement als intermediäre Instanz

In den Programmen meist in indirekter Form, in Erläuterungen und der themenbezogenen Literatur regelmäßig, wird Quartiersmanagement die Funktion einer *intermediären Instanz* zugeschrieben (*zum Begriff vgl. u.a. Trojan/ Hildebrandt 1990; Selle 1990*). Vereinfacht ausgedrückt ist damit gemeint:

Quartiersmanagement soll intermediäre „Brücken- oder Mittlerinstanz" sein, das heißt zwischen den Bewohnergruppen, dem politisch-administrativen System (Politik und Verwaltung), dem privaten Wirtschaftssektor (lokale Ökonomie) und anderen lokalen Akteuren (Wohlfahrtsverbände, Kirchen, Vereine etc.) vermitteln, Kooperationen, Vernetzungen anregen, „stille" Ressourcen und Potenziale aktivieren (Ideen, Geld, professionelles und ehrenamtliches Engagement).

Es liegt auf der Hand, dass bei dieser Funktionszuweisung wie bei allen konsensorientierten Mittlerinstanzen naturgemäß Spannungsfelder der Vermittlung zwischen verschiedenen Interessen und Arbeitsweisen auftreten: Zwischen verschiedenen materiellen und institutionellen Interessen, zwischen unterschiedlichen Arbeits- und Planungskulturen, zwischen unterschiedlichen Kommunikationsstrukturen sowie nicht zuletzt zwischen den persönlichen Interessen und materiellen Abhängigkeiten der Quartiersmanager/innen und den Trägererwartungen (Bezahlung durch den Anstellungsträger). In der offiziellen Programmlyrik wird dies nicht erwähnt. In der Praxis wird der hohe Anspruch an die Quartiersmanager/innen daran deutlich, dass sie „nach allen Seiten offen und ergebnisorientiert" vermitteln sollen

- zwischen konfligierenden Interessen innerhalb der Wohnbevölkerung,
- zwischen konkurrierenden Teilen der Verwaltung,
- zwischen konkurrierenden Teilen nicht-städtischer Akteure sowie
- zwischen den konfligierenden Interessen von Bewohnern, der Adressaten in Politik und Verwaltung und den privat-ökonomischen und freigemeinnützigen Akteuren.

Das von Hinte (*1998, S. 158*) propagierte Schlagwort „Management mit Charme" verharmlost dieses Dilemma: In der Eigenschaft als Mittlerinstanz bewegt sich Quartiersmanagement zwangsläufig im schmalen Korridor zwischen *einerseits* der Rolle als Katalysator für mehr direkte Demokratie und anwaltlicher Vertretung von Bewohnerinteressen gegenüber Bürokratie- und Wirtschaftsinteressen, *andererseits* der Rolle als Befriedungsinstanz bzw. „Vorhut im Prozess der Kolonisation der Lebenswelten" von durchsetzungsschwachen Bewohnergruppen zur Durchsetzung von Ordnungsinteressen (*vgl. Trojan/Hildebrandt 1990; S. 23*).

Steuerungstrategien und Organisationsformen

Abgesehen von der skizzierten Steuerungsphilosophie intermediärer Instanzen, können aus den Programmen (und in der Praxis) zum einen *verwaltungsbezogene* Steuerungsstrategien und -formen, zum anderen *quartiersbezogene* Steuerungsstrategien und -formen des Stadtteil- bzw. Quartiersmanagement herausgefiltert werden.

Idealtypisch dominieren auf der Verwaltungsebene konventionelle „*Top-Down-Strategien*“ (von oben nach unten) und auf der Quartiersebene „*Bottom-Up-Strategien*“ (von unten nach oben). Auch hier ist allerdings in den Programmen ein begriffliches Durcheinander zwischen Aufgabenbeschreibung, (Teil-)Zielen, Steuerungsstrategien und -instrumenten festzustellen. Darüber hinaus wird in den Programmen und der Literatur stets die notwendige „Vor-Ort-Flexibilität“ der Umsetzung betont.

Auf der Ebene der gesamtstädtischen *Verwaltung* werden in der einen oder anderen Form verwaltungsgebundene zentrale Lenkungsgruppen/-einheiten gefordert und eingerichtet mit der Hauptaufgabe der Steuerung des Gesamtprozesses. Die Teilaufgaben dieser zentralen Lenkungsgruppen/-einheiten bestehen in

- der Identifizierung von Programmgebieten/-Stadtteilen (Raum- und Sozialberichterstattung),
- der Erarbeitung von Leitzielen und Leitprojekten der Quartiersentwicklung (Konzepte),
- der Mittelaquisition und –Mittelbündelung,
- der Abstimmung mit und Rechenschaftslegung gegenüber dem Rat,
- der horizontalen Kooperation und Vernetzung der verschiedenen Fachbereiche bzw. Dezernate und –Ämter,
- der Erarbeitung von Vorgaben und Aufgabendelegation für die Quartiersebene (Kontraktmanagement)
- sowie der Wirkungskontrolle und prozesshaften Weiterentwicklung der Programmumsetzung.

Auf dieser Ebene dominieren recht eindeutig konventionelle vertikale „Topdown-Strategien“ von oben nach unten: „...konzeptionierende, planende und durchführende Instanzen in den verschiedenen Verwaltungsbereichen konzipieren Maßnahmen, legen Ressourcen fest, verabschieden Zeitpläne und organisieren möglichst zielgerichtet einen – im Idealfall – in vorgedachten Teilschritten durchgeführten Prozeß“ (*Hinte 1998, S. 164*).

Auf der „Quartiersebene“ werden programmatisch dezentrale Steuerungseinheiten, meist in Form von Stadtteilbüros gefordert und eingerichtet mit der Hauptaufgabe der Prozessmoderation und Aktivierung vor Ort. Im Einzelnen sollen sie

- statistisch nicht abbildbare Potenziale, Defizite und Konflikte im Stadtteil entdecken,
- Informationen und Beratungen gewährleisten (Transparenz) und ggf. Betreuungen vermitteln,
- fantasiereich Gremien und Formen der Bürgerbeteiligung bzw. –aktivierung entwickeln (neben Informationsveranstaltungen, aktivierenden Befragungen, „runden Tischen“, „Quartiersforen“ u.a.m. projektbezogene Bürgerbeteiligungen),

- die Einrichtung von Gremien und Formen zur lokalen Akteurevernetzung anstoßen und deren Diskurse moderieren,
- Projekte initiieren und manchmal auch selbst durchführen,
- zielgruppenbezogene Gemeinwesenarbeit anstoßen oder auch selbst leisten,
- Konflikte moderieren,
- sowie von unten nach oben und umgekehrt von oben nach unten berichten und vermitteln.

Zumindest in der Programmphilosophie dominieren auf der Quartiersebene der Stadtteilbüros horizontale Vernetzungen im Quartier und „Bottom-Up-Strategien“ (von unten nach oben) gegenüber der Verwaltung: „... BürgerInnen werden befragt, Bedarfe erhoben, Vorschläge abgefragt und Interessen geordnet. Damit genügt man zumindest formal dem Anspruch an Bürgerbeteiligung – nachteilig wirkt sich häufig aus, daß die erhobenen Bedarfe in den Programmen ‚nicht unterzukriegen sind oder aber in der geäußerten Form oder von den Inhalten her nicht der formalen und inhaltlichen Dynamik eines geordneten Verwaltungshandelns entsprechen“ (*Hinte 1998, S. 164*).

Ob bei solchen Widersprüchen und Spannungsfeldern die postulierten „Bottom-up-Strategien“ durchgehalten werden (können), oder ob die Quartiersmanager/innen zu „Türöffern“ von Befriedungsstrategien, oder auch schlicht zu unglaubwürdigen „Lachnummern“ verkommen, hängt – abgesehen von ihrer Qualifikation und ihrem ‚Rückrat‘ – wesentlich von drei Faktoren ab:

1. Von ihrer formellen Anbindung bzw. den Trägerstrukturen (verwaltungsdominierte Trägerschaft und vertikale Steuerung – *versus* akteursgruppen-übergreifende sowie orts- und bürgernahe Trägerstrukturen);
2. von ihren Entscheidungkompetenzen (formelle Mitsprachemöglichkeiten und Geld z.B. in der Form von selbstverwalteten „Quartiersbudgets“);
3. von ihrem Rückhalt bei aktiven Bewohnergruppen und in den vorhandenen lokalen Netzwerken (Verankerung im Quartier).

Zur Anbindung und den Entscheidungskompetenzen des Vor-Ort-Quartiersmanagement finden sich in den vorliegenden Fördergrogrammen kaum Aussagen. Nicht zufällig: Abgesehen von den Förderprogrammen der Stadtstaaten Berlin und Hamburg sollen sie der Förderlogik entsprechend auf kommunaler Ebene definiert bzw. ausgehandelt werden.

In jedem Fall ist klar, es geht nicht um ein „Entweder-Oder“ von Topdown oder Bottom-up-Strategien, sondern um deren Mix in den Städten. Daher lohnt ein Blick in die Umsetzungspraxis.

5.4 Quartiersmanagement in der Praxis am Beispiel von Nordrhein-Westfalen

Programmlyrik und Umsetzung sind erfahrungsgemäß nicht das Gleiche. Bundesweit repräsentative Auswertungen zur Praxis der Umsetzung von Stadtteil- bzw. Quartiersmanagement können bislang nicht vorliegen. Das bundesweite Gemeinschaftsprogramm „Soziale Stadt" mit seinem Evaluationsauftrag wurde erst 1999 gestartet und ist in vielen Städten erst seit kurzem angelaufen. Die kommunale Selbstverwaltung und die Programmlogik gebieten eine Umsetzung in den Kommunen und Programmgebieten: Das hat eine höchst unterschiedliche Umsetzungspraxis zur Konsequenz und erschwert naturgemäß Verallgemeinerungen.

Der nachfolgende Versuch, die Steuerungsformen, Organisations- und Kooperationsstrukturen von Quartiersmanagement an nordrhein-westfälischen Praxisbeispielen vorzustellen, will die dargestellte Programmlyrik mit Blick auf anwendungsbezogene Schlußfolgerungen ergänzen.

Grundlagen sind:

1. Die nordrhein-westfälische Zwischenbilanz zur „Umsetzung des integrierten Handlungsprogramms für Stadtteile mit besonderem Erneuerungsbedarf" in 28 Stadtteilen (*vgl. Austermann/Zimmer-Hegmann 2001; ILS 2000a*) sowie
2. unsere Erfahrungen und Eindrücke auf Grundlage praxisbezogener Seminare und Projektstudien in Programmstadtteilen des Ruhrgebiets.

5.4.1 Gesamtstädtische Steuerungsformen und Organisationsstrukturen

Die nordrhein-westfälische Zwischenbilanz der siebenjährigen Umsetzungspraxis zeigt zunächst und erwartungsgemäß, dass die kommunale Verwaltung für die Steuerung und Koordination der Stadtteilerneuerung in allen Städten eine große Rolle spielt (*vgl. Austermann/Zimmer-Hegmann 2001, S. 121ff*). Personell sind die Projektleiter/innen entweder Mitglieder der Verwaltung oder eng an diese angebunden. Darüber hinaus haben sich in jeder Verwaltung Formen der ämter- bzw. fachbereichsübergreifenden Abstimmung zur Entwicklung und Steuerung der Umsetzung der integrierten Handlungskonzepte als notwendig erwiesen.

Ergänzend zur verwaltungsbezogenen Steuerung haben in zahlreichen Programmstadtteilen stadtteilgebundene Gremien und in fast allen die Stadtteilbüros ein erhebliches Gewicht. Diese beziehen neben der Verwaltung die Vertreter der Lokalpolitik, der Stadtteileinrichtungen, der Privatwirtschaft und der Bewohner in den Steuerungsprozess ein.

In ihrer Typisierung unterscheiden die ILS-Autoren gesamtstädtisch bzw. *verwaltungsdominierte* Steuerungsformen, *akteursgruppenübergreifende* Steuerungen und *stadtteilorientierte* Prozesssteuerungen.

Gesamtstädtisch bzw. verwaltungsdominierte Steuerungsformen

Hier erfolgt die Koordination und Steuerung schwerpunktmäßig in der städtischen Verwaltung von oben nach unten. Kooperationen mit Stadtteilakteuren finden auch hierbei statt. Es gibt jedoch keine festen Gremien bzw. stabile Strukturen, die den lokalen Akteuren ein partnerschaftliches Mitwirken an der Steuerung und Koordination ermöglichen. Stattdessen bestehen eher lose, informelle und wenig transparente Kooperationsstrukturen mit lokalen Akteuren, die bei Bedarf aktiviert werden. Nach unseren Erfahrungen werden dabei Akteure mit denen die Verwaltung „gute Erfahrungen" gemacht hat bzw. „Hoflieferanten" oft bevorzugt. Auffälligerweise sind diese verwaltungsdominierten Steuerungen v.a. in Großstädten verbreitet (Köln, Dortmund, Duisburg). Gewachsene Traditionen großstädtischer Verwaltungen, z.T. sehr große Programmgebiete mit mehreren zehntausend Einwohnern und nicht zuletzt kritische Stadtteilakteure dürften dafür ursächlich sein.

Akteursgruppenübergreifende Steuerungen

In einigen Programmgebieten haben sich Steuerungsformen und –gremien gebildet, die außer der Verwaltung lokale Akteure und Einrichtungen bewußt integrieren (außer der Verwaltung, Vertreter der Lokalpolitik, freie Träger, Vereine und Initiativen, lokale Ökonomie und Wohnungswirtschaft). Die Hauptaufgaben dieser auf partnerschaftlichem Dialog angelegten Gremien bestehen in generellen (im Unterschied zu operativen) Lenkungsfunktionen der Stadtteilentwicklung und der Verknüpfung der Stadtteilebene mit der Verwaltungsebene. Darüber hinaus arbeiten sie im Regelfall eng mit dem Vor-Ort-Quartiersmanagement bzw. den Stadtteilbüros zusammen.

Je größer der Anteil der verwaltungsexternen Akteure in diesen Gremien und je besser ihre Zusammenarbeit mit den Stadtteilbüros ist, desto stärkeren realen Einfluss haben sie erfahrungsgemäß auf die prozesshafte Programmentwicklung und –umsetzung. Parallel dazu finden natürlich weiterhin verwaltungsinterne Regiesteuerungen und Abstimmungen in ämterübergreifenden Gremien statt. Insoweit die auf lokale Partnerschaften und Verknüpfung der Verwaltungs- und der Stadtteilebene setzenden kooperativen Gremien tatsächlich funktionieren, können sie faktisch auch zu einer Dezentralisierung und Abgabe von Macht und Kontrolle auf Verwaltungsebene führen.

Als Beispiele für partnerschaftlich orientierte Gremien nennen die ILS-Autoren u.a. die Stadterneuerungskommission im Monheimer Berliner Viertel, den Arbeitskreis im Gelsenkirchener Stadtteil Bismarck/Schalke-Nord, den Arbeitskreis Solingen-Fuhr, die Projektlenkungsgruppe in Herne und den Kooperationsverbund Essen-Katernberg (*„Essener Modell" siehe unten*).

Stadtteilorientierte Prozesssteuerung

In einigen Programmgebieten wird der Erneuerungsprozess deutlich von der Stadtteilebene her gesteuert bzw. beeinflusst. Dies ist insbesondere dann der Fall, wenn das Quartiersmanagement vor Ort schon in den formalen Strukturen über relativ weit gehende Kompetenzen verfügt. Dies gilt z.B. in Siegen-Fischbacherberg, aber auch in Gelsenkirchen-Bismarck und in Detmold-Hakedahl.

Dort haben die Stadtteilbüros vergleichsweise starke Positionen und Einflussmöglichkeiten. In Siegen und in Detmold verfügen die Stadtteilbüros über eigene Budgets mit denen sie u.a. Projekte initiieren und anschieben können. In Gelsenkirchen-Bismarck ist das Stadtteilbüro als Teil des Stadtplanungsamtes direkt für die Programmkoordination und die Förderabwicklung zuständig.

Nach Aussagen der *verwaltungsinternen und der verwaltungsexternen* Akteure hat sich diese Dezentralisierung von Entscheidungsbefugnissen auf die Stadtteilbüros gut bewährt. Wichtig sei dabei auch, dass das professionelle Quartiersmanagement der Stadtteilbüros sehr eng mit ehrenamtlichen lokalen Akteuren in den Stadtteilgremien zusammen arbeitet (Siegen: „Runder Tisch"; Detmold-Hakedahl „Basiskreis"; Gelsenkirchen: „Arbeitskreis Bismarck/Schalke-Nord").

5.4.2 Quartiersmanagement vor Ort – die Arbeit der Stadtteilbüros

Im vorhergehenden Abschnitt wurden auf Grundlage der nordrhein-westfälischen Zwischenbilanz Prototypen städtischer Steuerungen von Quartiersmanagement vorgestellt. In diesem Abschnitt sollen synoptisch-zusammenfassend die Erfahrungen zur Arbeit und Organisation der Stadtteilbüros in 21 Programmgebieten ausgewertet werden (*vgl. Austermann/Zimmer-Hegmann 2001, S. 125ff; ILS 2000a, S. 50ff*). Dabei lässt sich die Aufgabenteilung zwischen den Ebenen gesamtstädtischer Steuerung und der Stadtteilebene in etwa wie folgt unterscheiden:

> „Während die Steuerungsebene (der Stadt) in erster Linie die Aufgabe hat, die Zielrichtung und den Verlauf der Stadtteilentwicklung und die dafür notwendigen Schritte zu ‚dirigieren', geht es auf der Stadtteilebene primär um die Abstimmung und Zusammenarbeit der örtlichen Einrichtungen und Träger untereinander. Dementsprechend befinden sich in Gremien der Steuerungsebene i.d.R. vor allem Vertreter aus Verwaltung und Politik, wogegen auf der Stadtteilebene in größerem Umfang auch Einzelpersonen und Einrichtungen aus dem Stadtteil präsent sind. Eine genaue Abgrenzung beider Ebenen ist dennoch nicht immer möglich" (*Austermann/Zimmer-Hegmann 2001, S. 126*).

Formen und Organisationsstrukturen der Stadtteilbüros

Die nordrhein-westfälische Zwischenbilanz zeigt quantitativ betrachtet zunächst einmal:

In 21 von 28 untersuchten Programmgebieten gab es Stadtteilbüros. Sie sind ein wichtiges Instrument zur Umsetzung der integrierten Handlungskonzepte auf der Stadtteilebene geworden. In den meisten Fällen gab es sie zum Zeitpunkt der Aufnahme in das NRW-Handlungsprogramm noch nicht (Ausnahmen: Essen-Katernberg und Duisburg-Bruckhausen). Mehrheitlich wurden sie aber zu Beginn des Erneuerungsprozesses oder kurz danach eingerichtet.

Die geplanten Laufzeiten der meisten Stadtteilbüros waren bzw. sind programmabhängig befristet. Der Programmphilosophie und der Mittelknappheit folgend, sollen sie nach dem Aufbau „selbsttragender Strukturen" im Stadtteil überflüssig werden. Aus Landessicht ist das naheliegend, weil das Land keine Dauerförderungen etablieren will. Aus kommunaler und Praxissicht ist es kurzsichtig: Es ist eine Illusion, in benachteiligten Stadtteilen mit ihren marktvermittelten sozialen Problemen ließen sich stabile selbsttragende Strukturen in wenigen Jahren etablieren. Stadtteilbezogene Gemeinwesenarbeit ist eine Daueraufgabe (*vgl. u.a. Grimm/Micklinghoff/Wermker 2001, S. 37ff*).

Hinsichtlich ihrer Trägerstrukturen sind die Stadtteilbüros überwiegend bei der Stadtverwaltung angebunden (13 von 21 bzw. 62%). In jeweils drei Fällen waren Stadtteilvereine, Wohlfahrtsverbände bzw. Wohnungsgesellschaften die Träger. In zwei Fällen gab es kooperative Trägerstrukturen, in einem Fall war ein beauftragtes Planungsbüro der Träger.

In Drei Vierteln der Stadtteilbüros arbeiten zwei oder drei hauptberufliche Quartiermanager/innen, abgesehen von ihrer Befristung, z.T. in Teilzeitarbeit. Hinzu kommen vielfach Berufspraktikanten/innen, Honorarkräfte und ABM-/ASS-Beschäftigte. Von ihrer beruflichen Erstausbildung her scheint sich in der Praxis etwa hälftig die Kombination von Stadt- bzw. Raumplanern und sozialen Berufen (Sozialarbeit/Sozialpädagogik, Soziologen) als Idealfall zu entwickeln („Tandem-Modell" aus planerischen und sozialen Berufen).

Aufgabenfelder und Handlungsschwerpunkte der Stadtteilbüros

Im Rahmen der ILS-Zwischenbilanz wurden u.a. die vorrangigen Aufgabenschwerpunkte der Stadtteilbüros in der *Selbstbeschreibung* ihrer hauptberuflichen Mitarbeiter/innen schriftlich erfragt. Die Auswertung der Befragung zeigt folgende Rangfolge der Aufgabenschwerpunkte der 21 (= 100%) Stadtteilbüros (*vgl. ILS 2000, S. 53f*):

Aufgabenschwerpunkte der Stadtteilbüros	n 21	= 100 Prozent)
1. Koordination/Vernetzung	17	81 %
2. Ansprechpartner vor Ort/Information	16	76 %
3. Projektentwicklung und –umsetzung	14	67 %

4.	Organisation von Beteiligung	13	62 %
5.	Beratung	7	33 %
6.	Öffentlichkeitsarbeit	5	24 %
7.	Gemeinwesenarbeit/Betreuung	5	24 %
8.	interkulturelle Zusammenarbeit	4	19 %
9.	Vermittlung/Moderation	4	19 %
10.	Ansprechpartner für die Verwaltung	3	14 %

In jeweils mehr drei Fünftel der Stadtteilbüros dominieren nach dieser Rangfolge der Selbstbeschreibung der Aufgabenschwerpunkte in der Praxis koordinierende und vernetzende Funktionen, Informationsfunktionen, projektbezogene Arbeiten sowie die Organisation von Beteiligungen. Andere Aufgabenschwerpunkte scheinen nur bei einer Minderheit der Stadtteilbüros den Alltag zu prägen.

Ergänzende *qualitative* Auswertungen des ILS zeigen jedoch. Mit unterschiedlicher Priorität in den einzelnen Stadtteilen gehören zu den „Klassikern" der praktischen Stadtteilbüroarbeit:

- Gemeinwesenarbeit;
- Kooperationen mit Beschäftigungsträgern;
- Vermittlung von Qualifizierungs- und Weiterbildungsangeboten;
- Mieterarbeit.

Zusammenarbeit mit Bewohnern, Politik und Verwaltung

Die Zusammenarbeit mit den Bewohnern, deren Beteiligung und Aktivierung erfolgt nach der ILS-Zwischenbilanz in vielen Formen und auf verschiedenen Kanälen (*vgl. ILS 2000a, S. 55f*). Günstige Lagen der Stadtteilbüros im Quartier, Präsenz vor Ort, gute Öffnungszeiten, alltägliche Kontakte mit Bewohnern und lokalen Akteuren sowie „niedrigschwellige", d.h. für unterschiedliche Zielgruppen einfach zugängliche Beteiligungsangebote werden dabei für besonders wichtig erachtet. Hinzu kommen als Aufgaben der Stadtteilbüros, die Organisierung von „Runden Tischen", „Stadtteilkonferenzen", die Einbindung und Aktivierung von vorhandenen Bürgervereinen bzw. Bewohnerinitiativen („Bewohnernetzwerke") sowie konkrete (einzel-)projektbezogene Bürgerbeteiligungen z.B. bei Wohnumfeldverbesserungen, Platzgestaltung, Modernisierungen, Sauberkeit und Sicherheit, Stadtteilfeste u.ä.

Als *Umsetzungsprobleme* der Bewohnerbeteiligung in der Praxis werden sinngemäß genannt:

- die Sonderinteressen von einzelnen Bewohnergruppen, Vereinen und Initiativen, die nicht das Interesse des Gesamtstadtteils (oder der Stadtverwaltung und/oder des Quartiersmanagement) vertreten und sich auch gegen die Interessen anderer Gruppen richten können;

- die oftmals schwierige Zugänglichkeit und/oder die „mangelnde Beteiligungsbereitschaft“ von bestimmten Bewohnergruppen (meist werden in diesem Zusammenhang Ausländer als „Problemgruppe“ genannt);
- das wenig kontinuierliche Engagement der Bewohner/innen, das rasch erlahmt, wenn Ergebnisse projektbezogener Beteiligungen gar nicht oder nicht zeitnah umgesetzt werden.

Nach unseren Erfahrungen in Programmstadtteilen des Ruhrgebiets werden damit die Umsetzungsprobleme der Bewohnerbeteiligung noch verharmlosend umschrieben. Echte Bürgerbeteiligung steht zwar auf dem Papier, wird in Praxis aber oft kaum oder alibihaft angewandt. Die Sonderinteressen von Teilgruppen der Stadtteilbewohner richten sich oft gegen andere Minderheitengruppen (jugendliche „Störgruppen“, Suchtabhängige und Ausländer), sie bezwecken oft deren Ausgrenzung/Vertreibung oder „Nicht-Sichtbarkeit“ im Stadtteilleben. Die angeblich mangelnde Beteiligungsbereitschaft von Ausländern ist oft auf fehlende interkulturelle Kompetenzen (Sprache und interkulturelle Sensibilität) der Akteure der Politik und der Stadtteilbüros zurück zu führen. Die Frustration der Bewohner/innen bei folgenlosen, alibihaften Beteiligungen wird von ihnen als Vernutzung durchschaut, dementsprechend beteiligen sie sich an Nachfolgeprojekten zur Beteiligung auch nicht mehr.

Die Zusammenarbeit der Stadtteilbüros mit der Politik setzt eine förmlich legitimierte und praktizierte Rückendeckung ihrer Arbeit durch die örtliche Politik, den Stadtrat und die zuständigen Ausschüsse voraus. Abgesehen von förmlichen Ratsbeschlüssen sind neben anderen Akteuren die Vertreter der Lokalpolitik als „Träger öffentlicher Belange“ oftmals formelle Mitglieder von stadtteilbezogenen Gremien (Stadtteilkonferenzen oder –foren). Neben diesen formellen Beziehungen spielen in der Praxis informell-persönliche Kontakte bzw. die „kurzen Drähte“ zu maßgeblichen Lokalpolitikern eine zentrale, oft ausschlaggebende Rolle. Das Spannungsfeld der Büromitarbeiter/innen zwischen relativ erfolgreichem „Hofschranzentum“, unbequemer Bottom-up-Kritik an Politikdefiziten und wirklicher Innovation ist damit abgesteckt.

Die Zusammenarbeit der Stadtteilbüros mit der Kommunalverwaltung gestaltet sich – wie oben ausgeführt – unterschiedlich. Organisatorisch handelt es sich bei den Stadtteilbüros mehrheitlich ohnehin um einen ausgelagerten Teil der Verwaltung, der mit mehr oder weniger Kompetenzen in die Arbeits- und Abstimmungsprozesse verwaltungsinterner Steuerungsformen einbezogen ist. Auch bei verwaltungfernerer Anbindung der Stadtteilbüros (akteursgruppenübergreifende oder verwaltungsexterne Trägerschaft) sind diese nach allen Praxis-Erfahrungen zwingend auf gute vertraglich geregelte und – in der Alltagspraxis besonders wichtig – auf gegenseitigem Vertrauen beruhende Zusammenarbeit angewiesen. Anderenfalls scheitert die Arbeit der Stadtteilbüros an Verwaltungsblockaden und fehlenden materiellen Ressourcen. Auch hier ist Gratwanderung zwischen Verwaltungshörigkeit und Basisorientierung oftmals schmal.

Entscheidungsbefugnisse und materielle Ressourcen der Stadtteilbüros

Nur in wenigen Quartieren verfügen die Stadtteilbüros über echte Entscheidungsbefugnisse und eigene Stadtteilbudgets. In der ILS-Befragung gab ein Viertel bzw. fünf von 21 Stadtteilbüros an, sie hätten praktisch „keine Entscheidungsbefugnisse". Lediglich drei Büros (14 %) geben an, sie hätten „volle Befugnisse". Die Mehrheit der Stadtteilbüros agiert offenbar vertraglich und nach ihrer Selbsteinschätzung in mehr oder weniger geregelten Zwischenwelten. Ihre Entscheidungsbefugnisse sind nicht eindeutig festgelegt. Da es sich um relativ neue Einrichtungen handelt, bestehen gleichwohl Spielräume bei der Aufgabenwahrnehmung. Außerdem hängt nach ihrer Selbsteinschätzung die reale Durchsetzungsfähigkeit in starkem Maße vom Persönlichkeitsprofil der Leiter/innen und Mitarbeiter, ihrer Kommunikationsfähigkeit und ihren „kurzen Drähten" zu anderen Akteuren ab.

Die Betonung des Persönlichkeitsprofils der Büromitarbeiter/innen ist zweifellos eine wichtige Binsenweisheit aus den Erfahrungen in allen Institutionen. Sie ersetzt aber keine geregelten Entscheidungsbefugnisse und fehlende materielle Ressourcen. Nachhaltig wirksames Quartiersmanagement der Stadtteilbüros sollte auch bei Personalwechseln nicht primär vom Persönlichkeitprofil abhängen, sondern auf stabilen Organisations- und Entscheidungsbefugnissen aufbauen.

Wesentliche Determinanten erfolgreicher Arbeit von Stadtteilbüros sind darüber hinaus die Bereitschaft der zuständigen Politik und Verwaltung Entscheidungsmacht teilweise zu dezentralisieren und die Bereitschaft, den Büros ausreichende Stadtteilbudgets zur Verfügung zu stellen (*zur Problematik von fixen sozialraumbezogenen Budgets in der sozialen Arbeit vgl. Kap. 4*).

Das Gesamtbudget der Stadtteilbüros umfasst in der Regel fixe Kosten für Personal und den laufenden Betrieb und flexible Ausgaben für Öffentlichkeitsarbeit und Bürgerbeteiligung, für Projektentwicklungen und deren Umsetzung sowie Kosten für externe Beratungen, Moderationen und Evaluationen. Immerhin mehr als die Hälfte der befragten Stadtteilbüros verfügt neben den fixen Ausgaben über frei verfügbare Stadtteilbudgets. Gemessen an den Gesamtkosten der Stadtteilbüros, und erst recht gemessen an den investiven Kosten der Handlungskonzepte – allerdings nur in sehr bescheidener Größenordnung. Sie können damit z.B. Ausstellungen, Workshops, Stadtteilforen, Stadtteilfeste, Öffentlichkeitsarbeit, manchmal auch kleinere Projekte ko-finanzieren. Zu substanziell materiellen Einflüssen auf den Erneuerungsprozess reichen die Mittel nicht.

Im folgenden werden zwei von uns im Jahr 2001 untersuchte kommunale Praxismodelle zur Organisation und Steuerung von Stadtteil- bzw. Quartiersmanagement vorgestellt. Am Beispiel der „Dortmunder Nordstadt" soll ein verwaltungsdominiertes Modell und seine Schwächen, am Beispiel von „Essen Katernberg“ das akteursgruppenübergreifend-intermediär angelegte Essener Modell charakterisiert werden. Die Beispiele eignen sich insofern zum Vergleich, weil es sich in beiden Fällen um Großstädte des Ruhrgebiets mit vergleichbaren Problemlagen handelt, um Altbauquartiere mit ähnlicher Bevölkerungsstruktur und ähnlichen räumlichen Defiziten (Katernberg ist allerdings deutlich kleiner als die Nordstadt) und, weil die städtischen Interventionen zur Quartierserneuerung in beiden Stadtteilen schon vor der Aufnahme in das Landesprogramm in den 1990er Jahren einen langen Vorlauf hatten.

5.4.3 Kritische Anmerkungen zum „Dortmunder Modell – Beispiel Nordstadt“[8]

Die Dormunder Nordstadt und ihre Bewohner/innen blicken auf eine lange „Karriere“ eines benachteiligten Stadtteils mit zahlreichen städtebaulichen Interventionen seit den 1960er Jahren zurück (*vgl. ILS 2000a, S. 119ff; Krummacher/Waltz 2003; Staubach 2001*). Die Nordstadt ist ein war und ist ein protypischer benachteiligter Stadtteil mit hohem Migrantenanteil, im Einzelnen:

- ein innenstadtnaher traditioneller Arbeiterstadtteil mit massiven lokalen Arbeitsplatzverlusten seit den 1970er Jahren;
- ein gründerzeitliches City-Erweiterungsgebiet;
- ein klassisches Sanierungsgebiet mit den Merkmalen immissionsbelastet, hochverdichtet, geringe Wohn- und Wohnumfeldqualität, geringer Freiflächenanteil und städtebaulichen Interventionen seit den 1960er Jahren;
- ein Schwerpunkt der Zuwanderung von Migranten und z.T. von Armutsverdrängten anderer Stadtteile und der Abwanderung von sozial mobilen mittelständischen Schichten in Dortmund (zur Zeit ca. 55.000 Einwohner, per Saldo aktuell leicht sinkend);
- demografisch ein relativ junger Stadtteil mit hohen Anteilen junger Migranten;
- sozial ein „Armutsquartier“ mit hohen Anteilen einkommensschwacher Haushalte, Ausländern, Arbeitslosen, Alleinerziehenden, Sozialhilfe-Empfängern.

Die Chronik der städtebaulichen und sozialräumlichen Interventionen in der Nordstadt ist lang. Bei der folgenden Übersicht werden originär städtebauli-

8 Die kritischen Anmerkungen beziehen sich auf unsere Untersuchungen bis 2001 und somit auf den Zeitraum *vor* der Einrichtung des Quartiersmanagement bei drei freien Trägern in der Dortmunder Nordstadt. Letzteres konnte in unserem Text nicht mehr berücksichtigt werden.

che, verwaltungsorganisatorische, stadtteilinterne Interventionen und Anlässe bewußt gemixt, weil sie der Realität entsprechen (*siehe Übersicht 5.1*).

Nach mehreren Anläufen, die immer wieder durch andere Steuerungsformen ersetzt wurden, hat sich mittlerweise eine *dezernatsübergreifende Lenkungsgruppe* als verwaltungsinterner Kooperationsverbund zur Regiesteuerung der Interventionen in der Nordstadt (und in zwei anderen Dortmunder Programmstadtteilen) etabliert. Federführend verantwortlich für die verwaltungsinterne Koordination und für die Kooperation mit den Akteuren im Stadtteil ist eine *Steuerungsgruppe im Planungsamt*.

Kennzeichnend für die Steuerung und Vernetzung auf *Stadtteilebene* ist, dass sich – trotz langer Programmkarriere bzw. -vorlauf schon vor der Aufnahme in das Landesprogramm, das Bundes- und das EU-Programm – bislang noch kein funktionierendes Vernetzungsgremium herausbilden konnte, das die wesentlichen lokalen Akteure themen- und projektübergreifend zusammen bringt. Der Versuch über die *Projektkonferenz Nordstadt* wenigstens auf der Gesprächsebene lokale Politik, Verwaltung, freie Träger, Wirtschaft/Gewerkschaft und Wohnungswirtschaft zusammen zu bringen, dümpelt nach Aussagen Beteiligter seit Jahren vor sich hin (*vgl. ILS 2000a, S. 122f; Krummacher/Waltz 2002*). Als Gründe dafür werden vermutet: Die Größe des Stadtteils, die Vielfalt der lokalen Akteurestrukturen, die Unterschiedlichkeit der Akteureerwartungen und –interessen, das Neben- und Durcheinander höchst unterschiedlicher Projekte sowie nicht zuletzt das Fehlen klarer Leitziele und Politik-Strategien der Nordstadterneuerung seitens der Stadt.

Letzteres zeigt sich u.a. daran, dass die Großstadt Dortmund immer noch über keine kontinuierliche kleinräumige Sozialberichterstattung und Sozialplanung verfügt, dass sich die Leitbilddiskussion (und Vor-Ort-Politik) zur Nordstadt zwischen den Polen bewegt, einerseits den Stadtteil als Migrations- und wichtigen Integrationsstandort zu akzeptieren und entsprechend zu fördern, andererseits dem erfolglosen Versuch, ökonomisch stärkere Schichten anzusiedeln, den Ausländer- und Armenanteil zurück zu drängen, um eine „bessere" Bevölkerungsmischung zu erreichen (u.a. 1997-1999 administrative Ausländerhöchstquoten bei der Wohnungsvergabe).

Übersicht 5.1: Chronik der städtebaulichen und sozialräumlichen Interventionen in der Dortmunder Nordstadt

- 1960er und 1970er Jahre: Teilweise Flächensanierung im Rahmen eines förmlichen Sanierungsverfahrens am Cityrand
- 1982: Gründung des Planerladen e.V. als verwaltungsexterne stadtteilbezogene Planungs- und Beratungseinrichtung
- 1984: Städtebaulicher Rahmenplan zur baulichen Aufwertung des Stadtteils
- 1985: Einrichtung der Projektgruppe Nordstadt als dezentrale, ämterübergreifende Verwaltungsdienststelle
- 1986: Städtebauliches Nordstadtprogramm im Rahmen der Städtebauförderung NRW
- 1989: Gründung des Arbeitskreis Nordstadt als Steuerungsinstrument für integriertes Verwaltungshandeln
- 1991: Gründung des Nordstadt-Forum zur Kooperation und Vernetzung der sozialen Träger im Stadtteil
- 1991: Sozialpädagogisches und schulisches Nordstadt-Programm (u.a. zur Ganztagsbetreuung an Schulen
- 1994: Gründung der AG Jugendhilfe-Nord nach § 78 KJHG zur Koordinierung und Vernetzung der kinder- und jugendbezogenen Stadtteilarbeit
- 1995: Neuorganisation der Dortmunder Verwaltungsstrukturen und Auflösung der Projektgruppe Nordstadt
- 1996: Aufnahme in das NRW-Landesprogramm „Stadtteile mit besonderem Erneuerungsbedarf“
- 1997: Gründung der Projektkonferenz Nordstadt zur Koordinierung der städtbaulichen, sozialen und lokalökonomischen Stadtteilaktivitäten (Beteiligte: Politik, Verwaltung, freie Träger, Wirtschaft/Gewerkschaft, Wohnungswirtschaft)
- 1997-1999: Umstrittener, im Ergebnis erfolgloser Versuch der Stadt den Ausländeranteil der Nordstadt über Höchstquoten bei der Wohnungsvergabe zu senken.
- 1999: Aufbau eines verwaltungsgebundenen befristeten Stadtteilmanagements
- 1999: Aufnahme in das Bundesprogramm „Soziale Stadt – Stadtteile mit besonderem Entwicklungsbedarf“
- seit 1999: Diskussion über die Notwendigkeit eines dauerhaften Stadtteilmanagements
- 2000: Der Planerladen e.V. wird im Rahmen des Wettbewerbs 2000 „Soziale Stadt“ Preisträger für seine „bewohnergetragene, multiethnische Stadtteilarbeit“
- 2000 – 2006: Aufnahme in das EU-Programm URBAN II: „Integrierte Stadtteilentwicklung“
- 2002: Einrichtung von drei Stadtteilbüros (Quartiermanagement) bei freien Trägern

Quellen: GdW 2001: 16f; ILS 2000a: 121ff; Stadt Dortmund o J. und 2000; Staubach 2001: 2

Erfahrene und gut verankerte Basisnetzwerke wie das *Nordstadtforum* und der unabhängige *Projektverbund Nordstadt* beklagen außerdem die politische Dominanz von Verwaltung und der SPD-beherrschten lokalen Bezirksvertretung sowie die mangelnde Transparenz der von ihnen getroffenen Entscheidungen (Top-down-Steuerung).

1999 hat die Verwaltung in ihrer Trägerschaft formell ein Stadtteilmanagement eingerichtet. In diesem Rahmen sollen – entsprechend einer Programmauflage des EU-Programms „URBAN II“ (Laufzeit 2000 – 2006) – befristet drei *Stadtteilbüros* in den Nordstadtquartieren „Nordmarkt“, „Borsigplatz“ und „Hafen“ mit dem lokalen Quartiersmanagement betraut werden. Parallel dazu haben sich quartiersbezogene Gesprächskreise gebildet, die als *„inoffizielle Stadtteilkonferenzen“* charakterisiert werden können. Trotz vorhandener Programmmittel wurden die Stadtteilbüros bis 2002 nicht eingerichtet. Die Gründe dafür: Über die Trägerschaft, die Aufgaben, die Entscheidungsbefugnisse, die Ausstattung und die personelle Besetzung der Stadtteilbüros konnte lange Zeit zwischen Verwaltung, lokalen Akteuren und Basisnetzwerken keine Einigkeit erzielt werden.

Nach unserer Einschätzung der lokalen Akteurearena zeigt sich daran ein wichtiger Teil-Aspekt, der auch auf andere benachteiligte Stadtteile mit langem Programmvorlauf zutreffen dürfte: Auf Grundlage eines über 10-jährigen Vorlaufs mit sehr vielen Einzelmaßnahmen und -projekten hat sich in der Nordstadt eine vielfältige, professionell erfahrene, unter den Bewohnern gut verankerte Projektscene bestehend insbesondere aus kleinen freien Trägern entwickelt. Diese Projektscene der Basis leistet inoffiziell de facto ein qualifiziertes Quartiersmanagement und ist seit Jahren im Rahmen des unabhängigen *Projektverbund Nordstadt* gut vernetzt und daher auch artikulationsfähig. Dieses Netzwerk kann mit Fug und Recht als eine *Schlüsselressource* der Nordstadt für ein funktionsgerechtes Quartiersmanagement bezeichnet werden. Die Stadt wäre gut beraten, darauf nicht nur mit Einzelprojekt-Förderungen zu setzen (*vgl. ILS 2000a, S. 125ff; Kabis 1999; Staubach 2001*). Im Gegensatz dazu versucht die Regiesteuerung der Verwaltung bislang – u.a. aufgrund des mißtrauischen Drucks der etablierten Lokalpolitik gegenüber der Basisscene – Quartiersmanagement von oben einzusetzen. Die verzögerte Einrichtung der Stadtteilbüros und der damit verbundene Streit zeigen, dass derartige Top-down-Steuerungen bei Vorhandensein einer selbstbewußten und artikulationsfähigen Basisscene kaum gelingen, geschweige denn erfolgreiche Arbeit leisten können.

Bilanziert man die Praxis des Dortmunder de facto-Stadtteilmanagement (formell-begrifflich wurde es erst 1999 eingerichtet) in der Nordstadt und seine Wirkungen, zeigt sich aus unserer Sicht:

Umfangreiche Interventionen – keine „Laissez-faire-Politik“

Die Chronik der städtebaulichen, planerischen und sozialpädagogischen Interventionen in der Nordstadt verweist zunächst einmal auf ein recht beeindruckendes und vielfältiges Interventionsspektrum. In den letzten zehn Jahren sind erhebliche öffentliche Mittel in die Nordstadt geflossen. Allein das Programm URBAN II sieht für die Jahre 2001–2008 ein Programmvolumen von ca. 27 Mio. Euro vor. Eine „Laissez-faire-Politik“ gegenüber der Nordstadtentwicklung kann der Kommunalpolitik und Verwaltung wahrlich nicht vorgeworfen werden. Dieser Tatbestand ist zunächst einmal positiv zu bewerten.

Bauinvestive Maßnahmen überwiegen bislang

Materiell und finanziell überwiegen von Seiten des Stadtteilmanagements des Planungsdezernates eindeutig baulich-räumliche bzw. planerische Interventionen nach dem Motto: „Lieferant schnell sichtbarer Erfolge". Positiv zu bewerten ist: Die städtebauliche und verkehrliche Situation, das Erscheinungsbild der Nordstadt hat sich in den letzten zehn Jahren deutlich verbessert. Demgegenüber kommt der jüngere Trend zur stärkeren Akzentsetzung auf sozialinfrastrukturelle und sozialpädagogische Projekte nur langsam voran (z.B. sozialpädagogisches Nordstadtprogramm/Koordinierung der kinder- und jugendbezogenen Nordstadtaktivitäten, sozial- und interkulturelle Einzelprojekte). Gegenüber den bau-investiven Maßnahmen haben sie materiell ein sehr viel geringeres Gewicht und sie werden – in Form und Inhalt z.T. hervorragend – ganz überwiegend von frei-gemeinnützigen Trägern und/oder von Stadtteilinitiativen initiiert und durchgeführt. Letzteres gilt besonders für innovative Projekte mit deutlich interkulturellem Anspruch (z.B. Anti-Diskriminierungsprojekt im Wohnbereich, Sozialkulturelles Stadtteilmanagement).

Professionelles Antragsmanagement mit „Mitnehmer"- sowie „Go-und-Stop-effekten"

Die Dortmunder Planungsverwaltung als Regieinstanz verfügt offensichtlich über ein hervorragend professionelles „Drittmittel-Antragsmanagement". Dadurch gelingt ihr erfolgreich die Nordstadt in allen derzeitigen staatlichen Förderprogrammen für benachteiligte Stadtteile unterzubringen und die staatlichen Förderressourcen unter Schonung der knappen Kommunalfinanzen auszuschöpfen. Eine solche integrierte Nutzung und Ausschöpfung staatlicher Fördertöpfe ist angesichts der kommunalen Finanzknappheit natürlich sinnvoll. Wie in anderen Städten auch, ist allerdings davon auszugehen, (für die Stadt Dortmund haben wir konkrete Belege dafür), dass dabei

1. erhebliche „Mitnehmereffekte" in der Form auftreten, dass sich die Stadt ohnehin geplante Maßnahmen und kommunale Daueraufgaben aus Drittmitteln bezahlen lässt,
2. dass zuvor vorgenommene Rationalisierungen der Stadt im Personal- und Sachmittelbereich nun z.T. mit befristeten staatlichen Programmmitteln kompensiert werden sollen und,
3. dass an die Stelle kontinuierlicher langfristiger Interventionen nun programmgerechte, stets befristete, in Form und Inhalt diskontinuierliche „Go-und-Stop-Projekte" treten. Letzteres gilt besonders für die interkulturellen Nordstadtprojekte des letzten Jahrzehnts.

Zugespitzt – das gilt nach unserer Erfahrung auch für andere Städte: Die Stadtpolitik/Stadtverwaltung bewirbt sich bei vorhandenen staatlichen Förderprogrammen zwar erfolgreich im Sinne der Programmrichtlinien einer nachhaltig sozialen und interkulturellen Stadtentwicklung. In der Realität und Umsetzungspraxis spielen die genannten Ziele jedoch eine begrenzte Rolle.

Dominant sind fiskalische Interessen nach dem Motto: „Wenn es ein Programm für Marsbewohner gäbe, würden auch ein Antrag gestellt“.

Diskontinuierliche Verwaltungssteuerung – Bürgerbeteiligung untergeordnet

Mehrere nordstadtbezogene Maßnahmen laufen auf wiederholte Versuche bzw. Anläufe hinaus, neue Formen einer *integrierten ämterübergreifenden* Verwaltungssteuerung einzuführen (1985 Projektgruppe Nordstadt; 1989 Arbeitskreis Nordstadt/später Projektgruppe Nordstadt; 1995 Auflösung der Projektgruppe Nordstadt; 1997 Gründung Projektkonferenz Nordstadt; ab 1999 bis 2001 Kontroversen über den Aufbau eines träger- oder verwaltungsgebundenen Stadtteilmanagements).

Im Rahmen des Mixes aus Top-down-Steuerungen (von oben nach unten) – und Bottom-up-Steuerungen (von unten nach oben/mit direkter Bürgerbeteiligung) ist allerdings erkennbar:

1. Von Seiten der Stadtpolitik/Stadtverwaltung überwiegen eindeutig Top-down-Steuerungen und in diesem Rahmen tauchen stadtteilprägende Bewohnergruppen wie Migranten oft nur als Problem-Objekte und kaum als wichtige Ressource (z.B. der lokalen Ökonomie) auf.
2. Bottom-up-Steuerungen mit Beteiligung von Migranten werden in der Nordstadt mit mäßiger finanzieller Beteiligung der Stadt nur bei Einzelprojekten freier Träger und professioneller Initiativen praktiziert.

Die geringe „Halbwertzeit“ der jeweiligen neuen Steuerungsformen deutet nicht nur auf mäßige Erfolge der angestrebten integrativen Regie-Steuerung hin, sondern auch auf eine diskontinuierliche Steuerung und Maßnahmenplanung. Die Prozess- und Effektqualität der Interventionen dürfte darunter erheblich gelitten haben.

Kein Leitbild für ein integriertes Handlungskonzept der Stadtteilerneuerung

Die Stadt Dortmund verfügt bis heute über keine fundierte, regelmäßige und kleinräumige Sozialberichterstattung weder für die Gesamtstadt, noch für die Nordstadt. Sie verfügt über kein Sozialmonitoring, das dem Anspruch genügen würde, die sozialräumlichen Wirkungen der Nordstadt-Interventionen hinreichend zu kontrollieren und die weitere Maßnahmenplanung prozesshaft darauf auszurichten. Und: Die Stadt verfügt trotz jahrzehntelanger Interventionen über kein stimmiges Leitbild für ein integratives Gesamtkonzept der Nordstadt. Sie pendelt – wie oben erwähnt – hin und her zwischen der Anerkennung und Förderung des Stadtteils als Integrationsstandort für Migranten und sozial schwächere Gruppen der Stadtbevölkerung und dem wenig aussichtsreichen Versuch eben diese Gruppen zurück zu drängen (wohin bleibt unklar) zu Gunsten einer „besseren“ Bevölkerungsmischung.

Anders ausgedrückt: Das Nordstadt-Management ist zwar aktiv, es hat in baulich-räumlicher Hinsicht und in bezug auf soziale Einzelprojekte durchaus Erfolge zu verzeichnen. Konzeptionell erfolgt es jedoch mehr oder weniger in den „blauen Dunst" hinein. Es ist weitgehend anlassgebunden, programmabhängig und abhängig vom jeweiligen lokalen Politik- und Integrationsdiskurs sowie nicht zuletzt abhängig vom individuellen Engagement von Fachleuten und ehrenamtlich Arbeitenden.

Die erzielten Erfolge der alltäglichen Integrationsarbeit in der Nordstadt, das enorme Engagement von zahlreichen kleinen Trägern, Initiativen, Fachleuten und ehrenamtlich engagierter Personen in der Nordstadt sowie die – z.T. mit städtischer Unterstützung verwirklichten – hervorragenden Integrationsprojekte „im Kleinen" werden dadurch zwar nicht entwertet. Solange es aber kein stimmiges Leitbild, kein Gesamtkonzept und kein Monitoring gibt, können die Teilerfolge kaum gemessen, nicht verstetigt und mittelfristig auch nicht optimiert werden.

Öffentlicher Nordstadt-Diskurs und Migrations-Diskurs nach wie vor negativ besetzt

Die Dortmunder Nordstadt ist ein klassischer multiethnischer Stadtteil (Ausländeranteil 35%).

Der öffentliche und politische Diskurs zur multikulturellen Nordstadtrealität im Allgemeinen, zu Migrationsfragen und zum interkulturellen Zusammenleben im Besonderen ist fast immer anlassgebunden und knüpft meist an akuten Problemen, Defiziten und Konflikten an. Die vorhandenen multikulturellen Qualitäten und die enormen Integrationsleistungen der Nordstadt und ihrer Bewohner für die Gesamtstadt werden außerhalb der Nordstadt und abgesehen von Fachtagungen selten gewürdigt. Der Politik- und Medien-Diskurs zu den Themen Jugendkriminalität, Kritik am kommunalen Ausländerbeirat, Kritik an mangelnder Integrationsbereitschaft speziell von Türken und Osteuropäern, Moschee-Konflikte, ausländerspezifische Quotendiskussionen mit der Tendenz, Ausländer wie Schadstoffe zu betrachten, für die Obergrenzen festzulegen seien, sind Dortmunder Beispiele der letzten Jahre für diesen unter *negativem* Vorzeichen geführten Diskurs. Das interkulturelle Mit- und Nebeneinander als urbane Qualität wird dadurch sicher nicht befördert.

Integratives Quartiersmanagement in der Praxis selbstorganisierter freier Träger

Auffallend ist, dass im Kleinen hervorragende integrative „Kombi-Projekte" mit Beispielcharakter vor allem von engagierten kleinen Trägern aus dem „Projektverbund Nordstadt" durchgeführt werden. Integrativ meint dabei, dass sie sich dadurch auszeichnen, dass verschiedene Handlungsbereiche wie sozialverträgliche Wohn- und Wohnumfelderneuerungen mit Beschäftigung und Qualifizierungsprojekten, mit innovativen Modellen der Bewohnerbeteiligung, mit Antidiskriminierungprojekten und mit interkultureller Stadtteilarbeit kombiniert werden. Trotz bescheidener kommunaler Ko-Förderung der genannten Projekte, gilt nach Einschätzung unserer Gesprächspartner, dass die Stadt diese „Vor-Ort“-Kompetenz der kleinen Träger und ihr praktiziertes Quartiersmanagement nach wie vor ungenügend nutzt und unterstützt.

Im Fazit überwiegt daher auch die Kritik am verwaltungsdominierten Dortmunder Stadtteil- und Quartiersmanagement.

5.4.4 Das „Essener Modell Quartiersmanagement- Beispiel Katernberg“ – eine Alternative?

Im verwaltungsdominierten Dortmunder Modell gelingt die Mittler- bzw. Brückenfunktion zwischen den verschiedenen Ebenen des Stadtteil- bzw. Quartiersmanagements bzw. die intermediäre Vermittlung zwischen der Verwaltungsebene und Quartiersebene nur ungenügend.

Im akteursgruppenübergreifend angelegten Essener Modell mit seiner institutionellen Sonderrolle der intermediären Ebene scheint dies strukturell besser zu gelingen.

Bei allen Unterscheiden im Detail sind in beiden Praxisbeispielen vergleichbar: Es handelt sich um Ruhrgebietsgroßstädte und um Altbaustadtteile mit ähnlichen Problemlagen und Strukturen. Es handelt sich jeweils um benachteiligte altindustrialisierte Stadtteile mit hohem Migrantenanteil (vergleichbare Strukturmerkmale siehe oben; Essen Katernberg ist allerdings deutlich kleiner als die Dortmunder Nordstadt; *vgl. auch ILS 2000a, S.157ff*). In beiden Stadtteilen gibt es außerdem eine vergleichbar lange Tradition städtischer Interventionen zur Stadtteilerneuerung unter professioneller Ausschöpfung von Drittmittelförderungen sowie – wenngleich naturgemäß anders ausdifferenziert – eine gewachsene, aktive, diskurs- und aktionsfähige Projektscene von Basisinitiativen.

Abgesehen vom heutigen Steuerungsmodell des Stadtteil- bzw. Quartiersmanagement unterscheiden sie sich zentral dadurch, dass in Essen im Gegensatz zu Dortmund außer den städtebaulich-investiven Interventionen – bereits seit den 1980er Jahren die stadtteilbezogene Sozial- bzw. Gemeinwesenarbeit systematisch entwickelt und zu diesem Zweck in Katernberg zunächst ein, später zwei Stadtteilbüros eingerichtet wurden, die heute als *Daueinrichtungen* etabliert sind. In dieser Tradition steht auch die essenspezifische Entwicklung intermediärer Instanzen in Kooperation mit dem „ISSAB-Institut für stadtteilbezogene soziale Arbeit an der Gesamthochschule/Universität Essen“. Abgesehen von anderen Besonderheiten des Umgangs mit benachteiligten Stadtteilen und der Konzeptionierung integrierter Handlungsprogramme unterscheidet sich Essen von Dortmund auch wesentlich dadurch, dass in Essen bereits seit den 1970er Jahren eine kleinräumige, später periodisch fortgeschriebene Sozialberichterstattung entwickelt wurde, die gute Grundlagen für die Entwicklung und das Monitoring darauf aufbauender integrierter Handlungskonzepte in benachteiligten Stadtteilen bietet.

Hier interessiert vor allem das aktuelle akteursgruppenübergreifend-kooperativ angelegte Essener Organisationsmodell Quartiersmanagement, das in der Praxis zuerst in Katernberg prozesshaft entwickelt wurde und inzwischen auch auf andere Problemquartiere angewandt wird. Grundlagen der Charakterisierung bilden die Sichtweise von langjährig professionellen Praxis-Akteuren auf den Ebenen Quartier, intermediäre Akteure und Verwaltungs- bzw. Regieebene, sowie ergänzend eigene Stadtteilbesuche und Leitfadeninterviews im Rahmen von Projektseminaren.[9]

Im Essener Modell – nicht nur in Katernberg – wird davon ausgegangen, dass Quartiersmanagement „als ein in die Stadtteilentwicklungspolitik integrierter Ansatz zu begreifen (ist), der nicht abhängig von der Person des Quartiersmanagers/der Quartiersmanagerin ist, sondern im Zusammenwirken unterschiedlicher Funktionsbereiche realisiert wird" (*Grimm/Micklinghoff/ Wermker 2001, S. 37*).

Wichtig für die zitierten Essener Praxisakteure ist, dass frühzeitig *stabile Vernetzungs- und Organisationsstrukturen* aufgebaut werden, um die im Quartier entwickelten Strukturen nach Auslaufen der befristeten staatlichen Programmförderungen mit kommunalen Eigenressourcen erhalten zu können und nicht ‚ins Leere' zu fallen (in zahlreichen der derzeit in NRW und im Bund programmgeförderten Stadtteile ist dieses Problem überhaupt nicht geklärt).

Sie gehen außerdem davon aus, dass im Rahmen eines stabilen Quartiersmanagement die Vermittlungsfunktion und Vernetzung zwischen der gesamtstädtischen Regieebene und der Quartiersebene in Form einer institutionalisierten intermediären Zwischenebene organisiert werden sollte und charakterisieren daher modellhaft drei „Funktionsbereiche" des Essener Quartiersmanagement (*vgl. a.a.O., S. 37ff sowie Befunde eigener Leitfadeninterviews*).

(1) *Quartiersebene:* Stadtteilarbeit/Gemeinwesenarbeit; Fachkräfte im Stadtteilbüro

In diesem Funktionsbereich sind die Mitarbeiter/innen überwiegend mit Aufgaben der örtlichen, quartiersbezogenen Sozialarbeit/Gemeinwesenarbeit befasst. Sie arbeiten in Stadtteilbüros und sind entweder bei Sozialverwaltung oder bei freien Trägern angestellt. Ihr Auftrag besteht in der Stadtteilarbeit bzw. der lokalen Gemeinwesenarbeit. Sie konzentrieren sich

- auf das Anregen von Aktivitäten, die Aktivierung und Beteiligung von Bewohnern, aber auch von anderen lokalen Akteuren;

---

9 Einschränkend sei gesagt, dass wir abgesehen von Ortskenntnissen und Aussagen in Experteninterviews über keine fundierten Befunde zur Umsetzungspraxis aus unmittelbarer Betroffenensicht verfügen und daher dazu auch keine Bewertungen treffen wollen.

- sie erfassen und bündeln ortsbezogene Themen und Interessen, mobilisieren bzw. ermuntern die Menschen und Akteure, sich für ihre eigenen Belange zu engagieren und zu organisieren;
- sie leiten die Stadtteilbüros, stellen Informationen und Beratungen für einzelne Bewohner, Vereine, Initiativen, Akteure und Institutionen sicher;
- sie sind die zentrale Kontakt- und Anlaufstelle im Quartier.

Im Unterschied zu anderen Städten ist in Essen unstrittig, dass es sich beim Quartiersmanagement der Stadtteilbüros um gemeinwesenorientierte Daueraufgaben handelt (keine programmgebundene Befristung). Die Mitarbeiter/innen müssen über hohe kommunikative und organisatorische Fähigkeiten verfügen, sich auf die Dynamik der örtlichen Lebenswelt einlassen, sich mit den unterschiedlichsten Stadtteilthemen befassen (generalistisches Profil) und über ausgezeichnete Ortskenntnisse verfügen (Ressourcen, Defizite, Konflikte, formelle/infomelle Führer, lokale Netzwerke).

(2) *Intermediäre Ebene:* intermediäre Akteure/Organisation; sog. „Stadtteilmoderator/in“

Die intermediären Akteure, die sog. „Stadtteilmoderatoren/innen“ sind in Essen im Rahmen eines Kooperationsvertrages zwischen der Stadt und dem Hochschul-Institut ISSAB (Institut für stadtteilbezogene Sozialarbeit) beim ISSAB angestellt. Ihr Aufgabenbereich bezieht sich vor allem auf die Vermittlung zwischen der örtlichen und der gesamtstädtischen Ebene (Mittler- bzw. Brückeninstanz, wesentlich auch Pufferfunktion). Ihr zentraler Auftrag besteht im „Dialogmanagement“ mit den Elementen

- Anregung und Moderation von Dialogen im Stadtteil zwischen Bewohnern, örtlicher Politik und lokalen Akteuren,
- Ideenproduktion zur Projektentwicklung,
- Ermittlung und Beschaffung von Ressourcen im und für den Stadtteil,
- Organisation und Ressourcenvernetzung im Stadtteil,
- Sicherstellung des Informationstransfers zwischen der örtlichen und der gesamtstädtischen Ebene sowie Moderation von Interessen und Konflikten zwischen diesen Ebenen.

Strukturell ist die Aufgabe der Stadtteilmoderatoren/-innen stadtteilbezogen, programm- und projektabhängig befristet. Als grundsätzliche Funktion der intermediären Ebene und im Rahmen der Essener Stadt(teil)entwicklung gilt dies nicht. Der Essener Kooperationsvertrag zwischen Stadt und ISSAB schließt Anschlussverträge und die Übertragung auf andere Stadtteile ein – dies zeigt auch die Praxis. Die intermediären Akteure bzw. Stadtteilmoderatoren/innen müssen bezogen auf ihren spezifischen Aufgabenbereich über hohe Kontakt- und Kommunikationsfähigkeiten gegenüber sehr unterschiedlichen Akteuren verfügen. Organisatorische Anforderungen beziehen sich v.a. auf das Zusammenbringen möglichst vieler Akteure und die Projektentwicklung. Zur Wahrnehmung ihrer Mittler- und Brückenfunktion müssen sie gute Kenntnisse in Bezug auf die unterschiedlichen Interessen, Arbeits- und Entscheidungslogiken der beteiligten Ebenen und Akteure haben und nicht zuletzt Verhandlungsgeschick besitzen.

(3) *Verwaltungsebene:* Programmsteuerung/-lenkung; sog. „Gebietsbeauftragte/r“

Im Essener Modell Quartiersmanagement wird die Funktion der Programmsteuerung/-lenkung auf der Verwaltungsebene von sog. „Gebietsbeauftragten“ wahr genommen. Sie sind im Rahmen des zentralen Steuerungsdienstes/Büro für Stadtentwicklung angesiedelt, d.h. dem Geschäftsbereich des Oberbürgermeisters zugeordnet. Strukturell bedeutet das eine hohe Aufhängung mit Querschnittsaufgaben. Der/die Gebietsbeauftragte/r sind primär zuständig für die Gesamtsteuerung der Stadtteilentwicklungsprojekte mit den Aufgaben

- Zielfindung, Konzeptentwicklung, Monitoring, Steuerung der Umsetzung, Berichterstattung, Controlling des Gesamtprojekts;
- Steuerung, Organisation und Moderation der Mitarbeit beteiligter Ressorts der Verwaltung mit dem Ziel der Aufgabendelegation;
- Beschaffung und Bündelung von Ressourcen auf den Ebenen EU, Bund, Land, Kommune, Stadtteil sowie Sicherstellung des entsprechenden Informationstransfer;
- Vorbereitung politischer Entscheidungen und Vertretung des Gesamtprojekts in relevanten Gremien;
- Initiierung von themenbezogener (Begleit-)Forschung und weiteren Projekten präventiver Stadt(teil)entwicklung.

Strukturell ist die Aufgabe des/r Gebietsbeauftragten im Rahmen der Stadtentwicklung eine Daueraufgabe mit wechselnden Schwerpunkten der prioritären Projekt-Stadtteile. Trotz hoher Aufhängung in der Essener Verwaltungshierachie (i.R. des „Zentralen Steuerungsdienst“) hat der/die Gebietsbeauftragte im Rahmen der Regiefunktion nur begrenzte Zugriffsmöglichkeiten auf andere Ämter bzw. Ressorts. Das erfordert von ihr/ihm neben formalen Voraussetzungen innerhalb der Verwaltung insbesondere Leitungsfähigkeiten zur Aufgabendelegation und spezifische kommunikative Fähigkeiten, um Leitungskräfte und Mitarbeiter/innen anderer Ressorts zur Mitarbeit anzuregen und in die Arbeit einzubinden.

Auf Grundlage ihrer professionellen Rolle als Mit-Entwickler des Essener Quartiersmanagement und ihrer Umsetzungserfahrungen u.a. in Essen-Katernberg und weisen die Essener Autoren perspektivisch auf folgendes hin (*vgl. Grimm/Micklinghoff/Wermker 2001, S. 41*):

„Wir haben gute Erfahrungen mit den modellhaften Vorgehensweisen in den Stadtteilen mit besonderem Erneuerungsbedarf sowie in anderen Stadtteilprojekten gemacht. Es zeigt sich aber, dass es nicht ausreicht, einige Jahre, d.h. in einem begrenzten Zeitraum mit besonderer Anstrengung besondere Problemlagen zu bearbeiten – in der Hoffnung, dass sich daraus wie von selbst strukturelle Veränderungen ergeben. ... Bürgerschaftliches Engagement und integrierte Stadtteilentwicklung benötigen dauerhafte unterstützende personelle und materielle Rahmenbedingungen. Derzeit arbeiten wir an einem Konzept, das die in verschiedenen Kooperationsformen gemachten Erfahrungen in die Regelarbeit der Verwaltung überführen soll. Unseres Erachtens muss das ‚Neue Steuerungsmodell' um die räumliche Dimension erweitert werden. ... ‚Raumorientierung der Verwaltung muss das Ziel sein'... Die geeigneten Formen dafür sind prozesshaft zu entwickeln."

Der im Zitat indirekt enthaltenen Grundsatz-Kritik an den in der Programmlyrik stets beschworenen „Exit-Strategien", d.h. der Kritik an der Illusion, Quartiersmanagement sei eine in begrenzten Programmfristen abzuhakende Aufgabe sozialverträglicher Stadtteilentwicklung, schließen wir uns an. Zweifel hinsichtlich der Verkoppelung von Verwaltungsmodernisierung und Raumorientierung sind allerdings angebracht. Vielmehr steht zu vermuten, dass sozialraumorientierte Ansätze für den produktspezifischen Ansatz der Verwaltungsmodernisierung instrumentalisiert werden. Dann ginge es nicht um eine Ergänzung fachlich ausgewiesener Fallarbeit um sozialräumliche Handlungsperspektiven, sondern um die Optimierung der Steuerung der Fallarbeit unter dem Deckmäntelchen eines Sozialraums, dessen Konturen bewusst unscharf gehalten werden.

Im Vergleich zum verwaltungsdominierten Dortmunder Modell mit seinen oben genannten Schwächen ist am akteursgruppenübergreifend-intermediär angelegten Essener Modell aus unserer Sicht positiv festzuhalten:

- Es ist besser fundiert, durch eine kontinuierliche Sozialberichterstattung als Basis von integrierten Handlungskonzepten und deren Monitoring;
- es kombiniert besser bauinvestive-städtebauliche Maßnahmen mit sozialen gemeinwesen- bezogenen Dauer-Aufgaben;
- es organisiert professioneller und im Ergebnis reibungsfreier den notwendigen Mix aus Top-down-Steuerung und Bottom-up-Steuerungen, indem es wechselseitig die unterschiedlichen Rollen und Interessenkonflikte der Regiebene und der Quartiersebene akzeptiert und durch klare Aufgabenteilungen unter Einschaltung intermediärer Instanzen besser abpuffert;
- es sitzt nicht der Illusion eines befristeten Quartiersmanagement auf, sondern betont seine Dauerfunktion für eine nachhaltige Stadt(teil)entwicklung, indem es den frühzeitige Aufbau stabiler kommunaler Organisations- und Vernetzungsstrukturen und perspektivisch eine stärkere Raumorientierung von Verwaltungshandeln fordert;
- es ist auch bei wechselnden Politikmehrheiten im Rat und in den Bezirksvertretungen wahrscheinlich tragfähiger.

Die Umsetzungserfolge des Erneuerungsprozesses in Essen-Katernberg aus Betroffenensicht können wir nur bedingt beurteilen. Die ILS-Zwischenbilanz des etwa 15-jährigen Erneuerungsprozesses (*vgl. ILS 2000a, S. 159ff*) sowie eigene Ortserkundungen und Leitfadeninterviews mit lokalen Akteuren ergaben die folgenden Eindrücke.

Unter den baulich-räumlichen Quartierserneuerungen in Katernberg ragt der aufwendige Umbau und die Neunutzung der „Zeche Zollverein" als Leuchtturmprojekt zweifellos hervor. Im Rahmen des Gesamtprojekts wurden in großem Stil unter Einsatz zahlreicher Akteure, kombinierter Programmförderungen und Mehrzielprojekte (Abruch, Umbau, Denkmalschutz, Freiflächenausbau kombiniert mit Beschäftigungs- und Qualifizierungsprojekten), Industriebrachen architektonisch-städtebaulich-kulturell hervorragend reaktiviert, (begrenzt) neue Dauerarbeitsplätze mit Signalwirkung geschaffen („Design-Gewerbe-Park", „Kunstschacht-Zollverein", Museumsbetrieb und dazugehörige gehobene Gastronomie, „Handwerkerpark-Katernberg-Beisen", „Ethno-Art-Ruhr", „Gründerzentrum-Triple-Z") sowie nicht zuletzt ein zukunftsgerichter Eckpfeiler der Industriekultur im Ruhrgebiet geschaffen. Das Areal der „Zeche Zollverein" wurde 2002 in das UNESCO-Weltkulturerbe aufgenommen. Damit sind – wie schon bisher – überregionale Image- und Touristikeffekte sowie weitere Programmförderungen und Erneuerungen zu erwarten.

Darüber hinaus wurden im Stadterneuerungsgebiet Katernberg Maßnahmen zur Verbesserung der Wohnsituation und des Wohnumfeldes eingeleitet und z.T. realisiert. (Neubau, Modernisierungen, Fassaden- und Platzgestaltung).

Ergänzend dazu wurden unter Einbindung verschiedener Wirtschafts- und Arbeitsmarktakteure lokalökonomische Vernetzungen etabliert („stadtteilbezogene Arbeitsmarktgespräche", „Werbering-Katernberg" u.ä.).

Bezogen auf das Handlungsfeld Soziale Arbeit, Beratung und Betreuung wurde aufbauend auf der lange etablierten Tradition stadtteilbezogener Gemeinwesenarbeit das bis 1998 landesgeförderte „Jugendhilfe-Netzwerk-Essen-Katernberg" in die kommunale Dauerförderung übernommen.

Ohne die Erfolge der integrierten Quartierserneuerung Katernberg (u.a. ist ein Besuch des Areals „Zollverein" jedermann/-frau zu empfehlen) und des auf Beteiligung und Kooperation angelegten Quartiersmanagement in Frage zu stellen, wird von einigen sozialen Trägern und Einrichtungen – ähnlich wie in der Dortmunder Nordstadt – allerdings kritisiert: Die Stadtteilerneuerung war/ist bislang ebenfalls vorrangig auf baulich – investive Maßnahmen zentriert. In Relation dazu stehen bislang für den sozialen Bereich nur unzureichende Mittel zur Verfügung. Die Konzentration auf die innovative Umnutzung des Areal „Zeche Zollverein" sei zwar überregional bedeutsam, habe aber die benachteiligenden Lebensbedingungen der Bewohner/innen kaum verändert. Die positive Ressource einer insgesamt etablierten Kultur der Bewohner- und Akteurebeteiligung und intermediärer Kooperationen sei daher verstärkt auf konkrete Verbesserungen der Lebensbedingungen der Stammbewohner/innen und ihr Zusammenleben auszurichten. Die Einbeziehung und Aktivierung der bislang abseits stehenden, zahlreichen älteren Migranten und ihrer Familien wurde dabei von mehreren lokalen Akteuren hervorgehoben.

In den strukturell vergleichbaren Programmstadtteilen der Städte Dortmund und Essen mit langer Interventionspraxis der Kommunen ist – bei allen Unterschieden im Detail und der Steuerung der Stadtteilerneuerung – nochmals deutlich geworden: Die negativen Folgen marktvermittelter und gesellschaftlicher Ungleichheit und Sozialraumspaltungen lassen sich nicht durch kommunales Stadtteil- oder Quartiersmanagement weg reparieren.

5.5 Schlussfolgerungen: 15 Thesen zur Entwicklung eines sozial engagierten Quartiersmanagement

Als zusammenfassende Schlußfolgerungen der vorhergehenden Ausführungen werden im folgenden Thesen zur Entwicklung eines sozial engagierten Quartiersmanagement vorgestellt. Die Thesen und knappen Erläuterungen sind allgemein gehalten, weil die maßgeschneiderten Konzepte stets vor Ort entwickelt werden müssen. Die Thesen beziehen sich auf die Ziele und Prinzipien (Thesen 1-5), die Organisations- und Steuerungsstrukturen (Thesen 6-9), die Akteure- und Bürgerbeteiligung (Thesen 10-12) und die Qualifikationsprofile der Quartiermanager/innen (Thesen 13-15).

Thesen 1-5: Ziele, Prinzipien, Aufgaben und Handlungsfelder

These 1

Quartiersmanagement als *Instrument* von Stadtteilentwicklungspolitik garantiert für sich genommen noch keine sozialintegrative Politik zur Bekämpfung von markt- und sozialstaatsverursachter Sozialraumspaltung in den Städten. Entscheidend sind die formulierten und legitimierten Leitziele und deren Umsetzung. Sozialintegratives Quartiersmanagement hat zum *Hauptziel* nachhaltig konkrete Verbesserungen der Lebensbedingungen der betroffenen Menschen in benachteiligten Quartieren. Dazu gehören soziale und ökologische Impulse zur Verbesserung der Wohnverhältnisse, ökonomische und Arbeitsmarktimpulse zur Stärkung der lokalen Wirtschaft, zur Verbesserung der Versorgungssituation der Stadtteilbewohner, zur Beschäftigung und Qualifizierung von Arbeitsuchenden sowie sozialinfrastrukturelle und sozialpädagogische Impulse zur Unterstützung des sozialen Zusammenlebens und der vorhandenen sozialen Netzwerke. Die regelmäßig als Ziel propagierte Effizienzsteigerung politischer, planerischer und sozialer Interventionen durch Vernetzung, Ressourcenbündelung und Bürgeraktivierung muss dem genannten Hauptziel Verbesserung der Lebensbedingungen nicht entgegen stehen, ersetzt aber auch keine explizit formulierten *sozialintegrativen* Leitziele. Die Praxis zeigt nämlich: Die Formeln Vernetzung, Ressourcenbündelung und Bürgeraktivierung können genauso verwendet werden, um forcierte Aufwertungen mit dem Ergebnis sozialer Verdrängungen anzustreben (‚bessere soziale Mischung'), und/oder, um verstärkte Sozialkontrolle und Ordnungspolitik zur Ausgrenzung von unbeliebten Minderheiten durchzusetzen, und/oder, um verschärfte Sozialsparpolitik z.B. durch Privatisierung von kommunalen Dienstleistungen und Ersetzung von notwendigen Einzelfallhilfen durch fixe Sozialraumbudgets zu betreiben.

These 2

Sozial engagiertes Quartiersmanagement muss sich seiner Grenzen bewußt sein. Armut, soziale Ungleichheit und Sozialraumspaltungen sind markt- und politikverursacht. Das hat mehrere Konsequenzen. Erstens: Armut und Sozialraumspaltung lassen sich mit den begrenzten Möglichkeiten von Kommunalpolitik und Quartiersmanagement nicht weg reparieren. Anders ausgedrückt: Mit einem Aufhalten der benachteiligenden Abwärtsspiralen des Quartiers, der Stabilisierung der Lebensbedingungen und konkreten Verbesserungen im „Kleinen" wäre schon viel erreicht. Zweitens: Zur Abfederung schlechter Lebenslagen bedarf es – unabhängig von Quartiersmanagement – *dauerhafter* sozialstaatlicher Leistungen und Dienste. Die gegenwärtige Tendenz zur sozialstaatlichen Deregulierung auf allen Ebenen kann sozialintegratives Quartiersmanagement unmöglich machen. Drittens: Die verbreitete Ideologie, mit Quartiersmanagement ließen sich Armutsquartiere in den programmbefristeten Zeiträumen weniger Jahre in blühende Landschaften mit selbsttragenden Strukturen verwandeln, ist Unfug. Sozialintegratives Quartiersmanagement bedarf eines langen Atems und ist zumindest in Großstädten eine professionelle *Daueraufgabe* mit prozesshaft wechselnden Gebiets- und Aufgabenschwerpunkten.

These 3

Jedes noch so professionell entwickelte und gesteuerte integrierte Handlungskonzept zur Erneuerung benachteiligter Stadtteile, alle noch so qualifizierten und engagierten Quartiermanager/innen hängen immer

- von ihrer repräsentiv-demokratischen Legitimierung bzw. von Leitziel-Beschlüssen der kommunalpolitischen Mehrheiten und ihrer Organe (Rat, Ausschüsse, Bezirksvertretungen ...),
- von den zur Verfügung stehenden materiellen Ressourcen (Geld und Personal),
- von der Kooperationsbereitschaft der beteiligten Akteure aller Ebenen,

- von der Dialogfähigkeit, klaren Aufträgen sowie von den Entscheidungsbefugnissen bzw. der Machtverteilung zwischen den jeweiligen Steuerungsebenen ab.

These 4

Gute Grundlagen (leider noch keine Garantie) für die politische Legitimierung und den Bestand eines sozial engagierten Quartiersmanagement auch unter wechselnden kommunalpolitischen Mehrheiten bilden

- auf fundierten Sozialberichten aufbauende konkrete Leitziele und Handlungsfelder der integrierten Quartierserneuerung („maßgeschneiderte", prozesshaft weiter zu entwickelnde Konzepte),
- stabile kooperative Organisations- und Vernetzungsstrukturen mit gleichzeitig klarer Aufgabenteilung,
- Dialog- und Kooperationsbereitschaft der beteiligten Akteuren trotz unterschiedlicher Einzelinteressen.

These 5

Professionelles Quartiersmanagement ist ein (bedingt neues) Arbeitsfeld, in dem vor allem die interdisziplinäre Zusammenarbeit von planerischen und sozialen Berufen erforderlich ist. Dieses „Tandem-Modell" interdisziplinärer Zusammenarbeit von Raumplanung und sozialer Arbeit hat auf gesamtstädtischer Ebene und auf Quartiersebene nur dann nachhaltige Erfolgsaussichten, wenn

- ausgehend von den gemeinsamen Berührungspunkten der Vorläuferkonzepte „behutsame Stadtteilerneuerung" (Planung) und „stadtteilbezogene Gemeinwesenarbeit" (soziale Arbeit) wechselseitig originäre Aufgaben, Selbstverständnisse und Aufgabenteilungen beider Professionen respektiert werden,
- materiell und personell die planerisch-bauinvestiven Erneuerungsprojekte nicht einseitig zu Lasten sozialer Projekte, Betreuungen und Einzelfallhilfen „gefahren" werden,
- Sozialraumorientierung mit seinen Elementen „Aktivierung" und „Vernetzung" von Seiten der Kommunalpolitik und -verwaltung nicht primär mit Deregulierung und Sparpolitik des lokalen Sozialstaates gleich gesetzt wird.

Ergänzend zu den vorgestellten Thesen können die zentralen Aufgaben der Quartierserneuerung und von sozial engagiertem Quartiersmanagement wie folgt zusammengefasst werden (*siehe Übersicht 5.2*).

Übersicht 5.2: Aufgaben sozialintegrativer Quartierserneuerung

Das Hauptziel besteht in einer nachhaltigen Verbesserung der Lebensbedingungen der Bewohner benachteiligter Quartiere. Hierzu sind erforderlich:

1. Untersuchung und Erkenntnis der sozialen Realitäten und Zukünfte städtischer Teilgesellschaften und deren Gestaltung als Herausforderung und dauerhafte Konzeptaufgabe;
2. Öffentliche und politische Thematisierung der sozialen Lebenslagen, der räumlichen Defizite sowie der daraus resultierenden Konkurrenzen und Konflikte in den benachteiligten Stadtteilen, ohne Stigmatisierung des Stadtteils und seiner Bewohner/innen;
3. Einbettung nachhaltiger sozialorientierter Stadtteilentwicklungspolitik in ein Gesamtkonzept von sozialer und interkultureller Stadtentwicklung mit entsprechender Öffentlichkeitsarbeit;
4. Differenzierte kleinräumige Sozialberichterstattung, ressortübergreifendes Quartiersmanagement und verbindliches Umsetzungscontrolling;
5. Kombination von baulich-räumlichen, wirtschaftlichen, arbeitsmarkt- und bildungsbezogenen, soziokulturellen und sozialpädagogischen Maßnahmen und Projekten;
6. Vernetzung und Einbindung aller lokalen Akteure aus Politik und Verwaltung, Schulen, sozialen Diensten und Kirchen, Wirtschaftsverbänden, Vereinen, und sonstigen Initiativen
7. Einerseits langfristige Denkhorizonte, andererseits prozesshafte Entwicklung von konkret umsetzbaren Projekten mit festgelegten Erfolgskontrollen;
8. Der wichtigste Faktor: Aktivierung und Einbindung der endogenen Potenziale der Quartiersbevölkerung, Vertrauensbildung durch Förderung von intersozialen/interkulturellen Begegnungen und behutsames Konfliktmanagement.

Quelle: eigene Zusammenstellung auf der Grundlage vorhergehender Kapitel

Die prozesshafte Entwicklung ganzheitlicher Konzepte der Quartierserneuerung setzt die Integration der nachfolgend genannten zentralen Handlungsfelder voraus (*siehe Übersicht 5.3*).

Übersicht 5.3: Handlungsfelder integrativer Quartierserneuerung

1. *Wohnen:* Stadtteilerneuerung, Modernisierung, behutsamer Neubau, Wohnumfeldverbesserung, öffentliche Räume;
2. *Lokale Ökonomie/Arbeitsmarkt:* Arbeitsmarkt- und Strukturpolitik, Ausbildung und Qualifizierung;
3. Ökologie: Umweltschutz in den Teilbereichen Lärm, Abfall, Verkehr, Gewerbe, Grün- und Freiräume, Baustoffe;
4. *Soziales/Soziokultur:* Stärkung der materiellen sozialen und kulturellen Infrastruktur, Stärkung/Aufbau sozialer und kultureller Netzwerke, Integrationspolitik und Verbesserung des Zusammenlebens verschiedener Bevölkerungsgruppen (Alteingessene und Zugewanderte etc.), Gesundheitsförderung/-prävention; wechselseitige Verzahnung Gemeinwesenarbeit/Empowerment, Case-Management, jugend- und familienbezogene Einzelfallhilfen;
5. *Bürgerbeteiligung und Öffentlichkeitsarbeit:* Aufbau von „runden Tischen" und Stadtteilkonferenzen, konkrete projektbezogene Bewohnerbeteiligung; Informationstransfers nach innen und außen, Imagearbeit und fundiertes Berichtswesen.

Quelle: eigene Zusammenstellung

Thesen 6-9: Organisations- und Steuerungsstrukturen der Verwaltungsebene, der intermediären Ebene und der Quartiersebene

These 6

Für ein erfolgversprechendes Quartiersmanagement ist der frühzeitige Aufbau stabiler Organisations- und Vernetzungstrukturen auf der Verwaltungsebene, der intermediären Ebene und Quartiersebene erforderlich. Klare Aufgabenteilungen und Entscheidungsbefugnisse der verschiedenen Steuerungsebenen sind dazu ebenso notwendig, wie die Bereitschaft der zentralen Steuerungsebene der Verwaltung, Macht zu dezentralisieren bzw. an die Quartiersebene abzugeben. Die Anwendung von Top-down-Steuerungen (von oben nach unten) und Bottom-up-Steuerungen (von unten nach oben) bilden dabei keinen unvereinbaren Widerspruch, es kommt auf den geeigneten Mix an. Regieaufgaben der Mittelbeschaffung und -bereitstellung, der Konzeptsteuerung und Programmumsetzung kommen ohne Top-down-Steuerungen nicht aus. Wenn sie einseitig überwiegen, wenn Bottom-up-Prozesse nicht zugelassen werden, kann zwischen der Quartiersebene und der Regieebene kein vertrauensvolles Klima entstehen und werden die hehren Steuerungsziele der Verwaltung von den lokalen Basis-Akteuren/-netzwerken passiv oder auch aktiv unterlaufen.

These 7

Die *Zentralverwaltung bzw. die Regiebene* hat die Hauptaufgaben der Konzeptentwicklung, des Herbeiführens von Ratsbeschlüssen, der prozesshaft-kooperativen Lenkung und Moderation sowie Steuerungsfunktionen beim Aufbau stabiler Organisations- und Vernetzungstrukturen. Überwiegend politik- und verwaltungsdominierte Steuerungsmodelle bewähren sich im Regelfall nicht. Kooperationsmodelle mit institutionalisierter Mittler- bzw. Brückenfunktion intermediärer Instanzen zwischen der Verwaltungs- und der Quartiersebene haben bessere Erfolgsaussichten. Sie setzen die Bereitschaft zur Dezentralisierung von Macht- und Entscheidungsfunktionen von der Politik- und Verwaltungsbene auf die intermediäre und vor allem auf die Quartiersebene voraus. In diesem Kontext bestehen die Einzelaufgaben der Regieebene in (*siehe Übersicht 5.4*):

- Zielfindung, Konzeptentwicklung, Monitoring, Steuerung der Umsetzung, Berichterstattung, Controlling des Gesamtprojekts in der Verzahnung mit der gesamtstädtischen Entwicklung;
- Steuerung, Organisation und Moderation der Mitarbeit beteiligter Ressorts der Verwaltung mit dem Ziel der Aufgabendelegation;
- Beschaffung und Bündelung von Ressourcen auf den Ebenen EU, Bund, Land, Kommune, Stadtteil sowie Sicherstellung des entsprechenden Informationstransfer;

- Vorbereitung politischer Entscheidungen und Vertretung des Gesamtprojekts in relevanten Gremien;
- Initiierung von themenbezogener (Begleit-)Forschung und weiteren Projekten präventiver Stadt(teil)entwicklung;
- sowie dem Aufbau dauerhaft tragfähiger Organisations- und Vernetzungstrukturen.

Die zentralen Akteure für notwendige Kooperationen bilden die kommunalen Politikakteure (Rat, Ausschüsse, Bezirksvertretungen), die beteiligten Ämter bzw. Fachbereiche der Verwaltung, bei der Mittelbeschaffung die übergeordneten Politikakteure (Bund, Land, EU), verwaltungsexterne Akteure (Wirtschafts- und Arbeitsmarktakteure, Wohlfahrtsverbände etc.) sowie natürlich die Akteure der Quartiersebene (Stadtteilbüro, Stadtteilkonferenz).

Dass die Regieebene dabei die Quartiersebene entlasten und dieser politischen und materiellen Rückhalt verschaffen muss, versteht sich von selbst.

Verwaltungsinterne Lenkungsgruppen sowie ergänzend dazu projekt- und handlungsfeldbezogene Arbeitsgruppen unter Einschluss externer Akteure haben sich dabei als Organisationsformen bewährt.

These 8

Für die *Quartiersebene* sind die Einrichtung von Stadtteilbüros erforderlich. Außerdem ist die Einrichtung von Stadtteilkonferenzen zur Einbindung der Vor-Ort-Akteure sinnvoll. Die praktizierten Modelle der Trägerschaft von Stadtteilbüros (Stadt oder Kooperationsvertrag mit lokalen Einrichtungen oder mit Vereinen) zeigen, dass für eine erfolgreiche Arbeit weniger die Trägerschaft ausschlaggebend ist, als vielmehr die Ausstattung der Büros, die vertraglich vereinbarten Befugnisse und ein eigenes Stadtteilbudget. Im Rahmen eines sozial engagierten Quartiersmanagement haben Stadtteilbüros zwei Hauptfunktionen. Erstens: Sie sind die zentrale Kontakt- und Anlaufstelle im Quartier. Zweitens: Sie haben Anwaltsfunktionen bei der Ermittlung, Formulierung, Weiterleitung und Durchsetzung von Quartiersinteressen.

In diesem Kontext bestehen ihre Hauptaufgaben in (*siehe Übersicht 5.4*):

- quartiersbezogener Sozialraumanalyse (Entdecken von Potenzialen, Defiziten, Konflikten);
- lokaler Gemeinwesenarbeit;
- Organisation und Moderation der Bürger- und Akteurebeteiligung (Bürgerversammlung, „runde Tische“, Stadtteilkonferenz sowie projektbezogene Bewohnerbeteiligungen);
- Anregen und Moderation von lokalen Netzwerken;
- Konfliktmediation zwischen Teilgruppen der Quartiersbevölkerung;
- kleinräumige Projektentwicklung und z.T. deren Umsetzung;

– Informationstransfer und Berichterstattung sowohl vertikal, wie horizontal,
– Anwaltsfunktionen für Bewohnerinteressen gegenüber der Kommunalpolitik und –Verwaltung sowie gegen über privaten Akteuren (z.B. Wohnungswirtschaft etc.).

Zentrale Ebenen der Kooperationen der Mitarbeiter/innen von Stadtteilbüros bilden einerseits die Zusammenarbeit mit den Vor-Ort-Akteuren der Lokalpolitik, der Sozialarbeit, Kirchen, Schulen, der lokalen Ökonomie und Wohnungswirtschaft sowie der lokalen Vereinen und Basisinitiativen. Andererseits müssen sie selbstverständlich möglichst vertrauensvoll mit der Kommunalverwaltung und ihren Akteuren kooperieren.

Wichtige Rahmenbedingungen für ein erfolgreiches Quartiersmanagement vor Ort bilden die politischen Leitziele der Quartierserneuerung (s. oben), ausreichende Personal- und Programmmittel, klare Entscheidungsbefugnisse sowie nicht zuletzt die politische Rückendeckung von oben und von unten bei der Austragung und Moderation von Interessenkonflikten.

These 9

Die Hauptaufgaben der *intermediären Ebene* bestehen in ihrer Brücken- und Mittlerfunktion zwischen der Regie- und der Quartiersebene, im Dialog- und Konfliktmanagement, in der Ideenproduktion und der Mitarbeit an der prozesshaften Konzeptentwicklung sowie im Anregen von lokalen Partnerschaften (*siehe Übersicht 5.4*).

Ob es, wie im „Essener Modell“ vorgeschlagen wird (s.oben), notwendig ist, die intermediäre Mittlerfunktion zwischen der Regie- und der Quartiersebene gesondert zu organisieren, bleibt aus unserer Sicht eine offene Frage. In kleineren Kommunen mit guten Drähten zwischen oben und unten und gut funktionierendem intermediärem Dialog erscheint sie entbehrlich. In großen Städten mit ihrer komplexen Verwaltung und oftmals mehreren benachteiligten Programmstadtteilen, spricht vieles für ihre gesonderte Organisation als Zwischeninstanz zwischen der Regie- und der Quartiersebene. In diesem Fall erweist sich das „Essener Modell“ der Beauftragung und Einbindung verwaltungsexterner „neutraler“ Akteure im Rahmen eines Kooperationsvertrages als sinnvolles Instrument. Zentrale Rahmenbedingung für eine erfolgversprechende Wahrnehmung der intermediären Mittlerfunktion bildet in diesem Fall eine vertraglich geregelte relative Unabhängigkeit nach oben und nach unten, sowie die reale Anerkennung der Mittlerfunktion auf der Regie- *und* der Quartiersebene.

Übersicht 5.4: Quartiersmanagement: Funktionsbereiche, Aufgaben, Akteure, Rahmenbedingungen, Schlüsselqualifikationen

	Verwaltungs- bzw. Regieebene	intermediäre Ebene	Quartiersebene
zentrale Aufgaben	kooperative Konzeptentwicklung; Herbeiführen von Ratsbeschlüssen; Gesamtmoderation, -steuerung; verwaltungsinterne Abstimmung; Ressourcenbeschaffung, -bündelung; Informationstransfer, Controlling	Brücken- bzw. Mittlerfunktion zwischen der Regie- und der Quartiersebene; Dialog- und Konfliktmanagement; Ideenproduktion, Mitarbeit an der prozesshaften Konzeptentwicklung; Anregung lokaler Partnerschaften	ortsbezogene Sozialraumanalyse; lokale Gemeinwesenarbeit; Bürger- und Akteurebeteiligung; Anregen, Moderation lokaler Netzwerke; Projektentwicklung und z.T. –umsetzung; Informationstransfer, Berichterstattung
zentrale Akteure bzw. Ebenen der Kooperation	Rat, Ratsfraktionen, Ausschüsse; beteiligte Ämter, Verwaltungsressorts; übergeordnete Akteure (Land/ Bund/ EU); verwaltungsexterne Akteure (Arbeitsmarktakteure, Wohlfahrtsverbände etc.)	verwaltungsinterne und externe Akteure der Regieebene; lokale Akteure der Quartiersebene (Politik, Verwaltung, lokale Ökonomie, Träger öffentlicher Belange, Initiativen)	lokale Akteure: Lokalpolitik, Sozialarbeit, Kirchen, Schulen, lokale Ökonomie, Wohnungswirtschaft, Vereine und Basisnetzwerke, – initiativen; Verwaltungs- und intermediäre Akteure
zentrale Rahmenbedingungen	politische Leitziele, politischer Rückhalt; Sozialberichterstattung, Sozialplanung; Programm- und Haushaltsmittel; gegenseitige Bereitschaft der Akteure zur Kooperation und Macht-Dezentralisierung	klare, möglichst vertraglich geregelte Aufgabenstellung, relative Unabhängigkeit nach oben und unten bzw. Anerkennung der Mittlerfunktion von allen Akteuren	Leitziele der Quartierserneuerung; Programmmittel und politische Rückendeckung von oben und von unten; klare Entscheidungsbefugnisse, eigenes Stadtteilbudget
Organisationsformen	Verwaltungsinterne Lenkungsgruppe; projekt- und handlungsfeldbezogene Arbeitsgruppen unter Einschluss externer Akteure	Beauftragung im Rahmen eines Kooperationsvertrages: Kooperation Verwaltung und andere Träger, oder Auftrag an externe Träger, oder Auftrag an Stadtteil-Konferenz	Stadtteilbüro als zentrale Kontakt- und Anlaufstelle im Quartier; Stadtteilkonferenz zur Einbindung aller lokalen Akteure; lokale themenspezifische Arbeitsgruppen
Schlüsselqualifikationen	formale, fachliche und kommunikative Leitungskompetenz, um die beteiligten Akteure einzubinden und zu motivieren.	konkrete Orts-, Verwaltungs- und Politik-Kenntnisse (Akteurearena); Dialog- und Kommunikationsfähigkeit unter Wahrung relativer Unabhängigkeit	planerische und soziale Fachkenntnisse; Vor-Ort-Kenntnisse und Verankerung in der lokalen Akteurearena; Dialog- und Beteiligungskompetenz

Quelle: eigene Zusammenstellung

Thesen 10-12: Akteure- und Bürgerbeteiligung im Quartier

These 10

Akteurebeteiligung/-Vernetzung und Bürgerbeteiligungen gehören zu den Hauptaufgaben eines sozial engagierten Quartiersmanagement der Stadtteilbüros. Dabei unterscheiden wir zwischen *Akteurebeteiligung* als Form der Beteiligung und Einbindung der Vertreter/innen von Institutionen aller Art und *direkter Bürgerbeteiligung* als Form der unmittelbaren Beteiligung von Bewohnern bzw. Bewohnergruppen. Zu den lokalen institutionellen Akteuren gehören: Lokalpolitik, soziale Dienste und Einrichtungen der Stadt und der freien Träger, ortsansässige Schulen, Kirchengemeinden, Akteure der Privatwirtschaft wie lokaler Einzelhandel, Handwerkerschaft und Wohnungsunternehmen sowie wichtige Vereine und Basisinitiativen. Als gängige Formen der Beteiligung und Vernetzung dieser institutionellen Akteure bieten sich „Runde Tische", Stadtteil- oder Planungskonferenzen oder auch projektspezifische Arbeitskreise an. Bei gutem Willen der Prozessbeteiligten, bei konsens- und ergebnisorientierten Diskursen können in diesem Rahmen neue Kooperationen eingeleitet, Akteurekonkurrenzen und -Konflikte abgebaut, sowie eine verbesserte Arbeitsteilung und Ressourcenbündelung bewirkt werden. Derartige Synergieeffekte der Akteurevernetzung können einen wichtigen Beitrag zum effizienten Ressourceneinsatz und zur Qualitätsverbesserung der eingeleiteten Maßnahmen und Projekte leisten. Angestrebte Vernetzungen können aber auch mißlingen. Dies tritt insbesondere dann ein, wenn der konkrete Zweck und die Formen der Vernetzung unklar und unverbindlich bleiben, wenn die Interessenskonflikte der Akteure zu groß sind und/oder, wenn ein offener, konsens- und ergebnisorientierter Dialog nicht gelingt. Ein Patentrezept zur Vermeidung des Mißlingens gibt es nicht. In jedem Fall sollten die Ziele der Vernetzung, die sinnvoll zu beteiligenden Akteure, die Formen der Zusammenarbeit sowie der Grad der Verbindlichkeit und die Mitübernahme von Umsetzungsverantwortung für erzielte Ergebnisse eingehend geklärt werden. Bei der Entwicklung von verbindlichen Kooperationsformen mit Akteuren, die nicht der Verwaltung angehören, sollte projektbezogen geprüft werden, ob hierzu Kontrakte zwischen den Prozessbeteiligten geschlossen werden können.

These 11

Akteurevernetzung und direkte Bürgerbeteiligung sind nicht das Gleiche. Werden sie z.B. in Form von „Runden Tischen" willkürlich vermischt, sind die Risiken mangelnder Verbindlichkeit der Beteiligten, taktischen Auftretens und mangelnder Offenheit institutioneller Akteure sowie eine mangelnde Ergebnisorientierung groß. Außerdem gelingt es sprachungewohnten und durchsetzungsschwachen Bewohnergruppen (z.B. Migranten/innen) und kritischen Basisinitiativen, auch wenn sie beteiligt sind, selten, ihre Belange und Interessen angemessen einzubringen. Diese Einschätzung wendet sich natürlich nicht gegen direkte Bürgerbeteiligungen, wohl aber gegen unbedachte Vermischungen der Akteurebeteiligung mit direkter Bürgerbeteiligung. Im Interesse einer konkreten Bedarfsorientierung und der keineswegs selbstverständlichen Akzeptanz z.B. bei Wohn-, Wohnumfeld- und Beschäftigungsprojekten und interkulturellen Stadtteilprojekten auf seiten der Betroffenen, aber auch im Interesse der politischen Legitimierung und Unterstützung der Arbeit von Stadtteilbüros sind direkte und indirekte Bürgerbeteiligungen notwendig. Als Formen *direkter* Beteiligung bieten sich neben der allgemeinen Alltagsarbeit der Stadtteilbüros wie Informationsstände, -blätter und Stadtteilzeitungen und konkreten Bürgerberatungen vor allem Bewohnerbeteiligungen mit *konkretem Einzelprojektbezug* an (*siehe Übersicht 5.5*). Dazu gehören projektbezogene Bürgerbefragungen und Veranstaltungen, projektbezogene Beteiligungsrunden, ggf. Arbeitskreise und direkte Projektarbeit mit bestimmten Zielgruppen der Bewohner (z.B. Eltern-und Schülergruppen, Kinder und Jugendliche, Migranten/innen, Frauen, ältere Menschen). Als Formen indirekter Bürgerbeteiligung kommen Gesprächsrunden und Kooperationen mit Vereinen und anderen Selbstorganisationen in Betracht. Insbesondere bei längerfristigen und komplexen Stadtteilprojekten ist der Aufbau lokaler Netzwerke zur Mobilisierung der Selbsthilfepotenziale unmittelbar betroffener Bürger anzustreben. In diesem Rahmen ist auch ein regelmäßiger Erfahrungsaustausch mit deutschen Vereinen und Migrantenvereinen zu empfehlen. Politisch und weltanschaulich begründete Ausgrenzungen bestimmter Vereine sind dabei im Regelfall – offen rassistische Vereine und Gruppen ausgenommen – kontraproduktiv.

Übersicht 5.5: Formen direkter Bürgerbeteiligung im Quartier

- Informationsstände, -Blätter und Quartierszeitungen;
- aktivierende Befragungen;
- allgemeine Beratungsgespräche im Stadtteilbüro;
- allgemeine Beratungs- und Öffentlichkeitsarbeit durch Präsenz des Stadtteilbüros auf größeren Veranstaltungen im Quartier;
- projektspezifische Beteiligungsrunden, Arbeitskreise und Bürgerversammlungen;
- projektspezifische Einzelgespräche und Beratungsgespräche mit Aufsuchen der Bewohner;

direkte Projektarbeit mit bestimmten Zielgruppen z.B. mit Kindern und Jugendlichen, mit Frauen, mit Migranten/innen, mit älteren Menschen;

- Projektarbeit mit Eltern und Schülergruppen.

Quelle: Eigene Zusammenstellung auf Grundlage von Projektseminaren

These 12

Die Mitarbeiter/innen der Stadtteilbüros müssen die Akteure- und Bürgerbeteiligung organisieren und moderieren, geeignete möglichst niedrigschwellige Beteiligungsformen herausfinden und umsetzen, Informations-, Mittler-

und Anwaltsfunktionen zwischen Stadtverwaltung, Akteurenetzwerken und betroffenen Bürgern wahrnehmen sowie Interessenkonflikte zwischen diesen Ebenen und zwischen verschiedenen Bewohnergruppen moderieren. Dazu gehört es, in einem offenen Beteiligungsprozess Bedürfnisse, Selbsthilfepotentiale und Konflikte zu ermitteln, Beratung zu leisten, Lösungen auszuhandeln, materielle Ressourcen einzufordern und damit Beteiligung und Konfliktaustragung mit friedlichen Mittel überhaupt erst möglich zu machen. Zur Vermittlung bei Konflikten zwischen den verschiedenen Bewohnergruppen hat sich in der Folge direkter Bürgerbeteiligungen in einer Reihe von multiethnischen Stadtteilen der prozesshafte Aufbau eines soziokulturellen und interkulturellen Konfliktmanagements gut bewährt. Dabei geht es zunächst um niedrigschwellige Beteiligungsangebote wie Gesprächsrunden und Beratungen in deren Rahmen die Gruppenkonflikte offen angesprochen und ausgetauscht werden, die Ursachen hinterfragt werden (z.B. Ethnisierung von Alltagskonflikten) und gemeinsam nach Konfliktlösungen gesucht wird. In weiteren Schritten kann versucht werden, ein spezielles Konflikttraining für ehrenamtliche Multiplikatoren durchzuführen mit dem Ziel, Bewohner/innen zu ehrenamtlichen Vermittlern bei Quartierskonflikten auszubilden. Die Zwischenergebnisse entsprechender Modellprojekte z.B. in Frankfurt/M. und Dortmund zeigen gute Erfolge.

Thesen 13-15: Qualifikationsprofile der Quartiersmanager/innen

These 13

Die Thesen 6-9 haben gezeigt, dass sich im Rahmen des gesamtstädtischen Quartiersmanagement die Aufgabenschwerpunkte der Verwaltungs- bzw. Regieebene, der intermediären Ebene und der Quartiersebene klar unterscheiden. Dementsprechend sind auch unterschiedliche fachliche und methodische *Schlüsselqualifikationen* der Mitarbeiter/innen gefordert (*siehe Übersicht 5.4*).

- Schlüsselqualifikationen auf *Verwaltungs- bzw. Regieebene* sind ausgezeichnete Politik- und Verwaltungskenntnisse, gute Fachkenntnisse vor allem in den Bereichen Raumplanung, Soziales und Gemeinwesenökonomie, Strategiekompetenz bei der Entwicklung und Steuerung von Konzepten und deren Qualitätssicherung sowie hervorragende Leitungskompetenzen mit den Elementen Formalqualifikation, Kontakt- und Kommunikationsfähigkeit, Verhandlungsgeschick und Durchsetzungsfähigkeit.
- Schlüsselqualifikationen auf der *intermediären Ebene* sind gute Politik- und Verwaltungskenntnisse, gute Grundlagenkenntnisse hinsichtlich der Bereiche Stadtentwicklung, Planung und Soziales, hervorragende Kennt-

nisse der kommunalen und lokalen Akteurearena, sowie ganz besonders eine ausgezeichnete Dialog- und Kommunikationsfähigkeit.

- Schlüsselqualifikationen auf der *Quartiersebene* sind gute planerische, sozialarbeiterische und administrative Fachkenntnisse, hohe Organisationskompetenz und ökonomische Grundlagenkenntnisse bei der Projektentwicklung und -durchführung, hervorragende Vor-Ort-Kenntnisse der lokalen Akteurearena sowie intersoziale und interkulturelle Kompetenzen mit den Elementen Kontakt-, Dialog-, Kommunikations- und Beteiligungsfähigkeit.

These 14

Auf der Quartiersebene bzw. bei der Arbeit der Stadtteilbüros mit ihren fachlich und methodisch komplexen Aufgabenstellungen hat sich in der Praxis ein „Tandemmodell" der interdisziplinären Zusammenarbeit von planerischen und sozialen Berufen herausgebildet und im Grundsatz bewährt. Bezogen auf ihre Erstausbildung werden die lokalen Quartiersmanager/innen im Regelfall aus den planerischen Berufen Architektur, Raumplanung, Geographie und den sozialen Berufen Sozialwissenschaft, Sozialpädagogik und Sozialarbeit rekrutiert. Die idealtypische Kombination von Planern *und* sozialen Fachkräften hat sich – dort, wo sie realisiert ist – grundsätzlich bewährt. Allerdings sind aufgrund der unterschiedlichen Erstausbildungsprofile oftmals Reibungsverluste unverkennbar und muss die interdisziplinäre Zusammenarbeit oft mühsam erlernt werden. Wo die Kombination von Planern und sozialen Fachkräften nicht realisiert ist, sind in der Ausrichtung der Arbeit berufstypische Einseitigkeiten und Schwachstellen (entweder einseitiger Vorrang von bau-investiven planerischen Maßnahmen *oder* einseitiger Vorrang von sozialpädagogischer Projekten) unverkennbar. Darüber hinaus ist in vielen Fällen als Schwachstellen der Stadtteilbüroarbeit festzustellen: Wichtige Schlüsselqualifikationen des Quartiersmanagement waren und sind gar kein oder kein ausreichender Gegenstand der Curricula von planerischen und von sozialen Erst-Ausbildungsstudiengängen (Modellstudiengänge und Weiterbildungsmodule für das Arbeitsfeld Stadtteil-/Quartiersmanagement werden curricular aktuell erst entwickelt). Entsprechende Schlüsselqualifikationen müssen daher von den Mitarbeiter/innen mit hohen Reibungsverlusten meist autodidaktisch in der Praxis erlernt werden. Anders ausgedrückt: Viele Quartiersmanager/innen sind aufgrund ihrer Hochschulausbildung nur ungenügend auf ihre komplexen Aufgabenstellungen vorbereitet.

These 15

Ausgehend vom „Tandemmodell" der Zusammenarbeit von planerischen und sozialen Berufen ist die curriculare Entwicklung von interdisziplinären Aus-

und Weiterbildungsmodulen zum Thema Stadtteil- oder Quartiersmanagement dringend angezeigt.

Im Grundsatz sollten die Module aufbauend auf den jetzigen Erstausbildungsprofilen der planerischen und der sozialen Disziplinen folgende Themenbereiche und Lernziele zum Gegenstand haben:

- wechselseitig bessere *Grundlagenkenntnisse* über die jeweils andere Disziplin, ihre Theorien und Arbeitsmethoden, d.h. bei sozialen Disziplinen Grundlagenkenntnisse über Aufgaben, Formen und Methoden der Stadtentwicklung und Raumplanung, darunter insbesondere der behutsamen Stadterneuerung, bei den planerischen Disziplinen Grundlagenkenntnisse über Aufgaben, Formen und Methoden sozialer Arbeit, darunter insbesondere der lokalen Gemeinwesenarbeit;
- in beiden Disziplinen fundierte *Fachkenntnisse* in bezug auf die Themenbereiche Verwaltung, Organisation und Sozialmanagement, Kommunalpolitik und lokale Sozialpolitik, lokale Ökonomie und soziales Marketing;
- in beiden Disziplinen *fundiertere Kenntnisse und methodische Fähigkeiten* in den Themenbereichen Defizit- und Ressourcenanalysen, Bürgerbeteiligung und mobilisierende Planungsmethoden, Aufbau dezentraler Netzwerke, Projektentwicklung und Finanzierungsstrategien sowie Dialog-, Kommunikations- und Moderationskompetenz.

Vorschläge für curriculare Module „Quartiersmanagement" werden im abschließenden Kapitel vorgestellt.

Kapitel 6
Quartiersmanagement in Beruf und Ausbildung

6.1 Problemaufriss

Die Aufgaben des Quartiersmanagements liegen quer zu den bisherigen angebotenen Ausbildungsgängen an Universitäten und Fachhochschulen. Folgende Aufgaben gilt es im Rahmen des Quartiersmanagements auf der Grundlage eines integrierten Handlungskonzepts wahrzunehmen *(vgl. auch Kap. 5):*

- Einrichtung und Entwicklung von Stadtteilbüros als Beratungs-, Vermittlungs- und Informationszentren für Bewohner und Initiativen;
- Aufbau einer lokalen Öffentlichkeits- und Informationsarbeit;
- Erarbeitung geeigneter Formen der Bewohnerbeteiligung;
- Fortschreibung von integrierten Handlungskonzepten mit Zeit- und Maßnahmenplänen;
- Initiierung und Leitung von Arbeitsgruppen und Projekten zu verschiedenen Problemgebieten (Arbeitslosigkeit, Weiterentwicklung der lokalen Ökonomie unter Einschluss lokaler Beschäftigungsfelder, Neukonzipierung von Qualifizierungsmaßnahmen usw.);
- Unterstützung und Aufbau von Netzwerken (auf Quartier- und Stadtteilebene ebenso wie auf der Ebene der Gesamtstadt, sowie zwischen Akteuren aller Ebenen).

Quartiersmanager/innen müssen also über ein hohes Maß an sozialer, planerischer, wirtschaftlicher, organisatorischer und vor allem kommunikativer Kompetenz verfügen.

Demzufolge finden sich unter den bisher praktisch tätigen Stadtteil- bzw. Quartiersmanagern/innen die verschiedensten Vorbildungen, wie unter anderem:

- Raum- oder Stadtplaner/innen,
- Sozialarbeiter/innen,
- Pädagogen/innen,
- Sozialwissenschaftler/innen,
- Geografen/innen,
- Verwaltungswirte/innen,
- Landschaftsarchitekten/innen,

– Architekten/innen.

Die Auswahl hängt oft mit der Ressortierung und der Fortbildung der Auswähler zusammen. Stellt die Stadtplanung den/die Quartiersmanager/in ein, werden oft Planer/innen oder Architekten/innen bevorzugt. Hat das Sozialressort das Sagen, werden eher Sozialarbeiter/innen oder Pädagogen/innen eingestellt. Auch spielt die traditionelle Verankerung von Gemeinwesenarbeit in den Ländern oder Kommunen eine Rolle. Dort, wo sich Gemeinwesenarbeit erhalten hat, oder neu profilierte wie in hessischen Kommunen, ist das Quartiersmanagement eher sozialarbeitsnah organisiert als in Kommunen, in denen der Gemeinwesenarbeit eher ein Schattendasein zugewiesen wurde, oder ein Engagement von NGO's (Nicht-Regierungsorganisationen aller Art) blieb. Bevorzugt wird oft auch eine *„Tandem-Lösung"* für das Quartiersmanagement, das heißt, Experten aus zwei unterschiedlichen Berufsfeldern, insbesondere Sozialarbeit und Planung, sollen in der täglichen Praxis kooperieren.

Notwendig für die Arbeit auf Quartiersebene ist eine *integrierte Mehrebenenbetrachtung*, weil sich die Komplexität der Praxisprobleme dem Zugang über eine Disziplin entzieht (z.B. Armut als ökonomisches, soziales oder Bildungs- und auch als Wohnversorgungsproblem). Im Sinne einer Praxiswissenschaft müssten die wichtigsten Handlungsfunktionen des praktischen Feldes mit einem wissenschaftlichen Überbau als Konzeptrahmen der beteiligten Disziplinen versehen werden. Die Frage, was Sozialarbeit in diesen Rahmen einbringen kann, kann von ihren bisherigen Funktionen her beantwortet werden.

Sozialarbeiter/innen müssen

1. eine zumindest partielle Teilhabe an einer gemeinsamen Lebenswelt mit Klienten bewältigen (z.B. Heim);
2. personenbezogene Dienstleistungen erbringen (z.B. Beratung);
3. gesetzlich festgelegte und sozialstaatlich legitimierte Eingriffe in und Leistungen für die Lebenswelt ihrer Klienten sicherstellen.

Ökonomische Fragen haben in der letzten Zeit in der sozialarbeiterischen Praxis einen höheren Stellenwert erhalten. Kostentransparenz, Organisations- und Personalentwicklungsprozesse sind hierfür ebenso Stichworte wie Budgetierung, Controlling und Qualitätssicherung. Dabei macht die Bewältigung der komplexer werdenden Praxis im sozialen Bereich einerseits die Orientierung der Arbeit an den unmittelbaren Lebensbedingungen der Klienten vor Ort notwendig (Lebensweltbezug). Andererseits kann ohne Kooperation, Koordination und datengestützte Planung ein nachvollziehbarer transparenter Bezug zu den Bedürfnissen der Klientel nicht hergestellt werden. Quartiersbezogene Sozialarbeit muss die traditionellen Grenzen herkömmlicher sozialer Arbeit sprengen und sich den Wissensbeständen anderer Professionen öffnen und mit ihnen kommunizieren können.

Umgekehrt gilt ähnliches für die Raumplaner/innen, Architekten/innen oder Geografen/innen. Soweit sie für Stadtplanung und Stadtentwicklung ausgebildet sind, können sie erfahrungsgemäß u.a. einbringen:

1. Erfahrung in der kleinräumigen (Sozial-) Raumanalyse und Quartiersbewertung (Defizit-, Potenzialanalyse mit Hilfe von Datenerfassung, Beobachtung, Befragung, Interviews);
2. Umgang mit Planungsinstrumenten und -Verfahren, Programmen und Strukturen (Kommunale, Landes- und Bundesebene, Verwaltungs-, Politik-, Akteureebene, Stadt-, Stadtteil und Quartiersebene);
3. Integrierten Umgang mit sektoralen Feldern der Stadtteilprobleme (v.a. Verkehrs-, Umwelt-, Wohnungs-, Freiflächen-, Infrastrukturprobleme).

Ein Blick in die Praxis zeigt, daß die gegenwärtigen Studiengänge der Sozialarbeit und Sozialpädagogik ebenso wie die der Raumplanung und Verwaltung die komplexen Wissensbestände zur Ausgestaltung und Förderung lokaler Lebensbedingungen jeweils nur zum Teil abdecken, und vor allem, dass sie kaum über Erfahrungen im *gemeinsamen interdisziplinären Umgang* miteinander verfügen.

6.2 Einige ausgewählte Ausbildungsprogramme

In letzter Zeit ist dieser Mangel an geeigneten Aus- und Fortbildungsmöglichkeiten im Bereich von Steuerungs-, Planungs- und Motivationsarbeit für die Stadtteilebene (wieder) erkannt worden. Dies hat zu Fortbildungsangeboten von Institutionen, die gemeinwesennah arbeiten, ebenso geführt wie zu Studiengängen an Hochschulen. Im folgenden sollen einige Beispiele vorgestellt werden.

Beispiel 1: „Integriertes Wohn- und Quartiersmanagement" – ein Programm der Wohnungswirtschaft

Die Wohnungswirtschaft ist dabei, eigene Kompaktstudien für „Integriertes Wohn- und Quartiersmanagement" vorzubereiten (*vgl. FWI 2002*). Diese sollen dazu dienen, neue Lösungsansätze beim Umgang mit Leerstand und sonstigen Bewirtschaftungsproblemen von Wohnraum zu vermitteln. Adressaten sind Experten aus

- Wohnungsunternehmen,
- Wohlfahrtsverbänden und Kirchen,
- Kommunen,
- Polizei,
- Stiftungen,
- Projektentwicklungsunternehmen.

Das insgesamt achtmonatige Fortbildungsangebot ist in acht Präsenzphasen und elf Themenblöcke aufgeteilt. Im ersten Teil sollen die wirtschaftlichen, sozialen und ökologischen Hintergründe unterschiedlicher Quartiere erarbeitet werden. Der zweite Teil besteht vorrangig aus sogenannten „Managementtools", wie Projektentwicklung, Moderation, Präsentation, Konfliktumgang und Partizipationstechniken.

In die Abschlussprüfung fließt eine Projektarbeit aus der Praxis der Teilnehmer/innen ein. Diese erlangen den Abschluss als „Wohn- und Stadtquartiersmanager FWI" (Kosten ca. 5.000 Euro plus Unterbringung und Lernmittel). Mit den erlernten Kenntnissen zur Planung, Finanzierung, Umsetzung und Evaluation quartiersbezogener Projekte unter Einschluss von lokalen Partnern sollen sie zur Bearbeitung solcher komplexer Zukunftsaufgaben fähig sein, die betriebswirtschaftlich-organisatorische, quartiersbezogensoziale und persönlichkeitsorientierte Managementkompetenzen verlangen.

Beispiel 2: „Gemeinwesenarbeit und Stadtteil-Management" – Programm der LAG ‚Soziale Brennpunkte Hessen e.V.'

Daneben gibt es Schulungsprogramme von Städten, sowie Fortbildungen verschiedenster anderer Träger. Beispielhaft für viele andere Angebote sei auf das der LAG „Soziale Brennpunkte Hessen e.V." hingewiesen. Diese bietet in Kooperation mit einer Fachhochschule und der Evangelischen Fortbildungsstätte Burckhardthaus e.V. eine Fortbildung in vier Modulen „Gemeinwesenarbeit und Stadtteil-Management" an. Die begriffliche Unterscheidung trägt der Tatsache Rechnung, dass es sich beim klassischen Arbeitsprinzip Gemeinwesenarbeit vornehmlich um die Aktivierung der Bewohner eines Stadtteils handelt, die durch engagierte Akteure unterstützt werden. Quartiersmanagement geht damit über den engen Bereich des Sozialen hinaus in komplexere Arbeitszusammenhänge eines strategischen Ansatzes zum systematischen Aufbau von selbsttragenden und nachhaltig wirksamen personellen und materiellen Strukturen, um eine zukunftsweisende Stabilisierung und Weiterentwicklung von Stadtteilen zu gewährleisten. Daher haben sich auch Überlegungen für Qualifizierungsangebote zum Quartiersmanagement auf Hochschulebene entwickelt.

Beispiel 3: „Integriertes Stadtteilmanagement – Handlungsgrundlagen für Management und Organisation der sozialen Stadterneuerung" der Fachhochschule Köln

Das Forschungsprojekt „Integriertes Stadtteilmanagement – Handlungsgrundlagen für Management und Organisation der sozialen Stadterneuerung", das am Fachbereich Sozialpädagogik der Fachhochschule Köln angesiedelt ist und vom Bundesministerium für Bildung und Forschung gefördert wird, untersucht, wie multidisziplinäre Handlungsansätze zu einer integrierten Stadtteilentwicklung herausgebildet werden können. Als Begründung wird angegeben: Im lokalen Aufgabenbereich der nachhaltigen Entwicklung von Stadtteilen stehen die Professionellen immer komplexer werdenden Problemstellungen gegenüber, die zur Verschmelzung von Wissens- und Praxisroutinen aus den Handlungsfeldern Sozialarbeit/Sozialpädagogik, Ökonomie und Stadtplanung führen müssen. Die Ergebnisse des Forschungsprojekts sollen sowohl zu Empfehlungen für die Gemeinwesenpraxis vor Ort führen als auch für das Studium der Sozialarbeit/Sozialpädagogik Erkenntnisse liefern (*vgl. Fachhochschule Köln, Forschungsstelle „Sozial+Raum+Management 2002"*). Dabei werden insbesondere Fragen im Vordergrund stehen, welche Wissensbestandteile und Handlungskompetenzen aus der sozialen Arbeit, der Ökonomie und der Stadtplanung/Architektur in das multidisziplinäre Qualifikationsprofil „Quartiersmanagement" einfließen müssen.

Komponenten der einzelnen Disziplinen können nach Auffassung der Kölner Forscher sein:

Sozialarbeit/Sozialpädagogik

- die Ausarbeitung von Indikatoren für entwicklungsbedürftige Stadtteile im Rahmen der Sozialberichterstattung;
- die Zuspitzung von Methoden der Sozialraumanalyse für Stadtteile mit Entwicklungspriorität;
- der Aufbau von Kommunikationsstrukturen und die Verantwortung des Netzwerkmanagements im Stadtteil, die intermediäre Akteure und örtliche Organisationen verbinden;
- die situationsgerechte Anpassung von Methoden der Bürgerbeteiligung und der Bewohneraktivierung;
- die Initiierung von Maßnahmen und Projekten der Beschäftigungsförderung, der Kinder- und Jugendarbeit, der Verbesserung lokaler Einrichtungen und örtlicher Infrastruktur, der Soziokultur und der Bildungsmöglichkeiten, der Beratung und Unterstützung und der Kriminalprävention;
- Techniken zur Bildung, Motivation und teamorientierten Steuerung von Projektgruppen.

Ökonomie
- die Verfahrensweisen des Projektmanagements;
- die Grundlagen des Zeitmanagements für die Prozesssteuerung;
- Praktiken der Akquisition und Bündelung von Mitteln aus verschiedenen Förderprogrammen und aus vor Ort verfügbaren Ressourcen;
- Methoden der Ressourcenbewirtschaftung, des Mittel- und Kapazitätseinsatzes und der Kosten- und Leistungsrechnung;
- Wege und Verfahren zur Sicherung von Stadtteilfonds im Kommunalhaushalt;
- die Initiierung von Maßnahmen und Projekten der lokalen Ökonomie, einer quartiersbezogenen Wirtschaftsförderung, einer sozialräumlich ausgerichteten Corporate Identity und Imageförderung.

Architektur und Städtebau
- der Umgang mit planungsrechtlichen Grundlagen wie z.B. vorbereitende Untersuchungen nach § 141 BauGB;
- die förmliche Festlegung eines Sanierungsgebiets bzw. Entwicklungsgebietes als Voraussetzung der Inanspruchnahme von Fördermitteln;
- die Abwägung zwischen verschiedenen Organisationsformen für die Institutionalisierung eines Sanierungsträgers bzw. Entwicklungsträgers und seiner infrastrukturellen Agenturen im Stadtquartier;
- die Initiierung von Maßnahmen und Projekten der Modernisierung, der Wohnumfeldverbesserung, der Freiflächenentwicklung, des Schutzes urbaner Ökosysteme, aber auch einer Neuausrichtung der Wohnungsbewirtschaftung und entsprechender Konzipierung bedarfsgerechter Belegungskonzepte.

Beispiel 4: Studiengänge an Hochschulen – Evangelische Fachhochschule Hamburg

Erste Qualifikationsangebote mit einem integrierten sozialräumlich ausgerichteten Qualifikationsprofil beginnen sich auch auf Hochschulebene als Studiengänge zu entwickeln. Hier soll beispielhaft das Programm der Ev. Fachhochschule Hamburg vorgestellt werden.

Die Evangelische Fachhochschule in Hamburg (Rauhes Haus) bietet z.Zt. einen zweijährigen Master-Studiengang „Gemeinwesenökonomie" an, der interdisziplinär, forschungsbezogen und praxisorientiert im Schnittpunkt der wissenschaftlichen Disziplinen Soziale Arbeit, Politik, Soziologie, Stadtplanung und Ökonomie angesiedelt ist. Das Angebot richtet sich an diplomierte Absolventen aus sozialarbeiterischen, planerischen, erziehungs- und kulturwissenschaftlichen Studiengängen, die ihr Studium überdurchschnittlich gut abgeschlossen haben und eine mindestens zweijährige Berufspraxis vorweisen können (*vgl. Ev. Fachhochschule Hamburg 2002*). Begründet wird die Notwendigkeit eines solchen Studiengangs mit dem Mangel an geeigneten Ausbildungsmöglichkeiten für Quartiersmanager/innen. Die bisherigen fachlichen Grenzziehungen in und zwischen den Hochschulen behindern nach Auffassung der Initiatoren den Erwerb einschlägiger übergreifender Kenntnisse: Stadtplaner beschränken sich auf technokratisch zu beurteilende Problemfelder, während Sozialarbeiter selten über die Einzelfallhilfe hinaus blicken; auch Kulturarbeit befasst sich nur im Ausnahmefall mit sozialer Stadtentwicklung, während Betriebswirte sich auf Wirtschaftsfragen (z.B. bei der Wirtschaftsförderung) konzentrieren, ohne soziale Prozesse und Zielsetzungen mit einzubeziehen.

6.3 Überlegungen zu einen Curriculum „Quartiersmanagement“

Überlegungen der Autoren des vorliegenden Buches zu einem Curriculum „Quartiersmanagement“ unterstreichen auch die Notwendigkeit der Verbindung von sozialarbeiterischen mit ökonomischen Lehrinhalten und beziehen darüber hinaus in hohem Maße raumplanerische Elemente mit ein. *Zielgruppen* sollten die Mitarbeiter/innen von kommunalen und sonstigen öffentlichen Verwaltungen, von einschlägigen anderen Institutionen (z.B. Wohlfahrtsverbände, Wohnungsunternehmen) sowie von Non-Profit-Organisationen sein. Ein wesentliches Merkmal sollte eine an der Praxis orientierte Projektarbeit sein, in welcher Teamarbeit, integriertes Denken und Handeln, Kommunikation der verschiedenen Disziplinen und der Umgang mit den verschiedenen Wissenschafts- wie Praxiskulturen selbstverständlich wird. Das Curriculum sollte vier Module z.B. im Rahmen eines einjährigen Aufbaustudiums umfassen (*siehe Übersicht 6.1*).

Übersicht 6.1: Module für ein Curriculum „Quartiersmanagement“

Modul 1

- Handlungskonzepte sozialer Arbeit (u.a. Case-Management, Empowerment);
- sozialräumliches Grundlagenwissen (Sozialplanung und Stadtplanung);
- Planung, Verwaltung, Politik und Recht (z.B. Bundesbaugesetz, Städtebauförderungsgesetz, landesrechtliche Bestimmungen; Kommunalpolitik und Administration);
- „Welfare-Mix“ und die Auswirkungen auf eine sozialräumliche Planung (öffentliche Träger, freie Träger, Selbstorganisationen).

Modul 2

- Evaluation und Mikrosozialraumanalyse;
- Veränderungen wohlfahrtsstatlicher Arrangements und ihre Auswirkungen auf das Quartier (wie demographischer Wandel, Zuwanderung, Veränderung von Arbeit, familiale Wohlfahrtsproduktion);
- Sektorale, zielgruppenbezogene und integrative Konzepte quartiersbezogener Arbeit (wie Wohnungs- und Wohnumfeldverbesserungen, Ökologie, lokale Familienpolitik);
- Ökonomie quartiersbezogener Arbeit (wie lokale Ökonomie/Wirtschafts- und Arbeitsmarktförderung, Effizienz und Effektivität aus verschiedener Nutzerperspektive, sozioökonomische Rationalität bei verschiedenen Trägern, Marktversagen sozialer Träger);
- Bedürfnisse und Bedarfsermittlung im Quartier (wie Befragung von Experten und Betroffenen, Programmplanung, Probleme der Überleitung von Bedürfnissen in Bedarf, Zeithorizonte, räumliche Aufgliederung).

Modul 3

- Projektmanagement (Planung, Durchführung, Überwachung, Steuerung von Projekten);
- Qualitätsmanagement (Qualitätsverständnis, Organisation des Qualitätsmanagements als Führungsaufgabe);
- Betroffenen- und Bürgerbeteiligung im Quartier (Beteiligungsfelder und –verfahren, Entwicklung von Konzeptionen für Partizipation).

Modul 4

Ein oder zwei Themen aus Wahlangeboten wie:

- Rechtsformen sozialwirtschaftlicher Organisationen;
- Formen der Beratung und Bürgerbeteiligung;
- ausgewählte Probleme der Gruppendynamik;
- Community-Organization;
- Öffentlichkeitsarbeit;
- Personalmanagement;
- Interkulturelle Kompetenz;
- Erstellung eines Sozialatlas;
- Türkisch für Quartiersmanager/innen.

Abschlußarbeit

Die Abschlußarbeit soll ein praktisches Problem der Quartiersarbeit interdisplinär abhandeln und nach Möglichkeit im Team von mindestens zwei Disziplinen erarbeitet werden.

Quelle: eigene Zusammenstellung

Schlusswort – Offene Fragen

Das vorliegende Buch stellt den Versuch dar, die beiden bislang zumeist getrennt diskutierten und nebeneinander sich entwickelnden Handlungsfelder der sozialen Stadt(teil)entwicklung und der sozialraumbezogenen (oder gemeinwesenbezogenen) sozialen Arbeit aufeinander zu beziehen bzw., interdisziplinäre Verknüpfungen und Verbindungslinien aufzuzeigen. Ein solcher Versuch ist zweifelsfrei nicht ohne Risiken.

Das Thema der sozialen Stadtteilentwicklung hat bei Raumplanern/innen, Sozialwissenschaftlern/innen und manchmal auch bei Ökonomen seit längerem einen höheren Stellenwert in der fachlichen Debatte erlangt, weil offenbar wurde, dass mit den traditionellen Instrumenten sektoraler planerischer Interventionen die fortschreitende soziale Segregation bzw. Sozialraumspaltung der Städte nicht aufgehalten werden kann. Demgegenüber ist der Aufschwung des Themas „Gemeinwesenarbeit" in der fachlichen Diskussion innerhalb der sozialen Arbeit in erster Linie ein Resultat der fortschreitenden Bemühungen der Verwaltungsmodernisierung auf kommunaler Ebene mit den damit verbundenen Sparzwängen. Die Frage, ob zwischen sozialintegrativer Stadtentwicklung und Sozialraumorientierung überhaupt ein Zusammenhang besteht, ist deshalb keineswegs umstandslos mit Ja zu beantworten und hat der Autorin und den Autoren im Rahmen der Überlegungen zu diesem Buch manches Kopfzerbrechen bereitet. Trotzdem sind die Autoren der Überzeugung, dass soziale Stadt(teil)entwicklung und gemeinwesenbezogene soziale Arbeit nicht nur erhebliche gemeinsame Schnittmengen aufweisen, sondern sich auch als professionelles Handlungsfeld für planerische und soziale Berufe gleichermaßen entwickeln müssen. Der interdisziplinäre Dialog und die Zusammenführung von Ausbildungsmodulen sollte einen solchen Annäherungsprozess unterstützen. Diesen zu stärken, ist ein zentrales Ziel des vorliegenden Buches.

Manches, was uns als mögliches Hindernis oder Stolperstein einer solchen Annäherung erschien, war dabei zu vernachlässigen. Nicht vertieft haben wir deshalb z.B. die Frage, ob die Hinwendung zu einer sozialen Stadtteilpolitik ausschließlich aus Kostengründen erfolgte, weil an anderer Stelle – nämlich z.B. beim sozialen Wohnungsbau – massive Einsparungen durchgesetzt werden sollten. Ausgeblendet haben wir auch die ideologischen Implikationen einer sog. „Bürgeraktivierung“, die nicht entlang der Interessen der Wohnbevölkerung verläuft, sondern den Versuch darstellt, kommunale Infrastrukturprojekte zu retten, die ansonsten dem Rotstift zum Opfer fielen.

Auch unabhängig von solchen bewusst in Kauf genommenen Lücken der Darstellung bleiben Fragezeichen hinsichtlich des Versuchs, planerische und soziale Aufgabenfelder mit Blick auf die Stadt(teil)entwicklung auf einander zu beziehen und integriert zu betrachten. So werden in jüngster Zeit immer häufiger wenig seriöse Einlassungen und Gutachten publiziert, die in der Sozialraumorientierung in erster Linie ein „Budgetierungsinstrument“ sehen und mit fragwürdigen Versprechungen dafür werben, gemeinwesenbezogene soziale Arbeit als Ansatzpunkt für kommunale Sparpolitik zu betrachten. Die Autoren denken, dass mit solchen Positionen die mühsam begonnene stadtteilbezogene Umorientierung in der sozialen Arbeit diskreditiert wird.

Es lässt sich deshalb zum jetzigen Zeitpunkt noch keineswegs prognostizieren, ob die Etablierung von Aufgabenfeldern wie Quartiersmanagement, Stadtteilbüros und intermediären Vermittlungsagenturen einen Beitrag zur längst fälligen Orientierung hin auf die gemeinwesenbezogenen Probleme leistet, oder ob unter Titeln wie Einzelfallhilfe versus Sozialraumorientierung, oder Sozialraumbudgetierung versus sozialintegrative Stadtteilentwicklung ein bloßer Etikettenschwindel betrieben wird.

Es wird also in der Zukunft zu beobachten sein, wohin die Reise geht. Diesbezügliche offene Fragen beziehen sich nicht nur auf die angemessene Vorgehensweise bei der Implementierung von Quartiersmanagern/innen (Vorschläge hierzu befinden sich in diesem Buch), sondern auch auf die der Perspektive einer sozialräumlichen und sozialintegrativen Stadtteilpolitik. Nicht von der Hand zu weisen sind Zwischenrufe, die davor warnen, idealistische Leitbilder bzw. Vorstellungen in die Welt zu setzen, so etwa die Vorstellung vermittels sozialer Stadtteilpolitik und Quartiersmanagement, ließe sich soziale Ungleichheit unserer Stadtgesellschaften überwinden.

Es stellen sich aber auch Fragen mit Blick auf die soziale Arbeit, deren Sozialraumorientierung manchmal als ein einziges Präventionskonzept behandelt wird, wobei so getan wird, als ließe sich mit viel Straßensozialarbeit das Thema Verwahrlosung und soziale Deklassierung auf wundersame Art erledigen. Alle uns bekannten Daten lassen vermuten, dass sich die Sozialspaltung der Städte in Zukunft nicht verringern, sondern noch verschärfen wird. Zugleich sieht sich der Wohlfahrtsstaat immer weniger als ein aktiv kompensatorisch eingreifender Staat denn als Strippenzieher vielfältig agierender und sich selbst aus dem Sumpf ziehender zivilgesellschaftlicher Akteure. Deshalb stellt sich auch die Frage nach der Ernsthaftigkeit, mit der politische und administrative Verantwortungsträger das Thema soziale Stadtentwicklung in Zukunft zu betreiben gedenken. Kurzfristinterventionen und -programme machen jedenfalls wenig Sinn.

Der Ansatzpunkt der Autoren ist trotz dieser Fragen und Einwände fachlich begründet. So wie die Gemeinwesenarbeit und Gruppenarbeit über viele Jahre hinweg zu Unrecht vernachlässigte methodische Handlungsprinzipien der Profession Sozialarbeit waren, so falsch war die lange Zeit gehegte planerische Auffassung, allein durch bauinvestive Wohnungs- und Wohnumfeldpolitik soziale Segregation eingrenzen und Sozialspaltung verhindern zu können. *Eine Umorientierung hin zu den sozialstrukturellen Problemen, ihre planerische Zur-Kenntnisnahme und die Gestaltung und Finanzierung entsprechender integrierter Handlungsprogramme ist deshalb – so unsere gemeinsame Überzeugung – aus fachlicher Sicht dringend geboten und überfällig.*

Dieses Buch versteht sich deshalb auch als ein Beitrag zur Entwicklung der weiteren Debatte über die Professionalisierung sozialer Stadtteilarbeit. Es spricht in diesem Sinne soziale Berufe und planerische Berufe gleichermaßen an und fordert deren verstärkte Zusammenarbeit und Dialogbereitschaft.

Anhang

Verzeichnis der Übersichten und Abbildungen

Literatur

Alisch, Monika (Hrsg.) 1998/2001: Stadtteilmanagement. Voraussetzungen und Chancen für die soziale Stadt, Opladen (1. Auflage 1998; 2. durchgesehene Auflage 2001)

Alisch, Monika 1998/2001: Stadtteilmanagement – Zwischen politischer Strategie und Beruhigungsmittel; in: Alisch, Monika (Hrsg.): Stadtteilmanagement. Voraussetzungen und Chancen für die soziale Stadt, Opladen, S. 8-22

Alisch, Monika (Hrsg.) 1998/2001: Gestalten und Lenken: Konturen eines aktiven Stadtteilmanagement. in: Alisch, Monika (Hrsg.): Stadtteilmanagement. Voraussetzungen und Chancen für die soziale Stadt, Opladen, S. 293-301

Alisch, Monika 1999a: Hamburger Erfahrungen mit sozialer Stadtentwicklung – das Rahmenkonzept zur Armutsbekämpfung; in: Forschungsprojekt „Städtische Lebenswelten und neue Armut" (Hrsg.): Städtische Lebenswelten und neue Armut. Fallstudien NRW, Hamburg, Berlin und Leipzig. Abschlußbericht Bd. 4, Dortmund

Alisch, Monika 1999b: Die reale Chance: Städtischer Strategien gegen soziale Ausgrenzung, in: Friedrich-Ebert-Stiftung, Gesprächskreis Arbeit und Soziales (Hrsg.): Modernisieren ohne auszuschließen: Quartiersentwicklung zur Verhinderung einer städtischen Unterschicht, Bonn (FESt-Schriften, Nr. 87), S. 19-29

Alisch, Monika; Dangschat, Jens 1993: Die solidarische Stadt. Ursachen von Armut und Strategien für einen sozialen Ausgleich, Darmstadt

Alisch, Monika; Dangschat, Jens 1998: Armut und soziale Integration. Strategien sozialer Stadtentwicklung und lokaler Nachhaltigkeit, Opladen

Altena, Heinz 2001: Welches Schweinderl hätten Sie denn gern? Sozialräumliche Konzepte haben Konjunktur; Internetadresse: www.stadtteilarbeit.de/Seiten/Theorie/Schweinderl.html; Ausdruck v. 20.04.2000

Allinsky, Saul 1973: Leidenschaft für den Nächsten. Strategien und Methoden der Gemeinwesenarbeit, Gelnhausen/Berlin

Austermann, Klaus 1999: Wohnraumsanierung im Bestand; in: ILS – Institut für Landes- und Stadtentwicklungsforschung des Landes Nordrhein-Westfalen (Hrsg.): Bau- und Wohnungspolitik in Stadtteilen mit besonderem Erneuerungsbedarf, Dortmund (ILS-Schriften Bd. 151), S. 36-39

Austermann, Klaus; Zimmer-Hegmann, Ralf 2001: Neue Strukturen für eine integrierte Stadtentwicklungspolitik? – Erfahrungen mit dem Handlungsprogramm für Stadtteile mit besonderem Erneuerungsbedarf; in: Kemming, Herbert; Wohlfahrt, Norbert; Zimmer-Hegmann, Ralf (Hrsg.): Stadt macht Zukunft – Neue Im-

pulse für eine nachhaltige Infrastrukturpolitik, Dortmund (ILS-Schriften Bd. 170), S. 120-132
Balke, Klaus; Thiel, Wolfgang (Hrsg.) 1991: Jenseits des Helfens, Freiburg
Ballew, Julius; Mink, George 1991: Was ist Case-Management?; in: Wendt, Wolf-Rainer (Hrsg.): Unterstützung fallweise – Case-Management in der sozialen Arbeit, Freiburg, S. 56-83
Banner, Gerhard, 1991: Von der Behörde zum Dienstleistungsunternehmen. Die Kommunen brauchen ein neues Steuerungsmodell; in: Verwaltungsführung – Organisation – Personal, H. 13/1991, S. 6-11
Bassarek, Herbert (Hrsg.) 1994: Gestalten statt Verwalten, Düsseldorf (Folge Nr. 74 der Grauen Reihe der Hans-Böckler-Stiftung)
BauGB – Baugesetzbuch 1998, München (Beck Texte im dtv, 31. Auflage 2000)
Becker, Heidede; Löhr, Rolf-Peter 2000: „Soziale Stadt“ – Ein Programm gegen die sozialräumliche Spaltung in den Städten; in: Aus Politik und Zeitgeschichte, H. B 10-11/2000, S. 22-29
Bertelsmann-Stiftung (Hrsg.) 1997: Podium Leistungsvergleich, H. 4/1997, Gütersloh
Bertelsmann-Stiftung; Bundesanstalt für Arbeit; Deutscher Landkreistag; Deutscher Städtetag; Deutscher Städte- und Gemeindebund (Hrsg.) 2001: Handbuch zur Kooperation von Arbeitsämtern und Kommunen, Gütersloh
Benz, Benjamin; Boeckh, Jürgen; Huster, Ernst-Ulrich 2000: Sozialraum Europa. Ökonomische und politische Transformation in Ost und West, Opladen
Bilitewski, Bernd; Härdtle, Georg; Marek, Klaus 1999: Abfallwirtschaft, Berlin/Heidelberg
Blanke, Bernhard (Hrsg.) 1991: Staat und Stadt, Opladen
Blanke, Bernhard; v. Bandemer, Stephan 1999: Der „aktivierende Staat“; in: Gewerkschaftliche Monatshefte, H. 6/1999, S. 310-335
Blase, Dieter 1997: Der strategische Ansatz der Internationalen Bauausstellung Emscher Park für die Stadtteilentwickung in Duisburg-Marxloh; in: ILS – Institut für Landes- und Stadtentwicklungsforschung des Landes Nordrhein-Westfalen (Hrsg.) 1997: Lokale Ökonomie und Wirtschaftsförderung in Stadtteilen mit besonderem Erneuerungsbedarf, Dortmund (ILS-Schriften Bd. 130), S. 19-23
BMA – Bundesministerium für Arbeit und Sozialordnung (Hrsg.) 2001: Lebenslagen in Deutschland. Erster Armuts- und Reichtumsbericht, Berlin (Bundesrats-Drucksache 328/01)
BMBau – Bundesministerium für Raumordnung, Bauwesen und Städtebau (Hrsg.) 1994: Zukunft Stadt 2000. Bericht der Kommission Zukunft Stadt 2000. 2. Auflage, Bonn-Bad Godesberg
BMFJG – Bundesministerium für Familie, Jugend und Gesundheit (Hrsg.) 1990: Achter Jugendbericht, Bonn
BMFSFJ – Bundesministerium für Familie, Senioren, Frauen und Jugend (Hrsg.) 2000: Sechster Familienbericht. Familien ausländischer Herkunft in Deutschland, Berlin
BMVBW – Bundesministerium für Verkehr, Bauen und Wohnen 2001: Gesetz zur Reform des Wohnungsbaurechts 2001 – Gesetzestext; Internetadresse: www.BauNetz.de/bvbw; Ausdruck v. 13.03.2002
Bobzien, Monika; Starck, Wolfgang 1991: Empowerment als Konzept psychosozialer Arbeit und als Förderung von Selbstorganisation; in: Balke, Klaus; Thiel, Wolfgang (Hrsg.): Jenseits des Helfens, Freiburg

Boulet, Jak; Krausss, Jürgen; Oelschlägel, Dieter 1980: Gemeinwesenarbeit als Arbeitsprinzip, Bielefeld
Braun, Barbara 1999: Umweltqualität und Umweltschutz; in: Müller, Wolfgang; Korda, Martin (Hrsg.): Städtebau, Leipzig/Stuttgart
Breckner, Ingrid; Heinelt, Hubert; Krummacher, Michael; Schmals, Klaus 1989: Armut im Reichtum, Bochum
Budäus, Dietrich 1994: Public Management. Konzepte und Verfahren zur Modernisierung öffentlicher Verwaltungen, Berlin
Bürger, Ulrich 1999: Die Bedeutung sozialstruktureller Bedingungen für den Bedarf an Jugendhilfeleistungen; in: ISA – Institut für Soziale Arbeit (Hrsg.): Soziale Indikatoren und Sozialraumbudgets in der Kinder- und Jugendhilfe, Münster, S. 9-34
CAF – Clearing-house for Applied Futures. Büro für angewandte Zukünfte GmbH Wuppertal 1999 (Hrsg.) 1999: Infobrief vom 11. September 1999
Clausen, Wiebke 1997: Ein Bündnis gegen Ausgrenzung in Frankreich: Insertion par l'economique, Dortmund (Werkbericht Nr. 38 der Arbeitsgruppe Bestandsverbesserung am IRPUD der Universität Dortmund)
Cord-Landwehr, Klaus 1999: Einführung in die Abfallwirtschaft, Leipzig
Damerius, Ruth; Hinte,Wolfgang (Hrsg.) 1997: Regionalisierung des Sozial- und Jugendamtes: Das Oberhausener Modell; in: Theorie und Praxis der sozialen Arbeit, H. 1/1997, S.18-25
Dangschat, Jens 2000: Segregation; in: Großstadt. Soziologische Stichworte. 2. Auflage, Opladen, S. 207-220
Deinet, Ulrich 2001: Sozialräumliche Orientierung – Mehr als Prävention!; in: Deutsche Jugend, H. 2/2001, S. 117-124
Dahme, Heinz-Jürgen; Wohlfahrt, Norbert (Hrsg.) 2000: Netzwerkökonomie im Wohlfahrtsstaat, Berlin
Dahme, Heinz-Jürgen; Wohlfahrt, Norbert 2002: Sozialraumbudgets in der Kinder- und Jugendhilfe – Eine verwaltungswissenschaftliche Bewertung. Gutachten im Auftrag der Stiftung SPI-Berlin, Regiestelle E&C, Berlin
Dahme, Heinz-Jürgen; Otto, Hans-Uwe; Trübe, Achim; Wohlfahrt, Norbert (Hg.): 2003: Soziale Arbeit für den aktivierenden Staat, Opladen
DETR – Department of Environment, Transport and the Region 2000: New Deal for Communities: An Overview; Internetadresse: www.detr.gov.uk; Ausdruck v. 15.04.2000
DV – Deutscher Verein für öffentliche und private Fürsorge (Hrsg.) 1993: Der Lebensraum in seiner Bedeutung für die soziale Arbeit des ASD, Frankfurt/M.
Dewe, Bernd 1998: Lebenswelt – Eine Orientierung für Sozialarbeit?; in: Pantucek, Peter (Hrsg.): Theorie und Praxis lebensweltorientierter Sozialarbeit, St. Pölten, S.13-28
Dietz, Berthold; Eißel, Dieter; Naumann, Dirk (Hrsg.) 1999: Handbuch der kommunalen Sozialpolitik, Opladen
DIFU – Deutsches Institut für Urbanistik (Hrsg.) 1998: Städtebauförderung und Ressourcenbündelung – Expertise zur Vorbereitung eines Forschungsfeldes „Stadtteile mit Entwicklungspriorität" im Experimentellen Wohnungs- und Städtebau (ExWoSt), Berlin
DIFU – Deutsches Institut für Urbanistik (Hrsg.) 1999a: Arbeitspapiere zum Bund-Länder-Programm „Die Soziale Stadt". Band 1, Berlin

DIFU – Deutsches Institut für Urbanistik (Hrsg.) 1999b: Vorbereitungspapiere zum Bund-Länder-Programm „Stadtteile mit besonderem Entwicklungsbedarf – Die soziale Stadt", Berlin

DIFU – Deutsches Institut für Urbanistik (Hrsg.) 2000: Arbeitspapiere zum Bund-Länder-Programm „Die Soziale Stadt". Programmgrundlagen. Band 3, Berlin

Döhne, Hans-Jürgen; Walter, Klaus 1999: Aufgabe und Chance einer neuen Stadtentwicklungspolitik; in: DIFU – Deutsches Institut für Urbanistik (Hrsg.): Vorbereitungspapiere zum Bund-Länder-Programm „Stadtteile mit besonderem Entwicklungsbedarf – Die soziale Stadt", Berlin

Dören, Béla 1999: Bau- und Wohnungspolitik als Baustein der integrierten Stadtteilerneuerung aus kommunaler Perspektive; in: ILS – Institut für Landes- und Stadtentwicklungsforschung des Landes Nordrhein-Westfalen (Hrsg.): Bau- und Wohnungspolitik in Stadtteilen mit besonderem Erneuerungsbedarf, Dortmund (ILS-Schriften Bd. 151), S. 13-24

DST – Deutscher Städtetag (Hrsg.) 1987: Sicherung der Wohnungsversorgung in Wohnungsnotfällen und Verbesserung der Lebensbedingungen in sozialen Brennpunkten, Köln (DST-Beiträge H. 21/1987)

Eichener, Volker 1990: Außenseiter und Etablierte: Ausländer auf dem Wohnungsmarkt; in: Korte, Herrmann (Hrsg.): Gesellschaftliche Praxis und individuelle Praxis, Frankfurt/M., S. 160ff

Engels, Friedrich 1887: Zur Wohnungsfrage; in: Marx, Karl; Engels, Friedrich 1968: Ausgewählte Schriften in zwei Bänden, Berlin, S. 516-598

Erbslöh, Barbara; Krummacher, Michael 1997a: Wohnen im Überfluss; in: Huster, Ernst-Ulrich (Hrsg.) 1997: Reichtum in Deutschland. 2. Auflage, Frankfurt/M., S. 289-320

Erbslöh, Barbara; Krummacher, Michael 1997b: Wohnen im Überfluss. Fakten, gesellschaftliche Folgen, Zielkonflikte, Handlungsebenen, Bochum (FESA-TANSFER, Bd. 4)

EREV – Evangelischer Erziehungsverband (Hrsg.) 2001: Werkstatt Sozialraumorientierung, Hannover

Europäische Kommission 1994: Mitteilung an die Mitgliedstaaten zur Festlegung von Leitlinien für die von ihnen zu erstellenden operationellen Programme im Rahmen einer Gemeinschaftsinitiative für städtische Gebiete – URBAN, Brüssel (Abl. der EG C 180 vom 1.7.1994), S. 6-9

Evangelische Fachhochschule Hamburg, Studiengang „Gemeinwesenökonomie" 2002: Internetadresse: www.stadtteiloekonomie.de; Ausdruck v. 10.03.2002

Evers, Adalbert 2001: Aktivierender Sozialstaat: Ein Beitrag zur Vitalisierung der Bürgergesellschaft; in: Theorie und Praxis der sozialen Arbeit, H. 3/2001, S. 83-89

Fachhochschule Köln, Forschungsstelle „Sozial+Raum+Management" 2002: Internetadresse: www.sw.fh-koeln.de/sozial_raum_management/stadtteilmanagement .pdf; Ausdruck v. 20.03.2002

FG-Städtebau...-UniDo – Fachgebiet Städtebau und Bauleitplanung Universität Dortmund (Hrsg.) 1999: Leitgedanken für eine integrierte und sozialorientierte Stadtteilentwicklungspolitik, Dortmund

Flösser, Gaby 1996: Von der Neuorganisation der Sozialen Dienste der 70er-Jahre zum Kontraktmanagement in den 90er-Jahren. Lehren aus vergangenen Verwaltungsreformen; in: Merchel, Joachim; Schrapper, Carl (Hrsg.): Neue Steuerung:

Tendenzen der Organisationsentwicklung in der Sozialverwaltung, Münster, S. 18ff
Forschungsprojekt „Städtische Lebenswelten und neue Armut" (Hrsg.) 1999: Städtische Lebenswelten und neue Armut. Fallstudien NRW, Hamburg, Berlin und Leipzig. Abschlußbericht Bd. 4, Dortmund
Franke, Thomas; Löhr, Rolf 2000: Überlegungen zum Quartiersmanagement; in: Soziale Stadt, Info 2/2000, S. 2f
Friedrich-Ebert-Stiftung, Gesprächskreis Arbeit und Soziales (Hrsg.) 1999: Modernisieren ohne auszuschließen: Quartiersentwicklung zur Verhinderung einer städtischen Unterschicht, Bonn (FESt-Schriften, Nr. 87),
Friedrichs, Jürgen; Blasius, Jörg 2000: Leben in benachteiligten Wohngebieten, Opladen
Fritz, Hartmut; Thies, Reinhard 1997: Armutsbekämpfung in benachteiligten Lebensräumen. Stadtteil- und brennnpunktbezogene Strategien kommunaler Sozialpolitik und Sozialarbeit; in: Hanesch, Walter (Hrsg.): Überlebt die soziale Stadt? Konzeption, Krise und Perspektiven kommunaler Sozialstaatlichkeit, Opladen, S. 319-344
Froessler, Rolf 1994: Stadtviertel in der Krise. Innovative Ansätze zu einer integrierten Quartiersentwicklung in Europa, Dortmund (ILS-Schriften Bd. 87)
FWI – Führungsakademie der Wohnungs- und Immobilienwirtschaft e.V. 2002: Internetadresse: www.fwi.de/sozialestadt.de/veranstaltung; Ausdruck v. 10.03.2002
Galuske, Michael 1999: Methoden der sozialen Arbeit. Eine Einführung, Weinheim/München
Gernert, Wolfgang 2000: Zur Organisations- und Personalentwicklung in Allgemeinen Sozialen Diensten aus der Sicht eines Landesjugendamtes; in: Mitteilungen des Landesjugendamtes Westfalen-Lippe, H. 143/2000, Münster, S. 81-93
GDW – Bundesverband deutscher Wohnungsunternehmen e.V. (Hrsg.) 1999: Überforderte Nachbarschaften. Zwei sozialwissenschaftliche Studien über Wohnquartiere in den alten und den neuen Bundesländern, Köln
GDW – Bundesverband deutscher Wohnungsunternehmen e.V. (Hrsg.) 2001: Preis Soziale Stadt 2000. Dokumentation; Köln
Gernert, Wolfgang 2000: Zur Organisations- und Personalentwicklung in Allgemeinen Sozialen Diensten. Aus der Sicht eines Landesjugendamtes; in: Mitteilungen des Landesjugendamtes Westfalen-Lippe H. 143/2000, Münster, S. 81-93
Grimm, Gaby; Hinte, Wolfgang 2000: Vor Leuchtturmprojekten aus Stein wird gewarnt; in: SOZIAL-EXTRA, H. 9/2000, S. 28-34
Grimm, Gaby; Micklinghoff, Gabriele; Wermker, Klaus 2001: Quartiersmanagement: Das Essener Modell; in: SOZIAL-EXTRA, H. 7-8/2001, S. 37-41
Grömig, E., Kampmann, B. (Hrsg.) 1996: Produkte im Mittelpunkt, Köln (DST-Deutscher Städtetag, DST-Beiträge A 23)
Habermas, Jürgen 1981: Theorie des kommunikativen Handelns. Band 2, Frankfurt/M.
Hamm, Bernd; Neumann, Ingo 1996: Siedlungs-, Umwelt- und Planungssoziologie, Opladen
Hanesch, Walter (Hrsg.) 1997: Überlebt die soziale Stadt? Konzeption, Krise und Perspektiven kommunaler Sozialstaatlichkeit, Opladen
Häußermann, Hartmut 1999: Segregation und Ausgrenzung. Ursachen und Folgen sozialer Segregation; in: Friedrich-Ebert-Stiftung, Gesprächskreis Arbeit und So-

ziales (Hrsg.): Modernisieren ohne auszuschließen: Quartiersentwicklung zur Verhinderung einer städtischen Unterschicht, Bonn (FESt-Schriften, Nr. 87), S. 11-17

Häußermann, Hartmut 2000a: Die Krise der sozialen Stadt; in: Aus Politik und Zeitgeschichte, H. B 10-11/2000, S. 13-21

Häußermann, Hartmut (Hrsg.) 2000b: Großstadt. Soziologische Stichworte. 2. Auflage, Opladen

Häußermann, Hartmut; Kapphan, Andreas 2000: Berlin von der geteilten zur gespaltenen Stadt? Sozialräumlicher Wandel seit 1990, Opladen

Häußermann, Hartmut; Oswald, Ingrid 1997: Zuwanderung und Stadtentwicklung; in: Häußermann, Hartmut; Oswald, Ingrid (Hrsg.): Zuwanderung und Stadtentwicklung, Opladen, S. 9-29

Häußermann, Hartmut; Roost, Frank 2000: Globalisierung, Global City; in: Häußermann, Hartmut (Hrsg.): Großstadt. Soziologische Stichworte. 2. Auflage, Opladen, S. 79-91

Häußermann, Hartmut; Siebel Walter 1987: Neue Urbanität, Frankfurt/M.

Häußermann, Hartmut; Siebel Walter 1996: Dienstleistungsgesellschaften, Frankfurt/M.

Heinelt, Hubert 1999: Kommunale Arbeitsmarktpolitik; in: Wollmann, Helmut; Roth, Roland (Hrsg.): Kommunalpolitik, Opladen, S. 633-644

Heiner, Maja; Meinold, Marianne; von Spiegel, Hiltrud; Staub-Bernasconi, Silvia (Hrsg.) 1995: Methodisches Handeln in der sozialen Arbeit, Freiburg

Heinz, Rainer 2000: Kommunales Management. Überlegungen zu einem KGSt-Ansatz, Ulm

Herlyn, Ulfert; Lakemann, Ulrich; Lettko, Barbara 1991: Armut und Milieu. Benachteiligte Bewohner in großstädtischen Quartieren, Basel

Herlyn, Ulfert; Lettko, Barbara 1991: Armut in der Stadt. Zu einer empirischen Untersuchung in Hannover; in: Blanke, Bernhard (Hrsg.): Staat und Stadt, Opladen, S. 516 – 535

Herrmann, Heike; Lang, Barbara 2001: Das Soziale Kapital der Stadt; in: Nachrichtenblatt zur Stadt- und Regionalsoziologie, H. 2/2001, S. 18-29

Heuchel, Ilona; Schrapper, Christian 1999: Planung und Steuerung in der Jugendhilfe auf der Grundlage systematischer Beobachtung. Instrumente und Verfahren für die sozialraumorientierte Gestaltung kommunaler Jugendhilfe durch interkommunale Vergleiche; in: ISA – Institut für Soziale Arbeit (Hrsg.): Soziale Indikatoren und Sozialraumbudgets in der Kinder- und Jugendhilfe, Münster, S.95-129

HMfWVL – Hessisches Ministerium für Wirtschaft, Verkehr und Landesentwicklung (Hrsg.) 1999: Hessische Gemeinschaftsinitiative zur Sozialen Stadt, Wiesbaden

Hinte, Wolfgang 1998/2001: Bewohner ermutigen, aktivieren, organisieren; in: Alisch, Monika (Hrsg.): Stadtteilmanagement. Voraussetzungen und Chancen für die soziale Stadt, Opladen

Hinte, Wolfgang 2000: Kontraktmanagement und Sozialraumbezug; in: Dahme, Heinz-Jürgen; Wohlfahrt, Norbert (Hrsg.): Netzwerkökonomie im Wohlfahrtsstaat, Berlin, S. 151-168

Hinte, Wolfgang 2001: Sozialraumorientierung und das Kinder- und Jugendhilferecht. Ein Kommentar aus sozialpädagogischer Sicht; in: Sozialpädagogisches Institut im SOS-Kinderdorf e.V. (Hrsg.): Sozialraumorientierung auf dem Prüfstand. Tagungsdokumentation, München, S. 125-156

Hintzsche, Burkhard 1999: Kommunale Wohnungspolitik; in: Wollmann, Helmut; Roth, Roland (Hrsg.): Kommunalpolitik, Opladen, S. 801-820

Holtgrave, Heiko 2000: Kommunale Beschäftigungsgesellschaft DODI. Die Leute kommen sonst nicht weg von der Sozialhilfe; in: AMOS, H. 2/2000, S. 8-11

Huster, Ernst-Ulrich (Hrsg.) 1994: Soziale Ausgrenzung in der Bundesrepublik Deutschland. Berichterstattung 1990-1994, Bochum/Brüssel (EU-Observatory on Policies to Combat Social Exclusion)

Huster, Ernst-Ulrich (Hrsg.) 1997: Reichtum in Deutschland. 2. aktualisierte und erweiterte Auflage, Frankfurt/M.

IBA – Internationale Bauausstellung Emscher Park (Hrsg.) 1990: Positionspapier „Ökologisches Bauen", Gelsenkirchen

IBA – Internationale Bauausstellung Emscher Park (Hrsg.) 1999a: Katalog der Projekte, Gelsenkirchen

IBA – Internationale Bauausstellung Emscher Park (Hrsg.) 1999b: Stadtkultur. Neue und alte Gartenstädte im Ruhrgebiet, Gelsenkirchen

IBA – Internationale Bauausstellung Emscher Park (Hrsg.) 1999c: Industriekultur. Mythos und Moderne im Ruhrgebiet, Gelsenkirchen

IBA – Internationale Bauausstellung Emscher Park (Hrsg.) 1999d: Industrienatur. Ökologie und Gartenkunst im Emscher Park, Gelsenkirchen

ILS – Institut für Landes- und Stadtentwicklungsforschung des Landes Nordrhein-Westfalen (Hrsg.) 1994: Stadtviertel in der Krise. Materialienband 2: Frankreich, Dortmund (ILS-Schriften Bd. 87)

ILS – Institut für Landes- und Stadtentwicklungsforschung des Landes Nordrhein-Westfalen (Hrsg.) 1997: Lokale Ökonomie und Wirtschaftsförderung in Stadtteilen mit besonderem Erneuerungsbedarf, Dortmund (ILS-Schriften Bd. 130)

ILS – Institut für Landes- und Stadtentwicklungsforschung des Landes Nordrhein-Westfalen (Hrsg.) 1999a: Bau- und Wohnungspolitik in Stadtteilen mit besonderem Erneuerungsbedarf, Dortmund (ILS-Schriften Bd. 151)

ILS – Institut für Landes- und Stadtentwicklungsforschung des Landes Nordrhein-Westfalen (Hrsg.) 1999b: Interkultureller Dialog NRW. Stadtentwicklung und Zuwanderung, Dortmund (ILS-Schriften Bd. 160)

ILS – Institut für Landes- und Stadtentwicklungsforschung des Landes Nordrhein-Westfalen (Hrsg.) 2000a: Analyse der Umsetzung des integrierten Handlungsprogramms für Stadtteile mit besonderem Erneuerungsbedarf, Dortmund (ILS-Schriften Bd. 166)

ILS – Institut für Landes- und Stadtentwicklungsforschung des Landes Nordrhein-Westfalen (Hrsg.) 2000b: Soziales Kapital mobilisieren. Gemeinwesenorientierung als Defizit und Chance lokaler Beschäftigungspolitik, Dortmund (ILS-Schriften Bd. 164)

ILS – Institut für Landes- und Stadtentwicklungsforschung des Landes Nordrhein-Westfalen (Hrsg.) 2000c: Lokale sozio-ökonomische Strategien in Stadtteilen mit besonderem Erneuerungsbedarf, Dortmund (ILS-Schriften Bd. 168)

ILS – Institut für Landes- und Stadtentwicklungsforschung des Landes Nordrhein-Westfalen (Hrsg.) 2000d: Ökonomisierung der öffentlichen Verwaltung, Dortmund (WAZ-Verlag)

ILS – Institut für Landes- und Stadtentwicklungsforschung des Landes Nordrhein-Westfalen (Hrsg.) 2001: Stadt macht Zukunft. Neue Impulse für eine nachhaltige Infrastrukturpolitik, Dortmund (ILS-Schriften Bd. 170)

Ingenmey, Franz-Josef 1999: Mieterbeteiligung aus der Sicht eines Planungsbüros; in: ILS – Institut für Landes- und Stadtentwicklungsforschung des Landes Nordrhein-Westfalen (Hrsg.): Bau- und Wohnungspolitik in Stadtteilen mit besonderem Erneuerungsbedarf, Dortmund (ILS-Schriften Bd. 151), S. 25-28

Initiativkreis Emscherregion – IBA von Unten (Hrsg.) 1994: IBA Inspektion von Unten. Strukturwandel im Ruhrgebiet. IBA Emscher Park: Eine Strategie?, Essen

ISA – Institut für Soziale Arbeit (Hrsg.) 1999: Soziale Indikatoren und Sozialraumbudgets in der Kinder- und Jugendhilfe, Münster

ISA – Institut für soziale Arbeit e.V. (Hrsg.) 2001: Sozialraumorientierte Planung. Begründungen, Konzepte, Beispiele. Expertise im Auftrag der Regiestelle E&C der Stiftung SPI, Münster

Jasper, Klaus 1999: Ressortübergreifendes Handlungsprogramm der Landesregierung NRW für Stadtteile mit besonderem Erneuerungsprogramm und Bund-Länder-Programm „Die soziale Stadt“; in: DIFU – Deutsches Institut für Urbanistik (Hrsg.): Arbeitspapiere zum Bund-Länder-Programm „Die Soziale Stadt“. Programmgrundlagen. Band 3, Berlin

Kabis, Tülin 1999: Wohnsituation der Migrant/innen im Dortmunder Norden; in: ILS – Institut für Landes- und Stadtentwicklungsforschung des Landes Nordrhein-Westfalen (Hrsg.): Interkultureller Dialog NRW. Stadtentwicklung und Zuwanderung, Dortmund (ILS-Eigenverlag, ILS-Schriften 160)

Karberg, Walter 1973: Soziale Einzelfallhilfe. Methode als Beeinflussungsinstrument; in: Otto, Hans-Uwe (Hrsg.): Gesellschaftliche Perspektiven der Sozialarbeit, Bd. 2, Neuwied,

Karolus, Stefan 1994: Standort und Vernetzung sozialer Dienste; in: Bassarek, Herbert (Hrsg.): Gestalten statt Verwalten, Düsseldorf (Folge Nr. 74 der Grauen Reihe der Hans-Böckler-Stiftung), S.56-66

Keim, Rolf; Neef, Rainer 2000: Ressourcen für das Leben im Problemquartier; in: Aus Politik und Zeitgeschichte, H. B 10-11/2000, S. 30-39

KGST – Kommunale Gemeinschaftsstelle für Verwaltungsvereinfachung (Hrsg.) 1991a: Wege zum Dienstleistungsunternehmen Kommunalverwaltung. Fallstudie Tillburg, Köln (KGSt-Bericht 5/1991)

KGST – Kommunale Gemeinschaftsstelle für Verwaltungsvereinfachung (Hrsg.) 1991b: Dezentrale Ressourcenverantwortung: Überlegungen zu einem neuen Steuerungsmodell, Köln (KGSt-Bericht 12/1991)

KGST – Kommunale Gemeinschaftsstelle für Verwaltungsvereinfachung (Hrsg.) 1996a: Integrierte Fach- und Ressourcenplanung in der Jugendhilfe, Köln (KGST-Bericht 3/1996)

KGST – Kommunale Gemeinschaftsstelle für Verwaltungsvereinfachung (Hrsg.) 1996b: Das Verhältnis von Politik und Verwaltung im Neuen Steuerungsmodell. Köln (KGST-Bericht 10/1996)

KGST – Kommunale Gemeinschaftsstelle für Verwaltungsvereinfachung (Hrsg.) 1997: Steuerung der Sozialhilfe, Köln (KGST-Bericht 11/1997)

KGST – Kommunale Gemeinschaftsstelle für Verwaltungsvereinfachung (Hrsg.) 1998: Kontraktmanagement zwischen öffentlichen und freien Träger der Jugendhilfe, Köln (KGSt- 12/1998)

KGST – Kommunale Gemeinschaftsstelle für Verwaltungsvereinfachung (Hrsg.) 1999: Bürgerengagement. Chance für Kommunen, Köln (KGST-Bericht 6/1999)

Kiehl, Walter 1993: Das Erste KJHG-Änderungsgesetz: Verbesserungen und Verschlimmbesserungen, in: ZfJ – Zeitschrift für Justiz, H. 3/1993, S. 226-231
Koch, Jürgen 2000: Integrierte Erziehungshilfen und sozialraumbezogene Finanzierungsformen; in: Koch, Jürgen; Lenz, Stefan (Hrsg.): Integrierte Hilfen und sozialräumliche Finanzierungsformen, Frankfurt/M.
Koch, Jürgen; Lenz, Stefan (Hrsg.) 2000: Integrierte Hilfen und sozialräumliche Finanzierungsformen, Frankfurt/M.
König, Klaus 2000: Räumliche Planungen in der Ökonomisierung und Managerialisierung der öffentlichen Verwaltung; in: ILS – Institut für Landes- und Stadtentwicklungsforschung des Landes Nordrhein-Westfalen (Hrsg.): Ökonomisierung der öffentlichen Verwaltung, Dortmund (WAZ-Verlag)
Krölls, Achim 2000: Budgetierung per Kartellabsprache? Zur Unzulässigkeit von Kontingentvereinbarungen zwischen Jugendhilfeadministration und Wohlfahrtsverbänden im Bereich der Hilfen zur Erziehung, in: NDV – Nachrichtendienst des Deutschen Vereins für öffentliche und private Fürsorge, H. 2/2000, S. 56-59
Kronauer, Martin 1997: „Soziale Ausgrenzung“ und „Underclass“. Über neue Formen der gesellschaftlichen Spaltung; in: Leviathan, H. 1/1997, S. 28-49
Kronauer, Martin 2000: Armut, Ausgrenzung, Unterklasse; in: Häußermann, Hartmut (Hrsg.): Großstadt. Soziologische Stichworte. 2. Auflage, Opladen, S. 13-27
Krummacher, Michael 1981: Wohnungspolitik in der BRD. Leitlinien und Entwicklungsphasen; in: PROKLA, H. 45/1991, S. 75-111
Krummacher, Michael 1996: Wohnungsreichtum und Wohnungsnot. Wohnungspolitik von oben und von unten; in: Bundestagsfraktion BÜNDNIS `90/DIE GRÜNEN (Hrsg.): Habitat II. Strategien für eine soziale und nachhaltige Stadtentwicklung, Bonn, S. 25-37
Krummacher, Michael 1999: Agenda interkulturelle Stadtpolitik. Das „Essener Modell“ zur Konzeptentwicklung und Empfehlungen zur Übertragung, Bochum (FESA-TRANSFER, Bd. 7)
Krummacher, Michael 2000: Zuwanderung, Migration; in: Häußermann, Hartmut (Hrsg.): Großstadt. Soziologische Stichworte. 2. Auflage, Opladen, S. 321-333
Krummacher, Michael; Waltz, Viktoria 1996: Einwanderer in der Kommune, Essen (Klartext)
Krummacher, Michael; Waltz, Viktoria 1999: Kommunale Migrations- und Integrationspolitik; in: Dietz, Berthold; Eißel, Dieter; Naumann, Dirk (Hrsg.): Handbuch der kommunalen Sozialpolitik, Opladen, S. 465-477
Krummacher, Michael; Waltz, Viktoria 2000: Ruhrgebiet: Migration und Stadtentwicklung in einer altindustrialisierten Region. Herausforderungen, Versäumnisse, „best-practice“-Beispiele; in: Schmals, Klaus M. (Hrsg.): Migration und Stadt. Entwicklungen, Defizite, Potentiale, Opladen, S. 215-237
Krummacher, Michael; Waltz, Viktoria 2001: Polarisierung der Stadt: Folgen und Herausforderungen für Migration und Interkulturalität; in: Kemming, Herbert; Wohlfahrt, Norbert; Zimmer-Hegmann, Ralf (Hrsg.): Stadt macht Zukunft – Neue Impulse für eine nachhaltige Infrastrukturpolitik, Dortmund (ILS-Schriften Bd. 170), S. 82-92
Krummacher, Michael; Waltz, Viktoria 2003: Multikulturelle Nordstadt 2010: Rückblick auf zwei Scenarien der 1990er Jahre und Ausblick – Versuch einer Zwischenbilanz, Solingen (Manuskript im Erscheinen)

Kühn, Dietrich 1994: Jugendamt – Sozialamt – Gesundheitsamt: Entwicklungslinien der Sozialverwaltung in Deutschland, Neuwied/Berlin

Kühn, Dietrich 1999: Reform der öffentlichen Verwaltung. Das Neue Steuerungsmodell in der kommunalen Sozialverwaltung, Köln

Lang, Markus; Froessler, Rolf; Thomas, Ralf 1994: Die Politik der Sozialen Stadtteilentwicklung in Frankreich, in: ILS – Institut für Landes- und Stadtentwicklungsforschung des Landes Nordrhein-Westfalen (Hrsg.): Stadtviertel in der Krise. Materialienband 2: Frankreich, Dortmund (ILS Schriften Bd. 87)

Läpple, Dieter 2000: Städte im Spannungsfeld zwischen globaler und lokaler Entwicklungsdynamik; in: ILS – Institut für Landes- und Stadtentwicklungsforschung des Landes Nordrhein-Westfalen (Hrsg.) 2000c: Lokale sozioökonomische Strategien in Stadtteilen mit besonderem Erneuerungsbedarf, Dortmund (ILS-Schriften Bd. 168), S. 19-41

Leymann-Kurtz, Hans-Peter 2001: Notwendige Erwerbsarbeit öffentlich organisieren! Oder: vom stillen Wachstum sozial ummäntelter Arbeitsdienste; in: AKP-Alternative Kommunalpolitik, H. 4/2001, S. 48-51

Luthe, Ernst-Wilhelm 2001: Wettbewerb, Vergabe und Rechtsanspruch im „Sozialraum" der Jugendhilfe, in: NDV – Nachrichtendienst des Deutschen Vereins für öffentliche und private Fürsorge, H. 8/2001, S. 247-257

Marquard, Peter 1999: Plädoyer für eine sozialräumliche Regionalisierung. Teil 1 und Teil 2; in: NDV – Nachrichtendienst des Deutschen Vereins für öffentliche und private Fürsorge H. 6/1999, S. 190-196 und H. 5/1999, S. 157-163

MASQT – Ministerium für Arbeit und Soziales, Qualifikation und Technologie des Landes Nordrhein-Westfalen (Hrsg.) 2000: Zentrale Fachstellen: Prävention, Wohnraumbeschaffung und Quartiersmanagement, Düsseldorf (MASQT-Schriften Nr. 1118)

Mayntz, Renate 1997: Soziale Dynamik und politische Steuerung. Theoretische und methodologische Überlegungen, Frankfurt/M.

Meinold, Marianne 1995: Ein Rahmenmodell zum methodischen Handeln; in: Heiner, Maja; Meinold, Marianne; von Spiegel, Hiltrud; Staub-Bernasconi, Silvia (Hrsg.): Methodisches Handeln in der sozialen Arbeit, Freiburg, S.184-217

Merchel, Joachim, 2000: Verwaltungsmodernisierung und sozialarbeiterische Fachlichkeit; in: Otto, Hans-Uwe; Schnurr, Stefan (Hrsg.): Privatisierung und Wettbewerb in der Jugendhilfe, Neuwied, S. 275-282

Merchel, Joachim 2001: Beratung im „Sozialraum"; in: Neue Praxis, H. 4/2001, S. 369-378

Merchel, Joachim; Schrapper, Carl (Hrsg.) 1996: Neue Steuerung: Tendenzen der Organisationsentwicklung in der Sozialverwaltung, Münster

Möller, Matthias; Blume, Eckehardt; Mitschang, Stephan; Stichel, Martin 1994: Ökologie in der Bauleitplanung. Wohnbaulandgesetz und geänderte Eingriffsregelung; in: IDUR-Informationsdienst Umweltrecht, H. 2/1994, Frankfurt/Main

Müller, C.-Wolfgang 1992: Wie helfen zum Beruf wurde. Eine Methodengeschichte der Sozialarbeit 1945 – 1990, Weinheim

Müller, C.-Wolfgang 2001: Gemeinwesenarbeit hat wieder Konjunktur; in: Theorie und Praxis der sozialen Arbeit H. 1/2001, S. 29-33

Müller, Sebastian 1999: Wohnungsfrage und Arbeitersiedlungen in der Zwischenstadt; in : Müller Sebastian; Hermann, Rita (Hrsg.): Inszenierter Fortschritt. Die Emscherergion und ihre Bauausstellung, Bielefeld

Müller Sebastian; Hermann, Rita (Hrsg.)1999: Inszenierter Fortschritt. Die Emscherergion und ihre Bauausstellung, Bielefeld
Müller, Siegfried; Otto, Hans-Uwe 1984: Verstehen oder Kolonialisieren? Grundprobleme sozialpädagogischen Handelns und Forschens, Bielefeld
Müller, Wolfgang; Korda, Martin (Hrsg.) 1999: Städtebau, Stuttgart/Leipzig
Münder, Johannes 1990: Das neue Kinder- und Jugendhilfegesetz; in: Jugendhilfe, H. 3/1990, S. 177-191
Münder, Johannes 1991: Ansprüche auf Leistungen im Jugendhilferecht; in: ZfJ – Zeitschrift für Justiz, H. 2/1991, S. 285-292
Münder, Johannes 2001a: Rechtliche Aspekte der Sozialraumorientierung; in: EREV – Evangelischer Erziehungsverband (Hrsg.): Werkstatt Sozialraumorientierung, Hannover, S. 90-100
Münder, Johannes, 2001b: Sozialraumorientierung und das Kinder- und Jugendhilferecht. Rechtsgutachten im Auftrag von IfGH und SOS-Kinderdorf e.V.; in: SPI – Sozialpädagogisches Institut im SOS-Kinderdorf e.V. (Hrsg.): Sozialraumorientierung auf dem Prüfstand. Tagungsdokumentation, Frankfurt/M., S. 6-124
Naschold, Frieder 1996: Ergebnissteuerung, Wettbewerb, Qualitätspolitik. Entwicklungspfade des öffentlichen Sektors in Europa. Modernisierung des öffentlichen Sektors. Sonderband 1, Berlin
Nestmann, Frank 2001: Soziale Netzwerke – Soziale Unterstützung; in: Otto, Hans-Uwe, Thiersch, Hans (Hrsg.): Handbuch Sozialarbeit/Sozialpädagogik, Neuwied, S. 1684-1692
Oelschlägel, Dieter 2000: Vernetzung und Ressourcenbündelung im Gemeinwesen; in: Theorie und Praxis der sozialen Arbeit, H. 1/2000, S. 16-20
Olk, Thomas 2000: Strukturelle und fachliche Konsequenzen der Sozialraumorientierung in der Jugendhilfe. Auswirkungen auf Träger, Adressaten und das Jugendamt; in: Kongressdokumentation: Sozialraumorientierung und neue Finanzierungsformen, Bonn 2000, S. 10-25
Otto, Hans-Uwe u.a. 1991: Sozialarbeit zwischen Routine und Innovation: Professionelles Handeln in Sozialadministrationen, Berlin/New York
Otto, Hans-Uwe 2000, Sozialraumorientierung als Finanzierungsprinzip?; in: Kongressdokumentation: Sozialraumorientierung und neue Finanzierungsformen, Bonn 2000, S. 28-31
Otto, Hans-Uwe 2002: Sozialraumorientierung. Mode oder langfristige sozialpolitische Perspektive? Kurzfassung des Vortrages für die Fachtagung des SOS-Kinderdorfs, Berlin
Otto, Hans-Uwe; Schnurr, Stefan (Hrsg.) 2000: Privatisierung und Wettbewerb in der Jugendhilfe, Neuwied
Otto, Hans-Uwe, Thiersch, Hans (Hrsg.) 2001: Handbuch Sozialarbeit/Sozialpädagogik, Neuwied
ÖTV – Gewerkschaft Öffentliche Dienste, Transport und Verkehr (Hrsg.) 1996: Soziale Dienste – Soziale Arbeit. Neuorganisation und Weiterentwicklung, Stuttgart
Pawlik, Brigitte 2001: Entwicklungspfade einer kommunalen Arbeitsmarkt- und Strukturpolitik; in: ILS – Institut für Landes- und Stadtentwicklungsforschung des Landes Nordrhein-Westfalen (Hrsg.) 2001: Stadt macht Zukunft, Dortmund (ILS-Schriften Bd. 170), S. 97-101
Peters, Friedhelm 2000: Auf der Suche nach reflexiven Institutionen. Integrierte, flexible Erziehungshilfen als strategische Antwort auf die ungeplanten Folgen fort-

schreitender Differenzierung und Spezialisierung; in: Dahme, Heinz-Jürgen; Wohlfahrt, Norbert (Hrsg.): Netzwerkökonomie im Wohlfahrtsstaat, Berlin, S. 119-138

Pfitzenreuther, Klaus 1999: Soziale Handlungspotentiale von Wohnungsbaugesellschaften; in: ILS – Institut für Landes- und Stadtentwicklungsforschung des Landes Nordrhein-Westfalen (Hrsg.): Bau- und Wohnungspolitik in Stadtteilen mit besonderem Erneuerungsbedarf, Dortmund (ILS-Schriften Bd. 151), S. 57-62

Presse- und Informationsamt der Bundesregierung (Hrsg.) 2001: Sozialpolitische Umschau Nr. 141; Nr. 175; Nr. 189

Puhlmann, Michael 1999: Perspektiven, Chancen und Risiken kommunaler Arbeitsmarkt- und Strukturpolitik; in: Dietz, Berthold; Eißel, Dieter; Naumann, Dirk (Hrsg.): Handbuch der kommunalen Sozialpolitik, Opladen S. 286-304

Pusch-Runge, Jutta-Florance; Termath, Jürgen 2000: Der Kommunale Sozialdienst als „Drehscheibe“ im Sozialraum. Vielfältigkeit oder Orientierungslosigkeit?; in: NDV – Nachrichtendienst des Deutschen Vereins für öffentliche und private Fürsorge, H. 12/2000, S. 427-428

Raiff, Norma; Shore, Barbara 1997: Fortschritte im Case-Management, Freiburg

Reichard, Christoph 1994: Umdenken im Rathaus. Neue Steuerungsmodelle in der deutschen Kommunalverwaltung, Berlin

Reichard, Christoph; Wegener, Alexander 1996: Der deutsche Weg des Produktkatalogs – eine Sackgasse?; in: Grömig, E., Kampmann, B. (Hrsg.): Produkte im Mittelpunkt, Köln (DST-Deutscher Städtetag, DST-Beiträge A 23), S. 41-57

Ries, Heinz; Elsen, Susanne (Hrsg.) 1997: Hoffnung Gemeinwesen. Innovative Gemeinwesenarbeit und Problemlösungen in den Bereichen lokaler Ökonomie, Arbeitslosigkeit, Gesundheit, Benachteiligung, Berlin

ROG – Raumordnungsgesetz 1998; in: BauGB – Baugesetzbuch 1998, München (Beck Texte im dtv, 31. Auflage 2000)

Rommelspacher, Thomas 1997: Die Bedeutung der lokalen Ökonomien für die städtische Wirtschaftsstruktur und -entwicklung; in: ILS – Institut für Landes- und Stadtentwicklungsforschung des Landes Nordrhein-Westfalen (Hrsg.) 1997: Lokale Ökonomie und Wirtschaftsförderung in Stadtteilen mit besonderem Erneuerungsbedarf, Dortmund (ILS-Schriften Bd. 130), S. 11-14

Schmals, Klaus-M.; Kemper, Stephan 2000: Steuerungsinstrumente der sozialintegrativen Stadtentwicklung. Expertise zum Schader Kolloquium „Die Soziale Stadt“. Mai 2000, Dortmund (Manuskript)

Schepers, Albert 1999: Modellprogramm „Arbeiten und Wohnen“; in: ILS – Institut für Landes- und Stadtentwicklungsforschung des Landes Nordrhein-Westfalen (Hrsg.): Bau- und Wohnungspolitik in Stadtteilen mit besonderem Erneuerungsbedarf, Dortmund (ILS-Schriften Bd. 151), S. 40-46

Schrapper, Christian 2002: Perspektiven sozialraumorientierter Planung – oder warum ist so schwierig, was viele so gut finden? Vortrag für die Fachtagung des SOS-Kinderdorf e.V., Berlin (Manuskript o.S.)

Schröder, Gerhard 2000: Zivile Bürgergesellschaft. Anregungen zu einer Neubestimmung der Aufgaben von Staat und Gesellschaft; in: Die Neue Gesellschaft/Frankfurter Hefte, H. 6/2000, S. 200-207

Schröder, Jochen 2000: Trägerübergreifende Kooperation in der Kinder- und Jugendhilfe. Bedingungen gelingender Zusammenarbeit; in: Dahme, Heinz-Jürgen;

Wohlfahrt, Norbert (Hrsg.): Netzwerkökonomie im Wohlfahrtsstaat, Berlin, S. 139-149

Schröer, Hans 2001: Sozialraumorientierung und das Kinder- und Jugendhilferecht – ein Kommentar aus der Umsetzungsperspektive einer Kommune, in: SPI – Sozialpädagogisches Institut im SOS-Kinderdorf e.V. (Hrsg.): Sozialraumorientierung auf dem Prüfstand. Tagungsdokumentation, Frankfurt/M., S. 157-174

Schwarz, Claudia; Voß, Brigitte 1998/2001: Gemeinwesenökonomie. Fortbildung in einem neuen Berufsfeld; in: Alisch, Monika (Hrsg.): Stadtteilmanagement. Voraussetzungen und Chancen für die soziale Stadt, Opladen, S. 275-289

Schwarz, Rainer 2002: Sozialraumorientierung und Stadtentwicklung. Vortrag für die Fachtagung des SOS-Kinderdorf e.V., Berlin (Manuskript o.S.)

Seckinger, Mike; Weigel, Nicole; van Santen, Eric; Markert, Andreas 1998: Situation und Perspektiven der Jugendhilfe. Eine empirische Zwischenbilanz, München

Sen, Faruk 2000: Es kann nicht mehr von einer Nischenökonomie gesprochen werden. Die türkischen Selbständigen sind zu einem bedeutenden Wirtschaftsfaktor geworden; in: Frankfurter Rundschau – Dokumentation v. 07.08.2000

Selle, Klaus 1990: Mit Bewohnern die Stadt erneuern. Der Beitrag intermediärer Organisationen zur Entwicklung städtischer Quartiere. Beobachtungen aus sechs Ländern, Dortmund

Selle, Klaus 1994: Was ist bloß mit der Planung los? Erkundungen auf dem Weg zum kooperativen Handeln, Dortmund (Dortmunder Beiträge zur Raumplanung Nr. 69)

Siebel, Walter 1997: Armut und Ausgrenzung?; in: Leviathan, H. 1/1997

Siemonsen, Kerstin 2000: Diskussionsrunde: Zwischenbilanz zur Beteiligung von Bewohnern beim Wohnungsneubau; in: Wohnbund-Informationen, H. 3/2000, S. 13-15

Spindler, Helga 1999: Hilfe zur Arbeit, Existenzsicherung und Arbeitnehmerrechte; in: Informationen zum Arbeitslosenrecht und Sozialhilferecht, H. 4/1999, S. 171-177

Spindler, Helga 2000: Was wird aus der Sozialhilfe? Von der bedarfsdeckenden „Hängematte" zum „Sprungbrett" in die ungeschützte Beschäftigung; in: AKP-Alternative Kommunalpolitik, H. 4/2001, S. 38-42

SPI – Sozialpädagogisches Institut im SOS-Kinderdorf e.V. (Hrsg.) 2001: Sozialraumorientierung auf dem Prüfstand. Tagungsdokumentation, Frankfurt/M.

Staroste, Kristina 2000: Quartiersmanagement: Anforderungen – Erwartungen – Chancen. Thesen und Leitgedanken; Internetadresse: www.Stadtteil.de; Ausdruck v. 20.04.2000

Stadt Dortmund 2000: Zukunftsfähige Nordstadt. Bewerbung der Stadt Dortmund zum EU-Programm URBAN 2000 – 2006, Dortmund (unveröffentlichtes Dokument)

Stadt Kassel (Hrsg.) 2000: Nordstadt Projekt, Kassel

Stadt München, Sozialreferat (Hrsg.) 1997: Neues Steuerungsmodell, Regionalisierung und Sozialplanung, München (Beiträge zur Sozialplanung Nr. 142), S. 11 – 23

Stadt München (Hrsg.) 1998: Sozialleistungen in Zahlen. Regsam-Projektbericht: Sozialbürgerhäuser und Sozialregion, München

Starck, Wolfgang 1993: Die Menschen stärken. Empowerment als neue Sicht auf klassische alte Fragen von Sozialpolitik und sozialer Arbeit; in: Blätter der Wohlfahrtspflege H. 2/1993, S. 41-45

Starck, Wolfgang 1996: Empowerment. Neue Handlungskompetenzen in der psychosozialen Praxis, Freiburg

Stöbe-Blossey, Sybille (Hrsg.) 2001: Perspektiven der Jugendhilfeausschuss-Arbeit. Tagungsdokumentation. Projektberichte des IAT – Institut für Arbeit und Technik Nordrhein-Westfalen, Gelsenkirchen

Stöbe-Blossey, Sybille; Bußmann, Ulrike 2002: Verwaltungsmodernisierung und die Rolle der Jugendhilfeausschüsse. Endbericht für die Hans-Böckler-Stiftung, Gelsenkirchen (Manuskript)

Szlapka, Marco; Nikles, Bruno 1997: Neue Steuerungsmodelle in der Kommunalverwaltung, Essen

Thiersch, Hans 1992: Praxis der Kinder- und Jugendhilfe. Handbuch für die sozialpädagogische Anwendung des KJHG, Weinheim/Basel

Tornow, Harald 2001: Sozialraumorientierung; in: EREV – Evangelischer Erziehungsverband (Hrsg.) 2001: Werkstatt Sozialraumorientierung, Hannover, S. 21-30

Statistisches Bundesamt 2000: Bevölkerung Deutschland nimmt von heute 82 Millionen bis zum Jahr 2050 um über 10 Millionen ab (Pressemitteilung v. 19. Juli 2000)

Staubach, Reiner 1995: Lokale Partnerschaften zur Erneuerung benachteiligter Quartiere in deutschen Städten, Dortmund (Werkbericht Nr. 35 der Arbeitsgruppe Bestandsverbesserung am IRPUD der Universität Dortmund)

Staubach, Reiner 1997: Strategien zur integrierten Erneuerung benachteiligter Stadtteile; in: Ries, Heinz; Elsen, Susanne (Hrsg.): Hoffnung Gemeinwesen, Berlin, S. 240-249

Staubach, Reiner 2001: Dortmund-Nordstadt – Ansätze eines Stadtteil- und Qaurtiersmanagement, Dortmund (Manuskript)

Thabe, Stefan; Domhöfer, Petra 1999: Wohnungsnotfälle in benachteiligten Stadtteilen; in: ILS – Institut für Landes- und Stadtentwicklungsforschung des Landes Nordrhein-Westfalen (Hrsg.): Bau- und Wohnungspolitik in Stadtteilen mit besonderem Erneuerungsbedarf, Dortmund (ILS-Schriften Bd. 151), S. 29-32

Thies, Reinhard 1999: Soziale Stadterneuerung in gefährdeten Wohngebieten. Präventionsstrategien durch Quartiersarbeit und kooperatives Stadtteilmanagement; in: Dietz, Berthold; Eißel, Dieter; Naumann, Dirk (Hrsg.): Handbuch der kommunalen Sozialpolitik, Opladen, S. 535-550

Trojan, Alf; Hildebrandt, Helmut (Hrsg.) 1990: Brücken zwischen Bürgern und Behörden. Innovative Strukturen für Gesundheitsförderung, Sankt Augustin (Schriftenreihe Forum Sozial- und Gesundheitspolitik, Bd. 3)

Trube, Achim; Wohlfahrt Norbert 2001a: „Der aktivierende Sozialstaat“ – Sozialpolitik zwischen Individualisierung und einer neuen politischen Ökonomie der inneren Sicherheit; in: WSI-Mitteilungen, H 1/2001, S. 27-35

Trube, Achim; Wohlfahrt Norbert 2001b: Arbeit macht frei? Oder: die seltsame Wiederkehr der Arbeitsgesellschaft durch die „Aktivierung“ der Ausgegrenzten; in: AKP-Alternative Kommunalpolitik, H. 4/2001, S. 43-47

Van der Pennen, Tom 1999: Sozialwirtschaftliche politische Strategie und Praxis: Das Beispiel Niederlande; in: Friedrich-Ebert-Stiftung, Gesprächskreis Arbeit und

Soziales (Hrsg.): Modernisieren ohne auszuschließen: Quartiersentwicklung zur Verhinderung einer städtischen Unterschicht, Bonn (FESt-Schriften, Nr. 87), S. 63-90
Van der Pennen, Tom 2001: Wie sich sozial-ökonomische Aktivitäten der Politik zu einer Strategie entwickeln können: Das Beispiel Niederlande; in: ILS – Institut für Landes- und Stadtentwicklungsforschung des Landes Nordrhein-Westfalen (Hrsg.) 2001: Stadt macht Zukunft, Dortmund (ILS-Schriften Bd. 170), S. 55-62
Vesper, Michael 1999a: Ansätze der Bau- und Wohnungspolitik des Landes NRW in Stadtteilen mit besonderem Erneuerungsbedarf; in: ILS – Institut für Landes- und Stadtentwicklungsforschung des Landes Nordrhein-Westfalen (Hrsg.): Bau- und Wohnungspolitik in Stadtteilen mit besonderem Erneuerungsbedarf, Dortmund (ILS-Schriften Bd. 151), S. 10-12
Vesper, Michael 1999b: Sozialer Wohnungsbau für die „Neue Mitte"?; in: AKP-Alternative Kommunalpolitik, H. 3/1999, S. 26f
Völkel, Rudolf 1997: Der Prozess der Regionalisierung; in: Stadt München, Sozialreferat (Hrsg.): Neues Steuerungsmodell, Regionalisierung und Sozialplanung, München (Beiträge zur Sozialplanung Nr. 142), S. 11-23
Voss, Gerd-Reiner 1999: Wohnungstausch und Wohnungsmanagement in Hagen; in: ILS – Institut für Landes- und Stadtentwicklungsforschung des Landes Nordrhein-Westfalen (Hrsg.): Bau- und Wohnungspolitik in Stadtteilen mit besonderem Erneuerungsbedarf, Dortmund (ILS-Schriften Bd. 151), S. 52-56
Wabnitz, Reinhard-Joachim 1992: Das Konzept „Lebensweltorientierte Jugendhilfe" und die gesetzlichen Grundlagen des KJHG; in: Jugendhilfe, H. 5/1992, S. 210-214
Waltz, Viktoria 2002: Sozialraumanalyse aus der Sicht sozial engagierter Raumplanung am Beispiel Migration, Dortmund (Manuskript im Erscheinen)
Weck, Sabine 2000: Reichweite und Relevanz stadtteilbezogener sozio-ökonomischer Entwicklungsstrategien; in: ILS – Institut für Landes- und Stadtentwicklungsforschung des Landes Nordrhein-Westfalen (Hrsg.) 2000c: Lokale sozio-ökonomische Strategien in Stadtteilen mit besonderem Erneuerungsbedarf, Dortmund (ILS-Schriften Bd. 168), S. 52-54
Wendt, Wolf-Rainer 1991: Die Handhabung der sozialen Unterstützung. Eine Einführung in das Case-Management; in: Wendt, Wolf-Rainer (Hrsg.): Unterstützung fallweise. Case-Management in der sozialen Arbeit, Freiburg, S. 11-55
Wendt, Wolf-Rainer (Hrsg.) 1991: Unterstützung fallweise. Case-Management in der sozialen Arbeit, Freiburg
WoBindG – Wohnungsbindungsgesetz 1998, in: BauGB – Baugesetzbuch 1998, München (Beck Texte im dtv, 31. Auflage 2000)
Wohlfahrt, Norbert 2001a: Der aktivierende Sozialstaat. Konzept und Konsequenzen einer veränderten Sozialpolitik; in: Nachrichtendienst des Deutschen Vereins für öffentliche und private Fürsorge, H. 3/2001, S. 82-85
Wohlfahrt, Norbert 2001b: Folgen der Ökonomisierung des Sozialsektors für das Kooperationsverhältnis öffentlicher und freier Träger. Thesenpapier; in: Stöbe-Blossey, Sybille (Hrsg.): Perspektiven der Jugendhilfeausschuss-Arbeit. Tagungsdokumentation. Projektberichte des IAT, Gelsenkirchen
Wohlfahrt, Norbert 2003: Aktivierender Staat und Hartz-Konzept, Manuskript, Bochum

Wohnbund-Informationen, H. 3/2000: Schwerpunktthema: Bewohnerbeteiligung bei Wohnungsbauprojekten, München
Wollmann, Helmut; Roth, Roland (Hrsg.) 1999: Kommunalpolitik, Opladen

Autoren

Krummacher, Michael, 1944, Dr. phil., Professor für Politikwissenschaft/Sozialpolitik an der Evangelischen Fachhochschule RWL Bochum; Forschungen, Beratungen und Publikationen zur Kommunal- und Regionalpolitik, Migrationspolitik, Wohnungspolitik

Kulbach, Roderich, 1944, Professor für Sozialmanagement, Verwaltung und Organisation am Fachbereich Sozialarbeit der Evangelischen Fachhochschule RWL Bochum, Forschungen, Beratungen und Publikationen zu(m) Qualitätsmanagement im sozialen Bereich, Regionale Sozialarbeit, Migration

Waltz, Viktoria, 1944, Dr. rer. pol., Dipl. Ing., Dozentin an der Fakultät Raumplanung der Universität Dortmund; Forschungen, Beratungen und Publikationen zur Migrationspolitik, Stadtentwicklungspolitik, Regionalentwicklung „Dritte Welt", z. Zt. insbes. Palästina

Wohlfahrt, Norbert, 1952, Dr. rer. pol., Professor für Sozialmanagement, Verwaltung und Organisation an der Evangelischen Fachhochschule RWL Bochum; Forschungen, Beratungen und Publikationen zu(r) Entwicklung sozialer Dienste, Wohlfahrtsverbände und Non-Profit-Organisationen, lokale Verwaltungsmodernisierung